B2B销售
原理与实践

张烈生 著

人民邮电出版社

北 京

图书在版编目（CIP）数据

B2B销售原理与实践 / 张烈生著. -- 北京 ：人民邮
电出版社，2020.10
ISBN 978-7-115-54473-5

Ⅰ．①B… Ⅱ．①张… Ⅲ．①电子商务－市场营销学
Ⅳ．①F713.365.2

中国版本图书馆CIP数据核字(2020)第130364号

◆ 著　　　　张烈生
　　责任编辑　赵　轩
　　责任印制　王　郁　马振武
◆ 人民邮电出版社出版发行　　北京市丰台区成寿寺路 11 号
　　邮编　100164　　电子邮件　315@ptpress.com.cn
　　网址　https://www.ptpress.com.cn
　　北京天宇星印刷厂印刷
◆ 开本：720×960　1/16
　　印张：24.75　　　　　　　　2020 年 10 月第 1 版
　　字数：489 千字　　　　　　2025 年 8 月北京第 19 次印刷

定价：69.00 元

读者服务热线：(010)81055410　印装质量热线：(010)81055316
反盗版热线：(010)81055315

在当今世界大环境下，全球化竞争愈演愈烈，所有企业都将面临各种机遇和挑战，尤其是那些在"大众创业、万众创新"环境下诞生的新生代企业。业务和产品创新固然重要，但若没有过硬的销售能力，企业存活下来的机会微乎其微。在供给侧的选择日趋多样化（传统和创新解决方法共存）的同时，越来越多的企业老板和高管已经意识到销售才是企业的核心能力之一。

销售工作一般分为两类：第一类是各种以个人或家庭（非机构）消费者为购买对象的推广行为，这种我们称为面向"C端"（Consumer）的销售。面向C端的销售定义范围很广，从个人理财师、保险专员、4S店服务专员等到百货店里的售货员从事的业务，或线上的一对一业务咨询业务，都属于"C端销售"。第二类销售专门面向企业和政府部门等机构（非个人或家庭）客户，也就是习惯上所说的"B端销售"和"大客户销售"（实际上除了"大客户"之外，还有很多"中小客户"值得关注），本书将其统称为"B2B销售"，即英文"Business-to-Business"一词的缩写。

虽然销售的基本概念有其共同之处，但是B2B销售确实有别于C端销售。前者从客户的购买动机和考虑，到决定购买的方法和过程，与后者存在很大差异，而中间牵涉的部门和人际关系，也更为错综复杂。要成为专业的B2B销售人员，并非如大多数人所想的那般简单，而这也是本书的重点。这本书写给两类人：一是销售"小白"，包括那些入行不久对销售认识尚浅，和正在考虑毕业后是否入行的年轻人；二是企业的销售主管和中小企业老板。

我国B2B销售人员的数量在千万以上，而且目前还呈上升趋势，尽管新的从业人数如此庞大，但不论是高校还是职业学校，都鲜有教授基本B2B销售知识的。我希望这本书可以帮助新入行的年轻销售更全面地了解B2B销售，让她们做好自己的第一次职场选择。

我也相信销售主管和中小企业老板会认同这本书的内容，因为这本书系统地把B2B销售的工作内容和方法呈现出来，能为他们在管理销售人员上提供帮助。我在书中以"供应商"称呼这些老板们的企业，目的就是要确定他们在销售过程中被销售人员忽略的地位，让他们的作用重新得到重视。

市场上的销售类书籍大多和个人销售技巧和方法有关，人们称之为"工具书"，因为它们可以拿来即用，很好地满足了大量销售人员"边学边做"的需要。市场上也有些培训机构和老师，同样围绕销售技巧和方法，为少数能付得起钱的企业服务。

我写这本书的目的，则是从整体出发，全面介绍专业的B2B销售的工作原理、内容和方法，希望它能和高质量的"工具书"相辅相成，发挥各自效用，更好地帮助年轻的从业人员做好这份工作，同时也让更多的人了解B2B销售的专业性质。

但是四十年来，B2B销售中的许多误区，跟着上一代的销售"师父"以"传帮带"的方式传承下来，甚至让很多人简单地认为"销售就是和客户搞好关系"。因此，把B2B销售工作的本质说清楚变得愈加重要，这能让年轻人在做职场选择时头脑更清晰，同时也让企业老板知道该如何计划和建设销售体系。

此外，我也想借这本书表达"成功的销售人员不是天生的"这一看法。通过我对专业销售15种个人特质的分享，我希望让更多人了解到，成功的销售人员更像一个专注的工匠，可以经过后天努力，不断将自己的能力打磨至炉火纯青（书中附有我为专业销售的个人特质打造的一个线上免费测评工具，有兴趣从事B2B销售工作的人可以借此了解自己）。

我很幸运，在大学时就接触了销售课程，又有机会在企业中接受先进销售理念、体系和方法培训，再加上我三十多年从事销售和各种业务管理工作的经验，因此能为读者提供兼顾理论与实战的帮助。

我需要感谢我的老东家，和在各个时期直接和间接接触过的客户，在他们的陪伴下，我们一起成长。我还有许多非常优秀的同事，分别在不同阶段和我一起努力成就客户，他们当中有十多位也为这本书贡献出了他们宝贵的经验和案例，在此表示感谢。

这本书的内容不少，不容易一下子看完。我建议读者先全面通读一遍，选出对自己有用的内容，通过日常工作付诸实践，学以致用，然后反复和内容对照参考，总结成为自己的个人心得。

在大家的帮助下，我把B2B销售的全貌呈现在读者面前。寄望未来，会有更多出色的销售人员，继续把销售体系完善好，让销售成为真正受人尊敬的事业。

致谢 | Acknowledgments

陈剑雄先生——缔特卡中国区资深销售总监

陈卓凡先生——退休投资人，原Sitecore大中华区CEO

何东辉先生——方太集团联席执行总裁

黎江先生——澳大利亚ACGL金融投资公司董事长

史彦泽先生——销售易CRM创始人兼CEO

王桐先生——神策公司销售副总裁

王剑先生——幻腾科技智能家居系统销售副总裁

徐辉先生——创新奇智AI科技创始人兼CEO

姚念康先生——从事Fintech智能算法研发，原IBM中国区资深总监

杨萍萍女士——浪潮商用机器资深总监

鄢亭雄先生——缔特卡中国区资深销售总监

尹小龙先生——VISA中国区副总裁

杨宇先生——北京讯鸟公司常务副总裁

张琪女士——原IBM中国区客户服务满意总监

张荃女士——软通智慧总裁办公室副主任

目录 | CONTENTS

1

历史篇
B2B 销售变革迫在眉睫

B2B销售的历史

　　说起来，销售应该是一个重要（甚至说得上伟大）的工作，她（在本书内为了方便和其他角色区分，统一使用"她"或"她们"作为"销售人员"的第三人称的代名词）促进"货畅其流"，对人类社会的发展贡献良多。虽然貌似外表风光，但近年来，但凡做过B2B销售的人都知道，比起20世纪90年代，现在这份工作变得愈发艰难与辛酸，然而鲜有人理解为什么，以及研究如何去改变这种情况。

🎁 商人和销售的社会地位

　　虽然没有准确的记载，但是销售这份职业和商业贸易的起源密不可分，毕竟把货物的供求两端联系起来并达成交易，本来就是商人最基本的工作。要更好地了解销售这份职业，不妨先来了解一下中国商人的来历。

　　不少历史学家认为，从事货物流转和交易工作的人之所以被称为"商人"，是因为这种工作源于商代。周灭商后，殷商人失去了土地无以为计，于是重新扎堆，做起东奔西走、以买卖为生的工作，逐渐周人以"商人"称呼从事这种职业的人，称他们做的事情为"商业"。不过，和今天不同的是，这种工作在当时极为辛苦，从事者的地位低下，但凡有点家业和脸面的人都不愿意做。

　　随着社会生产力不断发展，货品物资开始丰富，商业因而得到了很大的发展，对经济的贡献越来越大。不过，中国自古都以农业为本，商业的重要性始终无法与之相提并论。哪怕是在汉、唐、宋和元代的一千多年间，皇家思想开明，为内外商贸创造良好环境，将商业发展逐渐推至巅峰；可是到了明、清两代，统治者又转趋保守，先后实施了海禁和闭关政策，对外商贸急转直下。至于民国那几十年就更不用提了，战争使商贸发展几乎陷于瘫痪，一直到了新中国成立，改革开放以后，情况才重新好转。

　　至于商人的社会地位，几千年来都相对低下，打从春秋开始，商人就处于"士农工商"之末。

即便是在非常重视商业的元代，国家愿意斥巨资建造大运河打通南北商贸，却依然无法提升商人的地位。在民间划分的10种职业中，甚至没有商人的排名。这种情况到了近代依然没有得到根本改变，商人虽然赚了不少钱，但社会地位在一般人眼中不高，尤其是那些只做贸易而没有生产和实业支撑的商人。

销售在西方

商业在西方社会的历史大概也遵循差不多的路径发展，时间或更远或更近。从以物易物到货币出现，从家门口叫卖到在集市出卖自己的货品乃至别人的产品，从国内往来到跨国之间贸易，商业也为西方经济的发展带来巨大的推动作用。西方（欧洲）对商贸发展始终十分重视，没有因为众多的战事而受到影响，无论谁当上欧洲的"老大"，商贸都是越做越大。在历史上欧洲国家对商人相对比较尊重，商人的社会地位稳步提高。同样的道理，当现代的职业销售工作在一百多年前出现时，也得到了相对的重视，而这也成为后来现代B2B销售的重要基础和起点。

资本主义在西方兴起，加上工业革命驱使生产力大幅提升，加速了市场从卖方市场到买方市场的过渡。19世纪末，工业化大潮方兴未艾，人们初次尝到批量生产、价格下降的甜头，于是供应商一窝蜂专注于更高效的生产能力，这段时期被西方管理学者称为**生产导向时期（Age of Production）**。

有了充足的产品供应后，人们开始渴望更多功能和更高质量的产品，这时供应商把视线便转移到了开发新产品之上，甚至达到痴迷的程度。他们认为，只要产品足够好就一定会有市场，这发生在20世纪前二三十年，这段时期后来被称为**产品导向时期（Age of Product）**。

尽管愿望是美好的，但现实却十分骨感，生产力提高加上各种产品的不断推出，客户的选择骤增，不被青睐的产品自然卖不出去。在经济大萧条和战争环境下，市场上的货物开始大量积压，宏观的供应在历史上第一次超越需求。

供应商们需要想办法，它们大量增加销售人手，并且提供培训，希望通过她们把产品卖出去。从20世纪30年代到60年代间，西方企业管理非常重视销售工作，将其提升到了前所未有的地位，他们深信买方市场已然成为常态，需要借助销售去解决供大于求的问题。因为当时西方比较看重理性方法的研究，他们对销售工作也注入了许多科学的思考，尤其是在B2B销售领域，使它变得相对专业，这段时期被学者称为**销售导向时期（Age of Selling）**。

差不多同一时期，为了进一步提高把产品卖出去的效率，有学者和企业提出，应当更多地从客户的需要出发（而不是从供应端出发），考虑如何满足他们，并且采取更多不同的手段（如广告、促销、渠道等）去触达和打动客户，而不是单单依靠销售人员的好口才。这样，市场营销的概念初次出现在企业管理者的视线中。

早在1937年，美国市场营销协会就已经成立，主要负责促进有关市场营销的交流与合作。从20世纪50年代开始，市场营销的概念更加受到企业的重视，1960年，美国教授杰罗姆·麦肯锡（Jeromy McCarthy）提出市场营销学中著名的"4P"（代表Product、Price、Place和Promotion），从产品、价格、渠道和推广的角度，第一次把供应商和客户之间的交集和市场营销元素全面系统地定义下来。

之后，不同的学者，如尼尔·博登（Neil Borden）和后来被公认为大师的菲利普·科特勒（Philip Kotler）等，先后不断提升整个知识体系，解释企业应该如何提高市场/客户满意度方能成功，并且**把销售（Selling）这项活动作为第四个"P"（即推广）中的一项细分活动纳入市场营销管理的范畴，直接改变了西方企业管理的思维逻辑，从此也进入了市场营销导向时期（Age of Marketing）**。就算到了备受科技影响的数字化营销的今天，这套市场营销的理论基础依然能经受住时间的考验。

当然，这里说的销售活动需要分为面向消费者（也是今天所谓的"C端"）和企业客户（所谓的"B端"）两类。两类销售的具体做法和第四个"P"中其他市场营销活动的相互关系不尽相同。但无论如何，从事B2B销售的人员都应该知道，她们和市场营销部门本是一脉相承，两者必须紧密合作才能取得最大的效益。

虽然很难准确断定西方职业化的B2B销售是从何时开始的，但可以看到早在20世纪初，它已经进入了西方企业管理者和学者的视线，对B2B销售人员和管理的工作范畴和原则都已经有了初步的定义。

回头看，**同样是始于商业，但西方的商业衍生了销售活动之后，销售又成就了市场营销的兴起**。西方社会在数十年间总结出了销售和市场营销的专业学问，并且把它们应用在了实际的工业、商业、服务业甚至政府机构的环境中，成为现代企业管理不可或缺的部分。

改革开放后的销售

第一阶段：通过外企接触销售

1978 年年末，国家计划逐步有序地把不同行业过渡到市场经济，并且设立经济特区，全面实验各种做法，这对 B2B 销售来说无疑是迎来了一线曙光。1980 年年末，政策放开的步伐持续，个体户的出现，正式标志着商人职业的回归。

在改革开放的头几年中，各种资源非常紧张。在这一阶段，内贸只是缓慢地从计划经济中放开，很多商品依旧需要凭指标购买，供应商企业根本不需要销售工作。

至于外贸方面，国家需要买的东西比能卖出去的东西多得多。向外国的购买，除了也受到计划指标限制外，更因为牵涉国家外汇的使用和平衡问题而被管理得更严，所有有关国外的买卖都只能通过专责分工的进出口贸易公司进行，这些贸易公司的办事人员关心的更多是指标和手续是否齐备，而不是产品功能、质量甚至是价格等销售问题。

这时候，以中国香港员工为主的第一代销售人员，开始带着皮包走南闯北，并在无意之间把 B2B 销售工作带回内地。

1985 年，我作为 B2B 销售人员被老东家 IBM 派到北京发展业务，在这时候，很多企业还没完全从计划经济中走出来。大部分客户对自己的新角色和坐在对面的销售人员显得有所顾忌和不习惯。

有些小事能反映当时社会对销售的微妙态度，比如当时成立的代表处，理论上只能做些简单的联络工作，外国老板出于谨慎，不允许我们的名片上出现"销售"两个字，因而我们的名片上一直都挂着"业务代表"的职位，一直到 20 世纪 90 年代中期，才敢在名片上直接对外示以与"销售"相关的岗位和头衔。

第二阶段：早期销售的养成

改革开放初期，国内的供应商企业（当时都是国企）组织里没有 B2B 销售这种岗位，销售工作可能会交给办公室主任负责，当遇到大单子时，一把手自己就要当上头号销售，披挂上阵。

当时，外企要找到有经验的 B2B 销售人员很困难，因为在人才市场中，极少有做过销售的人，甚至几乎没有人具备销售意识。外企往往只能从总部或其他地方派遣有经验的销售人员，同时从零开始培养第一代销售人员。

1985 年，我的老东家 IBM 成为第一家在国内聘请本地员工作为销售人员和售前工程师的外企。出于对销售工作的重视，外企在物色早期的销售人员时非常注重员工的个人品质和学习能力，这些销售人员大多是改革开放后参加了高考的重点学校毕业生，都是当时相当优秀的人才。

早期在外企成长和工作的销售人员，后来有些到其他企业成为高管，有些趁着第一次创业大潮"下海"开办了企业。而 B2B 销售的观念、体系和管理系统，随着少数外企的引入和逐渐开放的市场，也缓慢地发展起来。

早期的市场给予本地 B2B 销售人员相对宽松的环境。由于供过于求的情况还没真正出现，竞争并不那么激烈，采购管理也不如今天严谨，各种信息的不对称让销售人员在客户面前获得了主动地位。销售人员只需要通过关系"找对了人"，就能获得对接项目的机会，相对（和今天比较）轻松地拿下项目。

于是，鉴于之前的成功，不少企业老板和高管对"关系型"销售深信不疑，而刚入门的销售人员也乐于跟随，一起"在这条路上走到黑"。

🔶 第三阶段：B2B 销售需求井喷

20 世纪 90 年代中期，改革开放的力度进一步加大，各行各业都得到了更多的市场机会，而 B2B 销售岗位因为几乎存在于所有企业中，所以从业人数也迅速膨胀。从无到有，再到需求量猛增，由于每年的从业人员都有流失，企业对于销售人才的需求仅靠其他职业的从业人员转行是满足不了的，只能通过每年大量的高校毕业生来补足。根据统计，从 1979 年到 2018 年（含）改革开放这四十年间的高校毕业生中，有相当一部分是做过 B2B 销售的。

在宏观的视角下，这是可以理解的。毕竟在人们的意识中，销售本来就不是什么复杂的工作，也不需要什么特殊技能，更何况是高校毕业生！企业市场和业务需求就摆在那里，很多本身对销售工作只是一知半解和"急功近利"的企业老板和高管人员也就乐于勇敢地吸纳大量的销售新军，并将他们推向前线，开启销售生涯。

"野蛮生长"，销售难成专业

然而，中国每年毕业于商学院的学生数量有限，根本无法满足企业的需要。就算在大学里主修市场营销专业的学生，也少有针对B2B销售的学习和培训。也就是说，每年大量投入销售岗位的高校毕业生，对B2B销售的理解十分有限，而且企业对其也没有什么特殊资质要求，"门槛"相对较低。

受到销售提成的吸引，她们觉得有机会挣得更高的收入：反正原本读的专业，未必能与个人志愿兴趣相匹配，更多的是为了找一份工作谋生。因此，职业销售就成了对某些毕业生而言最方便的选择。一方面企业需要大量招聘销售人员，一方面毕业生愿意去做，于是我们看到以下有趣的情形——读医的跑去卖药品和医疗仪器，读农业的跑去卖农机和肥料，读电子工程和计算机的跑去卖IT产品，读工科的跑去卖机床，读语文的跑去外企当销售……

以学科所属行业对口来选择职业无可厚非，对销售成功也会有帮助，但是这些人对销售工作缺乏了解，缺乏专业的销售领路人的传承，最后只落得更依赖关系和强调个人能力去销售。这就是为什么从20多年前开始便有一个怪现象出现：很多B2B销售人员要求公司把名片上的职称写得更"高级"一些，明明是"销售人员"非得改成"销售经理"，明明是"销售经理"却改成"销售总监"，更甚者因为公司政策不允许，便私自更改名片，完全无视个人诚信。

到后来，有些企业在招聘时只能顺从上述情况，否则有些销售人员还真会因为职称问题而不愿加入。至于在个人履历上夸大自己的工作职位和范围，在面试前后被抓个现行而成为行内笑话的也不计其数。这类我称为**"职称通胀"**的怪现象反映出某些销售人员因为不够专业和自信，企图利用更高的职称去包装和映衬自己。

不专业带来的问题

40年来的经济成就，尤其是最近20年的成就大家有目共睹，这中间B2B销售人员的功劳肯定是有的。而且如今每年的高校毕业生中都有相当一部分进入企业当销售人员去了。B2B销售工作的低门槛，也间接舒缓了毕业生的就业问题。乍一看，销售工作的门槛越低，就业需求更易满足。

但是这一切是否就意味着企业和B2B销售人员未来应该保持过去的方法呢？我的答案是否定的。表面看来企业整体的销售成绩硕果累累，但在这一片美好的表象下，却隐藏着危机，给供应商、社会和B2B销售从业人员带来了不同的影响。

在过去20年间，大量从业人员在没有真正了解销售和经过相关培训的情况下就进入销售行业，结果工作表现不佳，事业发展空间受限，还导致了过高的失败和淘汰率。部分销售人员依赖于已有的人脉关系，离不开客户资源，也让她们很难有转行的机会。喜欢当销售的话还好一点，但是有些人其实并不喜欢B2B销售工作，入行之后又发现自己做不了（或者由于收入问题不愿意做）其他的工作，导致自己在同一企业里一待就待了一辈子。也有些人喜欢跳槽，从一家公司到另一家公司，甚至从一个行业到另一个行业，游走于不同的企业之间。

这样的销售人员对供应商来说是个"肿瘤"，尤其是对那些急于求成而又不懂销售的老板们来说，这种销售人员在履历上貌似很丰富，而一旦进入企业之后，却迟迟不能赢单，并且总有万千理由解释不是她的问题。最麻烦的是这些人精通企业生存之道，知道如何通过"画饼充饥"甚至虚构重大商机去获得生存空间，老板就算半信半疑，但碍于商机的诱惑，往往还是被蒙蔽。

这样的销售人员请来容易，送走困难，销售团队中如果有几个这样的人，整个部门的业绩、士气、费用等都会受到影响。这些人往往都有她们自己的套路而且难以管理，如果这种销售人员多了，企业的销售体系和整体策略很难落地展开，竞争能力必然下降。

所以说，今后年轻人想要从事B2B销售工作，应该先对这份工作有深刻的了解，看看自己是否喜欢和适合，千万不要有错误的想法，以为这是一份容易的工作，或者是找不到其他工作时的"最后出路"。怀有这些想法的人，很难享受和做好这份工作，自然也无法把握住它潜在巨大的发展机会。

销售是企业未来的核心竞争力

在可见的未来，销售必将成为企业的核心竞争力，原因很简单，在政府和民间大力推动科技创新之际，初创企业要想取得进步，在参与市场竞争的过程中必须取得成功，为经济带来新的活力。

这些企业虽然拥有良好的科技和业务创新愿景，但要逆流而上改变企业客户固有的商业模式或工作习惯，需要进行大量的说服工作。它们先天没有客户关系，在初创时也没有足够的规模和资源同客户现有的供应商企业抗衡。市场上为数不多的"好销售"总是被大企业高薪拴住，初创企业只能被动等待有潜力的销售人员，在此消彼长的情况下，它们的挑战将会更大。

这时候如果大家不"回归"专业的销售体系和能力建设的话，纵然可以发现更多"蓝海"，也很难有足够的时间去说服客户接受自己的创新产品和服务，使其发展成为可持续的业务。

在过去数年，面向"B端"的初创企业夭折率超高，原因不少都跟这个有关。如果这些初创企业不能提升销售能力的话，势必会间接影响企业的整体竞争能力。

🎁 高水平的企业竞争将如期而至

除了本土创新的竞争以外，随着全球化大潮的演进，我们的产品和服务将还要和西方企业高度专业的销售同台较量。就算是有机会享受国家强盛所带来的红利，我们也将不可避免地和西方企业正面交锋，而我们的整体销售能力也将迎来真正的考验！

许多企业，如IBM、3M、杜邦、通用电气等，在数十年前就已经把销售看作核心竞争能力了，早在20年前就开始研究销售体系、流程和方法，甚至提出销售能力（Sales Competency）模型，进行专业化的区分、培养和资质认证，并以此作为职位晋升的条件之一。这些销售能力模型不尽相同，其中一部分只关心与销售工作职能相关的技能。下面是一家工业企业当年的销售能力模型。

- 市场/客户细分

- 价值链定位

- 渠道策略

- 经销商管理

- 大客户管理

- 定价策略/执行

- 销售流程管理

- 价值销售

此外，西方企业也会对个人"软技能"提出要求，例如沟通（表达和聆听）、团队协作、执行速度、驱动力等，务求让销售人员变得更专业、高效。

在未来的日子里，我们的销售人员会和上面所描述的国外销售同台竞技，谁的能力更强、专业性更高，会在很大程度上影响竞争结果。虽然谁胜谁负目前还言之尚早，但是企业和高管必须意识到竞争的来临，厉兵秣马地提高销售的能力。而面对竞争的销售人员则需要提早预备，不单要提高个人能力，同时要更精细地做好竞争对手的分析。

🎁 环境改变带来挑战和机遇

得益于信息科技和互联网的发展，今天的信息来源也比过去丰富而快捷，无论是全球或区域的政治和经济趋势，还是市场、行业和竞争情况，**客户对资讯的获取甚至比销售人员来得还多、还快**，他们对产品和技术的知识也比从前丰富得多，销售人员稍有不慎就会被客户问倒。

信息的透明化让那些依赖于信息不对称而生存的销售人员价值不再，同样，未来的 B2B 销售人员再难只单靠"关系"成事。

与此同时，在科技创新的不断推动下，供应商的新产品和新服务层出不穷，**产品的迭代周期比过去大幅缩减**，去年的产品信息到今年可能已经过时，而且崭新的功能经常刷新甚至是最有经验的销售人员的认知。

在这样的环境下，B2B 销售工作必然需要发生根本的变化，方能与时俱进。销售人员不仅需要深入了解客户的目标、价值诉求、组织和决策流程，还需要对产品和专业技术知识更为了解，具备及时学习新知识和准确传递信息的能力。只有从提供"信息"变成提供"业务价值"，销售人员才能有效地引导和说服客户。

另外，销售人员还要掌握更专业的业务和客户管理技能，更有系统和章法的工作习惯，才能满足供应商赋予的责任，克服来自客户、环境和竞争带来的挑战，赢得最终胜利。

🔷 科技发展对 B2B 销售的冲击

或许有年轻人会问,B2B 销售工作会被人工智能或机器人取代吗？如果会的话，倒不如把精力放在其他专业之上。

虽然人工智能被广泛认为将会用于客户服务和销售支持上，辅助解决基本销售问题，但是绝大多数专家都认为 B2B 销售行为是一个漫长的过程，牵涉的知识面非常多元化，同时需要和客户（的不同人员）产生大量的交互，要通过人工智能完全取代销售人员，在目前来说还是一件遥不可及的事情。

当然，假如客户的购买决策完全由机器人取代（在证券交易中已经有通过软件程序自动触发购买决定的能力）的话，机器人取代销售人员的机会也会相应提高。越简单和标准的产品和服务，越有可能成为替代的对象；越是复杂的买卖，这种威胁越遥远。以此推论，销售人员更应及早提升和掌握复杂的销售技能，把握自己的命运。

科技革新的成果虽然在很长的一段时间里不会威胁 B2B 销售的地位，但却会带来更高的工作要求。在科技时代,B2B 销售需要懂得**学习各种自动化手段来获取效率的提升，以及利用信息和大数据进行分析和决策**，帮助自身更好地完成任务。

同时，销售人员也必须意识到，科技和资讯也在帮助客户变得更聪明，不能再假设自己知道的比客户多。只有**勤于收集和观察信息，提升逻辑分析和思考问题的能力，精于推论从而洞察新的发现**，销售人员才有可能继续走在客户前面，提供更多的价值。

🔷 "关系红利" 消失，B2B 销售何去何从

关系与人情，是待人处事的"润滑剂"，在信息传播手段匮乏和不对称的年代，关系的重要性尤为突出。对于客户来说，一切信息（无论是产品、行业乃至技术等）都是崭新的，要做出合理的购买决定，很大程度依赖于各个供应商所提供的信息。

但是，随着企业（客户）管理水平的快速提升，以及科技和知识的爆炸式发展，销售人员享受的这种"关系红利"正在急速衰减，待之而起的是市场对专业 B2B 销售工作的期望。

企业（尤其是初创企业）对销售人员的要求会越来越高，这几乎是不争的结论。好在 B2B 销售职业的效率和效益还存在着巨大的提升空间。它的投入产出比应该不会比研发、制造和技术

创新来得低，从业人员完全不用担心被机器人代替。

作者写作本书的目的，是提高大家对 B2B 销售的理解，尤其是**让计划从事销售工作的年轻人以及企业老板/高管获得正确而完整的概念，从而推动企业的专业销售建设**，这是最基本的工作。

对最后没有从事 B2B 销售工作的年轻人来说，拥有正确的认识，也肯定可以学有所用，因为每个职场人都需要面对客户，所以拥有一定的销售技能，对从事任何工作都会带来帮助。

专家观点

企业老板和高管们这样看销售

本部分内容由销售易创始人兼 CEO 史彦泽先生（Allan）根据和数百位企业高管的交流总结而成，由本书作者撰写。销售易是国内自主研发的新一代企业级 CRM 平台，于 2011 年发布。

Allan 是我在 SAP 公司工作时的同事和好朋友，他对 B2B 销售工作"情有独钟"，于是在 2011 年创立了销售易，为各行业提供 CRM 解决方案。这些年来由于工作关系，他经常和企业老板和高管交流有关销售的问题，虽然没有正式统计，但他本人认为沟通过的不下数百人。以下是 Allan 和这些经营者交流的总结，一方面是他们对 B2B 销售职能的看法，另一方面是他们对销售人员的看法。希望这些内容能对所有年轻的从业者有所帮助。

大多数经营者对企业销售职能有如下看法。

● 经济以及企业正面临一场转型升级的挑战。

● 市场化竞争加剧，资本和技术在驱动传统产业结构性变化，各行各业都面临新一轮的格局洗牌，很多行业正在经历从分散割据向头部整合状态的过渡。

● 虽然对销售管理的认识和经验普遍不足，但经营者已经意识到了精细运营和科学管理的重要性。

● 他们尤其觉得，在行业整合时期，销售能力是企业规模化扩张和市场竞争力的关键支撑。

● 大多数企业的整体销售能力还处在"人治""靠关系"和依赖于个人能力的"大侠"时代。如何科学化管理销售组织和体系，成为企业一把手关心的重要问题。

- 很多企业经营者开始重视销售团队体系化和规模化的建设，即便对如何去落地和执行还不甚了了，但这方面的进步是可期的。

近年来，主动和 Allan 的公司交流的企业越来越多，这侧面证实了企业对销售职能的管理越发重视，正因如此，企业对销售人员的期望也正在发生变化。我们可以从企业经营者对销售人员抱怨比较多的地方看出以下端倪。

- 销售人员普遍专业度不够，更多依靠关系和个人天赋，一般销售方法的培训又不被销售人员重视，作用甚微。

- 大量平庸的销售人员充斥在企业中，成长缓慢、效率不高。企业业绩过度依靠老板自己或个别的"大销售"，这成为公司规模增长的瓶颈。

- 部分"大销售"利用个人业绩裹挟公司，让业务难以推进。老板出于发展思维，想继续扩张和深耕时，这些资深老人经常会以离职或加入竞争对手来威胁，拒绝承担更多任务和压力，或趁机要求增加个人收入。

- 销售人员普遍对销售流程概念模糊，其中和企业本身有关方面并不健全有关，这也是亟待提高的一个方面。

总之，和 Allan 交流过的数百位企业经营者普遍认为，专业的销售人员十分稀缺、供不应求。这正是年轻人朝夕等待、梦寐以求的好机会。

专家观点

"原来销售要做这么多的事情！"

本部分内容由时任浪潮商用机器客户销售部副总经理杨萍萍女士撰写。杨萍萍女士在加入浪潮公司之前，于 IBM 大中华区服务 24 年，先后担任 RS6000、存储、技术合作和 Power 产品销售等销售管理职位，对产品销售有深刻认识。

最近在新东家的一次迎新人晚宴上，一位"师父"给刚入职的新手分享了他自己的成长经历。他和我一样都是刚从老东家一起被"卖到"新东家的，在此之前是在渠道代理公司做销售的，生意十分红火。

他原来的老板一般都是下午才到公司，然后召集大家喝茶、聊聊工作，到了傍晚老板带着销售们接洽客户，在轻松的气氛下做成生意，天天如此。我的这位同事坚信，销售工作就是应该这么干，没有压力，也特别简单。

后来在机缘巧合下，他成为一名"原厂"的销售人员。本以为在"原厂"做销售更加养尊处优，比"下游"代理更容易办事，结果现实却给了他很大的冲击。他很快发现，销售要做很多事情，而不是简单地应酬客户和给老板打打下手就行。幸运的是，这位年轻人同时也发现，原来B2B销售里的理论和实践有如此多的学问，如果学好了，工作应该更有成效和满足感。于是他决心从头学起，细心观察和理解有关专业销售的一切。

数年之后，这位销售人员已经独当一面，连续多年成为公司内部拔尖的销售人员。

听了他的故事，我才惊讶地意识到，原来年轻人对销售工作的认识竟是千奇百怪的。我也更加庆幸当年在事业之初就接触到正确的销售观念和培训，这是何其幸运的事情。

经典案例

银行"即时发卡"，销售人员的创新

本部分本文内容由全球领先的安全证卡科技解决方案企业的资深销售总监M先生撰写。M先生是资深的科技从业人员，曾在多家知名IT企业负责销售管理工作。由于案例发生相对近期，不便公开名字，以免对业务造成影响。案例中对过程的描述，旨在重现现实环境中客户和销售的互动经过，是教科书式的销售案例。

E公司是一家全球知名的安全证卡科技公司，我加入的原因是为了推动一款创新的解决方案。对我而言，面向"刚需"销售现有产品只是"人有我有"，经常沦落成价格竞争。销售新"东西"虽然难度更高，但策略空间更大，有机会制定游戏规则，往往能带给客户颠覆性的业务价值，是年轻销售人员扬名立万的好机会。而我就是喜欢这种挑战和它带来的成就感。

🎁 布局：了解"即时发卡"，寻找商机

一直以来，银行卡（包括借记卡和贷记卡/信用卡）都是"批量制作"的。所谓"制作"，

就是把个人和账户信息，以不同方式关联和记录到某一张卡上，使它成为持卡者独一无二的卡。基本来说，这包括以凸字或印刷方式把信息展现在卡面上，同时在嵌入的芯片和磁条上录入相应的信息，这样持卡者就可以放心使用（还有其他安全、加密和防伪的工艺和科技，此处就不一一赘述了）。

至于"批量"，则是把制作过程分为若干工序（例如打印凸字、芯片录入等），然后通过大型智能制卡设备，以流水作业方式将所需的工序完成。银行会定期将要制作卡片的用户信息加密后批量送到制卡中心，然后由中心排期处理。

"批量制作"的好处是单价低廉，特别适合银行大量发卡时使用。而且这种制卡方式已经沿用经年，技术也经过不断打磨，已臻化境，国内外的制卡生态系统也运营得成熟有序，一切都看似完美。不过就在这个时候，E公司美国总部却率先发布"即时发卡"解决方案，彻底改变了"批量制作"的观念。

"即时发卡"的做法是美国的一家银行首先向E公司总部提出的。由于美国的银行卡（尤其是信用卡）市场非常饱和，银行希望求变提升客户"办卡"体验，以"即时"作为卖点来吸引客户。E公司经过一番研发之后克服各种安全问题，推出的分布式解决方案上线后大受市场欢迎，银行的开卡率和卡片激活率都有了很明显的提升。受到鼓励之后，总部把中国定为战略市场，要求尽快突破。

可是两国市场情况有所不同，国内借记卡数量庞大，银行为了方便快速发卡，会将预制（卡面设计、卡号等）的卡片存放于分行，等待用户开户时将信息现场关联（卡面上不印持卡人名字信息），也号称"即时发卡"。至于信用卡方面，我国人均卡量只有美国的1/3，潜力巨大，但是忌惮于发达的第三方支付手段，银行方面也不敢轻举妄动。如何激发本地市场的需求是我们的第一道难题。

📦 立项：挖掘痛点、激发需要、论证需求

在科技创新上，国内的A银行走得比较快，而且在发卡规模方面它也是遥遥领先。以A银行作为突破市场的"灯塔"客户（像"灯塔"一样为其他指明方向），顺理成章地成了我们的目标。我们先对A银行的发卡方式和场景（如新卡、遗失补卡、损坏换卡等）进行分析，梳理了相关的业务流程，挖掘出以下我们认为能够驱动需求的客户痛点。

- 虽然当前的借记卡不强制要求印刷持卡人姓名，银行可以在分行现场利用预制卡片，

通过后台关联信息的方式，实现变相的"即时发卡"，但是这种方式无法即时满足客户在补换卡时"换卡不换号"（持卡人在换卡时希望沿用已有的卡号）的需要。这种需要在过去并不多，但随着第三方支付的蓬勃发展，快速变为一种"刚需"（因为持卡人要把卡号和支付方进行绑定，换卡时会需要重新绑定，给用户造成麻烦）。

- 随着预制的卡种越来越多，安全风险和工作量也越来越高，这引起了不少诟病。

- 随着年轻人进入主流卡片市场，对个性化卡面设计的需要日益增多，"批量制作"的方式难以满足。银行需要考虑如何提供卡片的个性化设计，否则可能会丢失年轻客户。

- 为了提升开卡率和激活率，信用卡业务的拓展非常适合"即时发卡"模式。当前利用"批量制作"的发卡周期动辄十天或两周，严重限制了业务部门的获客能力。

- 很多便民服务都要通过银行的联名卡来处理或提供，需要在分行网点开展补换卡业务。

接下来，我们需要把这些痛点转化成为客户对"即时发卡"的业务需要，于是便开始和客户多部门（包括个人银行部、信用卡部及机构业务部等）进行密切沟通，在确认上述痛点之余讨论改善的思路和方法。通过一系列的拜访，我们成功地唤醒了A银行业务部门对业务流程中痛点的重视，以及对"即时发卡"方案的兴趣。大家意识到"即时发卡"方案有着以下优势。

- 可以通过该方案优化客户服务，从而提高客户的忠诚度并由此提升银行品牌优势。

- 可以拓宽银行的获客通道，增强了银行销售人员进行交叉营销的能力。

- "即时发卡"可提高银行对发卡的管理及监控，即能提升风险控制，降低冗余的管理成本。

业务部门对"即时发卡"的需要已经凸显，我们进一步着手推动A银行业务和科技部门联合进行"立项"，进而把需要转换成对外的购买需求。这是一个复杂又困难的过程，至少需要以下几个步骤。

- 技术验证：通过实际功能模拟或操作，从技术上验证供应商提供的方案是可行的。

- 业务部署计划：业务部门需要提出基于该技术的部署计划，包括数量、方法、日程表及部署范围。

- 投入费用估算：根据部署计划中的信息，估算投入支出，并需要分析投入产出比（ROI）。

- 业务立项审批：根据以上所有，经多个部门从业务价值、技术可行性、业务风险、成本等角度，决定是否立项。

E公司的其他专业团队迅速分工合作，从多个方面协助我们与A银行展开了上述步骤的推进工作。搭建演示系统、制定专门的解决方案、提供部署及执行计划咨询等。经过几个月紧张而忙碌的工作，却一直未等来客户立项的好消息。

我们奔走各部门了解原因，最后发现由于"即时发卡"项目牵涉的部门太多，考虑各有偏重，尽管都觉得是件好事，却一时间难以协商出一致的结论。商量之下，我们得到客户方面的建议——直接由公司CEO出面拜访能够拍板的银行主管。这一招果然见效，在双方充分交流利弊之后，A银行的"即时发卡"项目终于立项成功。

招标：建立竞争优势、制定游戏规则

A银行的采购过程需要遵循采购规定，委托专业招标公司公开招标。虽然前期的立项工作让我们占了先机，但公开招标从来都充满变数，偶有不慎就会前功尽弃。要在众多对手中胜出，避免陷入恶性价格竞争是我们的另一项重要工作。

我们熟知A银行的科技采购流程，是由业务部门提出采购需求，科技部门提出技术需求，采购部门根据市场调研选取合格供应商。而供应商则需要提供解决方案加上产品样机供技术部门测试，待合格后正式报价应标。在产品测试之后，连同我们一共有6家供应商测试合格，得以进入投标过程，可谓热闹至极。

当我们看到标书后，都松了一口气，因为标书中的技术需求非常贴近我们的解决方案。我们之前努力灌输和展现的技术和功能亮点，大部分都被客户"嵌入"了标书，这就意味着其他对手难免会在技术方案中丢分。但我们绝对不能放松警惕，我们成立了投标小组，仔细分析标书中所有评分的关键点，并和其他对手逐一比较，理清优势及劣势。

我们的优势集中在先进的解决方案、成熟的技术和贴近客户需求等，而劣势主要集中在服务网络和价格。由于我们是一家外资企业，在国内的服务网络有一定的局限性，服务成本也相对偏高，再加上进口商品的税费等，服务网络和价格将是我们胜出的关键。在慎重考虑之后，我们决定引进本地合作伙伴来降低成本，利用其覆盖更广的网络提供价廉质优的服务。

应标报价方面，目前国内有两个不同的方式，一种是唱标报价，即每个供应商只能在投标现场公开报一次价格，另一种是竞争性谈判，允许供应商多轮报价。

此次招标采用对我们比较有利的唱标报价的方式（减少恶性竞争），尽管如此我还是要求销售人员做足功课。首先收集对手的报价历史，分析报价区间，其次根据投标的评分规则估算出自己可能的得分，最后考虑在立项时了解到的预算情况（立项的功劳），做出综合判定，决定我们的投标价格。

在投标中，仔细通读标书是非常关键的，历史上发生过很多因标书不符合规定而遭遇废标的情况。我们绝不允许这样的事情发生，对投标文件进行多次审核，包括标书所列的所有要求项、自行附加说明件、盖章签名情况等，在确认无误后方才封标。

唱标结束后我们知道胜券在握，因为威胁最大的低价竞争者为了符合标书的指标需求，被迫改变产品，也导致报价上调。一周之后，我们收到中标通知书。在耕耘一年之后，我们赢下了A银行"即时发卡"数百家分行网点的"灯塔"项目。

🎁 交付：满足期望、实现多赢

在与A银行的合同签订后，项目进入了实施阶段。很多销售认为项目进入实施阶段后就和自己关系不大了，我不认可这个想法。任何客户合作机会都来之不易，需要好好经营，一方面要熟悉客户，了解包括人和业务的各个方面，同时也让客户了解自己和背后的公司，只有在建立信任之后才有后期合作的其他可能。项目的实施，恰恰是销售人员和客户互相了解和建立互信的好机会。我要求销售团队在项目实施过程中尽量协助客户和实施团队沟通，提供帮助，建立感情。

在客户经营方面，销售的真正意义是在过程中实现价值的"双赢"甚至"多赢"，这样客户才会与销售人员和他的公司长久合作下去。就拿这个"即时发卡"案例简单说明，销售人员和E公司固然因为实现销售结果而获得了利益，A银行也因为新的解决方案增加了获客和服务能力，并提升了品牌信誉度，甚至对于客户中参与的人员来说，他们在业内和行内都参与了一次金融创新，为自己个人的职业发展添砖加瓦。至于我收获的则是来自成功推动创新产品的成就感。

经过3个月的项目实施，A银行的"即时发卡"业务进入试点营业。如我所料，A银行对这项创新业务十分重视，在宣传上颇下功夫。当初我选择A银行作为"灯塔"客户就是看重他们在银行界的影响力。在我的三年规划中，第一年的破冰之旅就是寻找优质目标，不留余力地将其发展成为标杆客户。果然在此之后，"即时发卡"业务的推广变得一马平川，银行客户慕名找上门来的不计其数。

2 专业篇
B2B 销售的误区和本质

改变，从专业开始

🔷 什么是专业？

当我们遇到好的修理工、餐厅服务员或百货店营业员等工作人员时，会说一句"这个人做事真的很专业"。这代表在我们的心目中，这个人做事的态度认真、方法系统、训练有素。这里说的"专业"是一个形容词，可以用于评价所有的事情和人，不仅限于评价某种职业。

不过，医生、律师、会计师、经济学家、建筑师、教师、科学家等逐渐被广泛认同为"专业"的代名词对职业的要求更为严谨。一方面，它们的知识体系和工作方法有别于常识中的通用技能，需要**通过专门的培训才能掌握**，并且需要通过无数的**练习和实操不断完善**。

另一方面，专业工作须**以结果为先，以价值为本**。从业者要通过一次次为客户达成目标，从而实现价值。

我们对专业进行更深入的分析时发现，要达到这样的水平，**需要在 4 个方面（操守、知识、方法和技巧）不断精进。**

首先，操守代表专业的最低道德标准，为其提供最基本的存在意义，如医生的救死扶伤、律师的匡扶正义、运动员的公平竞争等。在为客户带来真正而持久的价值和满足其社会责任之余，操守可以保护专业的名声，吸引更多人加入。

其次，是知识。任何专业都建立于多种相关的专门知识之上，而这些知识体系大都需要通过正式培训（或学习）获得。无论是哪种专业，在被接受成为专业人士之前，都需要摄取大量相关知识作为支撑，才能在工作中交出预期的结果，为客户解决问题。

再次，为了每一次都能得到质量相当的预期结果，专业需要具备高度的**可靠性**和**可重复性**。要做到这点，各个专业都有属于自身领域的一套科学、规范和细致的工作方法，用以解决该专业领域中的业务问题。这种工作方法包括**将过程分解成相对标准的做法、流程或程序**，并且加以记录，以便不断打磨、细化和改良。追求标准的方法，对结果的质量提供最大程度的保障，也有利于培训和传承。

最后，即便过程在不断地重复，但每个客户和每次场景都有它的特殊性，往往会需要一些特别的个人技巧，帮助从业者更有效地完成工作。从律师的说话逻辑、医生的手术窍门，到老师的辅导方式和演员的表情运用等，不同专业都有它对个人技巧的要求，在工作过程中起到润滑作用。

简单来说，操守代表个人行为准则，有所为，有所不为；知识是一切计划和决策的基础，所有行动的支撑；方法是指工作上科学严谨的流程和标准，决定了能否重复和保证质量；而技巧则是个人在执行过程中的"润滑剂"，可以提高每个行动顺利完成的机会。至于培训和资历认证，则更多的是用来对这四个方面进行强化和标准化的手段。

常见的B2B销售误区

曾经出现过不少真正出类拔萃的销售明星，其中有些人得益于早年在外企的锻炼，有些则是通过自己努力，悟出了其中的道理和方法。不过无论出身如何，真正优秀的销售人员身上都透射出诚恳的自信和热忱，她们的自信源于自身拥有的知识和有效处理客户关系的能力，她们的热忱反映着她们能够为客户解决问题的喜悦心情。

凭借他们出色的综合能力和热情，其中很多人最后都成了成功的职业经理人，在各种企业中担任高管甚至一把手；也有些人选择"下海"创业，将这份能力带到自己的企业中继续传承。

只可惜更多的B2B销售人员没有这样好的结局。有的人在"野蛮生长"中赢些单子火了一把，之后继续做销售或一线销售经理，然后退休。那些连处理关系能力都一般的销售人员，则只能随波逐流，从一家企业辗转到另一家企业，勉强地继续她们的销售生涯。这些销售人员中其实也不乏可造之才，只是当时没有得到正确方法和理念的传承和培训，便没法发挥出本来应有的潜能。

以人为镜，可以明得失。销售人员不能持续成功或成大器，背后肯定有其原因。回顾工作生涯，我经常听到一些颇有经验的销售人员分享她们的"工作信条或秘方"，我发现有些其实是来自她们因对销售工作缺乏全面了解而产生的错误看法。不能否认，其中一些观点听起来合理且令人信服，尤其是在某些特定场景中或者单独来看的时候，这些看法会显得合情合理，因此尝过甜头的销售们才会将其奉为指路明灯，以为这些便是销售工作的精髓和销售人员该有的做法。

我把其中典型的 20 条看法列出，目的不是要完全否定它们的作用，更多地是想说明它们单独拿出来，并不是成功的充分条件。这些看法很多都是达到成功所必要的条件，只是单独存在的时候却不足以带来成功。

我把这些看法归纳为 3 类：一是销售人员**对工作性质**的看法；二是销售人员**对工作中各种关系**的看法；三是销售人员**对具体工作内容**的看法。下面将和读者进行详细的探讨。

🔹 对销售性质的看法——"关系陷阱"

关于 B2B 销售到底是什么性质以及需要从业者具备什么能力，我们经常听到以下说法。这些说法的唯一性虽然从来没有被证实过，但很多从业者尤其是新入门的销售，为了急于找到"最佳实践"或者通往成功之门的钥匙，往往对这些说法深信不疑。

1. 销售的唯一工作就是赢单。

2. 销售成功的秘诀就是搞定人（或搞定关系）。

3. 销售人员就是要有口才和会说故事，务求说服客户。

4. 销售（工作）就是先把自己"卖"出去。

5. 销售人员就是要懂客户心理和具备高情商。

这些说法有一个共同点，就是都和"人"有关。无论是口才、心理、情商、说服等能力，还是关系处理，对销售工作的性质，始终强调的都是"人和关系"而忽略了销售的"事和内容"。

的确，要做好销售工作，需要处理好和客户的关系，并赢取他们的信任。但即便如此，如果没有足够好的产品、解决方案和条件，客户也不可能凭某个人的一己之力就给销售人员订单。试问又有多少客户会仅凭"跟销售人员关系好"就愿意把企业采购的决策完全向某个供应商倾斜？

同样，就算是销售人员能够口若悬河，在客户面前说得头头是道，但客户背后的决策流程却不是靠销售人员讲"故事"就能改变的。就算销售人员懂得客户的心理，也终究不能绕过客户的采购和管理流程。越来越多的案例显示，口才再好的销售也不能轻易说服客户，只有在聪明的客户自己想明白之后生意才会成交。

更有甚者，把销售过程中运用"人和关系"的能力推高到了"艺术"层面，认为人的沟通表达和关系处理技巧更接近于艺术，因而认为销售就是一门艺术。这种以偏概全的说法，听起来很悦耳，却对销售所需的理性和科学部分完全弃之不顾，绝对会把销售人员带偏。

这一切都说明，"人和关系"在销售过程中有其重要性，但销售的"事和内容"同样关键，所以销售工作的性质和能力要求也必须兼顾。

另外，一些从业者认为，销售的唯一工作就是赢单，这句话看似没问题，但很容易让销售人员"走火入魔"，因而它忽略了达成赢单的各种基本工作的作用。有些销售人员盲目追求赢单，最后变成走捷径，甚至以不道德、不合法的方法和手段去获得订单，最终落得悲剧收场。

的确，在过去，利用"人和关系"比"事和内容"更容易赢得订单，但这种客户与供应商之间的信息缺失和不对称导致的情况，随着科技发展，今天已不复存在。我认为销售人员的工作目标，应该是以供应商能提供的业务价值去满足客户的需要，尽量获得长期合作的机会，将客户的全生命周期价值最大化。

🔷 对销售中各种关系的看法——"钟无艳现象"

钟无艳是中国古代"四大丑女"之一，生于战国时期，虽然貌丑却文武双全，而且心系国家，因敢于进谏齐宣王而被封为王后，辅佐齐宣王。相传齐宣王有另一嫔妃夏迎春，和钟无艳刚好相反，相貌极美但什么都不懂。每当国家有难，宣王便求助于钟无艳；而当国家太平时，宣王便终日和夏迎春作乐。"有事钟无艳，无事夏迎春"便被用来形容像齐宣王一样的待人处世的作风。

销售人员受雇于供应商，以员工身份代表供应商向企业客户推广解决方案，在这个过程中，销售人员、供应商和客户三者的关系其实并不复杂，**只要三者之间能够各得其所，自然就能保持良好的销售关系**。不过销售人员在日常工作中的一些言行举止，往往不自觉地透露了她们的内心如何看待这个"三角关系"。下面这些看法是这些年来我在与数以百计的 B2B 销售人员的接触、交流、业务汇报和拜访过程中听到和看到的。

6. 以"客户就是上帝"之名驱动供应商内部工作，认为客户说的事情永远都是真的。

7. 认为供应商的老板只关心销售人员是否成单，对其他业务目标无所谓。

8. 当在客户面前遇到难题时，向客户埋怨得不到供应商和老板的支持。

9. 把客户变成自己的"资源"，提升个人价值。

10. 不愿意、不应该、不需要让供应商老板知道太多客户的情况。

11. 老板应该利用关系帮助自己，但尽量不要让客户直接和老板见面。

12. 认为能够赢单大部分是个人能力和领导力的结果（忽略团队贡献）。

13. 认为输单的原因主要是"别人"的问题（价格高、得罪人、技术不行、产品不好、竞争对手太强等）。

解决问题时，人类的本性自然会选择最容易和简单的路径，当销售人员发现供应商老板和她们一样都很重视客户时，"客户就是上帝"这句话就变得非常有用，几乎在任何情形下销售人员都可以将其拿出来做"挡箭牌"，特别是回到供应商内部商讨资源分配的时候。因利乘便，有些销售人员甚至把客户说的话奉为真理，连分析和判断都节省了。这种情况屡屡在供应商内部讨论客户的需求，以及谈判过程中出现。

在许多销售人员的认知中，帮助客户实现利益最大化，也是帮助她们赢单的最佳手段。但是，站在销售人员身后的供应商老板，既要付出销售人员的工资，还要提供奖金和提成去激励她们，但却没有享受到销售人员同等的"待遇"。这些销售人员高兴地拿着供应商的提成，去做将客户利益最大化的工作，但是在过程中根本不了解甚至不关心老板想要什么。她们以为只要能签单就好了，却不考虑供应商的利益所在，更遑论去帮助老板实现价值最大化，或者取得三方的平衡了。

有些极端的销售人员担心客户会因为自己保护供应商的利益而不接受自己，当碰到客户的问题时，反而会在客户面前抱怨自己东家，甚至联手客户去做损害供应商利益的事情。其实在大多数情况下，客户心里非常明白大家各为其主，能够尊重销售人员的立场，只要合理公平即可。相反，在客户满意的时候，我们又会经常看到另一种情况，销售人员把本来是供应商或团队的功劳，都揽到个人身上，借此赢取客户对自己的信任，甚至把客户变成自己的个人资源（跳槽砝码）。

更有趣的是，很多销售人员还不太愿意被老板"管"，跟老板说到客户的情况时，总是喜欢留一手，对于有些关键的事情，如果老板不问或者问得不够仔细，销售人员往往都不会主动说起，除非是销售人员对老板或供应商有所要求。同样，当老板主动提出拜访客户帮助推动销售进程时，销售人员并没有表现得高兴都来不及，反而是显得非常谨慎，美其名曰"想要更有把握时才请老板出面"，实际上更多是担心在客户面前暴露自己对局势控制不足，而不懂得利用把老板当作资源使用的机会。更有甚者想要通过把控客户情况，来在老板面前换取更多的好处。

这也反映出另一个问题，就是有不少销售人员以自我为中心，认为成功更大程度与自己的能力有关。她们往往在赢单时突出自己，而在项目失败复盘的时候，把失败的原因不自觉地归到别人头上去。

有的销售人员会把一个客户、供应商和销售自己三方本当平衡的关系，**掰扯成一个客户和销售自己"强"而供应商"弱"的失衡关系**，甚至在有需要的时候，"挟天子以令诸侯"，让供应商承担和付出更多（例如折扣优惠或接受更优惠条款），颇有当年齐宣王的"有事钟无艳、无事夏迎春"的味道，我把这类误区统称为**"钟无艳现象"**。

📦 对销售工作内容的看法——"兔子心态"

目前，B2B 销售这个职业没有统一的体系和传承，销售人员如何做好自身工作全凭各自的看法，但总体来说，我观察到大多数销售人员都有个简单的假设，那就是既然销售的工作是面向客户的，最重要的事情就是"见客户"了。于是很多销售人员以此作为工作的重点，并且围绕它来规划她们日常的工作内容和方式。"见客户"本身没毛病，围绕客户来开展工作也没有问题，但有些销售人员想得过于简单，认为除了见客户之外，其他的事都不重要或可以忽略不计，以至出现下列问题。

14.（销售人员）应该天天"泡"在客户那里。

15. 不应该/不需要花时间做文案和系统更新工作。

16. 都认为自己脑子好使，况且"就那么点事情，什么都记得住"。

17. 自以为对商机的局势和关键点很了解，但往往丢三落四（尤其是商机多的时候），很多重要的信息缺失，导致在赢单和竞争过程中出现被动情况。

18. 预测不准确不是销售人员的责任。

19. 以"尽力而为"为名，没有对业务目标达成的承诺负责。

20. 认为商业谈判中赢单的关键就是谈价格（折扣）。

和客户见面固然重要，但在见面之前需要确定目的。需要什么？如何预备？策略是什么？是否需要沟通？如何保证内部一致？这些都需要计划清楚。在见面之后，需要归纳所有结论和行动，包括如何跟进、如何决策、是否能记住计划的步骤并且妥善分配任务等。与客户会面只是销售工作的冰山一角而已。

这一切除了和客户见面那点时间需要用上嘴巴和耳朵之外，还需要在其他环节把大量的脑力和精力花在资料收集、分析、文档记录等工作上，以及用于讨论、沟通、协调这些内部沟通的工作，而这些工作很多是不能在客户面前处理的，因此，光是在客户面前晃来晃去是没有用的。

不过幸运的是，客户其实并不需要销售人员长时间在他们面前，他们更注重的是她所占用的每一分钟时间都是有价值的，反而"关系型"销售人员盲目追求占据客户时间，以为她占满了客户的时间，竞争对手就无法接近，这种方法有时候会适得其反，这种情况近年来愈发明显。

除了处理客户直接提出或要求的事情要保持热情之外，还有许多其他和业务相关的工作和责任却经常被销售人员忽略。这些事情无一不关系到业绩和提成，自然也是销售人员的责任。可是订货、交付、收款等工作往往会被销售人员觉得"无聊"，而说到销售预测和承诺时她们又退避三舍，把销售人员应承担的责任变成了"帮老板的忙"和"别人的事情"，出了问题时只会支吾以对或者干脆"沉默是金"，着实令人生气。

可能出于类似原因，我还常观察到一个习惯，有些人认为销售工作内容比较简单，或者只要关注客户就好，便不喜欢做文字记录。销售人员最常用的客户关系管理系统的记录大多时候是不完整或过时的，而每当老板要求销售人员更新系统记录时，销售人员多数是被动响应的。在内部沟通之时，销售人员喜欢用嘴巴来说，由于没有文档（或者只有粗糙的记录），很多时候销售人员自己忽略了很多细节，客户情况也说不清楚，对销售成单的预测自然也就讳莫如深了。

这让我想起"龟兔赛跑"故事中的兔子，因为缺乏对赛跑（工作）的理解和敬畏，把事情看得过于简单，而导致错失良机，被别人赶超。这种**兔子心态**出现在 B2B 销售中，将无可避免地削弱企业的竞争能力。

真正专业的 B2B 销售人员，能够完美融合"关系"和"知识与方法"，并且把它们应用在解决客户问题之上。销售工作的成功，只能是销售人员将多方面条件和因素，通过努力成功逐步积累的最终成果，从来没有一蹴而就的神话。我希望本书的内容可以为读者尽量全面地勾勒出一个完整而专业的 B2B 销售工作。

B2B 销售的本质

B2B 销售是什么

真正的 B2B 销售是什么呢？B2B 销售人员的工作又是什么呢？ 为了帮助刚入门的销售人员，我从最基本的 B2B 销售概念说起。

一言蔽之，**B2B 销售是指供应商为了说服企业客户接受和使用它提供的解决方案所实行的有关商业活动，其目的是满足企业客户的业务痛点、需要和需求。作为交换，企业客户愿意向供应商提供相应的商务条件作为获得解决方案的报酬，用以满足供应商的业务目标**（详见图 2-1）。

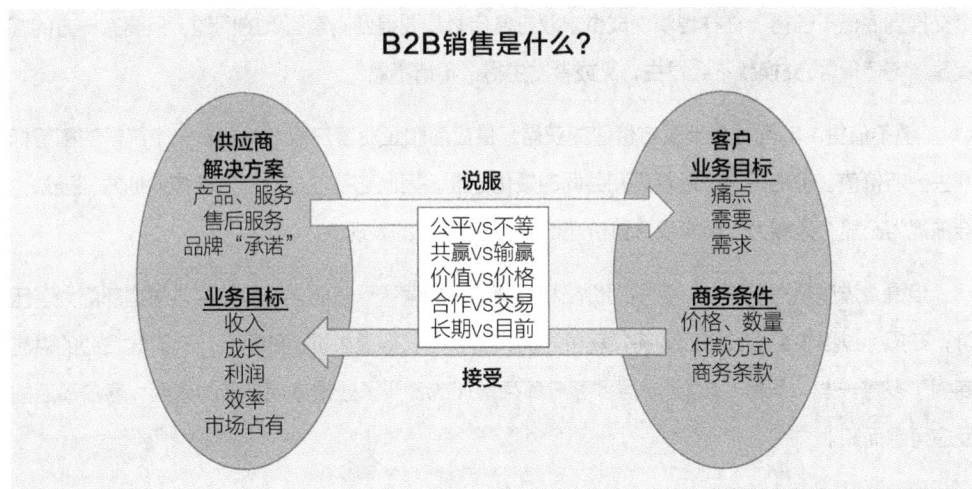

B2B 销售是什么？

供应商
解决方案
产品、服务
售后服务
品牌"承诺"

业务目标
收入
成长
利润
效率
市场占有

说服

公平 vs 不等
共赢 vs 输赢
价值 vs 价格
合作 vs 交易
长期 vs 目前

接受

客户
业务目标
痛点
需要
需求

商务条件
价格、数量
付款方式
商务条款

图 2-1

这是对 B2B 销售最单纯的定义，其中具有 3 个有趣的特点。

第一，它是**动态**的，因为它是一个由不同的商业活动组成的过程，而且受到多方面外部环境因素的影响，结果难以预料。同样的活动在不同环境中可能产生截然不同的结果，所以要想销售成功，精密的部署和严谨的执行都必不可少。

第二，这个过程描述了供应商和企业客户之间**的依赖关系**。在这个过程中，双方既是价值的提供者，也是价值的获得者，互相满足对方的需要。只不过在现今的市场环境中，大多数行业都是供过于求的买方市场，因此供应商为了竞争，便更加主动。实际上，在现代管理中，企业也开始在采购行为中争取主动，采购职能（部门）逐渐完善，因而相应的行为和管理流程规范，也逐步成为需求方的一个重要特质。

第三，双方认定自身企业**业务需要能够得到满足，才会做出交换**。B2B销售是为企业的目标服务，而不是其中的任何一个人。这看似老生常谈，但在商业发展历史中，企业和个人之间的利益时有混淆（有意或无意），有必要在这里强调一下。

从以上的定义和特点延伸，在这个动态环境下，在参与销售过程中的活动时，双方的关系会因为接触产生信任（或不信任），而信任程度又会影响这种关系的性质和持久，要么是**一次性的交易，要么是长期的合作**。

而当双方讨论到业务价值的认定和交换时，**公平与否甚至是谁赢谁输**必然成为关注点，"这个交换到底值不值得"往往也演变成供求双方各自必须要得到满意答案的问题。只要有一方的答案是"不值得"，交换就不会发生，又或者发生得"不情不愿"。

"值不值得"的问题牵涉双方价值的获得，供应商和企业客户双方需要有一个统一的衡量标准去判断价值。价格是一个最直观和共同的量化标准，因此它往往成为双方聚焦的地方，经常也会被视为凸显个人能力（买卖双方讨价还价的"胜负"）的表现。

但是，过度聚焦于价格，会引起价格和价值的严重偏离。有时候强势的买方采购部门为了压价，在招标过程中会导致供应商将货就价，而失去自己获得最大价值的机会；有时候贪心的供应商为了多赚一些，不惜"超卖"，导致客户库存增加或者买了些根本用不着的东西，客户事后的反应可想而知。

所以要想销售过程成功并让客户满意，**不能只关注价格的高低，还要让价格和价值尽量画上等号**。销售人员要想赢单，甚至卖出好价格，必须把价值说清楚。反观那些只会利用价格做文章（回到公司要求折扣或虚高价格）的，永远不会成为真正成功的销售。

总而言之，任何成功的 B2B 销售行为一定包含 5 个本质属性——**公平、共赢、价值、合作和长期**。

🔷 B2B 销售的 5 条基本原理

有趣的是，在供应商和企业客户的合作过程中，会自然和自动地为这五个属性寻求平衡；就像扔得再高的东西，始终会掉落到地面。

为了方便大家理解何为 B2B 销售和其背后的逻辑，我总结了 5 条原理，把 B2B 销售归纳为供求双方在销售过程中为了要达到公平、共赢、价值、合作和长期的平衡，自然做出的反应。这几条原理主宰着销售双方的关系是否成功和持久，不过如果任何一方做出过于出格的反应，这个平衡就会被打破，就像火箭冲出了大气层，再也不受地球的引力影响一样。明白这些原理，销售人员便知道如何发挥她的作用。也只有在达到平衡的情况下，双方才会得到满足期望的结果，B2B 销售才会真正成功。

1. B2B 销售（采购）行为是客户和供应商之间价值交换的过程，其目的是要满足双方各自的业务目标和需要。

- 客户得到的价值，取决于供应商提供的解决方案是否能够满足业务痛点或需要，而价值的大小取决于痛点或需要对它的业务影响的大小和满足的程度，最后还要减去客户需要为之付出的有形/无形的成本。

- 供应商的业务目的是逐利，提供解决方案是供应商逐利的手段。供应商得到的价值来自客户愿意为获得解决方案付出的有形/无形的成本，而价值的大小取决于客户为该解决方案付出的有形/无形成本减去供应商所要付出的有形/无形成本后的差值。

- 信任是这个交换过程中产生的副产品，双方会因为业务目标和需要得到满足而建立信任。如果任何一方的需要未被满足，交换可能停止，不信任也可能同时出现。

2. 客户和供应商各自目的都是追求价值最大化，同时希望减少为之付出的代价。由于能让双方的成本节省和净价值提升的空间更多，长期合作比起一次性交易会更有利于双方达到价值最大化。

- 解决方案的交付是价值最大化的重要部分。交付不顺利会导致双方有形/无形的成本上升，净价值（业务价值减去有形/无形成本）降低。

- 一旦净价值变为负数，这时候有问题的一方会使用各种手段试图恢复到原来的价值水平（供应商可能使用增售、交叉销售、改变交付物或重新谈判等方式；客户则可能使用主动投诉、重新谈判或引进竞争对手等手段）。

- 如果这些手段失败，合作就可能出现各种"烂尾"的情形；相反，如果双方对交付结果满意，产生的信任将会促成后续的合作，并让后续合作的成本下降。

3. 客户和供应商的成功关系必须是公平和共赢的，否则无法维持长期合作和达到价值最大化。

- 短期价值交换中可能出现不对等的结果，这时候获得较少价值的一方，会使用各种手段试图重新达到平衡状态（供应商可能使用增售、交叉销售或重新谈判等方式；客户则可能使用主动投诉、重新谈判或引进竞争对手等手段）。

- 如果这些手段不能使价值重新达到平衡状态的话，一方将会失去合作的兴趣，甚至产生寻找替代者的念头。

- 道德诚信行为能建立企业之间的信任，可以减少短期交换中出现价值不平等的机会，或者降低因为价值不平等而带来的不良影响，是双方从一次交易变成长期合作的重要催化剂。

4. 在短期价值交换的过程中，以下一个或多个原因都可能导致客户和供应商出现短期的价值不对等，包括：货不对版、条款分歧、竞争诱导、双方流程矛盾、个人动机影响、双方沟通障碍等。

- 供应商交付的解决方案和客户的期望不对等（无论出于什么原因）。

- 双方对商务条款的解释或执行有偏差，造成价值或成本的变化。

- 竞争对手的出现干扰并打破了客户和供应商之间短期的价值交换平衡。

- 双方对各自流程的认识不一致，从而产生短期的矛盾。

- 个人/个别部门代表的利益价值诉求和其所属企业（供应商或客户）不一致。

- 供应商和企业客户双方或其中一方对自己想要获得和愿意付出的条件表述不清楚（包括故意或非故意的动机）。

5. B2B 销售人员的成功只能建立于客户和供应商之间的成功关系之上，她的价值体现在价值交换过程中，避免任何价值不对等或变为负数的情况出现，并在情况出现时尽快促成双方回归

平衡状态。

- 销售人员对客户业务目标、痛点和需要的准确理解和引导，在很大程度上影响着解决方案的价值。

- 客户在想通之后接受供应商的解决方案，比起销售人员"硬销"解决方案，更有利于对解决方案价值的强化。

- 销售人员过分放大自身的价值和作用，容易造成客户和供应商之间价值出现不对等（通常是降低供应商的价值）。

以上原理解释了 B2B 销售过程的真正含义和销售成功的必要和充分条件，从本质上确定了销售人员的定位，也阐明双方以不同的条件去获得商业价值最大化的意愿和目的。

最有利于双方价值最大化的做法是达成长期合作，因为交易成本会随着交易的增加而减少；至于能否长期合作则视乎能否通过公平和共赢建立信任，以及减少因为不同原因引起的短期价值不对等情况。

这些原理虽然不能通过实验百分之百重复证实，我也没有通过数学模型对其加以证明，但它们是我数十年的经验总结，虽然不一定放诸四海皆准，但相信应该具有一定的适用性。

理解了销售本质和原理后，销售人员就不难决定，该从哪里入手去服务客户、怎样促成供应商与客户合作，以及如何看待和维护客户关系。就好像第 5 条所述，我希望以此引领销售人员思考自己的定位和工作重点，在职业发展的路上搞清楚方向，获得客户、供应商和自己都满意的销售成果。

销售人员的"桥梁"角色

这些原理告诉我们，在单个企业客户层面来说，销售人员要想成功，需要在联通客户和供应商而展开的商业活动中，让双方认同价值的交换，尽量做到公平和共赢，从而建立良好的长期合作关系，使双方价值达到最大化。

在这关系中，销售人员就像是**客户和供应商之间的一道"桥梁"**。对外，她代表供应商，对内，她代表客户。这道"桥梁"既要满足那个**发工资给销售人员的供应商**的业务目标，为它争取合理的商务条件；同时又要对客户的痛点和需要了如指掌，然后把解决方案的价值传递清晰，为客户接纳。

"桥梁"的角色，说起来简单明了也很合理，做起来却特别困难（详见图2-2）。

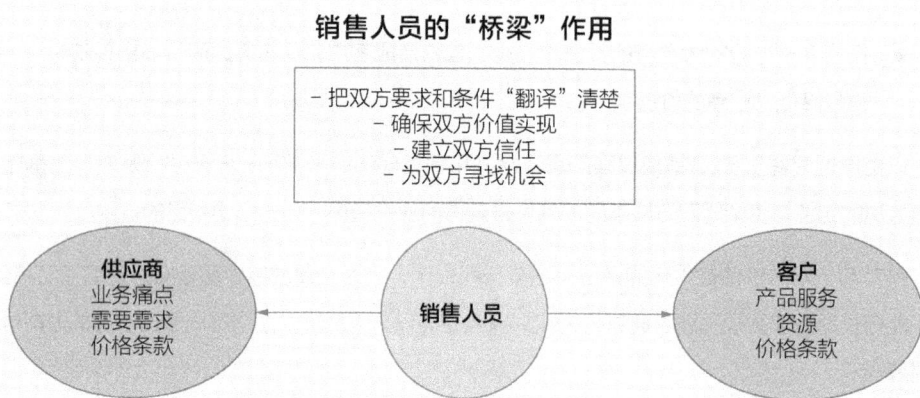

销售人员的"桥梁"作用

- 把双方要求和条件"翻译"清楚
- 确保双方价值实现
- 建立双方信任
- 为双方寻找机会

供应商
业务痛点
需要需求
价格条款

销售人员

客户
产品服务
资源
价格条款

图2-2

毕竟，谁都知道客户是付钱给供应商的那位"贵人"。扮演过"桥梁"角色的销售人员，肯定都有过被客户和供应商夹在中间而犯难的经历。在现实里，货不对版、言过其实、交付不力等客户投诉我们屡屡听到；而另一方面，价格太低、条款太严、收款太慢等发自供应商企业的抱怨也是不绝于耳。这就让夹在中间的销售工作真心不易做好，销售人员需要"忍辱负重"，任重道远。

但这正是考验优秀B2B销售的关键所在。来自客户和供应商的双重压力，又或者是为图一时方便走捷径，一不小心就会让销售人员被各种误区带偏，把"桥梁"的重心倾向于某一方，造成关系的不平等，影响长期合作。

所以真正专业的销售人员，要认真思考和清楚认识"桥梁"的角色。**遇到很大的客户，优秀的销售人员不需要阿谀奉承；碰到再小的客户，她也不应该轻视。**而不管供应商和客户谁的体量更大、地位更高，销售人员的本职工作都是要维护供应商和客户双方平等的利益，避免某一方成为"憋了一肚子气"的输家，不能为了一次交易而破坏长期合作的基础。

销售人员还要不断认清自己的定位，时刻注意自己的言行，就算做不到左右逢源，至少做到有礼有节，以公平和专业的态度面对，就算客户和供应商最终不能合作，依然不失供应商的名声和销售个人的职业尊严。**销售人员更不能把个人利益置于供应商和客户之上，否则离失败就不远了。**

销售人员要扮演真正的"桥梁"角色，把客户和供应商有效关联起来，需要发挥好以下 4 个作用。

把双方要求和条件"翻译"清楚

销售人员的"桥梁"工作之一，**是负责客户和供应商之间各种信息的传递和接收，这是双方价值交换能否达到共赢和达成协议的重要基础**。任何传递或接收的失真和遗漏，无论是有意还是无意的，都可能导致失败。

对于供应商来说，它为客户提供解决方案和创造价值，而它要求的条件是相应的价格和条款。这时候，从了解客户的痛点和需要开始，到把供应商的解决方案完整呈现，销售人员需要充分聆听，然后准确无误地传递各项重要的功能、价值和供应商的商务条件信息给客户，并且加以论证，促进客户理解并采纳。

对于客户来说，它提供的价格和条款被供应商视为价值，而要求的条件就是要获得相应的解决方案。同样的，销售人员也要准确无误地了解客户各项重要的需求、决策/采购流程和客户的商务条件，并把它们传递给供应商，帮助供应商决策。

这里不得不提到销售人员在商务谈判中的重要性。价格就不用说了，几乎每个销售人员都重视最终成交的价格，甚至很多时候为了促成协议，更多倾向于满足客户对价格的要求（尤其是在有竞争的情况下），而不是想办法客观地论证解决方案的价值和价格的合理性。

与此同时，很多缺乏经验的销售人员对各种商务条件，尤其是双方的验收条款和付款周期等不够重视，以为只要价格谈好了，协议就可以落实，没有意识到其他商务条件对双方的重要性，甚至很多时候这成了交易谈不拢的原因。

供求双方的价值和条件刚好相对和互补，问题是能否互相满足对方要求。这中间要求的**不单是销售人员听和说的能力，还需要她拥有强大的"翻译"能力，能够分析和判断出很多文字和信息背后的真正意义**。有些客户是碍于公平原则，不能把采购情况和盘托出；也有些客户就是喜欢让销售人员猜测，故弄玄虚，企图保持其主导地位。

这样就给貌似简单直接的"桥梁"工作增加了数倍的难度，尤其是对缺乏经验的销售人员而言，她往往容易接受表面的信息，一不小心就会被误导。当然，也有一些有经验的销售人员，有时候会过分解读双方的意图，导致真正的意思被曲解，造成传递失真。

⬢ 确保双方价值实现，促进长期合作

销售人员在供应商和客户之间斡旋，精准的信息传递加上理据十足的论证，能够成就协议的达成，但这并不能保证双方合作成功。任何企业最终都是看结果的，任你说得天花乱坠，甚至是付诸合同上的承诺，都不如双方真正从协议中获得货真价实的价值。只有双方价值得以实现并带来业务上的好处，才会产生持续合作的动力和可能。

所以销售人员必须真心为客户价值和满意努力，工作不能只停留在嘴巴上，也**不能以协议的签订作为任务的终点**。真正的成功，除了让客户相信解决方案能满足其需要之外，还要顾及客户的交付（安装、实施、验收等）过程是否顺利，以及得到的解决方案和体验是否和对协议的理解一致，三者缺一不可。

虽然具体的交付工作一般会由供应商的其他团队完成，但是销售人员作为"桥梁"，需要本着对客户负责的精神，在不同阶段中跟进和协调各种问题，不能把这些工作交给团队其他人后弃之不顾，更不能在遇到困难时在客户面前把"锅"甩给同伴。

同样，销售人员对供应商的价值保护，有着举足轻重的作用。就算是价格和商务条件都已经在谈判时达成了协议，销售人员还需要在后期的交付阶段，确保验收和付款等各种条款被充分遵守，使得供应商的价值得到充分的实现。事实上，在竞争激烈的环境中，供应商的利润往往来自项目最终验收后的尾款。

有些原则性不强的供应商，在投标时为了赢单不惜答应各种条件，到了交付时却不愿意兑现承诺，不断寻找机会重新修改价格或条款；也有些强势的客户，在招标时定下了需求，到了交付时却临时增修，要求供应商在不改变价格的情况下满足其新的需求，又或者借故克扣尾款。这些例子屡见不鲜，给销售人员的工作带来很大挑战。

无论出于什么原因，如果没有办法收到协议的全款，供应商的利益（价值）就会受到重大的影响；如果没有办法完成交付，客户的前期投入也会泡汤，这样的情况对双方都无益，使往后的合作无法继续下去。销售人员必须步步为营，从接触开始时就小心把控，在整个赢单和交付过程中不断观察做好防范。

确保双方能在合作中实现彼此祈求的价值，是销售人员的"桥梁"工作之二。

建立双方信任，奠定合作基础

众所周知，信任是一切合作的基础，供应商和企业客户之间的合作自然也是一样。双方的信任可以强化所有交流中信息的可信度（credibility），同时削弱竞争对手的潜在影响，大大提高彼此的互相认同。

还有一种经常发生的情况，是买卖双方坚持各自的企业流程，导致双方谈判或交付停滞不前，这时候如果彼此有一定信任的话，就算是出于某些原因某一方觉得吃亏了，也可能会暂时退让使合作得以继续。因此，信任是交易的润滑剂，交易做多了，信任增加了，长期合作的基础也就有了。

然而，供求双方之间的信任能否建立起来，没有说的那么简单，没有销售人员这道"桥梁"，供应商和客户对彼此来说可能只是一个名字而已。在这个过程中，销售人员扮演着至关重要的角色，因为客户和供应商需要在**同一时间相信销售人员**能够解决他们各自的问题。各得其所，他们彼此之间的信任才能建立，只要某一个环节或者关键时刻出了状况，就可能影响彼此的合作。

这里提到的销售人员跟客户和供应商之间的信任，**不是基于私人或个人关系（送礼、吃饭等），而是在企业层面上**，基于客观事实的沟通（无论是功能、价值还是条款等）、重于承诺的诚信行为，和处处为客户或供应商的利益尽力斡旋所赢得的信任。

问题是这种信任理所当然只能建立在供应商和客户对销售人员的个人信任之上，这很容易让销售人员不自觉产生误解，以为这种信任是销售个人的财产或资源，可以把客户从一个供应商那里带到另一个供应商（例如跳槽时）那里，因而对自己的能力产生错误估计。这种误区在销售人员中极为普遍，有时候还会对供应商和客户之间建立信任造成障碍。真正专业的销售人员，需要以无私和专业的态度去成就双方的信任。

不能否认，客户的个人动机必然存在，只要是合理的、和企业业务目标不矛盾的（例如工作绩效、发展前景等），而且会对双方企业的合作有所帮助的，销售人员都应当在赢单策略中予以考虑，适当促成。

同样，有时候就算商务谈判的结果不如人愿，客户或供应商企业无论谁看在眼里，都会心明如镜，不会责怪销售人员。没有这种销售人员通过自身专业行为带来的信任，客户和供应商之间的信任是不可能建立的，所以建立和维护企业间的信任是销售人员"桥梁"工作之三。

🔶 为双方寻找机会，追求价值最大化

有了第一次的成功交易，双方期望的价值得到实现，信任也开始建立起来。这时候，销售人员的"桥梁"工作之四，就是要**为双方寻找更多的合作机会，追求双方在关系中价值的最大化**。相同的客户和供应商之间，除了已经买卖过的解决方案之外，还会有其他相关的东西吗？ 同样的解决方案，又是否有更多持续的需求呢？

很多人都听过"获客成本"（Customer Acquisition Costs，CAC）这个词，也自然明白供应商花费在获得一个新客户上的成本（包括费用支出和人力资源等）要比和一个老客户继续做生意高出数倍。这当中的原因其实很简单，因为很少有客户会对某类东西只采购一次，绝大多数都会产生复购（续约）和增购（扩容），或者购买相关联的产品和服务，供应商自然希望是近水楼台，甚至觉得是"半熟的鸭子，飞走就太可惜了"。销售人员在开拓这些机会时，由于有了之前的信任，各种有形/无形的成本自然相对较低，胜算也会更高。

同样的道理对于客户来说又何尝不一样？ 现代企业（尤其是上市和稍有规模的企业）的采购管控和流程越来越严格，要选择一个合格的供应商往往需要层层筛选，除了招标费用之外，还有跨部门的协调和大量的时间，成本不可谓不大，所以一旦被客户选中而且后续取得了良好的合作的供应商，客户一般都不愿意更换。

只要前期的合作顺利，双方企业继续展开长期合作是顺理成章的事情，销售人员必须要明白这个基本的道理，机不可失。销售人员要做的，**就是在之前建立的良好基础上，不断地挖掘与客户有关的痛点和需要，跟供应商的所有解决方案进行匹配，为双方寻找更多合作的机会**，周而复始，生生不息。这其实也正是B2B销售工作中最好玩、最需要创造力和想象力的地方。

早期的销售人员，主要是为生产供给和需求提供匹配服务。在物资匮乏和品类简单的年代，销售人员找到"关系"之后，只需要介绍产品和报价。时至今天，市场竞争愈发激烈，客户的知识水平和企业管治早已与时俱进，各种信息的透明度也相继提高。

单靠"关系"已然不够，知识成了新的销售"武器"。B2B销售人员要做好"桥梁"的角色，必须不断学习并且把各种知识（包括市场、行业、产品、竞争等）应用在复杂多变的"关系"上，

才能赢得客户信任。

B2B 销售的"个体户"心态

从本章开始，我一直反复提到"供应商"这个词，给人的感觉仿佛销售人员和供应商不是同一家人。大家可能会纳闷，明明销售人员是供应商的员工，为什么我要分得那么清楚。的确，我在思考现代 B2B 销售的问题时，有意把销售人员、供应商和客户分成 3 个主体，因为只有这样才能突出它们之间的关系（尤其是销售人员和供应商），希望大家在看完这一章后，会认同我的看法。

销售人员代表供应商向企业客户提供服务，这是三方之间最基本的关系。面对单个客户时，销售人员要做好"桥梁"工作，促成长期合作，追求客户和供应商双方价值最大化，这是销售人员的基本定位。

而当销售人员要代表一家供应商面对市场上众多的客户时，光是扮演"桥梁"角色并不够，她还需要掌握所有客户的情况，通过整体管理才能达到交易双方价值最大化，这时候销售人员需要兼备"个体户"的心态。

在我的职业生涯当中，每当我碰到优秀的销售人员时，我都会想起那些在 20 世纪 80 年代带活经济的个体户。他们以头脑灵活、善于洞见、勇于尝试、乐观勤奋、坚忍不拔、能屈能伸和细致用心见长。最重要的是，在从无到有的成功过程中，当别人看到困难时，他们能看到机会。他们相信机会，深信多劳多得，加上用心经营，就可以获得比别人更多的回报。

个体户是什么？首先她是一个做生意的商人，同时由于只有自己一个"员工"，她需要身兼数职，既要做销售照顾客户，又要和供应商打交道，在"进、销、存"之外还要看好财务账本，以免入不敷出，血本无归。可以说，个体户是一个具有多种能力的商人。

什么是"个体户"心态？简单来说，一个销售人员具备"个体户"心态，便意味着这个销售人员在业务过程中，思考问题的角度和个体户一样，行动的方式更像一个商人，而不是一般的"打工者"。这件事情说起来简单，实际上对很多职业的销售人员来说都是一个不小的挑战。

销售人员要想成为长盛不衰的"金牌销售",除了有超强的"单兵作战"能力,能够照顾好个别客户外,还要具备良好的业务管理能力,而个体户正好就是这样的角色。**个体户的成长经验,也许可以为B2B销售人员找到一条出路(详见图2-3)。**

销售人员要具备的意识

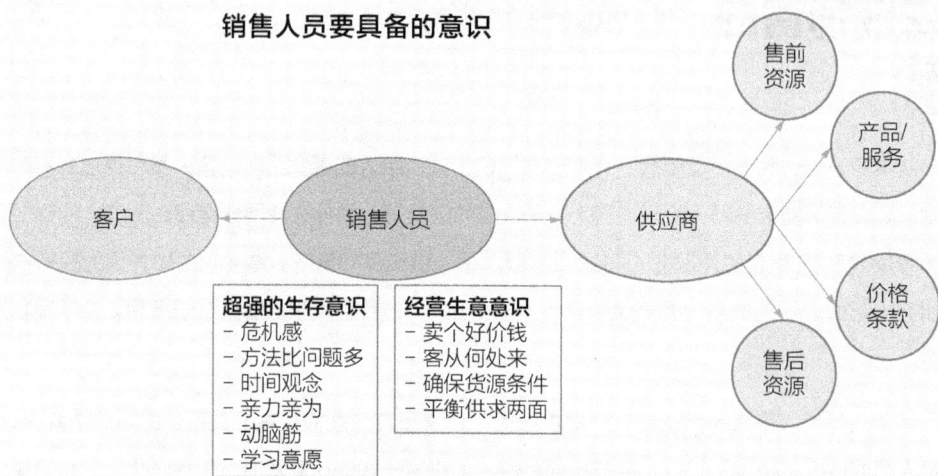

图 2-3

眼下各行各业的竞争已经进入白热化阶段,B2B销售也需像个体户一样,率先改变,不管是"笨鸟先飞"还是"早起的小鸟有虫吃",有了个体户成功的经验,愿意先行一步的B2B销售应该能在未来的事业中发展得更快。

那么个体户到底是怎样思考的? 在我的观察中,**个体户有两方面的意识绝对是独一无二的**,值得B2B销售人员从中借鉴。

🔷 超强的生存意识

个体户的本质是商人,虽然手下无兵无将,但从心态上来说一直都把自己看成老板。她们将自己的命运掌握在自己的手中,意见可以听别人的,但判断总是自己做,决定从不交予旁人,也不会等待别人告诉她们需要做什么。**自主**是个体户的一个重要特质。

虽然自主,但是个体户手上掌握的资源有限,生存空间非常狭小,一不小心就会被凶险的市场大浪吞噬,所以个体户的**生存意识**特别强,对身边的环境变化异常敏感,对潜在风险的防范性甚高，往往身边稍有风吹草动，都会引起个体户的注意并做出行动反应。

由于体量不大，就算是做得不错的个体户也都会时刻感到不安全，甚至觉得自己一直踩在死亡线上，只要稍有不慎便可能全军覆没。这种**危机感**始终陪伴着个体户的发展，驱动着她们的决策和行动。

正因为如此，个体户做事风格通常直接，遇到困难会直面问题，不装糊涂也不推卸责任，总认为**方法比问题多**，遇事以寻找解决方法为目的，就算过程中需要婉转表达也不会过分绕弯，因为如果问题没有得到解决，带来的后果很可能是她们不能承受的。

个体户的**时间观念**特别强，因为手上的大部分资源都比别人少，只有时间这项资源与别人一样多。她们的工作是多劳多得的，所以做事的速度很快，为了节省时间，不愿意假手于人，但是她们节省下来的时间不是用来休息的，而是尽快处理其他事情。能够今天做完的事情，个体户是不会等到明天再处理的。**勤奋和亲力亲为**能让她们在相同的时间里，完成更多工作。

同样是出于生存的原因，个体户不仅做事要比别人勤奋、快速和直接，脑子还要想得比别人多，转得比别人快。在她们的世界里，主意都要自己拿，除了自己，没有人会关心或者告诉她们怎样可以挣到钱。卖的究竟是什么？解决什么问题？货物从哪里来？客户去哪里找？这一连串的问题都需要想清楚，**动脑筋**做出策略和计划，然后执行这些行动，才能获得结果。

个体户需要了解的东西范围很广，从市场、行业、产品、竞争等，到个别客户、供应商、行情，甚至是财务、会计、心理学等，虽然不一定要在这些方面都成为专家，但是能综合运用如此之多的知识，绝对是另类的专家。而且随着时间推移，这些信息还会不断更新，个体户如果没有**学习意愿或者一定的学习能力**，很难跟得上生意的需要。

虽然B2B销售人员上有供应商这座"靠山"，身处的环境不如个体户般"凶险"，但是正如前文提到过的，它们两者之间具有很多相同之处，个体户赖以生存的优良品质，也已经证明能让她们先富起来，B2B销售人员想要适应未来的竞争的话，也应当从她们身上学习这些宝贵的生存意识。

超强的经营意识

个体户既然是商人，对于买进（或自行生产）卖出的生意经营自然是一把好手。和B2B销售不一样的是，为个体户供货的供应商通常不止一个，而客户数量一般也比较多，个体户规模虽然极小，但是麻雀虽小，五脏俱全。她们需要操心诸多经营问题，因此也锻炼了她们做生意的能力。

1. 卖个好价钱，起码不亏钱

和打工者不一样，个体户最看重生意是否能赚钱，利润意识超强。在一般情况下，当然应该是卖得越多，赚得越多。遇到货物销路好的时候，个体户会严守折扣率，务求多赚钱；如果货物价格被压得太低，无利可图甚至亏本，个体户会毫不犹豫地拒绝交易。她们心里有一本很清楚的账，除了解成本之外，也知道同样的货，能够从别人手里赚到多少钱。当她们遇到货品不好销售的时候，又会当机立断，割价求售，把亏损降到最低，追求最大限度的现金回流。在她们心中，利润的地位最重要，利润保不住就保住现金流，至于销售数额，只是为利润和现金流服务的手段而已。在她们心中，**有钱赚**才是她们追求的目标。

2. 客从何处来

个体户做买卖，肯定会想好客源（无论科学与否），客源定下来，个体户就会开始定计划，思考到底要多少客户指标才能保住成本。她们会思考如何找到客户，哪怕是在市集大街上开门店迎接客流，或者是拿着皮包追着一个个客户跑，她们都会**按部就班地去执行计划，随机应变地调整具体细节**。她们会从市场反馈中快速反应，尽最大努力去建立起一套有效的生意模式和策略。虽然不免粗糙，她们对"领地"（territory）和"目标"的管理意识绝对不含糊，因为这是她们的生存命脉。

3. 确保货源条件

和B2B销售人员不一样，个体户的货源并没有保证，同一家供应商可能向很多个体户供货，所以对个体户来说，保证稳定的货源供应十分重要。万一遇到紧俏的好产品，如何取信于供应商去获得货源保障，更是个体户拼命要做到的事情。

在任何时候供应商肯定更愿意和靠谱的个体户做生意，这里牵涉的问题不只是拿货的价格和数量，还有付款条件、时间（货期）和其他细节（如退货、运输等）。明白这些需要，个体户如果能够向供应商提供更好的条件，而且信守诺言，自然更容易得到供应商的信任。

个体户与供应商相处得好，会对自身的业务和现金流有极大好处，相处不好的话甚至连货源供应都保证不了，应该如何取舍显而易见。可以说供应商对于个体户来说，其重要程度和客户不分伯仲。同理，虽然销售人员和供应商之间的关系更为紧密，但两者之间的相互需要和依赖，和个体户的情形如出一辙。

4. 平衡供求两面

由于资源有限，个体户从不喜欢浪费，更不会杀鸡取卵，而是尽量维持供求双方的合作。维护好客户固然容易理解，维护好供应商的合作对她们来说也同样重要，不会厚此薄彼。明明是好的客户，她们不会因为多一分利就牺牲长远价值；也不会为了短期多赚钱而对优质的供应商过分要求，弄得不欢而散。

她们明白找到好的供应商和找到好客户同样重要，所以对供应商的选择非常小心，一旦选上不会有丝毫怀疑、全力以赴，这样生意才能做到高效，也是利润最大化的根本。销售人员如果不能像个体户一样对待自己的东家，长远来说，自然也不会让东家的老板满意。

📦 学习个体户的意识和精神

我认为，除了供应商是固定的之外，真正的B2B销售人员和个体户的工作环境相差无几，因此她们也同样需要具备经营头脑和意识。事实上，很多供应商企业中也实行销售"领地"制度，销售人员被分配了"领地"之后，需要像个体户一样想着客户从哪里来，生意该如何经营，制定目标和计划，然后执行。

同样，虽然B2B销售不会出现"失去货源"的情况，但销售供货紧俏也是时有发生的，任何供应商的资源，包括库存供货和各种售前、售后资源也是有限的，面对众多销售人员的要求，供应商肯定会先照顾那些靠谱的销售。即使是在同一屋檐下，销售人员如何成为供应商更愿意支持的那个人，这一点也可以从个体户身上学习。

因此和个体户一样，优秀的销售人员都懂得"双管齐下"地经营，对外她们管理好"领地"，对内她们做好"供应商管理"的事，这些都与个体户经营生意的意识一脉相承。

虽然销售人员不是真正意义上的个体户，但是具备个体户的意识和精神至关重要，否则她们很难真正成为客户和供应商之间的"桥梁"，让双方达到共赢。销售人员虽然受雇于供应商，但绝对可以把自己"活成"老板的模样，把命运控制在自己手里。

这些年来，我还观察到个体户身上也散发着一些独特的个人特质，而这些特质和我从优秀的销售人员身上发现的极为一致。我以此分析归纳出专业销售的15种个人特质，将在最后一篇和读者分享。

后天努力开拓销售成功之路

专业销售才能走得更远

喜欢赢单的满足感和跟客户打交道的销售人员，可以做一辈子的销售或销售管理工作。就像空中客车集团销售总监"空客先生"约翰·雷义（John Leahy），在他退休时，已经在空中客车集团服务了31年，其中8年作为基层销售，23年作为销售总监。但"最牛"的不是他的年资，而是他的"战绩"——数以千亿美元计的累积签单，为空中客车争取到和波音不相上下的市场份额和地位，这也为他个人赢得了大量的奖金和财富。而在客户知悉他将要退休时，还专门给他送上大单，作为道别礼物，这可以说是对一个专业销售人员的最大认可。

也有些人对业务管理更感兴趣，对于她们来说，销售工作也是一个极好的入门选择。事实上，不少企业的CEO都来自基层销售或者在某个阶段曾经做过销售工作（比来自财务和研发的多），原因是专业销售的综合技能和个人特质，跟CEO和高管所需要的十分近似。不管是价值信念、思维习惯还是执行纪律，良好的销售锻炼都能够为业务管理的职业发展方向提供养分。

当然，正如前面提到的"个体户"心态一样，对于那些将来想要创业的年轻人来说，销售工作的经历无疑是一个很好的学习过程，可以在相对低风险的环境中学习生存和经营意识。

认识销售，开始专业之旅

这一切要从年轻人自身开始，先清除对销售工作的各种误区，把工作按照专业要求和标准来做，**把"关系"结合到销售专业所需的操守、知识、方法和技巧上**，加强个人综合能力，成为复合型人才。她们要搞清楚 B2B 销售的本质、原理和定位,扮演好"桥梁"角色,处理好客户和供应商两方的关系,再从个体户身上学习他们超强的生存和经营意识。这也是新时代下专业 B2B 销售人员的成功蓝图。

本书接下来的所有内容,都将围绕着我对 B2B 销售的理解展开,我会将销售工作的"事情和内容"——目标、策略和执行、方法和技巧等,分类讨论。这些分类融合了专业理论以及实践,希望对 B2B 销售人员有所帮助。

B2B 销售这项工作不需要高智商,没有任何深奥的学术或技术要求,不需要用上微积分,也没有令人望而却步的专有名词,但却又绝对不能说它是容易的。一个优秀的 B2B 销售人员往往在价值信念、思维习惯和执行纪律上和别的专业人员有所不同。她不仅需要具备多元化的知识和多方面的技能,还需要不断从工作中优化销售方法和累积经验。"一万小时定律"应用在 B2B 销售身上再适合不过了。

如果有人问,B2B 销售是否应该是个专业,我的答案是"绝对应该"。

如果有人问,B2B 销售是科学还是艺术,我的答案是"它是一门需要多方面个人综合技能的应用管理科学,过程中需要个人的创造力"。

如果有人问,优秀的 B2B 销售人员是先天生成还是后天培养的,我的答案是"没有人天生就是销售天才"。

销售人员赖以成功的个人特质以及各种知识和销售方法,都是后天学习得来的。虽有难易之分,但这些都可以通过后天学习得到,只要脑筋不太笨,而且愿意投入工作和学习,最不善于交际的人,也都有机会成为不错甚至伟大的专业 B2B 销售。

专家
观点

一个父亲眼里的销售工作

本部分内容由创新奇智创始人兼 CEO 徐辉先生分享和撰写。创新奇智是国内领先的人工智能解决方案公司,于 2018 年成立。在此之前徐先生曾分别服务于 IBM、SAP、微软和万达科技,从业超过二十年,是国内销售和业务管理的资深人士。

有一年我们通过在上海交大进行校园招聘，录取了一位品学兼优的小姑娘做销售。有一天，她的父亲忧心忡忡地来找我谈话，希望我们能替他的女儿转岗。他不介意女儿从基层做起，只要做些"专业"工作，任何其他工作包括咨询、项目管理、市场等都行。

我听后便问他为什么，他说女儿就像一张白纸，如果做销售的话很快就会被毁了。这位父亲的潜台词其实是，销售工作就是和客户喝酒、吃饭、拉关系，不需要什么真正的技能，更不适合女性。这个答案对我来说十分震撼，但是我请他给女儿和公司半年时间，半年后让他女儿自己来决定是否继续从事销售工作。

小姑娘非常努力，不断学习和进步，在公司和我适当的引导下，取得了很好的成绩。短短数年后，她成了某500强企业的区域销售总监。

这个小故事让我们看到，在很多人眼里，B2B销售工作既不"专业"也很容易"毁掉"人，然而现代销售工作已经和从前大不一样了。在市场日益开放的新常态下，B2B销售人员必须拥有丰富的知识和技能，才能真正驾驭销售这个专业。

专家观点

创业公司销售人员需要具备什么特质？

本部分内容由神策公司销售副总裁王桐先生撰写。王桐先生先后在甲骨文公司和IBM公司从事售前工作七年，后加入永洪商智科技公司成为销售总监，并在短时间之内晋升为销售副总裁。在效力永洪四年半的时间里，他曾多次带领销售团队在不同行业中成功"破局"。

众所周知，创业公司风险大，不过它给年轻人的机会也多。以我为例，在甲骨文公司和IBM公司时都是从事售前工作的，虽然也学了很多销售基础理念，接触过大量客户，但还是有区别的。B2B销售（主管）是我的职业方向，为了尽快找准"跑道"，我选择了初创企业，而且很幸运地找到了不错的起点。

这几年我在创业公司承担销售主管工作，在学习销售管理的同时展开实战，感觉成长飞快。经过几年"磨人"的体验，对什么样的销售人才更能在创业公司取得成功、彼此成就，也有了切身的认知。

对销售人员而言，创业公司的产品/解决方案在开始时并不成熟，销售人员要与产品/解决方案共同成长才能拨开云雾。所谓"不成熟"，一方面是指产品/解决方案还没找到正中客户需求的"甜蜜点"，也就是所谓的PMF（Product Market Fit）。公司在不断尝试，销售人员也只能"陪着一起走"。另一方面，很多时候企业内部的相关资源（售前、交付等）也没有完全准备好，尤其是遇上强劲的竞争对手，销售工作难度自然增加不少。

所以，在公司的产品/解决方案成熟完善以前，对销售人员各方面的要求更高，否则很难成功突破这些先天的困难。因此，我会从"破局"的角度来总结创业公司销售的个人特质。

- 能帮创业公司"破局"的销售人员是公司极为宝贵的人才。很多创始团队都是偏技术出身，不太善于站在客户角度想需求，商业意识往往也不足，有时候对客户提出的问题和意见存在理解的隔阂。创业公司的销售人员需要更强的沟通能力，有效地将客户需求和公司业务沟通明白，更好地扮演"桥梁"的角色。

- 销售人才必须具备无所畏惧的开拓精神。面对大量不确定的竞争劣势，她需要拥有积极的态度，乐于去做新的事情，勇于尝试。

- 通过良好的研究和学习能力，深入挖掘和理解客户的业务及需求，并将其翻译为解决方案的思路，进而与公司的产品/服务的能力结合起来。

- 她还需要具备良好的协调资源能力，甚至是领导力，尤其是当要说服公司及相关团队尝试进入未曾涉足的新领域的时候。这也意味着她需要拥有强大的沟通和说服能力，善于利用数据和成功案例取得公司和团队的信任。

创业公司对于销售人员来说是个有趣的选择。它的工作难度虽高，但"冒尖"的机会也多，尤其是具备"破局"能力的销售人员，对公司而言绝不会止步于一线销售，假如再加上一些管理能力的培养，将会成为优秀的主管、业务专家或领头人。

3 供应篇
深入了解自家供应商

销售人员和供应商的关系

🎁 当个体户遇上供应商

20世纪80年代，我们迎来了改革开放的难得机遇。这时候人们的心态却变得忐忑，是否要到市场中放手一搏，想法莫衷一是。在大多数的人还是认为少做少错，不敢轻举妄动之际，个体户为了创造更好的未来，毅然决定自己当一回命运的主人。

在改革开放初期，商品供不应求，作为个体户，如果没有可靠的供应商，几乎是死路一条。个体户梦寐以求的供应商，能够提供过硬的产品功能和质量、合理的价格和商务条件，这样依靠买进卖出为生的个体户才有利可图。她还需要对方及时发货，并且能够快速响应客户，才不会错过商机。

上面任何一条都离不开供应商的支持，处理不好的话，个体户连生存都会出现问题。万一供应商对个体户不温不火，不重视、供货慢、条件差、资源少，个体户的生意不会好到哪里去。要获得供应商的支持，最重要的当然是让供应商获得更多的订单，从此达到双赢。

双赢意味着个体户和供应商各得其所、各取所需。个体户方面，希望供应商提供更好的产品、条件和支持；而供应商则希望个体户跑得更快，把产品优点说清楚，以及尽量保护供应商的利润和条件。双赢的基础必须是信任，而信任是长期合作累积而来的，不能太计较每一笔交易谁占的好处更多，否则个体户天天想着换一个供应商，这样的磨合成本太高，也不切合实际。

同样，今天的销售人员和雇主企业的关系何尝不是如此？销售人员应该以长期合作的心态处理自己与供应商的关系。书中以"供应商"一词代表销售人员的雇主企业，正是为了时刻提醒读者，要把这个关系贯彻到底。

🎁 重新理解"客户就是上帝"

不知道出于什么原因，很多销售人员被"客户就是上帝"这句话误导了。出现这种误区，第一种可能是因为有小部分人断章取义，巧妙利用这句话，将自己和客户"站队"在一起，依托于"上帝"的优势，只照顾好一方的需求，把各种难题交给供应商，这样销售工作自然变得"简单"了。

也有一种可能，尤其是效力于名牌供应商的销售人员，觉得自家供应商就像一个"富爸爸"，自己就是一个"富二代"，对客户的要求（无论是价格、条款还是资源优先）不加判断就擅自接受，先斩后奏。当遇到供应商的质疑时，抛出"客户就是上帝"这样的挡箭牌，以客户的订单"逼迫"供应商接受客户的要求。

还有一种可能，是销售人员对客户的痛点、需要，以及自家的产品解决方案、商务条件等了解不够，导致无法及时处理客户问题，也说服不了客户，最后被迫把问题交给主管处理，自己只能充当一个低价值的"信差"（messenger）。这时候，"客户就是上帝"这句话，就是她给自己找的一个借口。

在现今的买方市场中，客户的主导权本来就大，如果销售人员一面倒向客户，不为供应商利益发声，就等于是落井下石了。

"客户就是上帝"这句话的出处早已经无从稽考，但自从大规模生产改变了产品的供求关系以后，客户开始成为供应商和管理专家学者的研究对象。供应商的一切（包括研发、产品、服务、质量、价格等）都会围绕客户做到最好，然后通过销售人员的言行和服务带给客户。在20世纪初期以产品为导向的时代，这种做法无异于把客户放到接近上帝的位置。

所以"客户就是上帝"本应表达整个供应商企业上下对客户的重视，而不只局限于销售人员，但是由于外面的人只能从销售人员口中听到这样的口号，久而久之，这句话反而成了销售人员的专属语言。事实上，**销售人员最多只能算是供应商的"客户就是上帝"的"代言人"**。

🔲 客户签单的原因是你还是供应商

许多销售行业名人和"心灵鸡汤"曾经表达过以下类似的观点。

- "卖任何产品之前先把自己'卖出去'！"

- "假如客户不认可你，他还会给你介绍产品的机会吗？"

- "客户买产品的原因是对你这个人的认可！"

"客户买你的东西的原因是对你这个人的认可"这句话，任谁听到都会高兴。诚然，销售人员如果不被客户接受和信任，就很难获得进一步的机会，但是这个"你"要构成企业客户签单的原因，未免有点言过其实。

在今天的"B端"市场（甚至是大部分"C端"市场）中，客户不可能因为认可销售人员就做出购买决定。现代企业管理的采购流程会杜绝这种情况的发生。品牌价值、企业诚信、产品功能、创新、质量、交付能力、售后服务、价格和条款等，才是购买决策的决定原因。客户认可的是销售人员所代表的供应商以及其提供的产品/解决方案。

销售人员的作用固然十分重要，尤其是当供应商和竞争对手旗鼓相当的时候。**但销售人员的作用更多的是传递供应商的价值，她再优秀也代替不了供应商**。所以供应商和销售人员必须相辅相成，销售人员需要清楚自己的作用和定位，在表露自信之余，不能自以为是。

供应商眼中的好销售

供应商为了把产品卖给客户，会聘请销售人员进行直销或是通过渠道代理来销售。招聘一名销售人员，其薪资加上提成和其他费用不菲，而且无论供应商的生意如何，都免不了这笔支出。万一双方不合适，不仅前期培训投入泡汤，时间成本也是不可忽视的损失。

相比之下，如果供应商选择渠道代理来销售产品，那么销售人员的费用将由渠道代理负责。人员培训和更替管理等成本也是如此，供应商只需要通过渠道代理的价格折扣来"支付"这些间接的销售费用，减少企业的固定支出。

事实上，在很多行业中，有不少专业的渠道代理，它们扎根并面向行业，能够提出专业的行业解决方案并拥有强大的客户资源，以此来承接供应商"外包"的销售工作。不过这类渠道代理为了发挥它的专业能力优势，通常会代理多个相关品类甚至多个供应商的产品。

尤其是对那些初创企业来说，在尽量降低财务负担的前提下，这种方法看起来更合乎商业逻辑。那么为什么还是有很多供应商选择建立自己的销售团队，而没有把销售职能"外包"给专业的渠道代理呢？供应商选择建立自己的销售团队，肯定有它们的诉求。

首先，自家的销售人员毕竟是自己的员工，沟通方向和传达命令时更方便、直接，而且她们只会卖自家的产品，成功与否都和供应商绑在一起。渠道代理的销售人员，始终是拿着别人家薪水的员工，忠诚度自然会向渠道代理倾斜。在沟通上，无论是出于企业边界还是距离的问题，效率也总会有些影响。

不过，最让供应商担心的是渠道代理老板的忠诚度，特别是如果它代理多种产品，而其中有些是和供应商有直接竞争关系的。供应商最怕的是被渠道"劫持"，无法直接操盘销售的执行，影响目标业绩的完成。

通过比较，大家就应该明白，供应商对于自己的销售人员是有很高期望的，所以甘愿顶着高昂的固定费用和佣金提成的额外开支。销售人员是否高效而热心地工作，让公司能够有效指挥，将直接决定供应商的成败。具体来说，供应商最关心销售人员的工作重点可以分为以下3个方面。

🎁 业务贡献

所有供应商最关心的莫过于销售对业务的贡献，其贡献又可以分为以下3类分别讨论。

1. 业务指标的完成情况

业务指标的完成情况反映出销售人员对供应商的贡献，其中最重要的贡献是**销售指标（Quota）有多大（金额），以及指标的完成情况（金额和完成率）**。销售指标很多时候因人而异，指标大小代表供应商对销售的期望和重视程度。指标完成情况是供应商的终极追求，完成金额大则贡献大，完成率高则贡献也高。可是如果完成金额大但完成率低，又或是完成金额小但完成率高，这两种情况如何判断？

一般来说，供应商首先关心的是企业是否能够完成整体指标，因此会根据销售人员的经验（级别）和所负责市场领域的潜力，分配不同大小的指标。换句话说，一家企业的业务目标的完成，要靠每一位销售人员都达成（100%）各自的指标（有些供应商会故意上浮销售指标作为缓冲），因此，在大多数的情况下，供应商更看重的是指标的完成率，尤其是那些金额大的指标的完成率。

除了销售指标外，还有其他和企业目标相关的业务和运营指标，包括收款、毛利、费用、线索等，这些也是供应商要求销售人员做到的。这些将在第8章中展开讨论。

2. 销售预测和承诺

除了销售指标的完成率外，供应商企业也极其关心**销售预测和承诺**的数字。年轻的销售人员可能会问："我可以理解指标完成率的重要性，但销售预测又不是真实的数字，为什么要那么紧张呢？"大家有所不知，这里牵涉两个重要的问题。

第一，在企业管理中，整体的销售预测对企业决策十分重要，它可能影响生产计划、供应链、库存、现金流等各种问题。试想一下，如果波音公司的销售预测和真实发生的订单数字哪怕只有百分之十的差异，会对它的生产计划有多大影响？ 又或者手机厂商的销售预测和真实市场的需求有百分之十的落差，它会有多少库存积压在渠道？ 在很多行业中，销售的预测是驱动企业其他部门工作计划的起点，如果预测不准，企业的效率会大大受到影响。

第二，当销售预测不准确的时候，整个企业管理层的能力信用度将会大受影响，如果是上市企业发生这种情况还会直接影响股票价格。就算是私人企业，这种情况也会让大老板或董事会大大不满。

企业整体的销售预测是极其严肃的事情，落到每位销售人员身上也是如此。很多销售人员对销售预测的重要性和严肃性不理解，在这样的情况下给上级的销售预测都过于随意。为此，有些企业甚至要求销售人员为她们的销售预测做出承诺，但这样换回来的可能是相当保守的预测承诺，同样得不到准确的预测。

3. 价格和条款

供应商希望销售人员卖得多，而且说到做到，预测准确；同时它们也很"贪心"，还希望销售人员卖得"好"。什么谓之"好"？ 站在企业的立场，第一是尽量卖供应商的"标准"产品（和服务），第二是获得合理的价格和条款。

所谓"标准"产品，指的是供应商最受欢迎、最熟悉，需要最少改变（定制）的产品。这道理很简单，越是"标准"，对供应商的生产、销售和交付各个环节都是越稳定和越有把握的，因而成本和毛利也比较有保证。"非标准"的产品，是那些很少卖的或是客户需要定制修改的产品，这类产品对于供应商来说风险较高，要么需要较高的报价，而影响竞争力，要么价格提不上去，影响毛利。所以，对于供应商来说，最头痛的就是销售人员回来说："客户很喜欢我们的产品，但是需要大量修改或定制，而且竞争很激烈。"

另外，价格几乎永远是供应商和客户之间的"必争之地"，客户希望买得"值"，这个"值"包含两个元素，一是产品带来的业务价值，二是需要为获得价值而付出的成本。精明的客户总是希望把价格降低，往往会通过把产品能带来的价值压低去达成目的；而**供应商则希望销售人员用业务价值充分说服客户，为价格带来更多的保护和空间。**

价格是最直接影响毛利的因素，自然是销售主管重点控制之处，折扣或价格授权的方式是最常见的方法。但由于现实中有太多的销售人员会轻易地把折扣让给客户，为此有些供应商就在佣金提成计划里加入有关折扣和毛利的激励（或惩罚）政策，鼓励销售人员通过有效传递产品的价值来守住价格和利润。

相对而言，商务条款往往让供应商"更受伤"，也是它们最不希望销售人员掉以轻心的地方。规模小的供应商经常出现这种情况，就算是大企业的销售人员，对商务条款"睁一只眼闭一只眼"的情况也经常发生。原因很简单，销售在客户面前都想做好人，如果要守价格又要守条款，她们会觉得为难，再加上销售人员一般对商务条款的理解不足，也容易让她们误以为条款让给客户也无伤大雅，只要价格谈好就功德圆满了。更多有关商务条件的讨论，将在本章后面展开。

专业高效

销售人员的工作游走在客户和供应商之间，有些人以为"搞定"客户就是一切，对一些在公司里需要做的基本工作并不认真，甚至找人代劳。实际上，在供应商眼里，一个好的销售人员应该从以下方面展现她的专业性。

1. 尊重流程和团队合作

既然是自家的员工，供应商当然希望销售人员和组织里的其他团队合作无间，提升整体效率。销售的工作牵动内部众多流程，无论是售前或售后的资源调配，还是商机跟踪、合同法务、价格商务、订单订货、差旅报销等各式各样的流程，无不需要销售人员发起或遵守（详见表3-1）。

表3-1　和销售人员有关的企业流程

企业流程	相关部门	销售人员角色
线索和商机对接流程	市场	接受人
售前资源审批	售前	发起人
价格审批	销售支持	发起人
商务条款审批	法务、财务、销售支持	发起人
售后资源申请	服务	发起人
合同审批	法务、财务、销售支持	发起人
订单和交付流程	销售支持、服务	发起人
商机跟踪系统流程	销售支持	发起人
差旅申请和报销	财务	发起人
应收账管理流程	财务	接受人

表3-1列出了企业中常见的和销售人员有关的流程，牵涉的部门很多；而这些流程大多和销售赢单工作紧密关联。这些部门被供应商赋予不同责任，部分既要支持销售赢单，又要平衡和确保订单的质量（价格和条款），在这样的情形下，很容易和销售人员产生矛盾。如果销售人员打着赢单的旗号，动辄要求例外或优先处理，不仅会影响整体的工作效率（也影响别的销售人员），久而久之也会使其他部门心生怨言，甚至产生抗拒或消极合作的情绪，大大折损企业的团队战斗力。

例如，线索管理这个和销售赢单紧紧交织在一起的职能，越来越多地由市场部负责。在同一管理制度下，市场部需要定期向销售人员跟进提供的线索和商机，或者要求销售人员及时更新线索。一向"自由"的销售人员，对来自市场部的帮助，往往会错误地视为不必要的控制和额外的工作，因而产生抗拒情绪，使双方合作效率降低。

在大多数企业中，销售人员在各个部门中最受重视，只要她们冷静思考便能察觉到**合作的好处，加上愿意学习、遵守和体谅部门间流程的需要，发挥合作精神，效率一定能够提高**。就算偶然需要例外的处理，其他部门也会乐意支持。强大的团队合作精神会把企业拧成一股绳，让销售人员成为供应商通向客户的真正"桥梁"。

2. 了解供应商的一切

客户认识一个供应商，在决定与其合作之前，不仅想了解其产品能如何解决自己的问题，价格是高还是低，还会有兴趣了解它的愿景、价值观、文化、策略和运营方法等。因为通过这些，客户可以了解供应商发展的方向、策略、做事的方法，以及对待客户的态度等是否与客户期望的一致，是否可以长期合作（无论在哪家公司工作，这都是客户经常和我谈到的问题）。

作为供应商的"桥梁"，销售人员是供应商的最佳"代言人"，有最好的机会去呈现供应商美好的一面，以此打动客户。所以优秀销售人员除了需要知道供应商的产品定位、解决方案和有关知识外，还要花时间去了解企业的背景、状况、愿景、方向、策略、运作流程等，这样才能在机会来临时不留遗憾。除此之外，销售人员还要学习公司内的各种工作流程、销售管理制度、商务条件等，这样才能给客户阐释清楚双方如何配合，以及提升内部协调效率。

3. 独立工作和个人能力

供应商最希望看到的另一件事，是**销售人员能够独立完成更多的工作**。从产品介绍、设备演示，到技术交流、制定解决方案和实施方案等，B2B销售的过程相对复杂，牵涉的售前和售后资源不仅会对供应商造成沉重的成本负担，而且往往会影响团队合作。

有一个供应商老板曾经向我抱怨："一个销售需要两个售前人员照顾，每次见客户都至少带上一个！"他的语气中带着无奈。这位销售人员不仅没有意识到问题，而且在客户面前还很"得意"，觉得身边多了两个"助理"，并且养成了依赖的习惯，甚至把一些无关售前的事情交给"助理"处理。慢慢这个销售人员失去了独立和客户谈事情的能力，沦为只能招待客户吃饭喝酒的人，她的"助理"心有怨言，但没有将怨言说出来，还是默默地支持着她。后来有一天，老板把这位销售人员辞退了，把售前人员调去做销售了。售前开始不太敢接受挑战，但老板说其实他一直都在承担着一个销售人员所负责的所有事情，除了招待客户吃饭喝酒。老板说愿意请个"助理"，专门去做招待工作。这是一个真实的故事。

信息获取

除了"桥梁"之外，销售人员也是供应商与外界接触的窗口。通过这个窗口，供应商希望了解所处环境的趋势、机会和威胁。

1. 客户和商机信息

接触客户和渠道代理是销售人员的日常工作，从与伙伴或客户不同部门的人的相处中，销售人员可以发现不同客户的信息，对发现商机和成单有直接的帮助。

2. 行业趋势与市场竞争

聪明的销售人员还会通过这些机会进一步了解行业和市场里发生的事情，如政策、法规、科技、生态链的变化。这些信息不仅可以帮助销售人员了解行业的痛点和需求的变化，也可以发现潜在的行业机会或者现有机会的老化，又或者是了解竞争对手的近况。

总而言之，好的销售人员会时刻把握机会，获取更多有利于业务的信息，而供应商自然也期望销售人员可以作为其获取信息的重要渠道之一。

杰出的业务贡献、专业高效的工作能力和获取大量有用的信息，能够做到这三点的销售人员是所有供应商心目中梦寐以求的顶级销售。明白供应商的期望以后，销售人员可以更好地判断如何选择合适的供应商进行合作。

销售眼中的好东家

和个体户一样，销售人员需要和她的供应商长期合作，达到共赢。由此往前推演，对销售人员来说，选择最合适的供应商便是其迈向成功的第一步了！ 良禽择木而栖，销售人员需要认真选择供应商。我建议可以围绕以下三个方面来思考。

企业文化

企业的硬实力固然是吸引销售人员的重要因素，一般人关心的，如企业名气如何、行业地位如何、财务实力是否稳健等都是重要因素。相对而言，企业的文化是企业的灵魂，是销售人员用以决定能否与其长期合作共赢的因素。物以类聚、人以群分，销售人员要找到一个适合自己的地方，才会有施展空间。曾经有朋友抱怨，一辈子没有遇上伯乐，到最后分析出来的原因是她没有找对地方，大家的"步调"不一样，企业自然发现不了她的优点。

相比之下，一些个人因素，如工作是否自主／自由、晋升得快不快、薪资高不高，又或是部门头衔等，在短时间内对于一个心怀大志的年轻销售人员来说，并不是最重要的。

市场类型

供应商所处的市场潜力如何？ 竞争是否激烈？ 用流行的话来说，市场是红海还是蓝海？ 不同的人对不同的市场状态有不同喜好，有些人享受默默耕耘获得客户青睐的喜悦，有些人更享受明刀明枪打败竞争对手的感觉。两者对赢单过程和销售方法也各有偏重，销售人员需要根据自己的销售风格进行选择。

选择加入红海或蓝海供应商的销售人员都无可厚非，只要清楚在红海市场，刚需已在、竞争亦然，属于拼产品的节奏；而在蓝海市场，需求还没完全形成，挖掘痛点要费的唇舌更多，对于急性子来说可能会觉得过程太过漫长，但好处是竞争较少，更利于与客户长期合作。

虽然销售人员更换市场和行业并不困难，但是选择有潜力和有兴趣的市场对个人成功显然比较有帮助，所以销售人员应当搞清楚自己更适合哪种销售方法，从而做出选择。

📦 产品能力

产品（包括服务）是销售人员选择一家供应商最直观的评判标准，无论是功能、价格、质量等都是经常被衡量的指标。经常有年轻人说，最喜欢酷的产品。

于我而言，销售人员在选择供应商时，需要重视的不仅是某一款当下热卖产品，而是它背后对市场痛点的洞察、产品策略、整体定位，以及落实产品定位的整体能力。因为只有优秀的供应商才能源源不断地推陈出新，带来让销售人员引以为傲的产品。换句话说，销售人员不要只看今天供应商的产品是否好卖，而要看其整体的产品能力如何。

不少销售人员几乎每年（或更短时间内）都要跳槽更换供应商（或行业），个人履历看似丰富，实际上却暴露了很严重的问题——要么是压根没有识别供应商的能力，要么是只把供应商当成"宿主"，一旦利用价值没有了，又去寻找下一个。无论是哪种理由，这样的销售人员都需要自我反省。

年轻的销售人员需要清楚地认识自己和供应商的关系，即相互依存、公平共赢的原则也同样适用在她们身上。虽然现今社会和企业已经不讲求一生一世了，但是选择适合自己的供应商，以长期合作为原则，对于这一代销售人员来说是最"划算"的。

认识供应商的8个方面

供应商对销售人员寄予厚望，除了愿意付出代价招揽和激励销售人员之外，越来越多的供应商发现还需要为销售人员提供更系统和全面的培训。通过这些培训，不只是把供应商的产品和解决方案灌输给销售人员，还要让她们更全面地了解供应商里里外外的情况，这样才能提高赢单的概率，加强销售和供应商之间的合作，交出各种业务贡献。

供应商能提供全面的培训固然是极好的事，但更重要的是销售人员对学习的目标、动机和内容有清楚的认识，明白这些培训题目和将来的销售工作有什么关系。

如果运气差，供应商缺乏培训意识或资源条件，无法提供全面系统的培训，销售人员就更需要主动了解有关供应商的事情，同时通过每天的实践累积，达到"对外要赢更多，对内能合作好"的目的。

任何销售人员最需要了解供应商的有关领域，也是供应商最希望销售人员熟悉的内容，我把它们梳理为如下 8 个方面。

- 供应商背景

- 竞争逻辑——市场、客户和产品的关系

- 产品和解决方案

- 销售方法和工具

- 内部合作流程

- 销售管理和运营制度

- 商务条款政策

- 佣金提成计划

这些领域对各种行业和供应商都有相当强的适用性，新入职的销售人员可以按照这几方面了解供应商，逐步建立对每个部分的深度认识。

🎁 供应商背景

这里的供应商背景指的是供应商的**愿景、价值观、业务目标、发展策略、核心能力、组织架构、业绩状况、行业地位和生态链等有用信息**，这些信息可以将供应商的各种优点展示出来。但凡是能够让供应商在客户面前"加分"的信息，销售人员都不应该错过。

企业客户最关心的是供应商是否具有足够的实力、专注而清晰的愿景策略、强大的执行能力，以及是否可以成为长期的合作伙伴。有用的背景信息，如振奋人心、有趣或有业务价值的，能够丰富销售人员和客户之间的沟通的话题，可以帮助她和客户快速建立关系，赢得信任。

同样，对供应商不利的消息，如业绩倒退、裁员改组或战略剥离业务等，销售人员也要主动关注（有些人不愿意听到不好的消息），甚至主动向客户说明，消除客户的担忧。时间越长，销售人员累积掌握的历史信息越多，对供应商的任何问题越能做到举重若轻。

此外，这些信息对销售人员自身也很有用，深入了解供应商的企业文化、市场选择以及产品和其他能力，对认定供应商作为销售的长期合作伙伴十分重要。这些信息随着时间推移会有更新，及时了解将有助于销售人员不断更新对供应商的认识和看法。

这类信息会在供应商的网站或宣传册中体现，也可能在培训中出现，但通常都流于表面。具体的细节，往往来自供应商CEO或高管的内部或外部发言，以及第三方的分析报告和新闻，销售人员应该养成从不同信息中寻找要点（尤其是内部发言，我个人觉得非常有用），分析并形成自己观点的习惯。不要道听途说，也不要掉以轻心。

🔲 竞争逻辑——市场、客户和产品的关系

供应商为某个市场提供产品去解决问题，一方面当然是认为市场有足够大的吸引力，另一方面一定是觉得它有足够的竞争力。

首先，作为销售人员，必须搞清楚供应商的竞争力是什么，以及竞争力有多强或多弱，这样才能知己知彼、避重就轻，在客户面前建立自信。从供应商的**市场选择**逻辑，到市场上的地位、竞争，以及产品能力的强弱，这些都是销售人员建立有效竞争的基础。

其次，在这片既定市场里，供应商的**客户选择**是另外一个关键，销售人员需要充分认清以下问题。

- 供应商选择市场中全部使用者作为目标客户，还是其中的某些部分？

- 为什么选择某部分作为目标客户？跟供应商的产品和能力有何关系？

- 无论是全部还是部分，这些目标客户之间有没有区别？它们都是一样的吗？

- 市场中不同的目标客户对于供应商产品的使用方法和原因是否一样呢？

思考这些问题，可以帮助销售人员了解供应商的产品定位与客户痛点、需求之间的关系。产品能解决的客户需求越多，客户购买的理由就越充分，销售话术和解决方案的设计就更有说服力，而目标客户的覆盖范围也会更广。

按图索骥，根据这些产品能解决的痛点和需求，我们可以进一步锁定最可能购买产品的**客户画像**。我以卖梳子为例，看看同一种产品的不同用户画像。

- 用最简单的痛点和需要来定义——"梳子是为那些需要经常梳头的人所用的"。

- 同样的定义可以用更直观的方法表达，例如"那些一看头发非常浓密的人，经常需要梳头，是目标客户"。

- 又或者能够用更量化的方法来定义，如"同样是头发浓密的人，如果年龄在40岁以下，会更重视自己的外表，因此对梳子的需求也会比40岁以上的人更大。"

用户画像越细致，对销售人员寻找合适的客户越有帮助。**产品定位（product positioning）的目的，就是把产品能解决和满足的痛点和需求，通过客户画像表达出来**。换句话说，B2B 销售的客户画像就是最需要供应商产品的那些企业。

销售人员彻底明白和认同供应商的想法，把市场、客户画像、产品定位和供应商的竞争力之间的逻辑和因果关系搞清楚，将为自己寻找和赢得客户增加信心。

📦 产品和解决方案

了解完供应商的产品定位后，销售人员还需要了解供应商的产品（包括服务）具备什么功能，能解决哪些客户问题，达到什么效果。供应商对于这方面的培训相对较多，但大多是关于具体产品和解决方案的知识，鲜有从根本上分析产品分类的。

有些产品"即插即用"，基本不需安装便可使用；有些只要安装后使用就能直接解决客户的问题；有些产品（特别是那些需要配套服务或者定制的）比较复杂，需要实施/部署才能投入使用；还有更复杂的，需要经过集成或加工才能真正解决客户问题。

现代科技和商业快速发展，产品的形态和业务模式层出不穷，客户需求也变得越来越精细，只要客户想得出来，便可能会有供应商提出新的产品形态和商业模式。产品的定义从一百年前的纯硬件（物理产品）发展到了后来涵盖软件、服务，甚至是混合形态，包罗万象。

时至今日，从分类来说，现代**产品形态**大概有以下几大类。

1. 硬件（Hardware）

这里说的是广义上的硬件，并非计算机行业中的硬件。硬件是最早出现的产品形态，是"看得见、摸得着"的产品，客户把它买回去之后可以自行使用。

硬件的种类甚多，从零部件、芯片到整机，从工具到设备，从"C端"到"B端"用途，涵盖很多行业。无论用哪种标准来细分硬件的种类，这里都无法一一展开。和消费类产品不一样，在"B端"市场中，买回来的硬件很少能够"即插即用"（除非是以下第3类），通常需要搭配不同的软件或经过各类"加工"才能投入使用。这些"加工"过去都由客户自己完成，不过随着时代发展，很多都变成了由供应商或第三方提供的付费服务。

由于硬件出现最早，行业范围也最广，有关销售的方法和话术，大多从硬件开始。由于硬件"看得见、摸得着"，产品和客户的痛点更容易被直观地关联起来，拼功能亮点成为主要的销售和竞争手段。

2. 软件（Software）

软件最早出现于20世纪中期，用来驱动计算机工作。随着软件、互联网和移动科技的发展，软件迅速崛起成为一个庞大的产业，也成了硬件（物理产品）以外的另一种产品形态。今天的软件产业还可以细分为系统和基建类、应用类和工具类软件等多种产品，有的在"云端"出现，有的在客户家里安装。

软件作为单独的产品出现，改变了销售和竞争的方法。由于软件"摸不着"，供应商要更专注于"看得见"的打磨，销售的话术也开始从重点介绍产品功能转向以业务价值为卖点。一些供应商开始提出投入产出比的分析，用来支持关于业务价值的论述，淡化软件"摸不着"的缺点，强化"看得见"的部分。而演示、用户使用体验、成功案例、竞品运行性能比较（Benchmarking）等手段，则几乎成为软件产品销售的"标准动作"。

3. 软硬件（智能化产品）

软件除了作为产品独立存在以外，也存在于各式各样的C端和B端产品当中，赋予硬件高度的智能化。这样，硬件可以提供更丰富的功能，同时在使用上更便捷，比起机械或手工操作的纯硬件产品，效率更高。

软硬件一体化方案在20世纪中后期随着科技飞速进步已经被各大行业所采用，发展到今天，这种例子有很多，如汽车、飞机、IT基建设备（存储、网络等）、数控机床、仪器仪表、手机、零售自动化等。销售人员看起来卖的是一个硬件，实际上里面的"灵魂"往往是软件。再加上云技术、物联网技术、人工智能技术的兴起，这些设备上的软硬件又和云端联系起来，形成了更复杂的解决方案，发挥更大的作用。

时至今日，市场上各个行业产品中的绝大多数都在某种程度上具备软硬件一体化性能，这固然给厂家之间的差异化带来了更多可能性，但同时对销售人员的能力要求也更高了：不光要懂硬件，还要懂软件的基本概念，动手能力也必须提高。

4. 实施/部署服务（Implementation/Deployment Service）

为了使某些硬件或软件产品能够正常运作，供应商可能需要对该产品做出一定的安装、调试或适应性的更改，一般称为实施/部署服务。在简单的环境中，这项"加工"可能由供应商无偿提供，或者客户自行负责。在复杂的环境中，这种服务可能会单独计价出售。

这视乎供应商的"胃口"。有些实施/部署服务不以赚钱（毛利）为目的，主要为配合硬软件的销售而设。也有些供应商因为硬软件竞争过于激烈赚不到钱，转而把赚取毛利的希望寄托于服务。

5. 整合服务（Integration Service）

在某些情况下，客户要使多个不同硬件和软件紧密关联、共同工作，才能解决其业务问题，这种"加工"工作一般被称为整合。这样的例子除了常见于 IT 行业之外，几乎在各行各业都有出现。很多硬件产品的生产（如飞机、计算机、汽车、铁路等）都是系统集成的绝佳例子。

这时候客户有两个选择，要么自己整合，要么向原厂或第三方供应商购买整合服务，因而产生有偿的整合服务产品。

由于整合服务牵涉客户自身的使用环境，同样的集成服务在不同的客户那里，具体内容和最终呈现的结果可能大不相同，供应商的生产成本和风险也因此更难控制。因此，销售人员对于价值和价格的把控，往往成为赢单的关键所在。

6. 使用服务（Operation Service）

有一类"加工"工作，关系到客户购买的硬件/软件是否能够发挥正常效果。在市场上，这类服务的使用范围甚广，从最常见的维修保养、技术支持等，到提供操作支持、承包现场运行等，都可以称为使用服务。

在过去，很多行业的客户选择自己建设团队来实现使用服务，但随着时间推移，客户观念有所改变，越来越多的客户开始邀请原厂或独立第三方供应商提供这类服务，各自发挥能力优势。

和实施/部署服务一样，供应商可能是为了与硬软件的销售配套，也可能为了把盈利的"蛋糕"做大，争取第二个赚钱的点。

7. 赋能服务（Enablement Service）

除了让硬件和软件正常工作的服务外，还有一种帮助客户更好地完成工作的服务，这种服务致力于提升客户人员某方面的能力和技能，一般称为赋能服务。

过去大部分的赋能服务大多针对某硬件和软件，由供应商配套提供，而且都以培训的方式出现。时至今日，赋能服务的范围极其广阔，不一定和硬件/软件有关，而是针对某些专业技能（如会计、金融、企业管理等）出现。

很多行业的从业人员数量足够庞大，赋能需求旺盛，也衍生出大量的独立赋能服务提供者。而其形式，也从单一的线下培训，发展到多元的线上线下融合，并和知识付费模式互补。

8. 咨询服务（Consulting Service）

在现代市场中，企业为求发展，越来越接受从第三方的专家处获得某一方面的专业意见和建议。这种付费的咨询服务范围非常广阔，几乎每个行业（金融、高科技、工业制造、政府、零售、快消品、医疗、会计等）都衍生出了各自的咨询服务供应商。

其中部分的咨询服务提供者源自该行业的硬软件供应商，他们将自己累积多年的行业智慧经过系统化整理之后出售，也有些提供者属于纯粹的服务供应商。两者之间的销售动机和方法稍有不同。但无论如何，咨询服务属于高价值、高价格的服务产品，对销售人员的专业要求更高，从业者不可不知。

9. 整体外包（Total Outsourcing）

还有一类供应商，针对客户不想做（不是核心工作）或做不好（成本太高、效率太低、不擅长）的内部工作，提供代替它去完成该部分工作的整体外包服务。这类产品虽然在会计财务管理上被纳入服务范畴，但它的内容往往包括硬件、软件和第三方服务的外部采购。事实上，以上几种产品内容，都可能是整体外包的一部分，因此，一般来说整体外包是所有产品形态中最为复杂、金额最大、难度最高，销售周期最长的一种。

无论是相对简单的单位食堂承包，还是极其复杂的企业IT外包（可能包括硬软件回购/托管、人员转移，甚至加上新的采购等内容），抑或是近年流行的依托于SaaS和云技术提供的人力资源、合同管理等企业职能外包，从事这类服务产品的销售人员，都需要掌握非常专业而系统化的销售方法和流程，加上各团队合作（尤其是法务、财务和技术），才有机会水到渠成，完全没有个人英雄主义的空间。

从纯硬件发展到软件，再到后来的软硬件和各种服务，产品的形态和定义产生了翻天覆地的变化。从前的硬件和软件产品功能相对标准（相对型号和配置），但服务的出现，使产品从"所见即所得"的标准内容时代，进入到非标准或定制（按照客户具体需要）内容时代。

越是复杂的客户需求，越可能需要同时由多个不同的硬件、软件和服务产品聚合方能满足。而所谓解决方案的概念也应运而生。可以想象，以上各种不同形态的产品，要解决的客户痛点和需要各有差异，销售方法、部门对象甚至决策流程也不尽相同。销售人员要认清供应商是卖什么产品的，才能对症下药。

除了产品形态增加和边界变得模糊之外，过去数十年间我们也看到采购/销售的**业务模式**发生了变化。

购买（Purchase）： 这是最早出现和最普遍的模式。购买模式最早用于硬件，后来也用在软件和服务之上。这种模式的基本特征是客户在完成购买手续时，便会获得产品的拥有权（Title）。

购买又可分为3种，最常见的是一次性购买（Outright Purchase），即客户按照购买协议条款，在交付后同时获得拥有权。这里销售人员要注意的是付款条款的明细，由于产品在完成交付手续后拥有权就转移给客户了，如果销售人员收款不力的话，将会让供应商陷于被动（最好的处理方法是先把付款条款谈好）。

分期付款购买（Installment Payment Purchase）和一次性购买性质类似，不同之处是客户会明确分多期进行付款，至于拥有权则视乎协议决定何时转移。这种做法通常是由供应商针对市场上客户的付款能力或者为了产品促销而主动提供的，所产生的利息成本一般由客户承担，但有时候供应商会提供免息分期。这种方法较多用于"C端"市场，但也有用在"B端"市场的例子。

先租后买（Lease to Buy）是指客户以付费租用方式使用产品，但在租期结束（或约定时间点上）时可以约定以剩余价值（Residual Value）购买。这种方式为客户提供不单在现金流（不用一次付清）上的方便，同时还对客户的资产负债表中的资产计算（有些企业不希望把过多资金投入在固定资产之上）有所帮助，在大型设备的采购中常有看到。

使用权付费（Right to Use）：购买不是唯一适合所有场景的商业模式。事实上，有些产品不适合购买，例如如今很多的云端服务，供应商不可能把云端的拥有权转移给客户。也有些客户同样出于财务原因，在采购上不鼓励任何"买断"的做法，甚至把它纳入采购流程的一部分。同理，有些供应商希望降低因购买模式带来的财务业绩（如现金流以及当期的成本或费用支出带来对利润的冲击）波动，不喜欢"卖断"的商业模式。这时候，各种围绕使用权的付费方式便分别出现了。

租用方式（Lease/Rental）最早出现在硬件项目中，后来延伸到软件的使用，客户按使用时间/次数对产品付费。这种方法经常出现在一些大金额的硬件使用中，例如租用商务飞机、工业设备，以及"摸不着"的企业管理软件。

近年非常流行的订阅方式（Subscription）也是按使用时间计费的。订阅方式因最早出现在杂志报纸这类内容产品上而得名。时至今日，订阅方式的概念被延伸到互联网，从内容、应用软件（SaaS）到基础设施（PaaS和IaaS），客户可以通过订阅方式使用产品和服务。

这里还有一个订阅方式概念的延伸，那就是"会员制"。和单品的订阅不同，会员制通常为"会员"提供一揽子的不同产品，把更多的价值打包在一起。

最后一种使用权的付费方式被称为按需付费（On Demand），以使用的次数或量级来决定付费的多少。和使用水、电、煤一样，客户并不拥有供应设施的任何一部分，只需按照用度付费。这种方式对客户的好处是不会浪费，对企业的财务状况影响最少。另一方面，按需付费对供应商的风险较大，往往前期投入很高，而资金回收时间较长。因此，这种方式过去通常见于庞大的基建项目（如公路建设），或者是大规模整体外包（如IT外包）。近年来得力于风险投资的投入，这种方式也出现在互联网"B端"产品中。

产品形态和商业模式的变化给销售工作带来了更大的挑战。但在任何情况下，销售人员总是要把供应商的解决方案（如何应用各种产品去解决问题的方方面面）整体有效地呈现给客户。除了学会将产品和解决方案的原理与痛点关联，加强说服力之外，销售人员还要了解供应商的商务模式是否能被客户接受，预估业务结果和投入产出比，帮助客户论证决策。

🔷 销售方法和工具

有一位销售人员入职新的供应商，负责转职前在原供应商的同一客户。她认为自己与客户的关系良好，不需要新东家在销售方法和技巧上的培训，结果在第一次和老客户见面时就发生了尴尬的事情。这是一次为客户的新项目汇报解决方案的会议，当这位销售人员还就职于竞争对手（规模比较小）时，解决方案的汇报方式比较随意，而客户也接受。新的供应商有自己的一套非常正式的解决方案汇报方法，客户和供应商双方已经合作多年，也早已默认这种汇报方式。新来的销售人员错误地假设汇报方法大同小异，以致准备不足，当场被客户要求重做。

这样的故事经常发生，虽然同一行业中客户的痛点和需要大同小异，但不同的供应商各有独特的价值主张，销售方法便有可能不同。就算是销售方法相同，其中的内容和偏重也可能不一样，销售人员都需要重新学习。

针对不同的产品形态，供应商选择的销售方法，会反映其为销售人员提供的各类销售工具和技巧等内容，包括标准话术、产品演示、成功案例、工厂拜访、解决方案/建议书和报价方法等。例如，对于某类工业制造企业来说，工厂拜访是销售工具的一部分；而对于软件企业来说，产品演示几乎是标准的销售套路。有些供应商甚至会根据自己的销售方法，设计出一套"流水线"式的销售流程，将不同的工具/技巧都用上。

作为一名销售人员，了解供应商的销售方法和工具，是迈向专业的必备动作。

🔷 内部合作流程

销售人员要有效地完成工作，离不开各部门的支持，也需要完成各类相关工作的流程。一般来说，和销售工作有关的流程可以分为几大类——售前有关流程、交付有关流程、售后有关流程和个人工作流程。

售前有关流程是指完成整个销售过程并达成订单的所有有关流程，通常包括市场支持申请、售前资源申请/使用、建议书审阅/批准（复杂解决方案）、报价授权/批准、合同条款商务和法务批准、订货批准、客户登记等。毕竟销售成单代表供应商对客户的责任和承诺，也和企业的财务业绩有莫大关系，所以在过程中需要各个部门（尤其是财务、法务、销售运营和售前技术部门等）的把关和帮助，也是销售人员最需要熟悉的流程。

在订单签订完成后，销售人员要关心**交付和售后支持的流程**，交付最常牵涉安装和实施部门的资源调配问题，是经常发生矛盾的地方，售后支持部门也是如此。为此，大多数供应商设置了一系列流程，只有遵从这些流程，才能够及时分配到合理的资源。

还有一些是和**个人工作有关的流程**，如差旅和客户活动报销的流程等，也是销售日常工作中需要遵守的，否则自身的工作效率会受到影响。此外，不同部门为了各自业务管理的需要，会要求销售人员定期/不定期提供有关线索、商机和赢单的资料报告，通过CRM系统或其他方式更新。这一切其实都是职责范围之内的事情，销售人员应当了解并配合各个部门的工作流程。

有关内部流程的信息，在一定规模以上的企业中，往往都会置于内网供员工查阅。在中小企业里，有时候总裁办公室会负责制定和更新这些信息，销售人员要知道去哪里找。但无论如何，最好的方法是销售人员对每个部门的工作流程表示尊重，遇到不明白的地方要积极询问，千万不要以销售的地位（订单）相"逼迫"，否则欲速则不达。

销售人员由于工作上充满竞争的特性，有时候很难平衡团队与个人之间的重要性，会不自觉地把个人置于团队甚至供应商之前。但事实上，没有企业和部门的成功，所谓的销售个人成功其实只是无知者的自我安慰而已。处理好和各部门的合作从遵守流程开始，而想要成为传说中的金牌销售，还需要凝聚团队。

销售管理和运营制度

除了和各部门无缝合作之外，销售人员也要执行部门内的策略和制度，才能让销售团队发挥最大的战斗能力，支持供应商达成业务目标。

销售部内管理和运营的各类工作，包括销售的领地管理、漏斗管理、赢单管理、销售预测管理，以及客户档案、建议书、价格政策、价格折扣和授权/审批流程、商务条件审批流程，还有各种销售管理系统工具的使用等，都需要被销售人员逐一熟悉。

同属一个部门，销售主管和运营人员一定要确保每个销售人员都得到并更新这些信息。销售人员要做到的是，不要把收到的信息束之高阁，而是要消化和分析，从中发现对销售工作的影响，还有思考如何利用这些制度提升自己的销售工作效率。在我的经验中，大约一半的销售人员从来不认真了解这些制度，还有一半的重要信息没有被销售人员捕捉到（直到最后时刻）。

商务条款政策

每个供应商也有自己做生意愿意接受的条件，从价格到付款，从安装使用到售后，以及其他法律条款等，哪些条款供应商可以谈、可以让，哪些会触及企业底线，销售人员该如何处理，何时提出等，都需要及时掌握。任何一位销售都必须重视和尊重，并好好了解供应商的业务条款。

商务条款太多，这里不能全部介绍，但我可以列举以下有代表性的商务条款的"杀伤力"，帮助销售人员理解它们的重要性。

1. 付款条件

价格之后最重要的就是付款条件。什么时候付、分几次付、每次付多少、根据什么条件（或无条件）付等问题将从3个方面直接影响公司的财务。第一是如果回款慢，越晚收到钱损失的利息就越多；第二是现金流会因此受到影响；第三是由于某付款条件未能满足而导致少收钱，回款不足实际上就是价格变低了，毛利也会因此降低，甚至亏本。

这里举一个例子，一家IT设备公司S在某个"智慧城市"项目招标中中标，金额为1000万元。由于竞争激烈，S公司的毛利（除去设备硬软件、安装和保养成本）约有250万元（毛利率25%）。整个项目前后历经一年多才拿下来，销售薪资提成、售前支持、差旅、招待等费用约100万元（占合同10%），总部管理费用约50万元（5%）。该合同的付款条件为30/60/10，即合同签署后先付30%作为项目启动资金，60%的资金在设备验收合格后30天内支付（估计在合同签订后6个月），10%的尾款在设备正常运行一年之后结清（估计在合同签订后的第18个月）。

在这个例子中，对于S公司来说，以年利率6%计算，它的损失利息（损失利息 = 收款 x 年利率 x 收款周期）由于分了3期收款，累计为27万元（600万元 x 6% x 0.5 + 100万元 x 6% x 1.5），而且这里没有计算它要预先垫付的硬软件的生产成本而要付出额外利息。

现金流方面，分别有600万元和100万元在签订合同后的第6个月和第18个月入账，在这个过程中，根据项目成本支出（垫付硬软件），很可能在合同签订后的前6个月内出现现金流为负的情况（详见图3-1）。如果遇到验收问题的话，时间可能还会延长，甚至会出现有部分款项收不回来的情况，带来部分坏账和合同实际收入的下降。

这种尾款收不回来的情况在实际项目中时有发生。在这个例子中，假如最后100万元不能收回，那么整个项目的收入为900万元，毛利从250万元骤降为150万元（16.6%）。再看看项目的费用，前后一共花了150万元，于是这个项目对于S公司来说，前后用了接近3年，到头来一分钱都没有赚到。以上的例子虽属虚构，但描述的条款和情况绝对比比皆是，可见付款条件对利润的影响。

合同现金流模拟

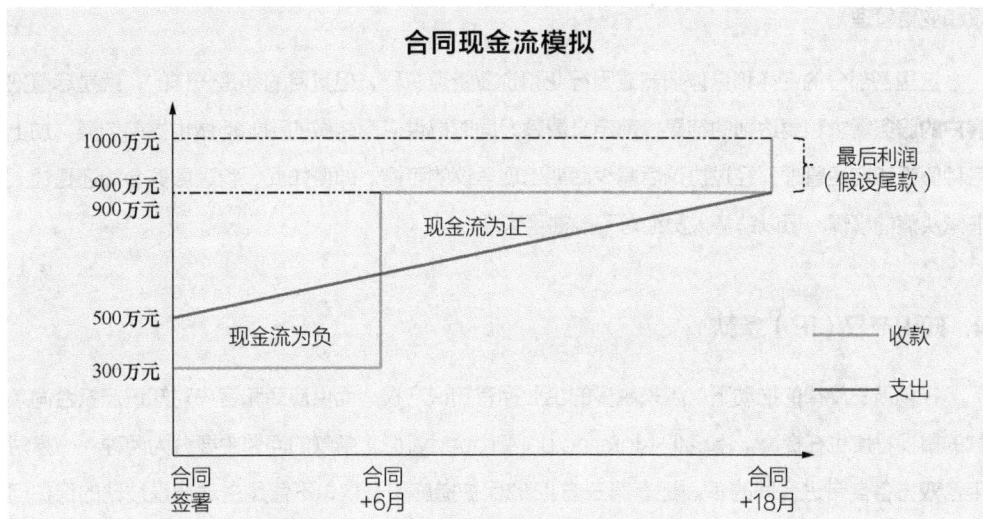

图3-1

2. 交付和验收条款

无论是硬件设备还是软件（服务合同将在下面讨论）都会有交付（安装）和验收环节。一般来说，验收之前风险由供应商承担（可以买保险），验收之后风险转移至客户，因此客户对这部分条款的要求比较严格，务求在风险转移之前万无一失，这对客户企业和部门个人都是如此。如果在合同中的验收标准和供应商的标准或常用的有差别，最起码会带来因为标准不同而产生的工作量和额外成本，影响毛利，甚至产生现金流和收入确认等问题。

3. 服务合同的内容和验收条款

服务合同的内容由于看不见、摸不着，最容易引起争议，如甲方认为合同内容包括某服务，但乙方可能认为不在范围之内。同样有关某服务的一句话，双方解读往往有所不同，而分歧一旦出现，有可能对供应商的收款造成困扰，轻则影响收款和收入确认的时间，重则导致合同的"烂尾"和坏账，极端情况下还会影响供应商的信誉，甚至使供应商被政府或企业禁止在未来的项目中参与竞争。

一般来说，**服务合同的内容**包括客户业务需求、客户服务功能需求、供应商解决方案、供应商服务功能介绍、服务交付物清单和描述、服务验收标准、服务时间表、双方资源假设、其他假设和变更管理。

这里各部分的名称和具体细节或因行业和企业特点有异，但其目的都是一样的，就是**尽量把客户的服务需求和要达到的结果提前定义清楚**，同时把供应商能做的和如何做也提前沟通，加上各种假设和变更管理，经过协议后减少后期出现争议的可能。即便如此，管理服务合同还是让人非常头痛的事情，所以销售人员绝对不能袖手旁观。

4. 知识产权（IP）条款

在创新主旋律的推动下，越来越多的企业拥有知识产权，而供应商和客户对知识产权合同条款的重视程度也在提高。围绕IP（Intellectual Property, IP）条款的问题主要分为两种：一是对甲乙双方各自带进合同的IP，还有第三方IP的保护措施和条款，不管是主动还是被动的保护问题，都可能会带来金钱或者竞争力的损失；二是对合同交付过程产生的IP的归属权和使用权的问题，最常见的解决方法是共享归属权和使用权，但是条款会进一步说明双方使用的范围，或者是供应商是否有权将该部分IP卖给其他客户，而这部分往往是客户最不愿意看到其发生的。

另一种常见的IP条款争议主要发生在软件产品合同中，客户出于企业信息安全治理的考虑，有时候会要求供应商提供软件的源代码程序，这种要求会危及软件供应商不可触碰的底线，碰到这种情况，销售人员需要立刻报告上级和法务，不能自作主张。

5. 合同罚则

这是销售人员最容易忽略的条款。大部分销售都认为合同罚则可有可无，因为她们一厢情愿地认为从来都不会发生。确实很少有销售人员见识过合同罚则的激活，因为一般来说，合同双方都希望息事宁人，以合作的态度来解决分歧，但这不等于它没有发生过。事实上，越来越多的客户对合同条款的执行趋于严格（出于采购制度的完善和反腐败力度的加强），一切事宜都以合同文本为参照，在这样的情形下，合同的罚则变得十分重要，供应商一但触犯轻则被罚钱或收不到钱，重则可能要搭上商誉和以后的投标资格。

常见的罚则主要围绕因供应商过失（无须定义但需要证明）引起的对业务的**直接或非直接损失（Direct / Indirect Damage）**来制定。顾名思义，所谓直接损失是指因为供应商所提供的产品/服务的问题导致的直接损失。举个例子，某机床设备公司提供的机床出现故障，导致某些生产出来的半成品成为废品，这些废品的物料和人工成本就被视为直接损失。在同一个例子中，客户要求赔偿的非直接损失可能是因为机床故障所带来的客户在销售订单上的损失或潜在损失。非直接损失不一定已经发生，也包括按照预测潜在可能发生的损失，因此它的规模通常远比直接损失更大，有时候甚至是天文数字，若要承担的话，足以拖垮整个供应商企业。

除了对损失造成的结果分类外，罚则条款还会对惩罚的力度进行分类，分别为**有限和无限责任（Limited / Unlimited Liabilities）**。同样是以某种方法或公式计算惩罚金额（例如直接或非直接），有限责任的罚则设有罚款金额上限，而无限责任非常可怕，不设金额上限。一般来说，直接/非直接损失和有限/无限责任的条款通常会一起出现。

可以想象，供应商当然不希望有罚则，但如果必须有的话，企业通常只会接受直接损失和有限责任条款。遇到超级重要的合同，被客户要求加入非直接损失和无限责任的罚则条款，这肯定是CEO和老板才能做的决定了。

🎁 佣金提成计划

如果销售人员对佣金提成不感兴趣的话，这种人几乎不可能成为顶尖销售。这并非是鼓励人性贪婪，金钱在很大程度上是提供个人安全感的工具，同时也是一个衡量自我成就的手段。

在我见过的所有优秀的销售人员中，没有一个是只关心佣金提成的，但也没有一个对它毫不关心。新入行的销售人员第一次看到供应商提供的佣金提成方案，有时候会不知道从何入手。但无论复杂（有些企业的方案多达几十页）还是简单（有些企业只有一页），销售指标和提成方法是销售人员和供应商之间最重要的"契约"，应该被公平和谨慎看待。销售最需要关注的是以下几个问题。

1. 指标的定义

不要只关心指标数字的大小，更要了解指标的定义，包括"边界"和限制——什么领地、什么客户、什么产品、什么渠道，甚至是什么时间范围（6个月、3个月或者1个月）。

其次需要关注有哪些指标。总体来说，销售人员的任务是"赢得生意"，但是对不同的供应商来说，它的衡量标准会有出入。一般来说，指标可以分为总合同金额（Total Contract Value，

TCV）、总收入金额（Total Revenue Booked）和总收款金额（Total Cash Received），代表着供应商对生意的偏重——愿意把提成激励和某种情况捆绑在一起。有些企业希望销售人员努力签合同，有些供应商认为销售人员必须从签合同一直负责到收款。但无论如何，供应商通常会选择其中一种作为主要的激励指标。

有些佣金提成方案除了主要指标之外，也会要求销售人员关注一些次要指标，并且把部分佣金提成和它们挂钩，这些指标最常见的有"获得新客户""续约率""毛利率或毛利金额"（也有用"净利率或净利润"的）和"销售费用"等，如供应商以TCV为主要指标，很有可能会把"交付"和"收款"作为次要指标。

2. 如何计算指标提成

这是销售最关心的问题，总体来说有两种方法。第一种方法是**直接提成法**。每一个指标都设有一个单位的提成比例，销售人员每完成一个单位数量，就可以获得一个比例的提成。举个例子，某企业年度个人销售指标为500万元的TCV，提成比例为金额的5%，那么以销售完成的TCV金额乘以5%就可以得出销售的提成。

这是相对简单、易于执行的方法，适用于需要大量获新客的环境，在创业企业中尤为常见。但是这种方法有一个漏洞，就是在以上的例子中，销售人员虽然被分配了500万元的指标，代表了供应商需要她贡献的业务目标，但是她的提成多少并不直接和这500万元的指标捆绑在一起，供应商只能"希望"销售做到，而不能通过佣金提成方案直接影响。

或许这样的解释还不够清楚，让我们来看看第二种方法就更容易明白了。第二种方法我称它为**完成率提成法**。顾名思义，它不为指标本身直接设立提成比例，而是把指标大小按照它的完成率设立提成比例。再用上面的例子说明，供应商把提成比例设成"每完成500万元指标中的1%可以获得多少钱或比例"。在这个例子中，销售人员需要关注她完成分配指标的百分比从而获得提成，在这样的情形下，供应商把100%达成指标时的提成比例和销售人员"期望"拿到的佣金提成金额关联起来，就可以把销售的奖金激励和企业的业务目标捆绑起来，让双方都坐在一条船上。

这种方法可以让供应商针对每个销售人员进行"个性化"的指标分配（每个人的指标大小可以不一样），根据每个销售的经验、能力以及被分配到的领地、客户类型和难度，做出不一样的调整，为供应商提供适应市场多样性的激励能力。这种方法多用在成熟或中大规模企业中，在产品种类较多的供应商里也较常见。

3. 如何才能拿到提成

这是销售人员关注的最实际的问题。无论指标的定义是什么，钱都要拿到自己的手上才心安。但凡对奖金激励敏感的销售人员，都需要了解这方面的细节。

举个例子，TCV指标是如何计算的，是以合同双方正式签署盖章为准吗？复印扫描件算吗？收入指标如何计算？是开出发票吗，还是交付以后？抑或是收款之后？这一切需要什么"凭证"才能作数？多久结算一次？又或者是有没有提成需要达到的最低标准要求？超过标准时能不能多拿一些？总之，一切有关销售人员如何才拿到钱的问题都是合理的问题，需要从激励方案中获取答案。

部分销售人员对佣金提成方案一知半解，到发现正确理解后会痛惜失去拿到更多提成的机会；也有些人因为理解有误产生而对供应商的不信任，甚至双方不欢而散。销售应当从以上3个方面去了解和认识手上的激励方案，以免产生误会。

经典案例

深刻理解客户的业务

本部分内容由时任软通动力集团智慧业务事业群高级总监王剑先生撰写。在此之前，王先生曾在日本留学，服务于日立公司8年，回国后先后在IBM、软通动力公司等从事服务销售管理工作，并于过去数年投身至初创企业，现任幻腾科技销售副总裁，从事智能家居系统业务。

这是一个相对简单的故事，没有小说般跌宕起伏的剧情。自2010年开始，"智慧地球""智慧城市"等成为各地数字化运营的一面标志性旗帜，我司也专门成立智慧业务事业群。我和其他两位技术背景的同事，被分配去开拓"智慧农业"业务。

X农业公司是一家民营能源企业的全资子公司，在某省拿到一大片农业用地（约4000亩），建成2000个现代化种植大棚，专门从事种植项目。在过去，一个大棚需要4名管理员支持，这样一来，2000个大棚就需要8000名管理员。客户的需要很明确，既然要实现现代化，自然要求通过自动化管理手段减少管理员，提高效率；也希望通过先进的种植管理系统，减少天气和个人经验对种植管理的影响。

为此，客户找了3家业内知名的科技集成公司（包括我们），虽然各家公司都拥有大量的技术人才，但对农业并不了解。当我们与客户接触时，另外两家公司（它们和客户建立关系比较早）已经提交过方案，但客户并不满意。

我们跟客户接触后，根据需求提交了第一版解决方案，但客户觉得我们对农业不了解，没有把技术和农业业务真正结合起来。

得到客户反馈之后，我们痛定思痛，决定从基础入手，一方面通过高层的协调与北京农业大学成立联合实验室，聘请知名农业专家从农业技术层面提供支持，同时把农业的业务知识传授给我们的团队。

与此同时，我们成立项目小组（由项目总监、售前工程师、咨询顾问组成），常驻客户现场，与客户的农业技师们同吃同住同工作，深入了解客户的全工作流程，理解客户的业务和需求。经过两个月的调研，我们重新提出的解决方案得到了客户的高度认可。不久，我们与客户签署合同，以10个大棚为试点，开展第一期项目，并且在3个月内实施成功。完成验收后，客户陆续在往后数年和我们签订了更多大棚的实施合同。

和人工时代比较，约100位农业技术人员便可管理2000个大棚，大大节省了客户的人工运营成本。同时，通过十几种物联网传感器的信息采集，客户也做到了更精准和高效的种植，以及全过程的数据记录分析。而系统根据这些数据的记录、分析和学习，又能够自动计算出最优的种植模型，并且进行大规模复制，从而根本改变传统的种植模式。

第一个"智慧农业"的项目得到成功，激励了公司对农业的信心，团队也不断壮大；虽然我已经离开多年，时至今天，农业团队依然是老东家智慧事业群的中流砥柱。对于销售人员来说，尤其是那些被分配去开拓新领域（领地）的，我的建议是从理解客户的业务入手，因为只有这样才能发现客户的痛点和需要，也只有当客户感觉到我们对行业的专业认识时，才会愿意跟我们沟通。

4 客户篇
以价值为导向，
从了解到经营

企业客户"王者归来"

在过去十多年里，互联网科技带来了对传统企业和行业的颠覆（特别是个人消费的"C端"市场），大大提升了客户的地位，几乎在一夜之间，市场就把客户变成了"上帝"，甚至每年3月15日的国际消费者权益日都突然成为消费者的"吐槽"日。"客户满意""客户成功""客户体验"等关键词充斥在大小企业的宣传文案中。面向客户的组织和岗位，包括客服中心、客户成功部、首席客户官（Chief Customer Officer，CCO）、首席用户体验官等，也几乎成为企业组织的标配。

在"C端"世界里，经常听到营销人员用市场细分（Market Segmentation）和用户画像来定义用户，只要找到用户和策划好传递的内容就可以对用户精准营销。各种用户行为标签通过互联网被抓取，从此用户都有了特定的标签，时刻被各种商品供应商"瞄准"。

但和个人消费市场不同，即便是做了市场细分和用户画像这些工作，"B端"市场的销售工作依然艰难。原因很简单，因为就算是同一个行业中的不同企业，它们的目标、痛点、需要、能力、财力，以及各种不同的人为因素，都会对产品产生不同的评价，而这些不同将直接影响销售人员的具体活动和成功。

不明白的人也可能会说，在企业市场中了解客户其实就是"搞定人"，只不过是更多的人而已。不错，了解客户是所有B2B销售人员都认同的关键工作，但说归说，做起来可没有那么简单。B2C类企业面向的客户就是一个人，只要说服了他，生意就能成交了。

但面向企业的销售人员所处的环境截然不同。企业客户和个人客户最直观的区别是，企业是由多个自然人组成的业务个体（法人），企业的员工越多，部门组织就越多样化，虽然企业只有一个，但这时候就很容易产生各种复杂问题和矛盾。

第一，企业组织赋予各个部门不同职能，需要通过分工合作来完成企业的使命和目标，企业级的目标随时间变化而变化，收入金额、成长率、市场占有率等都是如此。大目标虽然一致，但由于部门职能不一样，部门级的小目标会有不同偏重。例如，销售部的目标是完成营收销售指标，过程中需要花钱，但财务部的目标可能是要小心花钱，这时候就可能会产生矛盾。

第二，这种企业组织天然自带的风险防范和制衡机制也是客户购买决策中最基本的矛盾源泉。哪个部门更强势，往往会决定在购买决策时对不同种类风险的考量和承受度的高低。财务部门强势的企业客户对各类财务风险（如现金流、价格、应收账等）特别重视；运营部门强势的客户对各类运营和使用或实施的风险尤为注意。这些销售人员不可不知。

第三，不同部门的职责不一，决策需要从更多维度考虑，要满足的条件更多，决策环节的节点也相应更多。这不但影响决策所需时间，同时也要求销售人员具备"多线作业"的能力，在同一时间内要协调好不同部门、不同声音、不同流程和不同问题。

第四，部门内和部门之间的工作流程规范相对按部就班。部门间各自责任分明固然是好，但是稍有不慎便很容易陷入官僚做派，影响工作效率。除此之外，采购和决策的时间节点的控制有时也难以预料，经常会出现延期现象，让销售的时间预测难度大大增高。

第五，人多的地方想法也多，每个人的处事动机都不一样，即便是在同一个部门，想法和目标也可能不一致。企业中的员工应以企业目标为重，上下一心，相互合作，但不免也有些人更关心个人利益，或进取、或功利，或避免犯错。

如果客户中个人动机和企业目标不匹配，那将是企业的不幸。理论上人以群分，企业以其价值观和文化聚拢志同道合的人，但是现实中无论出于什么原因，不匹配的情况几乎不可避免。这样又给销售工作增加了难度，既要了解企业的购买需要和行为，同时也要兼顾客户中某些关键角色的个人想法。

企业客户购买行为的6个问题

在个人消费市场里，有时候会看到客户的冲动购买行为（Impulsive Buying），可是在企业市场中，这种情况凤毛麟角。在企业世界里，客户购买行为理性得多，就算销售人员再努力地推销，如果企业客户没有需求，交易也是不会发生的。销售人员希望赢单和卖东西的热情可以理解，但是如果在没有了解客户的情况下，"用力过猛"地去卖东西，到头来大多是铩羽而归。

在企业世界里，销售人员要明白**先有买、后有卖**的道理，也必须了解客户的所有购买行为。这其实并不复杂，只是基本常识和逻辑的运用，可以从以下与客户购买行为有关的6个问题入手。

任何个体做事情总有目的、动机、能力和方法，企业购买行为也不例外，了解了它们就能够施加影响，促进销售。

- 企业客户买什么？

- 客户为什么要买？

- 客户有没有能力买？

- 客户怎样决定买谁（你）的？

- 客户用什么条件买？

- 客户的潜在价值有多大？

关于这些问题，客户会通过企业自身的管理机制在采购/销售过程中向销售人员提供"答案"（详见表4-1），其中有些比较清晰（如技术需求、时间等），有些并不明显，销售人员需要在和客户的交互中，不断挖掘和澄清，一方面**了解客户的想法**，另一方面则尽量引导客户朝着**对供应商有利的方向倾斜**。

表4-1　销售人员如何寻找客户购买逻辑问题的答案

客户购买逻辑问题	销售人员在客户企业中的哪些领域寻找答案
1. 企业客户买什么？	业务目标、痛点、需要、需求 （高管和业务部门）
2. 客户为什么要买？	业务目标、痛点、需要 （高管和业务部门）
3. 客户有没有能力买？	获得成本、实施/部署成本、使用成本 （财务部、实施部门、使用部门、采购部）
4. 客户怎样决定买谁的？	决策（可行性、立项）流程、采购流程 （采购部、实施部门、使用部门）
5. 客户用什么条件买？	采购（招标、谈判）流程 （采购部、实施部门、使用部门）
6. 客户的潜在价值有多少？	业务目标、痛点、需要、需求 （使用部门重复需求）

通过挖掘这些问题的各种"答案"，销售人员可以在不同程度上发现和购买有关的原因、内容、条件和方法，了解和引导得越多、越成功，自然会把供应商放到一个越有利的位置上。

这些信息能帮助销售人员挖掘客户的痛点和需求，引导需求和倾向性与供应商匹配，制定销售策略和话术，设计最适合的解决方案，影响最终的决策和制定谈判策略等重要的销售活动，与能否赢单的关系密切。因此，销售人员要想赢单，必须先认识客户；要认识客户，必须找出上述6个问题的答案。

🔲 企业客户买什么？

绝大多数情况下（当然也有例外的时候），企业决定去买一样产品或服务都是由业务驱动的。企业为了达到业务目的或目标，会基于它制定的策略，并且通过组织和自身能力去执行和落实，这就是业务驱动。

但是术业有专攻，很多时候企业能力也有限，那就需要通过购买外面的东西来帮助它完成目标。无论企业要买什么产品或服务，从财务管理上都可以按下面的方式来分类。这些分类方式是现代企业管理方法中的基本概念，更是首席财务官（CFO）和企业管理人员的共同语言。明白它们，自然能让销售人员更容易了解企业客户的决策思维。

首先是购买内容性质的分类，由于企业客户买东西都要录入财务报表，我们需要学会从会计财务的角度来看企业的购买内容。一般来说这可以分为3类：成本类购买支出（Costs）、费用类购买支出（Expenses）和资本类购买支出（Capital Expenditure）。针对不同的购买支出类别，企业往往会有不同的审批流程和部门决策授权。

成本类购买支出是指那些被记录入损益表（Income Statement）中成本类的购买支出，这类支出通常用来购买原材料或与直接生产服务有关。这种采购一般由产品、生产、研发等部门负责决策，而采购通常是周期性的，一旦决策做了，将会在一段时间或采购承诺批量之内有效，除非是出现违反合同或是不可抗力（Forced Majeure）的情况。决策条件又以产品规格、价格、质量和供货期为主。从财务角度来看，这种采购直接影响产品成本和毛利（Gross Profits）。

费用类购买支出是指那些被记录入损益表中费用类的购买支出，用于支持企业的运营，和直接生产无关，通常以各种服务采购为主，发生在行政、销售、营销、人力资源、财务等部门，由采购部连同有关使用部门负责。采购通常是周期性的，但也有时候为项目型。决策条件也是以服务水平、质量、价格为主。费用类采购主要是通过效率提升和费用节省影响财务报表中的净利润（Net Profits），相对而言是运营管理者比较关心的。

资本类购买支出是管控最为严格的一类，一般指那些被记录入资产负债表（Balance

Sheet）中资本开支项的采购支出。这类采购一般金额较大，而其对企业产生的作用又是长期的，例如购买生产设备、科研仪器和IT硬软件等。由于金额较大，财务制度允许企业把有关的支出摊分数年变成折旧费用，避免对当年的财务报表造成"严重不合理"的影响。

由于金额大和影响时间长，企业对资本项目类购买的管控通常最为严格，使用部门得到的授权很少，一般立项之后交由采购部负责采购流程（招投标、货比三家和谈判等），而最终决策往往都需要得到企业最高管理者的同意（甚至需要董事会的批准）。

财务制度对以上企业采购分类比较严谨，有一定规则依随，它们对大企业的采购决策也有更系统化的影响（如企业采购预算）。相比之下，有些企业老板或CEO（尤其是中小企的老板）的思考的方法就相对简单了，那就是**赚钱（Revenue Generating）**还是**花钱（Expense Incurring）**。这是最简单粗暴的一种考虑方法，所谓"赚钱"的采购，指的是花钱所买的东西会帮助企业赚更多的钱，如生产设备、原材料等。"花钱"的采购，指的是并不能直接帮助企业赚钱的支出，例如行政、人力资源、财务、办公费用等。

在任何时候，企业都会将前者放在最高优先级的位置，而且对其质量的要求更高。相对而言，后者的优先级较低，特别是在企业困难的时候，往往这类采购支出会首先被老板"砍掉"。价格敏感度和逐年的效率提升（花钱少、做事多）也通常是老板们最关心的问题，销售人员需要清晰地认识到自己所卖的东西属于哪类。

财务的分类是严谨的，老板的看法则比较主观。当然有些支出的性质是无可争议的，如生产原材料肯定是和"赚钱"挂钩的；相反，办公室维护和人力资源服务（如猎头费）等在老板心中肯定是"花钱"的事情。不过，有些支出的性质就没有那么明显，取决于老板或企业的基本理念。这其中最典型的例子莫过于营销类和IT类的支出。

回到二十年以前，营销和IT肯定属于"花钱"的支出，但随着时代的进步，有些企业逐渐认同市场营销和IT的战略价值，认同其对发展和"赚钱"的帮助，再加上各大供应商不遗余力地推广，从投资角度将这类支出跟"赚钱"有关的业务结果（如产生多少商机线索）和支出进行比对，形成这类支出的"投资回报"（Return on Investment，ROI）概念。这样，营销和IT类支出在一些企业中的地位变得"高大上"，逐渐摆脱"花钱"的标签，和"赚钱"挂上了钩。

对于销售人员而言，了解你所卖的东西在客户财务报表中的归属，还有在老板和企业中的位置和战略价值，会对客户决策流程、采购流程和预算来源很有帮助。假如你卖的东西属于"花钱"

的支出，如何让它在老板心中变成一个"赚钱"的支出，或者将其看作一个战略投资，自然也变成销售人员可以在客户痛点和需要挖掘过程中努力的方向之一。

在表4-2里面，我列出了大部分企业通常会购买的东西以及它们的分类，希望帮助各行业的销售人员快速了解客户的购买行为。

表4-2　客户有没有能力买？

企业客户购买的分类	财务报表分类	老板眼中的分类
生产原材料	成本类	赚钱类
生产服务（人力、工艺、技术）	成本类	赚钱类
生产设备	资本项目类	赚钱类
IT硬件、软件（私有）	资本项目类	花钱类或赚钱类
IT系统和服务（公有云/SaaS）	费用类	花钱类或赚钱类
办公室文仪	资本项目类或费用类（视乎金额）	花钱类
个人生产力工具	资本项目类或费用类（视乎金额）	花钱类
营销活动	费用类	花钱类或赚钱类
销售活动（差旅、客户招待）	费用类	赚钱类
研发服务（人力、工艺、技术）	资本项目类或费用类（视乎用途）	花钱类或赚钱类
物流服务	成本类或费用类（视乎用途）	花钱类或赚钱类
办公室房地产购买	资本项目类	花钱类
办公室租赁	费用类	花钱类
办公室维护管理	费用类	花钱类
人力资源服务	费用类	花钱类

客户为什么要买？

业务目标是起点。企业的购买行为不外乎两种情况，要么是替企业**建立或补足欠缺的某种能力**（如购买生产原料、设备、研发、IT工具设备等），要么是去做一些企业**不愿意做或做不来的事情**（如差旅订座、办公室服务外包等）。

从财务报表的角度来看，从一次性的购买支出（影响现金流和资产回报率）变成以使用时间（租赁）或者使用数量为衡量标准的支出（影响费用项目），也推动了"外包服务"和"整包上门服务"的发展。这些服务从最边缘的行政服务逐渐向企业核心延伸，包括一些过去被认为是核心的工作（如生产、部分研发、人力资源管理、IT运维、营销活动策划，甚至重要的应用系统等）。

了解这两类不同的采购思维，可以为销售人员提供一个不错的角度去发现企业客户的动机，然后对症下药。

不管是建立或补足欠缺的能力，还是要实现做不好或做不来的事情，企业购买行为一定是为了解决某种业务问题，或者达成某个业务目的，这是毋庸置疑的。越是金额大的购买，销售人员越需要了解企业的短、中和长期业务目标。企业的任何层次的购买，都可以和它的既定业务目标产生关联（不管是为了增产、扩收、提升效率，还是提高市场占有率，否则企业就没把钱花在点子上）。能够关联到业务目标，就表示所购买的东西的价值是可以衡量的。因此，销售人员需要把供应商所卖的东西和客户的业务目标清楚而紧密地关联在一起。关联度越高，客户想到要完成某业务目标时，便越会想到供应商，基础便会更扎实，可以为销售成功提供一个好的开始。

下面是常见的业务目标和采购内容关联的例子，把企业购买的内容和需要达成的业务目标的关系表述出来了。一般来说，企业的业务目标和财务报表中的营收、成本、毛利、费用和利润等领域有关，销售人员可以依据产品/服务的性质推算出和客户业务的关联所在（详见表4-3）。

表4-3 企业业务目标和采购内容的关联

采购的内容	企业业务目标
生产原材料	降低产品成本/增加毛利
生产服务（人力、工艺、技术）	降低产品成本/增加毛利/提高生产效率
生产设备	降低产品成本/增加毛利/提高生产效率
IT硬件、软件（私有）	提高效率/效果/降低成本/支持业务成长
IT系统和服务（公有云/SaaS）	提高效率/效果/降低成本/支持业务成长
办公用品	提高效率/效果/降低成本/支持业务成长
个人生产力工具	提高效率/效果/降低成本/支持业务成长
营销活动	提升品牌价值/获取线索/支持业务成长
销售活动（差旅、客户招待）	获取线索商机/提高营收
研发服务（人力、工艺、技术）	提高研发效率/提高竞争力/对营收、成本或经营效率都有帮助
物流服务	降低物流成本/增加毛利/提高效率
办公室房地产购买	稳定长期费用支出/支持业务成长
办公室租赁	稳定费用支出/支持业务成长
办公室维护管理	稳定费用支出/支持业务成长
人力资源服务	稳定费用支出/支持业务成长

为了完成某个既定的业务目标，客户会制定相应的策略和行动计划，推行策略和行动的时候，客户往往会因自身的问题或"短板"导致无法达成目标，这便出现了所谓的**业务痛点**（Business Pain Points）。

只要这些痛点足够"疼"，客户便会做出相应的措施或行动。当然，这些行动可能只牵涉内部资源，我们称之为**内部需要**（Internal Need），但当客户不能单凭自己的力量解决痛点时，就会产生**外部需要**（External Need），而这也是销售人员最希望看到的采购"种子"的萌芽。

因为一旦外在需要产生之后，客户会想办法去满足。它会通过调查，首先分析用什么方法最能满足需要（同样的需要可能有多种方法满足），然后在这种方法的基础上把具体的功能、性能和使用等具体要求，再加上价格和条款等愿意付出的条件分别列出，用以物色最佳的供应商和解决方案，形成所谓对某类产品和服务的**外在需求**。**这个从内而外，从业务痛点、需要到需求的转化过程，是企业购买行为的真正起点（并不是招标的时候），可能也是最重要的部分。**

业务痛点是指企业在完成某一个目标时，在策略或行动层面上遇到的问题和障碍，这道和目标之间的鸿沟需要得到改善或改变，才能产生有效的业务结果。企业和人不一样的地方是，企业中不同的人对痛点有不同的理解和认识。高层管理者大多很清楚自己业务上的痛点和需要，但是操作层的员工却未必有同样的认知，他们可能更关心在操作层面上的痛点。

而在这过程中，痛点越接近顶层的业务目标，越容易得到重视；**痛点越"疼"，便会得到越多关注，也越容易产生业务需要**。销售人员的工作，就是要尽量挖掘痛点，而且要通过对客户的了解，把痛点的"疼"阐述清楚，让客户感同身受。

业务需要是源于客户自身的不足（痛点）而产生的一种渴望状态，它只有在痛点被客户充分认知和感觉时才会形成。从理论上来说，痛点会让企业客户觉得"疼"或"不舒服"，但是很多时候客户会选择"忍受"，以一己之力解决问题；就好像我们感冒了一样，开始总想靠自己的抵抗力扛一下，等到病情没有好转才会决定去看医生。时间久了，有些客户甚至对痛点习以为常，甚至失去了"疼"和"不舒服"的感觉。也有时候，客户虽然觉得"不舒服"，却不知道这原来是某个业务目标的痛点，因而对这种痛点不予以重视。

当类似情况出现时，就需要其他人（销售人员）的助力和分析建议，把痛点变成需要，让客户不再忽视"不舒服"的感觉。聪明的销售人员也会做出适当的引导，让客户认识到单凭客户内部的力量解决不了问题，从而产生外部需要。

外在需求是在业务的外部需要被认定后，进一步引发对某类产品和服务（甚至某供应商）的"想要获取"的欲望，并且愿意为之付出一定条件的具体内容和行动。由于外在需求的对象是潜在供应商，需求的形成要经过客户内部的决策流程批准。需求的内容一般会清楚说明客户选择了哪种解决方法，并且把具体的交付物性能、功能、使用、价格和条款等信息分别列出，通过正式（如招标）或非正式的渠道触达各个供应商。

产生外在需求的前提有两个：**一是客户要决定业务需要是否能够不假外人之手，通过自身资源解决，二是客户要决定能够满足需要的解决方式**，并且以此方式去物色供应商。如果业务需要能够在内部解决，就不会产生外在需求；又或者在决定解决方式的过程中（可行性分析）发现各种不可逾越的问题（如成本预算或者使用难度等），也有可能导致客户重新考虑业务目标的合理性，产生不了外在需求。可想而知，从业务需要发展到外在需求的过程中存在很多变数，需要销售人员小心经营。

所以，在**客户没有把业务目标和痛点关联起来变成业务需要之前，不会有任何购买欲望和行动；而就算有了业务需要也不一定会产生外在需求**。这中间其实还有一个可能性，就是在决定解决方式的时候，客户得出的结论是其他供应商的解决方式更优，因而外在需求虽然出现了，却围绕别人家的产品和服务，跟你就毫无关系了（详见图4-1）。

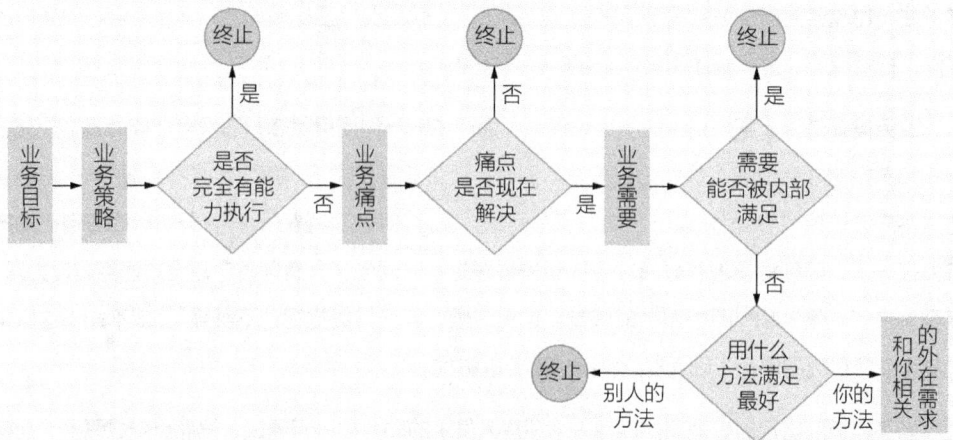

图4-1

从这里可以看到，竞争对手其实存在于不同层面，最直接的竞争对手当然是和供应商提供一样产品的那些，但只要是针对解决同样的客户痛点和需求的供应商，也随时会变成你的竞争对手（视乎其在什么阶段介入）。

举个例子，我因为运动过度肘部受伤了，"痛点"很清楚，也很疼，我"需要"把它尽快治好，因为我的目标是要在春天来临时重新投入运动。我有几个解决方式可以满足需要，一是让它自然痊愈，二是采用物理治疗，三是针灸。最后我决定采用物理治疗，形成对物理治疗的"需求"，并且在朋友的介绍下找到医师治愈了。在这个例子中，针灸医师没有获取来自我的任何"需求"。

可以看出，需求孕育的过程充满变数，如果任由客户"自由发挥"，无论是多重要的业务目标、多明显的痛点和多合理的需要，都有可能无疾而终，又或者产生与你无关的需求。如果经过的时间太长，销售人员可能早已"饿死"，等不到有生意可做的那天。

反过来看，假如销售人员能够协助客户挖掘痛点，把痛点和业务目标关联起来变成需要，并且在这个过程中，"顺便"把需要转化成为对供应商有利的需求，就会获得一个很好的商机（详见图4-2）。

企业业务目标和外在需求的关系

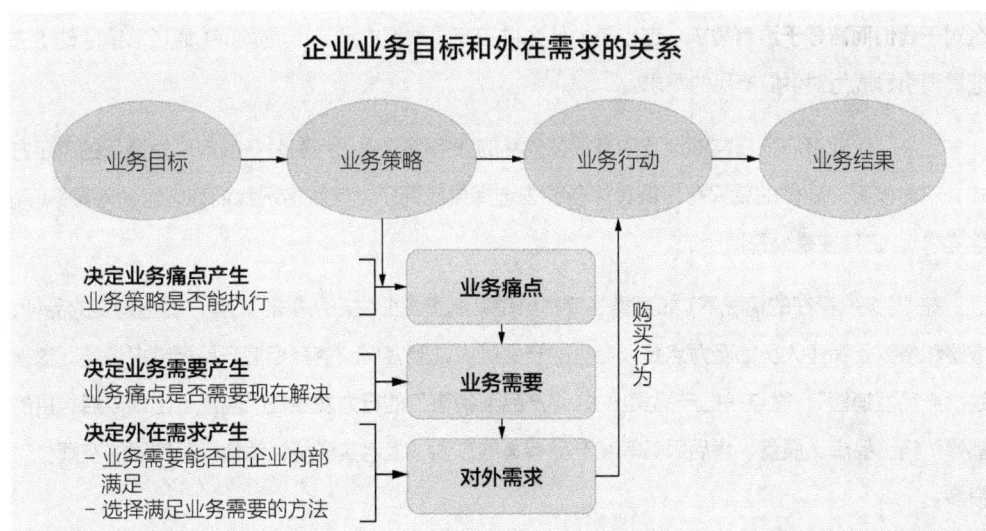

图4-2

以下是一个企业场景的例子，可以帮助解释痛点、需要和需求的关系，说明企业在目标、策略、行动过程中，因为各种不足、差距而产生的痛点和需要。

◤某办公用品企业计划在3年内成为行业龙头

业务目标：2019年来自新产品（发布一年内的为新产品）的营收占全部营收的40%，比上一年提高10个百分点。

业务策略：市场部加大所有新产品推广力度，覆盖线上线下，从而获得更多新客户。

行动计划：参加各类型的展会和通过线上方式获得线索，要求线索信息量化，提升转化率。

痛点：目前所有活动的线索信息不完整和难以量化，很难用作后期跟踪。

需要：得到所有营销活动所产生的线索的实名信息，能够量化，可以后期跟踪和统计。

潜在需求：请目前负责活动的外包公司提供更好的线索服务，多请几位市场人员在活动中记录获取的线索信息，利用市场营销软件工具满足需求。

这个例子虽然是虚构的，但是类似的情况经常发生。这里想说明的是，了解客户买什么和为什么买，其实就是对其痛点和需要的发现和挖掘。就像我的胳膊肘受伤了，我就需要做些什么，企业也是如此，一切有关购买的决定都源于它感受到的痛点。当然，也有些时候我因为别的事情选择去忍着（或者忘记了）痛处，不做任何事情，企业有时候也会将某些痛点处理的优先级降低。

这个例子还想说明的是，**同样的需要可能会产生多种可能的需求，而对不同品类产品/服务的需求，很可能完全改变竞争的格局**。同样是胳膊肘受伤需要医治，由于我的判断，我对医治的需求有可能从物理治疗变成针灸。所以，**出于需要所产生的需求如果不是我们卖的东西的话，那么对于我们而言等于没有需求**。这也是为什么供应商要很努力地在市场层面（通过营销活动）去把需要引导成为对供应产品的需求。

当然，企业客户在日常的运营中有很多成熟的业务需要，已经有公认的或广为接受的满足方式，这时候客户要做的就只有根据具体条件去选择供应商了，这种情况我们称之为“刚需”（刚性需求），它往往是公开透明的。

在“刚需”存在的情况下（如某类生产材料是某制造企业生产所需的），客户提出购买的品种、数量和条款，销售人员的着力点是以自身的产品优点说服客户，使其相信产品能带来价值。这就是“产品型销售”，重点是把产品卖出去。**“产品型销售”的行为发生在“刚需”出现以后**，拼的都是价格、品牌、质量、售后服务等和产品有关的东西，但老实说能让销售人员施展的空间少了很多。

不过在很多情况下，企业购买的东西不一定是已有的“刚需”和公开需求，在此以外还存在其他类别的需求。它们的共同特点是业务需要都是存在的，只是由于某些原因没有成为正式需求（“刚需”或公开需求）。这些还未成型的需求大致可以分为几类：软性需求、不知道有其他解决方法的需求、隐性需求和不公开的需求（详见表4-4）。

表4-4 从供应商角度看客户需求特性和销售方法

需求的种类	需求的特性	应对销售方法
刚性需求（"刚需"）	企业对痛点和需要十分清楚，市场上有广泛认可的满足方法，对某类产品/服务已经形成有针对性而明显的需求	产品型销售，强调产品功能、价格、质量等特性、优势和效益
公开需求	企业让供应商在公开的渠道可以获知的需求（通常是刚性需求）	寻找客户采购和竞争机会，通过产品销售提早突出供应商亮点
软性需求	企业对痛点和需要很清楚，但尚未接受某类满足方法，视乎企业自身的条件	说服客户把业务需要和需求提升到更高的重要和迫切程度，变成刚性需求
不知有其他解决方法的需求	企业痛点和需要很清楚，而且是对某类产品的刚性需求，但是并不知道有其他的满足方法可供选择	通过挖掘让企业承认痛点和需要有更好的被满足的空间，接受新的方法，改变需求
隐性需求	企业不知道自己有痛点和需要，或者认为需要能被内部解决，没有形成对外需求	通过挖掘痛点和需要，并且论证外界有更好的满足方法，形成外在需求
不公开需求	企业不在公开渠道沟通的需求（可能已有固定供应商，或者是软性或隐性需求）	通过挖掘发现需要，激活需求

正如我给它们起的名字，它们各有不能成为"刚需"或公开需求的原因，这是好是坏，见仁见智。对于某些销售来说，它们代表更多的工作量和更长的时间，而且不一定能成功。但是另一方面，它们又为销售人员提供了更多机会，而且在需求孕育的过程中，销售人员有机会通过痛点和需求去引导客户对自家产品的需要。一旦需求按照供应商的思路建立，销售人员也会处于相对有利的竞争位置。

因此，想要满足"刚需"以外需求的或者是寻求"翻盘"（其他供应商已经建立的需求）的销售人员，就需要更好地对企业的痛点和需要进行挖掘，并且将需求引导到你所销售的产品这边。

可想而知，为了挖掘客户的痛点和需要，除了企业的业务目标外，连带相关的企业背景、业务情况、面临的挑战机遇等，以及所在行业市场的行情趋势和竞争对手等信息，都是销售人员可以和必须利用的信息。通过对它们的分析，可以发现和提高对客户痛点和需要的了解。有时候，具有良好洞察力的销售人员甚至会发现连客户自己都不知道的痛点。在大数据时代，善用一切有关的信息和资讯，能帮助销售人员了解客户的动机，挖掘痛点和需要，并将其转化为需求和商机。

值得一提的是，很多销售人员对痛点、需要和需求的区别并不那么清楚。尤其是**"需要"**和**"需求"两个词，虽然只是一字之差，但实际上它们的意思差别甚大**，对销售人员的意义也不一样，在此再次指出。

🎁 客户有没有能力买？

乍一看，你会认为这只跟钱有关。不错，对一般消费者来说，当我们决定买一件东西时，下一个会想到的问题肯定是有没有能力买，要花多少钱？ 但是同样的情况发生在企业采购中，客户会考虑**获得成本（Cost of Acquisition）**——除了在第一次获得产品/服务时金钱上的支付能力和成本外，还有当时实施/部署和使用该产品/服务所需要具备的各种能力。

此外，在"获得成本"的基础上，越来越多的企业在采购之前会考虑**整体拥有成本（Total Costs of Ownership，TCO）**。顾名思义，TCO指的不光是第一次获得解决方案时所要付出的代价，还要考虑拥有它的代价。除了"获得成本"外，TCO加入了对解决方案使用的生命周期（合理时间假设）的考虑，把在周期里后续可能发生的实施/部署和使用成本都计算进去，得出一个在生命周期内拥有和使用的总成本，以此来作为采购决策的论证和支持。能力和成本，在这里几乎是可以互换的概念。

例如，某机器零部件生产企业考虑引进一套数控机床，需要投入500万元购买设备。机器寿命平均为10年，零部件损耗每年大约为5%，为了维护这台新的机床，工厂的设备维护组需要聘用一个经过特殊培训（费用为10万元）的专员（薪资为20万元/年）。新机床占地、耗电等和现有设备差不多，不会增加负担，而且使用/操作上更简单，现有人员经过培训（费用为5万元）即可上手。

在这个例子中，如果只考虑设备成本，那么企业需要付出的成本就是500万元；如果考虑"获得成本"的话，则变成515万元（加上第一次的培训费用）；但是如果考虑10年的TCO的话，那就变成了965万元（500万元 + 25万元x10年 + 20万元x10年 + 10万元 + 5万元）。

TCO不单为企业提供更完整的能力和成本考虑，对于销售人员来说，它同样也提供了更多的竞争手段。竞争对手之间对产品价格进行比较，和利用TCO进行比较，往往会得到完全不一样的结果。同样，销售人员为了刺激客户的需要和需求，也可以通过TCO的比较，让客户看到销售人员的解决方案相比客户现行方法的提升和优化。

不同行业、不同产品或服务的TCO内容都不一样，但一般来说，TCO会包括以下3个部分的能力和成本考虑。

1. 首次采购内容的支付能力和成本

在这个问题上，企业在采购时一定会看采购价格（单价和总价）和付款方式/条件，这两者同样重要，也是商业谈判中的必争之地。过往的采购比较简单，就是双方协议一个价格，然后决定一个（或分期）付款时间和付款条件。近年来，由于各行业的市场竞争越发激烈，供应商为了生存和赢得企业的生意，不能只是一味降价，而是在业务模式、计价方式和付款条件上提供更多灵活方便的手段，间接提高企业的"支付能力"，减轻其支付压力。

"一次性购买"（Outright Purchase）顾名思义指的是企业客户一次性付清购买的款项，而产品的拥有权同时转移至企业的名下和财务账上，这是最传统的购买方式。此外还有"分期付款购买"，客户以协议分期方式付清购买的款项，而产品的拥有权在双方协议的条件满足时转移至企业名下。和"分期付款购买"类似的是"先租后买"，客户以每月（或单位时间）支付租金的方式获得产品的使用权，但是有权在租期中或结束时以一个约定的"剩余"价格去购买该产品。在行使购买权之前，产品的拥有权依然为供应商所有。

以上这些都是我们熟悉的购买方式，但是越来越多的企业开始接受共享和外包模式，即"付钱去使用服务"。无论叫"按需计费""交易计费"还是叫"按数量/时间的订阅费"模式，这些方式都不需要企业客户购买供应商所提供的完整产品，而是购买使用供应商产品的权利。这种采购不牵涉产品拥有权的转移，对于企业客户来说，只会产生费用支出，不会产生资本项目类的支出和对一次性现金流的影响。

了解客户的支付能力，首先需要了解企业对以上购买方式的政策和态度，有些企业比较保守，认为"拥有"才能"控制"，有些企业则比较开放，接受共享或外包模式，以提升"轻资产"、现金流等财务指标的质量。当然，时间环境也是一个重要因素，当2008年的金融风暴席卷美国和欧洲时，出于节流原因，外包模式为各大企业接受，直到今天很多企业对外包模式都已经习惯了。

但是无论是以什么方式购买，企业都有它相应的预算制度。以不同方式采购，预算来源也会不同。举个例子，"一次性购买"如果金额较大，很可能会需要经过资本项目类的支出预算，而这种预算通常都单列于各个部门的支出预算外，由财务部门统一管理。有没有预算是一回事，能不能花是另一回事，这种预算的审批通常十分严格，甚至需要董事会的批准。另一方面，类似"按需计费"和"订阅模式"的，大多是通过部门的费用支付，因此从预算角度，很可能是以部门为主。

我们都说优秀的销售人员天生有着灵敏的嗅觉，对钱的来源特别敏感，知道哪里有预算。不过前提是，她得了解客户预算的管理制度。

2. 自身和后续的实施/部署能力和成本

了解企业客户中有关直接购买的内容后，还需要了解它是否有能力在供应商的支持下部署或实施所要购买的东西或使用权。尤其是一些大型设备或服务，企业在购入后往往会责成某个部门负责部署、实施和后期管理。作为企业内部的负责人，该部门是否有足够的人手、能力和经验去承担这一切，又或是后续的成本如何，这些自然成为企业采购判断中的重要因素。

这里有几种可能出现的情况，一种是部门希望通过采购产品/服务来提升部门水平，但是管理层却可能对它们的能力有所担心，不确定买来之后是否能够部署和管理得好，是否会造成浪费。另一种情况恰好相反，管理层希望通过采购来提升企业效益，要求某部门部署和管理采购回来的产品/服务，但是出于各种原因，部门不愿意接受任务，并且对该采购持负面态度。

部署、实施和管理，是企业采购必不可少的一环，除非是采购特别简单的产品或服务。任何采购的东西，一定需要由某个部门负责，如果这方面没有一个正面的答案和计划，企业采购便不会发生。为此，销售人员需要对企业客户的部署/实施能力和成本有所了解，才能对症下药，施加适当的影响。

3. 自身和后续的使用能力和成本

在企业采购中，很多时候负责部署/实施和使用的人并不来自同一部门。如负责管理差旅供应（订座和酒店）的是行政部门，但是使用的却是企业的所有员工；又例如负责实施企业 ERP 系统的是 IT 部门，但是 ERP 系统的使用者却是财务和生产等部门。在企业的采购行为中，实施/部署和使用之间经常分开，两者不能混为一谈。

使用部门和负责部署/实施的部门同为一个自然是好，但无论是否如此，使用能力指的是采购回来以后，使用部门是否能够驾驭好产品，发挥它的作用。有些时候，购买回来的产品技术太先进，使用部门根本掌握不了，这是企业采购之前就需要考虑到的。除了能力之外，使用的成本过高也可能会导致客户产生放弃购买使用（如彩色打印机的墨粉价格比黑白墨粉高出太多的话，可能会使彩色打印机滞销）的想法。

还有，使用部门的使用习惯和意愿改变，往往也会左右客户的购买决策。某些时候，采购目的是为了解决某个使用部门的痛点，这时候使用部门希望以此提高部门能力，自然乐于支持采购。但有些时候，使用部门本身并不希望改变，因而会对购买决策产生抗拒。**抗拒改变是现代企业的一种常见现象。**

除此以外，随着采购决策的精细化，使用的难易、方便和体验等因素，也成为使用部门的重要考量之一。

总而言之，使用部门的支持与否、想不想用、有没有能力去用好或者要花多大力气去用好等问题都非常重要，使用部门在企业采购中永远扮演着一个非常重要的角色。销售人员需要对产品的使用部门的能力和动机有充分的认识，而且需要对其加以影响和引导。很多企业项目销售不成功，都源于用户部门的不支持，争取用户部门的支持，是B2B销售覆盖工作的重点。

痛点和需求固然极为重要，但是要把业务需要转化成为对某类产品的需求，除了依靠企业自行判断和销售人员的引导外，还要考虑支付能力、部署/实施能力和使用能力的支持。传统观念认为有钱就行，其实不然。很多重要的企业项目采购决策，都因为部署/实施能力和使用能力的缺失而夭折，反之亦然。任何优秀的销售人员在了解客户的痛点和需求的同时，必须学会了解客户各部门在"获得成本"、TCO和这三种能力方面的水平和态度。

值得一提的是，事实上有些聪明的供应商会利用TCO的概念做出更大的"蛋糕"，推出包括产品、实施/部署和操作/使用的**整体外包服务、整包上门服务或建设－运营－转移（Build－Operate－Transfer，BOT）服务的业务模式**，为客户提供更完整的商业价值。当然，由于这类解决方案牵涉企业更多部门的利益，销售人员更需要对各个部门的不同痛点、成本、工作流程等有深入的了解，要求项目金额客观之余，对销售的功力和时间的要求也更高。

客户怎样决定买谁（你）的？

有目标、痛点和需要，也有支付能力、部署/实施能力和使用能力，接下来它就要决定买什么（具体需求）和买谁的。上文提过，如果没有销售人员的影响，企业会根据自己的判断去决定通过什么方式解决它的需要。到底是把产品买回来自己安装、部署用起来？还是直接买使用权的服务？到底是一次付清，还是通过其他的付款业务模式？又或者是"先忍一忍"，什么都不做。

企业的立项和决策流程通常会有清晰的步骤，尤其是在大型项目上，企业会责成有关部门提出可行性研究分析报告，基于报告做出第一个重要的决策，一旦通过，采购就算是"立项"成功了。在国内上规模的企业中，无论是国企或民企，都有"立项"的流程管理。当然，在一般的项目上，这个过程没有那么正式，有可能只是有关的部门人员讨论和决定。

　　一旦企业决定购买外来的帮助和制定采购方向，具体的需求就宣告形成。接下来企业就要决定到底买谁的产品/服务，这也是一般销售人员认为最需要花时间的地方。要更好地影响客户"向谁买"，销售人员自然需要更好地了解客户的决策流程，也就是该企业按照**什么步骤，由谁（部门和职位），以什么准则和决策机制**去决定与谁合作。

　　根据采购内容、财务账目归属，以及企业规模等因素，采购决策流程可以十分正式而复杂，也可以相对简单。但无论是简单还是复杂，这个过程总离不开这些步骤——**物色供应商、收窄建议供应商、供应商比较和决定供应商**。销售人员需要步步为营，以求成为最终被选择的一个。

　　从物色供应商到收窄供应商的数量（到可以管理的水平，否则成本太高），企业会通过市场调研做出筛选；为了更公平和严谨，有时还会找来第三方独立顾问或咨询公司帮助它们选择供应商。前期筛选后，它们将以**"邀请投标"**方式让入围的供应商递交建议书或标书。

　　当然，有时候它们也会采取**公开招标**的形式，让所有具备资格（在标书中列明）的供应商都来参加。除了"公开招标"和"邀请招标"两种方式外，当所采购的内容在市场上只有为数不多的供应商能提供的时候，政府/企业可能会采取**竞争性谈判（Competitive Negotiation）**，通常与两家或三家（太多的话，成本很高）供应商先后展开谈判，以谈判结果来做决定。也有情况是当先谈的供应商（经初步筛选比较好的）能够达到政府/企业的要求时，该供应商就会被宣布"中标"，而排在后面的供应商就自动出局了。

　　最后，所有销售人员都梦寐以求的是**单一来源谈判**。顾名思义，企业认为市场上只有一个供应商能够提供其所需的东西，因而邀请这家供应商进行谈判。这种方法由于对供应商比较有利，企业很少会利用这种方法，除非是某类产品或服务的续约和复购/增购。而对于中小企业来说，更多以老板的决策为核心，流程和步骤未必正式，但依旧可以以这四个步骤来决定"向谁买"。

　　步骤清楚了，还需要了解决策的准则。很多时候企业的文化和价值观会体现在决策中。例如，"追求卓越"是IBM的3条价值观之一，而这种精神也被贯彻到它在采购时对高质量的偏重。在公司全盛时期，连办公室的文娱用品都要最好的。相反，某些企业一直以节俭为经营的座右铭，它们在采购时永远把价格因素放在第一位。销售人员应当从这些方面开始了解企业决策的准则。当然，理论上购买不同的产品或服务的决策标准不尽相同，所以我们还需要对相应的采购准则做深入了解。

　　当万事俱备的时候，企业会用什么方法去形成决策？很多时候企业会通过管理委员会的例会讨论并形成决议；遇到重大项目时，可能会组织专责的决策评估小组，通过招投标、对技术和商务打分而进行决策。

无论是什么场合和方式，销售人员都需要了解参加决策讨论的都有哪些人（部门）、会议的举行时间表（这往往会影响决策日期和销售目标的完成）。最重要的是，决策是"一人一票""一言堂"，还是"一票否决"。简单来说，"一人一票"代表少数服从多数，"一言堂"代表老板最终拍板，"一票否决"代表集体承担责任。很明显，这些方式将会直接影响销售人员的努力方向。

🎁 客户用什么条件买？

客户决定向谁购买后，顺理成章地就要确定具体用什么条件去买，这里说的条件不单是价格（单价和合同总价）和数量，也包括付款条件时间、付款方式、服务内容范围（有偿和无偿赠送的）、风险条款、知识产权条款等各类条件。

很多销售人员忽略这种种重要的条款，只注重价格的谈判，以为价格谈好就可以了，殊不知其他的条款，每条都可能是一个潜在的"坑"，对供应商来说都是成本甚至是"灾难"。付款时间晚了是时间成本，服务内容多了是资源成本，一个高风险的条款没注意或者随便答应，就可能会让本来赚钱的生意变成亏本。

在我曾经负责的各种业务中，销售人员最喜欢用的一招是"买我家产品免费送服务"。很多销售人员认为客户都喜欢免费的东西，"免费"确实是很好的条件，但问题是如果真免费的话（除非那免费的东西根本不值钱），那部分成本由谁来支付？答案只能是供应商。

这意味着两个可能性：一是供应商卖产品的毛利很高，足以负担免费部分的成本；另一个可能性则是导致供应商亏本。聪明的客户一眼就能看穿第一种情况，甚至会通过竞争手段获得最佳的产品价格，这时候供应商根本没有足够的利润空间去负担免费的东西，这招就走不通了。但是话虽如此，销售人员随意滥用"买我家产品免费送服务"导致供应商亏本的例子还是经常发生。销售人员对条款和成本的不重视、不敏感，加上供应商管理的不规范，往往会让供应商企业赔上沉重的代价。经常有销售人员要求我批准"买产品送服务"，我的第一个问题永远都是"我们知道这服务的具体内容吗？它的成本是多少？"多数人没有想过，个别的人可以大概说出来，只有极少数的人认真考虑过。

另一种常见的问题是付款条件，很大一部分销售人员对时间成本是"无感"的，往往在谈完价格之后，对客户提出的付款条件不会提出异议，更不会想到现金流的问题。撇开现金流不说，如果对方一年以后才付款，你就已经损失了一年的利息，等于多给人家折扣了。更甚者有客户要求项目的10%的尾款在安装运行一年后根据运行情况才付清，而这部分的付款条件往往在谈判时并不清楚以致最后不了了之。

凡此种种都说明销售人员不能对价格以外的条款掉以轻心，特别是对那些负责大客户的销售人员而言，这点更重要。

采购流程方面，在比较重大的采购项目中，由于采购的内容复杂牵涉的条款众多，需要密集频繁地谈判，并将结果呈交企业内部审批，之后才能正式签约。销售人员在预测成单的日期时，经常因为客户内部的流程时间难以控制，导致很多时候对供应商的承诺无法遵守，影响自身的信用度，这也是销售人员要小心的"坑"。当然，有些企业把采购流程和决策流程合二为一，利用上文提到的投标或谈判方式，将决策和采购流程一起进行。我为了更好地解释企业和企业决策的逻辑关系，选择把它们分开介绍。

客户的潜在价值有多大？

众所周知，获取新客的成本比维护（留存）老客户的高出数倍，所以一旦能签下第一单，供应商都希望能够尽量延长和客户的合作周期，并且把客户的"生命周期价值"（Life Time Value, LTV）最大化。为了以合理的代价和适当的策略去获得某一新客户，销售人员需要估算该客户的潜在的生命周期价值。

通过前面的5个问题，销售人员对客户的业务需要有所了解，并且可以把对供应商所提供的产品/服务以及数量（使用量）的潜在需求做出估算，加总后成为该客户潜在的生命周期价值或者是在一段时间里的潜在需求。

一般来说，企业的需要不会一次得到满足，客户LTV的大小取决于以下条件。第一种是有些需求是周期性的，需要逐年购买；第二种是当企业体量随业务发展增大时对同样需求的数量将有所增加；第三种情况和第二种相似，在企业发展过程中，往往会因为业务需要而产生新的需求；第四种情况则是信任提升之后，客户愿意对供应商开放更多需求的商机，供应商甚至能从对手手上获得商机。

对于销售人员来说，这些情况代表了同一个企业客户中的5种业务形态——新售、复售/续约、增售/扩容、向上销售和交叉销售。有关5种业务形态的更多讨论，将在本章后面展开。

以上5种形态中的前三类非常直观。而"向上销售"，指的是向客户推销性能或功能更高端的同类型产品（如手机和笔记本电脑的升级）。至于"交叉销售"，则指向已经购买某类产品的客户推销其他类别的产品（如让手机客户买平板电脑）。

任何一个客户在生命周期内的所有机会，无论是产品、服务还是项目类，都可以贴上其中一个机会标签。根据这些标签，将供应商能卖的所有产品列出并相加，就能够计算出这个客户的潜在价值。有关经营潜在价值高的大客户的内容，将在本章后展开探讨。

在企业市场里，客户大致可以分为5类，分别为政府部委、国企、大型民企、中小民企和外企。除了政府部委之外，其他虽然同为企业，却拥有各自的独特之处。近年来，由于竞争和管理水平相继提升，这些企业的购买行为的差距在不断缩小。

我以下面的列表来进一步分享不同类型客户在购买行为上的6个问题的异同。诚如开篇所说，每个企业就算是同一行业和规模，其购买行为都可能有所不同，所以列表中的信息都可能有例外（详见表4-5）。

表4-5　不同类型企业客户的异同

	政府部委	央/国企	大型民企（含控股合资）	中小民企	外企（含控股合资）
1. 企业客户买什么？	- 部委计划项目	- 业务驱动项目 - 业务常规采购	- 业务驱动项目 - 业务常规采购	- 短期业务驱动为主	- 业务常规采购 - 业务驱动项目
2. 客户为什么要买？	- 政府规划 - 预算驱动 - 正式立项	- 业务驱动 - 预算驱动 - 正式立项	- 业务驱动 - 正式立项	- 业务驱动 - 老板决策	- 业务驱动 - 总部审批
3. 客户有没有能力买？	- 项目预算驱动 - 后续预算较低 - 部门协调多	- 项目预算驱动 - 后续预算合理 - 部门协调多	- 项目预算驱动 - 后续预算合理 - 部门协调多	- 老板决策 - 后续预算缺乏	- 项目审批 - 后续预算合理 - 总部协调多
4. 客户怎样决定买谁的？	- 采购部门/流程 - 正式招标	- 采购部门/流程 - 正式招标	- 采购部门/流程 - 正式招标	- 行政部门 - 非正式流程	- 采购部门/流程 - 正式/非正式 - 匹配总部标准
5. 客户用什么条件去买？	- 招标制度 - 决策时间长	- 招标制度 - 决策时间较长	- 招标制度 - 决策时间较长	- 老板决策 - 决策时间短	- 采购流程 - 决策时间较长
6. 客户的潜在价值有多大？	- 采购规模大	- 采购规模大	- 采购规模大	- 采购规模小	- 采购规模中到小

但无论如何，销售人员可以从购买的动机、预算性质、决策方法、时间以及购买规模特点等

角度，自行分析不同种类的客户在销售所属行业的情况，然后对症下药，调整自己的销售方法和手段。

企业客户里的不同角色

以上6个问题，如果在客户里只有一个人决策，结果控制会容易得多，可是企业的采购和决策流程牵涉很多部门人员，声音很多。一方面这是出于企业组织部门分工的缘故，另一方面也是为了平衡和监督各部门利益（有没有买错、有没有买贵、有没有腐败行为），从而达到一个对企业整体最有利的结果。客户这样做无可厚非，却让B2B销售工作的难度倍增。

为了更系统地制定客户覆盖工作，我们把客户购买过程中的角色和它们的特点分别定义出来，一般分为6种角色（读者可以按自己的理解再进行其他细分或简化）。

- 决策者（decision maker）

购买过程中最后的决策者，负责在团队提交相应的论证资料和建议之后，做出最后决策。根据流程设计，不同性质或规模的采购可能由CEO或职能/使用部门主管担任主要决策者角色。也有些决策者会把某些采购权力继续下放，只保留最后的签字权，但无论如何，主要决策者通常都需要对业务结果负责。

- 建议者（recommender）

购买过程中向最后决策者提出购买建议的角色，通常来自正式流程中指定的部门，这些人可能兼具其他角色（如采购者、使用者、实施/部署者），但在这些角色之外，财务部门的代表通常是最有影响力的建议者之一。

- 采购者（buyer）

购买过程中负责执行购买决策，推动采购流程的负责人。这个角色会根据企业的采购流程和政策，协调各有关部门，选择最终的供应商和敲定最终的商务条件，并且负责合同的完整执行，对销售工作后期的影响甚大。

- 实施/部署者（implementer）

购买过程中负责实施/部署购买内容的角色，有可能与使用者同为一个部门，但也可能来自不同部门，最常见的例子是IT部门和办公室行政部门，它们会为企业内其他使用部门服务。它们通过专业知识，帮助企业和使用部门享用需要的解决方案。

- 使用者（user）

购买过程中的主要使用单位的代表，通常也是需求发起者，如果使用部门本身有支出预算的话，它们对决策的影响力将会加倍放大，是销售人员最需要建立信任的角色。

- 影响者（influencer）

在客户购买过程中，这个角色不一定和流程指定参与的部门有关系，又或者只是参与部门的其中一位员工，但无论出于什么原因，这个角色对于最终决策享有一定的影响力。在一些复杂的购买决定中，影响决策者的条件甚至可能来自企业之外，如CEO外聘的顾问专家，销售人员不可不知。

正如上面描述的，这些角色可能来自专门成立的购买/采购决策小组，不过更多时候它们是由相关部门的职能来决定的。也有时候，这些角色并不一定是正式任命或是明确负责的，一个部门也可能代表多个角色。例如，某企业的行政部要把食堂的膳食供应服务外包出去，由采购部负责招标。在这里，行政部作为负责部门，会成为主要的建议者和部署/实施者，采购部是主要的采购者，各个部门的主管可能是在管理会上的影响者（或者是决策者之一）。

认识这些角色，同时了解这个人是否对我们的产品持支持或反对态度，能够帮助销售人员评估和预测在即将发生的决策和（或）采购流程中，会有什么样的结果。

除了部门赋予这些角色的立场之外，作为个人，他们可能有各自的个性和想法。在这里，我根据自己的经验分享如下几个销售人员应该着重了解的事情。

了解个人工作动机

企业员工的工作动机无非分为以下4类。

- 和企业一致，以达成企业目标为己任。
- 通过事业和工作的功绩，表现自己，获得个人成功。
- 不关心企业目标，只想通过项目得到个人好处。

- 没什么目标，尽量不犯错。

第一类和第二类人相对容易应对，他们往往会配合企业的目标和流程，就算中间出现分歧，也是出于和企业立场一致的考虑而已。当然对于第二类人，销售人员需要进一步了解其个人成功的"热点"（将在下面谈到），在双赢的情况下同时提供帮助。

第三类人最麻烦，销售人员能够避开就尽量避开，但有时候他在决策和采购流程中占据重要位置，那只能尽量把项目成功对个人的好处加以说明，做好说服工作，同时在决策或采购链条中寻找其他的支持者，特别是和他的角色相关的人，以降低对他的依赖。虽然有些项目会碰到"一票否决"的情况，但是更多时候还是取决于多数人和重要角色的决策。

遇到第四类人，如果他只是了解项目且是关键角色，销售人员可以将其发展为"线人"或者绕开。如果他身处流程并担当关键角色之一，则需要说服他为什么选择你的风险最低（此类人以避险为主）。

人员的素质直接影响着企业的水平，这四类人在企业中极为普遍：在管理好的企业中，第一类和第二类人的比例更高；中庸的企业可能第四类人员的分布相对平均；劣质的企业中往往人浮于事，第三类和第四类的人比例更高，就算第一类和第二类人想做好事情，有时候也会被淹没其中。销售人员没有选择企业客户的机会，但是当遇到一个水平高的企业的时候，千万不要放弃。

当然，对于这四类人的动机，以及其落到不同企业和项目中的具体表现，现在的描述绝对过于简化，在真实的企业环境中，变化远比这里所说的复杂，不过作为一个起点，这个分类应该足够帮助销售人员思考。

🎁 了解个人成功标准或"热点"

每个人都有他的个人成功标准，有高有低，有些人更向往家庭生活，也有些人更专注于事业。而希望通过事业和工作带来个人成功的，其动机不外乎以下4种。

- 寻求稳定的工作环境。

- 追求更多的经济收入。

- 通过学习追求自我提升。

- 事业发展和晋升。

这和马斯洛需求模型是一致的。动机为第一点的人更重视保护基本安全，包括身边的人，并以此为事业的重点。动机为第二点的人可能出于安全感或者寻求被别人认同的原因，以追求更多经济收入作为个人目标。动机为第三点的人追求自我完善，也就是马斯洛提到的最高层次。动机为第四点的人的动机原因比较复杂，可能和安全感、认同感和自我提升完善等都有关系，所以这种人想通过事业达到个人成功的动力一般会比较大而且持久。

无论出于哪一种动机，对于某个人来说那就是他在工作上的"热点"（hot button），了解到个人工作的"热点"，销售人员就有机会把供应商能提供的业务价值和对方的个人成功关联起来，通过项目的成功来推动个人的成功，达到双赢。

🎁 了解个人处事风格

从星座到现代心理学，人们对性格的多样性都很感兴趣，都希望自己能读懂别人，很多销售专家也深入探讨过心理学对销售工作的帮助。不过从个人经验来说，最直接有效的是观察客户在交互过程中所展现的个人风格，以此建立有针对性的沟通方法。

有些**"主动型"**的人，做事目的清晰，雷厉风行，对销售人员如何配合也很清楚，但销售人员要去影响他比较困难。**被动型**的人，弱于行动，就算有想法也需要别人去推动，销售人员需要扮演更主动的角色。**服从型**的人（在企业中有很多）以老板、上级马首是瞻，这类人不以自己的主见为重，就算有想法也不表达，但是了解老板的意思后行动积极。一般来说，销售人员只需要与其保持良好关系（有些人虽然没有主见，但需要被关心），更重要的是和他的老板沟通。还有一类**内敛型**的人，心里像镜子一样清楚，但从不轻易表达和付诸行动，非得极有把握才会出手。这类人小心谨慎，就算被说服了有时候也会临阵变卦，销售人员需要花很大的力量，而且不能把"所有鸡蛋放在一个篮子里"。

从**工作动机到成功"热点"和处事风格**，能够掌握客户个人的这三方面特点，足够可以设计出对客户个人最有效的激励和沟通方法，从而建立互信，得到他们的支持。这些分类是否完整并不重要，关键是提纲挈领、抛砖引玉，销售人员可以按照自己对人的理解自行划分，重点是找到适当的方法和客户个人打交道。

多年前，我的一个银行客户的处长，通过我的说服工作后成为我们的支持者，却因为家里有紧急的事情，缺席了一次项目选型决策会议，结果我们以一票之差，输给了竞争对手。而在事后复盘时，我们相信处长是出于谨慎，故意避开决策可能产生的矛盾。这种意外看似偶然，实则遵从着墨菲定律，几乎天天发生在 B2B 销售的世界中，这也说明了企业客户的复杂性。

在企业环境中，**"搞定人并不一定就行"，但是"搞不定人则是万万不行"**。要"搞定人"，首先要了解个人的工作动机、成功"热点"和处事风格，到底眼前的这个人是"想争取表现"还是"害怕担责任"？是"想为客户解决问题"还是"害怕买错或是买贵"？在不牵涉诚信和腐败的前提下，销售人员针对不同的人要提供不同的刺激去建立关系和互信，而在沟通交流时的话术内容，也可以根据这些特点进行"设计"，提高说服力（详见图 4-3）。

了解客户个人

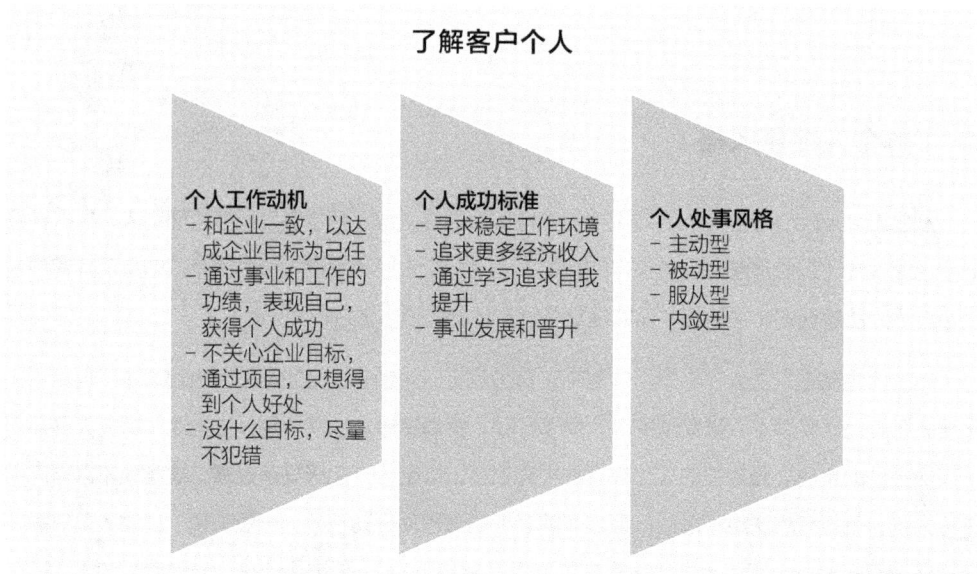

个人工作动机
- 和企业一致，以达成企业目标为己任
- 通过事业和工作的功绩，表现自己，获得个人成功
- 不关心企业目标，通过项目，只想得到个人好处
- 没什么目标，尽量不犯错

个人成功标准
- 寻求稳定工作环境
- 追求更多经济收入
- 通过学习追求自我提升
- 事业发展和晋升

个人处事风格
- 主动型
- 被动型
- 服从型
- 内敛型

图 4-3

企业客户购买过程的6个阶段

在企业市场里，了解客户就是了解该企业和部门的个人有关购买行为的一切有用信息。从业务目的、痛点、需要到具体需求，从需求的可行性到决策和采购流程，从组织部门分工到个人动机，这样销售人员才能真正做到知己知彼。在了解过前面多方面的信息后，下面我试图从过程的

角度，让大家更加系统地了解不同信息和客户购买阶段的关系。

我把企业客户的购买过程分为6个阶段，并将每个阶段中企业会做的具体工作分别进行描述。这些阶段是任何企业采购必然经过的历程，代表客户购买过程中最重要的6个里程碑，其中前两个阶段从无到有，影响是否需要购买和买什么的决策，至于后面4个阶段则和实际采购过程有关，影响到底向谁买和最终采购的内容和条件。

当然，这些阶段之间并没有正式的界线，没有规定的次序，而且有可能在同一时间发生，同理，这些阶段中的具体工作也是如此，甚至可能会跨阶段出现。不过无论这些企业自身的决策方式和业务流程有多复杂，大体上绕不开这些购买行为的逻辑。我把这些阶段通过下表分别描述，方便大家快速对照（详见表4-6）。

表4-6　企业客户购买过程的6个阶段

阶段（客户）	发现痛点需要	形成正式需求	物色供应商	确认供应商（解决方案）	商务谈判	签约
负责人员（客户）	-使用者（业务部门）	-使用者 -部署/实施者 -主要决策者 -影响决策者 -采购者	-使用者 -采购者 -部署/实施者 -主要决策者 -影响决策者	-使用者 -采购者 -部署/实施者 -主要决策者 -影响决策者	-采购者 -部署/实施者	-采购者 -主要决策者 -部署/实施者
过程内容（客户）	-制定业务目标 -制定业务策略 -发现痛点（可能多个） -确立需要（可能多个）	-研究需要如何满足的方法（概念方案） -技术、询价等交流 -期望具体交付内容 -期望实施计划和时间表 -期望预算 -确定责任分工 -可行性分析结果 -做出购买决策 -制作需求文件	-决定采购方式（招标、邀标、单一来源等） -邀请潜在供应商 -提供正式需求文件/标书 -供应商交流（正式/非正式） -接收建议书/解决方案	-供应商交流（讨论/修改方案） -方案论证 -方案选择决定（可能超过一个） -邀请供应商进行商务谈判 -提供客户版本合同文本，或要求供应商版本合同文本	-谈判最后交付内容 -谈判最终价格 -谈判合同条款 -选择供应商（如果超过一个） -客户内部审批流程 -同意所有谈判内容	-制作最终合同文本 -客户内部合同流程
达成效果	-满足需要，能为业务目标带来价值	-做出购买决策 -提出具体需求文件	-如期接收供应商建议书/解决方案	-决定解决方案/宣布中标的供应商 -启动供应商谈判（可能超过一个）	-选择最终供应商 -通过内部批准供应商和谈判内容	-签约（盖章/签名）

🔖 发现痛点需要

这个阶段是客户萌生需要借助外力解决问题的重要时刻，通常是使用者的部门在制定（或被分配）业务目标之后，发现能力有差距，感觉到痛点存在并需要解决。在这个过程中，部门需要首先判断满足需要能带来多少业务价值，然后初步判断是否能以企业内部资源满足，还是需要通过外力帮助。如果这些判断都是正面的，才会进入下一个阶段，否则这个需要就不会成立。

还有一种情况是，业务目标和痛点一直长期存在，现有的解决方法没有有效解决，驱使客户的使用者积极寻找更好的方法，形成新的需要。但也有些使用者甘于被动接受现有的状况，罔顾达成业务目标过程中影响效率或者效果的障碍，在这种情况下，需要也无法形成。

🔖 形成正式需求

需要一旦形成，使用者的部门会发起进一步的工作，了解如何满足需要。如果市场上有超过一种的满足方法，使用者会调研哪种方法对他们而言更为适合，产生对解决方案的概念和初步期望，并且对具体交付（购买）内容、预算、时间目标、实施计划和难度等做出估算。这些结果和结论代表使用部门对于需要的满足方法的选择和可行性的判断，在重大项目中这可能需要正式的可行性报告以及评估（审批）流程，往往牵涉其他部门的决策者、影响决策者和部署/实施者等角色。

在评估过程中，除了业务价值、满足方法、拟采购内容等重要资讯外，客户一定会考虑整体获得解决方案要耗费的成本，即在前面提到过的"获得成本"——有形的金钱预算、实施/部署和使用该产品所引起的各种无形成本和需要具备的能力。业务需要是否能被"立项"，取决于客户决策者对业务价值和"获得成本"之间的权衡，这个看法也是很多业务"无疾而终"的原因。精明的企业老板和决策者，心里都有这样的一本账。

如果顺利通过可行性评估并且得到批准，客户的对外采购需求就会正式成立。视乎客户内部流程是否复杂，从项目被批准到购买阶段，还可能需要一些部门流转的时间，以便客户的财务部门设立项目预算，以及准备采购和使用部门等预备需求文件。

从开始调研到形成结论，这是客户从业务痛点和需要转化为对外需求的最重要时刻，也是大多数潜在竞争对手和客户发生接触的起点。在这一阶段，客户（包括个人）的想法还没有固化，是其最容易受到"熏陶"的时期，但这种机会稍纵即逝，可能一不小心，最后的需求方向（需要的满足方法）就跟供应商（你）擦肩而过了。如果客户受到竞争对手影响，对最终需求的看法跟你提供的解决方案不匹配的话，就算你没因此彻底失去竞争机会，需求的具体内容也会对竞争对手更为有利，牵引着供应商进入别人的"游戏规则"。

"形成正式需求"阶段是所有供应商在客户购买过程中的竞争关键，而由于使用部门对业务需要和需求的话语权最为重要，使用部门也是供应商未来需要花更多力气去争取信任的地方。

🔲 物色供应商

在这个阶段，使用者和部署/实施者一般会针对需求内容正式物色潜在的供应商。根据企业的采购规范，采购部门也有可能介入，发挥更明显的作用，按照客户的标准，主导不同的采购流程，将需求的技术部分和商务内容结合成正式的需求文件，邀请潜在供应商参与竞争。

完整的需求文件是评审供应商解决方案的标准，通常也分为技术部分和商务部分。这些评审标准的形成，除了受到客户采购规范的制约外，也可能根据使用和部署/实施部门需求的复杂和独特性而有所调整，但它一旦确定下来，将会对选择供应商和解决方案的结果带来至关重要的影响。

为了保证公平竞争，越是规范的企业对采购流程（招标、邀标、单一来源等）越严谨，对客户和供应商的交流看管更细，对时间的把控和供应商提交的文件（解决方案、资质等）要求更高。这也往往成为供应商不小心"牺牲"的地方，因为一些细节没有做好而被废标，甚至被竞争对手"暗算"的事情时有发生，这些属于销售人员的高危区域，不可不防。

在正式的招投标环境中，一旦需求文件（标书）发出，客户和所有潜在供应商的接触将会减少，所以从需求正式形成到标书正式发出，留给销售人员能够施加影响的"窗口"实在很小，要在这段时间把自家的解决方案的优点说透，必须争分夺秒，越早开始越好。

如果是非招标的采购形式的话，通常前期形成的需求未必十分严谨，这两个阶段的界线会更模糊些，客户可能在需求确认和选择供应商（解决方案）两者中交替进行，双方交流机会也会更多，最终明确需求和选择供应商可能同步完成。

🔲 确认供应商（解决方案）

在各个供应商的解决方案（建议书）收集完毕之后，采购部门会连同各部门组织讨论评审。评审的流程大同小异，如果是正式招标或邀标的话，在公平、公正和公开的原则下，采购部门可能会在截止当天宣布各供应商解决方案的主要信息（数量和价格等），方才进入正式评审；但也可能在整个评审过程结束之后，按照标准一次性宣布各供应商的评分结果以及最后被选择的解决方案。

越是重大和技术复杂的采购项目，客户越有可能邀请第三方专家参加评标工作，而且评标工作将封闭进行，避免任何供应商的干预。在这一阶段，销售人员能做的事情除了供应商允许范围内的正式交流之外（通常是为了澄清问题和修改要求）已经不多了。评分结果一旦形成，在宣布之前会经过客户各部门尤其是决策者的核实"拍板"，所以就算供应商对结果抱有异议，能够走通流程"翻盘"的可能性也十分低。销售人员想要赢得客户青睐，必须把之前阶段的工作做得够扎实，否则只能"到此一游"。

如果顺利的话，客户会邀请供应商进入最后的商务谈判，通过洽谈达成最后协议。需要注意的是，客户虽然选择了供应商，但很可能对解决方案的某些技术内容、商务条款和价格等还有不满意的地方，销售人员最好能提早知悉（有些客户会提供合同版本和问题清单，有些不会），提前做好准备。在特殊情况下，客户可能会邀请两个（或更多）供应商参加商务谈判，进行所谓的"竞争性"谈判，在最后一刻为采购项目争取最大的利益。

🔹 商务谈判

即便到了商务谈判阶段，销售人员依然不可掉以轻心，因为一方面很可能还有遗留的问题需要讨论，另一方面，它也是很多采购人员认为能够显示自己的谈判能力（不仅是一个执行采购流程的人员）的时候。无论是最终交付的内容、价格，还是商务条款，采购人员都有可能会提出最后的要求，尤其是那些在评审过程中带进来的内容和在前期疏于关注的商务问题。当然，到了这个阶段采购部门也不希望谈崩，因为万一需要重启采购流程，不仅浪费了时间和精力，再选择的供应商也未必是最好的了。所以，有些采购部门会邀请超过一家供应商进入商务谈判阶段，目的是把对供应商的谈判压力保持到最后。

需要说明的是，在非正式的招标和邀标，或是客户采购流程不那么严谨的环境下，商务谈判和确认供应商可能同时发生，最起码它们之间的界线不会太清晰。而且如果此时没有完整而正式的标书，很多商务条件并没有在选择过程中被提早覆盖，这时候商务谈判就可能要花更长时间，这也为采购人员提供了更大的谈判空间。

谈判会以客户或供应商一方的合同版本为基础框架，加上双方认可的修改意见。在所有的问题都达成协议后，采购部门会提交最终的谈判结果，等待最后的内部审批。在条款得到批准后，最终选定的供应商和解决方案才算确定下来。虽然项目到了这一步，出现变数的机会越来越少，但终究还没有签署合同，最后的任何一分钟都是可能发生状况的。

📦 签约

所有解决方案的内容获得客户批准后，就会生成最终合同文本（通常由谈判合同中的乙方负责生成最终文本），并且由客户内部有关部门审阅和校对。在一切无误后，双方签字和盖章使之生效。

可以看到，企业客户购买过程中有多个阶段，具体工作和参加的部门、人员很多，而且购买过程也经常会拖得很长。这样的购买行为本来变数就多，时间越长，本来存在的变数发生的可能性就越高，用"夜长梦多"来形容企业购买过程再适合不过了。

随着企业管理提升，购买决策和采购流程都得到了规范化的改良，其目的就是要减少人为的干预，大大降低"关系"在购买过程中的作用，这时候留给销售人员的工作空间和时间都比从前少了很多。

要想成功，销售人员必须重新审视赢单方法，依托于专业知识、科学管理和个人技巧，提高工作效率和为客户带来的业务价值。有关提高工作效率和为客户带来的业务价值的讨论，将会在第6篇和第7篇展开。

从哪里认识和了解客户

- 企业客户买什么？

- 客户为什么要买？

- 客户有没有能力买？

- 客户怎样决定要买谁（你）的？

- 客户用什么条件买？

- 客户的潜在价值有多大？

有效回答以上6个有关客户购买行为的问题，可以帮助销售人员了解客户的购买动机、目标、需要、需求以及能力和条件等重要信息，对促成赢单至关重要。这些信息散落在不同地方，需要销售人员自行抓取获得，有时候信息以碎片出现，还得经过有效整合重组和若干判断，方能成为有用信息。

了解客户的过去、未来和组织流程

这六个问题中的前五个，是客户自己在任何购买行为中要合理回答的问题，回答不了，购买决策就很难进行下去，因此客户一定会从组织和管理中得到这些"答案"。销售人员只要顺藤摸瓜，也自然可以找到这些问题的"答案"。

要了解客户的这些答案，不妨从3个角度来思考，这包括**业务方向（未来的）**、**业务情况（历史）**以及**组织流程（企业做事方法）**。业务方向引领企业走向未来，业务情况告诉企业如何"以史为镜"寻找缺失，组织流程和做事方法则规范了企业的行为，这些角度提供给我们很多有用的洞察策略。

1. 业务方向

这类信息包括企业背景（所在行业/市场和所处地位）、企业愿景和价值观、企业的长期方向和短期目标、发展蓝图以及业务策略等，同时也包括一些对行业和市场的趋势分析。这类信息通常可以从企业的年报（上市企业）和财报、官网、CEO或高管的演讲发言或采访文章，以及第三方行业市场报告里看到。这类信息能够帮助销售人员了解企业的市场生存环境、业务目标以及相关的痛点和需要。企业的市场环境越好，目标越是宏伟远大，逾越鸿沟带来的痛点和需要就越大，对供应商来说潜在商机也就更为可观。作为一个销售人员，最希望看到有作为、有抱负的客户。

2. 业务情况

最直观的信息来自年报和财务报告（上市企业）。财务数据能充分反映企业在一段时间内的经营状况和健康度，尤其是相对于过去同期所取得的进步情况，一目了然。通过业务情况，销售人员能判断客户的业务发展方向是否清晰，是否存在痛点和需要。另一方面，业务情况也可以反映客户是否有足够的资金继续投入，尤其是在业绩遇冷的时候。

对于非上市企业，销售人员要更多地依赖于各种媒体，甚至从它的竞争对手处了解有关该企业的新闻和消息。这些有关业务的"历史"，能帮助销售人员了解企业的痛点、需求以及购买能力。

3. 组织流程

这类信息的重要性是显而易见的，客户的购买决策和采购流程固然不能不知，但不同部门的某人在企业决策和采购流程上扮演什么角色，各种流程的步骤和发生时间，预算的多少如何影响方案定价，平常要和谁打交道，要从谁身上获得什么信息、要传递什么信息，得到谁的支持等，这些有关组织、人和流程的信息都需要优先掌握。

一般来说，和销售人员关系最大的客户流程有几类，分别为购买决策流程（可行性分析和立项等）、采购流程（招标、询价报价等）和具体的合同流程（包括重要条款）。和潜在客户打交道初期，提前了解这些流程的细节将有利于销售人员在赢单过程中合理分配精力，提高竞争胜率和效率。

组织和流程的信息不容易得到，上市企业的年报和官网会有部分高层管理人员的名字，但其他组织、人员和流程的信息都要靠销售人员自己去询问和打听。

销售人员要对客户信息保持敏感，积极查找和收集信息。一般来说，信息有以下4种来源。

● 客户年报和财务报表

如果是上市企业的话，其年报和财报是最佳的调查起点。企业的愿景、价值观、任务、短到长期的目标、主要策略，以及主要成就和展望，都会一一罗列在年报之中。这些貌似"高大上"和"有点虚"的信息其实很值得分析，尤其是过去数年的信息，我们可以从中看到任务、目标和策略是否有所变化，这将为客户关心和投入的重点问题提供重要线索。这是销售人员挖掘业务痛点和需要的起点，因为客户所有部门的采购最终都需要支持企业的大方向和策略。

财务报表则展示各类经营的指标，包括订单、营收、成本、毛利、费用、利润、资产、负债以及现金等，将客户的经营情况毫无保留地呈现。其中，损益表可以让销售人员看到客户的产品需求，以及判断客户生意是否强劲，成本控制是否有效，费用是否花到点上，利润是否合理。资产负债表反映企业经营是否健康，其中，现金、应收账（Accounts Receivables）和固定资产等指标对客户做出新采购（特别是资本账类采购）的能力有预示作用。

财务报表的另一个特点，就是用不同的报表项目数字形成的财务比例（Financial Ratio），去反映该企业各个方面的经营效率。最常见的比例是损益表中的毛利率（Gross Margin）、净利率、各类费用营收比（E/R Ratio）等，资产负债表中的速动比例（Quick Ratio）、流动比例（Current Ratio）等，以及一些跨报表的比例，如资产回报率（Return on Assets Ratio）、资本回报率（Return on Capital Ratio）等，销售人员应该对这些数字具备基本的认识。

对于以上的数字和比例，一方面要着眼于它们的**时间趋势**，无论是"同比""环比"还是过去多个时段（周、月、季、年等）的历史数据图，展现的都是这些数字在不同时间段中的比较，可以帮助销售人员判断客户在某个领域（指标）是否做得比从前好，朝一个良好的方向发展。

另一方面，还可以将这些数字和比例同客户所在**行业的平均水平以及主要竞争对手的最佳实践做出横向比较**。这两个比较可以让销售人员看出客户是否在行业平均水平之上，又是否比得上行业的最佳水平。可想而知，这种横向比较对于那些力争第一的客户来说尤为有用，销售人员可以以此引导客户的业务需要和外在需求。当然，要做到这一点，销售人员还需要对客户所在行业有所了解（也可以参考证券分析师的行业报告）。

年报和财报提供的信息很多，除了业务策略、痛点和需要之外，这家企业花钱投入的方向是什么，有没有经济实力等信息，对回答客户购买行为的6个问题也很有帮助。

- 客户营销公关信息

企业所有和营销有关的公开信息，对了解客户的各个方面都有着不同程度的帮助。官网是一个"大而全"的门户，能让销售人员看到客户从上至下所有愿意对外分享的信息，缺点是有时候更新得比较慢。相比之下，越来越多的企业开始利用各种互动式社交营销手段（微博、公众号等）和其目标用户沟通，销售人员也可以从中得到有关的动态信息。

总而言之，客户在营销方面对外传播的各种信息内容，一定是它们最关心或者最引以为傲的事情，销售人员懂得加以利用，将可以和客户产生更大的共鸣。

- 第三方消息

除了以上客户主动公开的信息之外，还有很多第三方组织可以提供有关客户的信息。各个行业、领域（和企业）都有提供专业分析的第三方机构，几乎每个行业都有细分行业协会，也有专门从事行业研究的咨询服务企业，当然还少不了金融市场中为投资者服务的分析师大军。然而，这些信息有不少是需要付费的，销售人员需要量力而为。

市场上还有其他能免费获得信息的第三方渠道，如有关客户和其行业的新闻，来自第三方行业网站的消息，这些也是不错的途径。如果销售人员认识客户的竞争对手，这可能也是一个了解客户的途径，只不过因为它们彼此之间存在竞争关系，销售人员有些问题不能直接询问，采取聆听的方式更适宜。

销售人员最应该加以利用的是供应商的渠道合作伙伴，它们很多扎根于客户和其所在行业，对客户内部情况的了解往往比供应商和销售人员更清楚。销售人员在制定领地和客户策略时，最好和相关渠道伙伴进行讨论，并且在经营过程中与其保持良好的沟通。

各种第三方信息，对认清客户所处市场环境和面临的挑战尤其有帮助，可以由外而内地印证客户的策略和业务表现。

● 内部消息

一切客户的内部信息，无论是通过别人口述还是文件获取的，都是销售人员最直接的信息来源，也是最重要的决策依据之一。这里指的内部信息不包括非法获取的客户机密信息，而是销售人员在和客户不同部门人员的沟通中获取的有用信息。合理地提问、主动地聆听，加上敏锐地观察，销售人员能够通过大量的碎片信息，分析推断形成结论。

在一个项目中，使用部门和采购部门给销售人员提供的信息肯定会有不同的角度，销售人员需要汇集各种说法才能对项目做出全面判断。也有其他情况，不同部门的人所掌握的信息有可能不一样，或者有反对者故意提供错误信息，这时候优秀的销售人员需要用一流的"望闻问切"能力去处理这些第一手信息，方能找到真相。

如何经营大客户

当供应商认定客户的潜在价值比较高的时候，可能会给予这类高价值客户更多的关注。在一些规模较大的行业和企业中，这类客户被称为"大客户"（Key Account 或 Major Account），供应商会把最好的销售和支持资源分配到这些客户身上。对于一般客户来说，供应商和销售人员首先关心的是该企业是否存在商机；但对于大客户来说，供应商不担心商机是否存在（因为它们已经被认定具备高价值了），而是在意如何更好地挖掘和发现它们。

供应商赋予销售人员的任务，是要把客户的生命周期延长和价值最大化，这样就需要销售人员不单做好短期的赢单工作，还要兼顾源源不断地获取新的商机。由于每个大客户的产出较一般客户更高，负责大客户的销售人员一般只同时处理少量大客户，甚至可能出现数个销售人员同时处理一个超大客户的可能。

📦 5 类业务形态的商机

大客户的机会相对较多，业务形态有所不同。

新售（New Sale），是指对任何客户第一次销售成功的产品或服务，有时候大客户的分支机构或事业部的成功销售也会被看作一次新售。所有新售的特点都是一样的，就是客户都需要经历完整的购买过程（销售人员也需要经历完整的赢单过程，有关内容将在第6章介绍），导致销售人员的获得成本高和胜率有变数。但是一旦新售成功，销售人员就会寄望于其他业务形态来帮助提升销售业绩和效率。

增售/扩容（Additional Sale/Capacity），是销售人员最希望看到的情况，尤其是大客户规模投入新的解决方案前，可能会先在一个小范围、地区或部门进行试点，在取得成功之后才分期递进或全面投入。销售人员在新售期间，需要提早预判增售/扩容的机会。

复售/续约（Repeat Sale/Renewal），主要适用于那些有强烈时效性的产品和服务，比如企业的办公消耗品，以及近年来流行的外包、SaaS等企业消费模式，使用和计价都和时间周期强相关。在这样的情形下，销售人员当然希望客户能在合同结束时（前）重复购买或续约。

向上销售（Up Selling），是指客户在现行使用的产品或服务的基础上，进一步购买价值（价格）更高的同类产品或服务。销售人员充分利用客户现有的良好使用经验和满意度，"向上"推荐价值更高的产品或服务，从而扩大来自客户的营收贡献。

交叉销售（Cross Selling），对于提供多种产品和服务的供应商来说尤为重要。当某些产品或服务被大客户接受和购买之后，很可能供应商的其他产品和服务也能够满足大客户的需求。聪明的销售人员会主动设计，在适当的时候推荐其他关联的产品/服务，有时候甚至会把关联的产品/服务组合起来，以优惠手法向客户销售。出于"爱屋及乌"的心理，通过交叉销售的业务形态产生的机会，在大客户中不在小数。

典型农夫作业，循环不息

经营大客户在很多方面和农夫的工作十分相似。为了获得更大的收成，销售人员会像农夫一样，增加种植次数和不同品种（甚至动植物混养），培养增售、复售、向上销售甚至交叉销售的机会。

经营大客户的周期一般遵从客户的财政年度，这一点和农夫按照节气耕作暗合。每个周期始于计划，勤于管控，终于收获。一个周期的结束象征着下一个周期的开始，年复一年，生生不息。

像农夫一样，大客户销售有时候也受天时、地利影响，但总体来说，好运总是向勤奋者倾斜。只要策略正确，执行有力，就能实现**永续经营**（详见图4-4）。

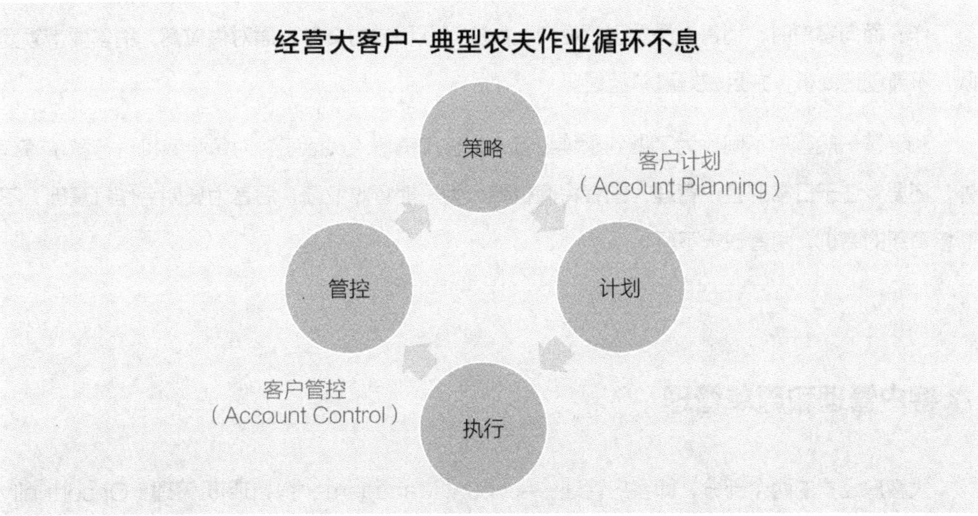

图4-4

经营大客户有6个方面的主要工作。

第一，销售人员必须**了解客户**，包括其环境、组织、决策、痛点和需要等；就像农夫了解土地的土壤和气候一样，知道什么时候种什么东西最为适合。

第二，针对客户业务需要，销售人员需要进一步引导需求，从而**创造商机**，需求对供应商越有利，赢单胜率就越高；就像农夫翻土和选择种什么一样，种子品种越适合当时的环境，获得好收成的机会就越大。

第三，大客户中的所有需求都是为了达成某个业务目标和需要，销售人员的核心价值便是要为客户提供合适的解决方案，**最终解决问题**。

第四，销售人员对每个商机进行的**赢单管理**，就像农夫的灌溉和除虫工作，既要"嘘寒问暖"，又要防虫避害，虽然辛苦却不能间断。每一步都要做好，才能保证胜率。

第五，销售人员需要确保解决方案的**成功交付**，就像农夫按时收割庄稼一样，否则前功尽弃。农夫还要不断复盘，才能为下一年的丰收保驾护航。成功交付会为供应商带来客户满意，形成良性循环，让合作得以长久。

第六，销售人员要代表供应商协调好各类资源，才能让大客户的产出最大化。**带领团队**，是任何大客户经营者都必须要做好的事情。

能够熟悉并做好这六个方面的销售人员，经营大客户将得心应手。这些方面又可以分为两大类工作：**面向客户**时，销售人员要了解客户、解决问题和成功交付；**面对供应商**，销售要带领团队，不断创造商机，并且做好赢单管理。

和经营一般客户不同，为了做到永续经营，大客户销售人员除了针对每个商机进行赢单管理外，还要专注于日常的客户管理；前者将商机转化为短期营收业绩，后者为长期合作打基础，不断培育新的商机，两者缺一不可。

客户管理和赢单管理

大客户经营的两个部分，即客户管理（Account Management）和商机管理（Opportunity Management）之间的关系并非独立存在，而是互相依存（详见图4-5）。

经营大客户——领导团队，完善管理

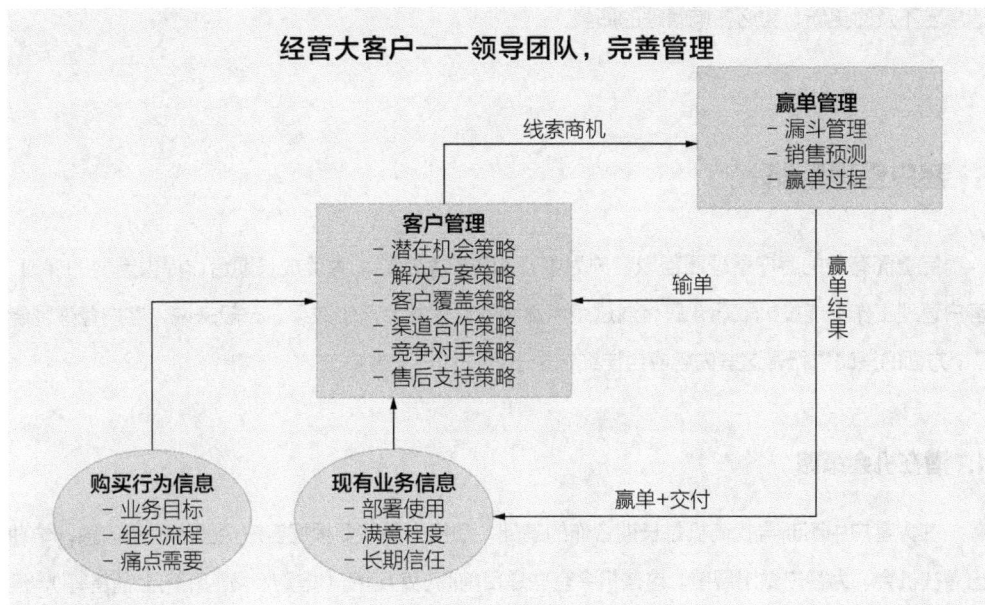

图 4-5

客户管理的目的是和客户建立更好的关系和互信，加强双方长期合作，同时发展更多的商机。为此，负责大客户的销售人员需要定期（通常为1年或3年）制定/更新客户计划（Account Plan），记录所有有关该客户的背景资料以及供应商的业务目标、指标、策略和资源分配等资料，并以此作为展开客户工作的内部指导文件。对于个别超级重要的大客户，有时候供应商和销售人员会主动邀请客户关键人员共同制定计划。

至于赢单管理，则致力于提高商机漏斗（Funnel/Pipeline）的数量、质量和转化率，以及销售预测（Sales Forecast）的准确性等短期业务目标，并且通过对单个商机赢单过程的分阶段管理，提高胜率和效率（有关商机的赢单过程，将会在第6篇展开讨论）。

针对单个的重要商机，销售人员一般会按商机目标时间制定/更新单个商机赢单计划，以便销售主管和团队及时追踪。

为了制定相应的策略和决策，销售人员需要清楚供应商和客户之间的**现有业务信息**，包括购买和使用的历史情况、客户满意度（也包括供应商的满意度），以及在合作过程中所建立起的信任等。这些信息对未来合作和获得潜在机会尤为重要。

此外，销售人员也需要了解客户的**购买过程信息**，包括客户的业务目标和策略、痛点和需要，以及组织和流程等，用以加强客户管理，挖掘商机，同时为赢单管理提供重要决策支持。这两类信息若不及时更新，势必影响管理的质量。

🎁 客户管理策略

完善而有效的客户管理涵盖以客户为中心的各方面策略，为促成长期合作提供重要的保障。客户管理工作不能投机取巧，只有通过点点滴滴的累积才会产生效果。一般来说，客户管理围绕6个方面的策略执行，这些内容应当详细记录于客户计划文件中。

1. 潜在机会策略

在大客户中不断寻找商机是长期合作的基础，销售人员需要根据客户企业的背景信息，勾勒出潜在机会，为客户做出展望。这些机会有些是目前商机的延续（增购、复购和向上销售等），但一个健康的大客户应该有一定比例（我的经验是一半左右）的潜在机会来自新的业务需要和有待挖掘的商机（新购和交叉销售等）。大客户的未来业绩展望如果太依赖于现有商机，要么是这个客户企业本身缺乏活力，要么是销售人员经营不力，两者皆不可取，也不足以支持长期的业务发展。

2. 解决方案策略

销售人员一旦对未来的潜在机会做出估计，就要开始设计解决方案。这些解决方案有些很简单，只要对现有的产品和服务加以包装就能满足，有些也可能需要经过额外的研发或产品改造才足以支持。没有提前对解决方案做出策略性的判断，可能导致商机浮出水面时（有可能是竞争对手的工作结果），供应商没有做好充分准备，与机会失之交臂。

3. 客户覆盖策略

大客户的部门多（事业部、职能部门、地区等），人员也多，销售人员不能等到商机出现时才开始对客户人员进行覆盖（当然不能避免会有新的人员需要认识）。销售人员的客户覆盖工作需要在平常的日子里进行，才有机会充分了解个人动机、"热点"和处事风格并且对人加以影响。由于客户人员众多，销售人员需要设计客户覆盖策略，针对客户购买行为和决策，划定重要部门和人员的名单，然后协调供应商各个部门的人员，分工合作覆盖客户，再将所得信息和见解在团队内分享。

4. 渠道合作策略

一般来说，渠道伙伴在客户中的作用有三：第一是客户和商机覆盖；第二是代表供应商与客户签约；第三是负责部分或全部解决方案的交付。经营大客户，由于业务或区域分工，销售人员可能和超过一个渠道伙伴合作。根据大客户的整体机会展望，销售人员需要制定渠道合作策略，清晰定位每个伙伴的作用，并且明确不同伙伴的领域是重叠还是分开，以免产生不必要的内部竞争。此外，渠道合作策略还应该阐明渠道伙伴和供应商各部分团队的合作沟通方式，以免产生工作上的混乱。渠道使用得当，可以大大加强供应商的战斗力；若是使用不当，则会得不偿失，甚至让竞争对手有机可乘，撬走渠道伙伴。

5. 竞争对手策略

能够成为供应商的大客户，自然也很可能是竞争对手的大客户，至少是竞争对手的重点追求对象。有鉴于此，销售人员不能不对竞争对手的实力和动态加以重视。制定竞争对手策略的起点，是将所有大客户已存在的和蠢蠢欲动的对手清单分类列出。可以按供应商产品或解决方案分类，然后对它们的实力和威胁加以评估，从而选出各个分类中最主要的竞争对手。针对主要竞争对手，销售人员再进行深入的SWOT分析，制定相关的竞争策略。有关竞争对手的讨论，将在第10篇展开。

6. 售后支持策略

要保证客户满意（可以单独制定客户满意策略），提高和客户的互信，加强长期合作，离不开完善的售后支持和客户成功体系。这个问题对于经营大客户尤其重要，原因是大客户部门多，有时候它们之间的沟通也经常出现问题，因此很多时候，客户会要求供应商提供一套清晰可循的支持和保障体系，在保持工作计划和信息沟通高度一致的前提下，提供最优质的服务。要做到这点，销售人员需要协调好供应商的各个部门，组成虚拟支持团队，以一致的方式面对大客户的各个部门，长期工作下来，这难度不可忽视。

至于赢单管理，和其他一般线索和商机管理基本一致，有关内容将会在第6篇展开讨论。

带领虚拟团队的6个执行要点

供应商为了更好地支持高价值大客户，会在各个部门中指定专人负责某个大客户的工作，常见的如售前、售后支持、交付服务或产品部门等。这些人员虽然隶属于各自部门，但是都为一个大客户工作，我们称之为虚拟客户团队（Virtual Account Team），而销售人员则当仁不让地成为这个团队的领头羊。

为了确保整个团队目标、策略和行动一致，销售人员需要在客户管理和赢单管理上和团队保持同步，通过周会、月会或年会互通有无，协调资源和行动。

这些团队成员被凝聚在一起完成大客户业务指标的同时，还承担着各自部门的绩效。明白这一点，销售人员在为供应商"攻城拔寨"的同时，还要关注各个成员背后的部门目标，否则她很难完全激励和调动这些没有上下级和汇报关系、来自不同部门的"兄弟姐妹"。

除了要为虚拟团队的成员着想之外，一个具有领导力的大客户销售人员还要具备逻辑思维能力，不仅能制定让人信服的策略，还要有超强的执行力，才能让策略产生预期结果。

在日常的大客户经营中，领头的销售人员和虚拟团队必须做好以下6件事情。

1. 收集信息

复杂的客户背景、众多的人脉、多变的外部和内部环境等，让经营大客户变成了不折不扣的信息战。谁更早获得关键信息，谁的信息更完整，谁就会占得先机。大客户团队成员必须各自发挥优势，无时无刻不竖起耳朵，就近从各个来源收集信息。信息收集以后最好经过交叉核实，再和团队同步沟通，以用做决策和制订计划之用。

2. 制订计划

大客户经营是计划性很强的工作，其中以客户计划（Account Plan）和赢单/商机计划（Deal Plan）为主。一个影响日常客户管理，另一个牵涉赢单与否，如果计划不到位，很容易引起混乱，影响结果。同时，大客户团队人员来自不同部门，一不小心很容易产生矛盾。

3. 协调资源

大客户团队成员来自各个部门，虽然都以服务大客户为己任，但同时也兼负各自部门的业务，当任务繁重时，有人可能会分身不暇。来自各部门的其他资源（尤其是专家级的技术人员）很可能供不应求，这一切都需要销售人员有很强的资源协调能力。

4. 管理任务

不同阶段的商机、客户计划、项目交付、客户投诉等此起彼伏，大客户团队常常要同时处理多个任务，这几乎是大客户经营中的"日常"。尤其对大客户销售人员来说，强大的任务管理能力是管控大客户局面的重要保障。

5. 复盘结果

要做到大客户永续经营，前提是不断进行销售创新，如果因循守旧，很容易坐吃山空或被竞争对手赶上。不管是短期业绩，还是客户策略、解决方案、业务模式、商务做法等，因销售指标只会越来越大，大客户团队必须养成定期复盘的习惯，系统地分析过去，寻找提升和创新空间。

6. 同步沟通

关于大客户的信息不仅量大，而且来源甚广。收集固然重要，但是为了确保信息能够派上用场，与适当的团队成员同步沟通同样关键。掌握的信息不一致，轻则浪费时间，重则引起客户的误会，造成重大伤害。作为服务大客户的领头羊，销售人员责无旁贷，必须要确保随时沟通。这方面的沟通能力（更多是习惯和纪律）远比"好口才"重要。

以上6个执行要点，是大客户销售的重要工作，部分会通过**大客户的管理制度，如客户计划周期、季度/月度复盘会议、销售预测管理流程、重大商机讨论等，落实到团队成员身上**。其余的则需要销售人员以其领导力凝聚团队，推动执行。

比客户更了解客户

若说一流的销售人员的"口才"好，其实是指她在客户面前总是很有说服力。是否有说服力取决于她所说的内容是否有**道理**，是否有**针对性**和是否有**价值**，而内容往往来源于知识、信息的积累和良好的洞察力和逻辑思维能力。说话技巧再好，没有足够好的内容（不能从客户角度出发做到有的放矢），在企业世界里也是行不通的。

所以销售人员要做到对客户深入了解，甚至有人说，要做到"比客户更了解客户"。这并不是一句空话，是实实在在可以做到的。道理很简单，由于组织分工原因，客户不同部门的人有时候并不知道别的部门的情况，在越大的企业里，这种可能性越大。优秀的销售人员注意到这点，对客户不同部门时刻全面覆盖，自然有可能听到或发现别的部门不一定知道的信息。

在我的业务生涯中，我们的客户不止一次说："你们对我们业务的理解，甚至都比我们自己还深，感谢你们帮助我们统一了认知，梳理了分歧"。也有这样说的："谢谢你们告诉我别的部门的这些信息，否则我也不知道他们的想法，也不知道如何说服他们"。这是销售人员努力了解客户的最大好处，一方面发现了有用的信息，另一方面还能得到客户的赞美和信任，一石二鸟。

要做到比客户更了解客户，除了本章提到获取客户信息的各种方法之外，越是全面的覆盖越可能有帮助，加上揣摩客户在购买前和过程中思考的问题，能引导销售人员获得更多的信息。在信任度足够高的时候，销售人员甚至可以毛遂自荐，主动帮助客户去了解某些部门的情况。

比客户还了解客户，是销售人员成长的一个重要里程碑。

经典案例

银行数据中心大集中

本部分内容由时任IBM中国区金融事业部客户总监姚念康先生撰写。姚先生于1992年加入IBM公司，任职于金融事业部，后来负责中国移动和华为等重要客户，以及承担西北地区产品、渠道和服务等部门的管理工作，共26年。姚先生现从事Fintech智能算法研究工作，自主研发历史通用量化智能算法，将AI应用于量化对冲领域。

🔲 静极思动，主动求变

G银行在20世纪80年代中期成为IBM的客户，而且是最大的客户。当时服务G银行的销售团队的业绩连年增长，风光无限。

从引进IBM主机系统开始，G银行一直为各支行推进电子化（自动化）工作。由于机构众多，G银行采取了分批实施策略，到我加入的时候，主机系统已经分6批次在数十个大中（甚至个别重要的小城市）城市部署上线，而且还有很多分行在"排队"，生意喜人。

挣钱的生意一定会有竞争。HDS 和 Fujitsu（以及后来的 EMC）开始逐步蚕食我们的存储业务；而来自"二手机"的低价竞争则发力于数据中心的备份系统；还有第三方的售后维修服务，一些对手甚至购买"二手机"，将整机拆成零部件，跟我们展开角逐。

到了 1997 年前后，该上线系统的分行基本都上了，G 银行不再建立新的数据中心，我们的业绩开始徘徊，市场份额也由于竞争的出现而逐步下跌。到 2000 年时，我们在存储系统的市场丢失了将近 2/3；同时在"二手机"的冲击之下，我们也失去了备份系统的生意，情况持续恶化。

回看过去数十年的 IT（即数字化科技）历史，从集中处理的主机、部门小型机，到个人电脑和无处不在的移动设备，再从普通电信网络、互联网，演变到各种"云"，这本身就是在集中式和分布式计算间的不断探索。

虽然在很长一段时间里，分布式实施给银行带来了管理问题，但是企业一路走来形成的惯性，对新的解决方法认识不足，无法迸发出驱动巨大变革的能量。在团队和客户日常频繁的交往中，我们了解到银行领导和 IT 负责人都开始感到困惑，隐约感受到集中管控的需要。

在内部销售规划会议中，我们的团队开始对客户的状况和反馈进行全面的分析，我们意识到，如果不主动求变，将无法继续为客户提供价值。在多番讨论之后，团队最终形成结论——"大集中"方案是客户的最佳选择。

这样的技术架构调整，实际上是企业业务流程再造的过程。但凡是企业变革，一定会带来动荡，地区、部门甚至个人利益会被触动，引发巨大阻力。我们的策略，就是要连同支持者一起，从技术、实施、业务等维度深入探讨变革的可行性，务求制订最精密的计划，让银行领导敢于决策。

❖ 为什么要改变？

这个问题其实 G 银行早有感受。在数十个数据中心上线后，银行业绩虽然取得了显著的提升，但同时分布式结构和业务管理模式也让一些原本就存在的问题更为突出。城市数据中心的背后，是一支数千人的技术团队，这给管理带来了新的挑战。

某分行的技术高手，在主机系统里破译了用户的密码，自己做了一堆 ATM 卡，在全国各地取款；更有甚者，在系统里给自己开了个账户，把每笔交易中四舍五入余下的那一小点零头都存到了自己的账户中，从表面上看账是平的，但银行每天处理海量交易，累积下来的零头就是非常惊人的数字。类似这样的业务管理问题是银行领导眼中第一个痛点。

第二，技术管理的问题也同时浮现。虽然每个分行的系统配置大同小异，但硬件环境和操作系统版本不全一样，应用程序的版本也各自有不同的软件"补丁"，需要在分行就地支持。支持人员水平各有高低，运行中一但产生问题，便会影响运行效率。同样，对于我们来说，要应付各种硬件和软件的问题，也往往让团队疲于奔命。

第三，虽然投入产出比不过关，但是阻止不了小城市分行要求上线系统的诉求，加上老分行升级扩容和庞大的维护支持开销，科技预算正在逐年上升。一边要面对更多的自动化要求，一边要控制上升的成本，从长期来看，当前的分布式解决方案显然是不可持续的。

第四，从手工到自动化（电子化），在业务管理上并没有任何质变，对金融创新服务并没有多大帮助。如何利用科技彻底改变业务管理模式，为金融产品创新提供基础和能力，事关银行的长远竞争力。

以上痛点的出现，促使银行领导们考虑如何在已有基础上进一步加强科技和业务的融合，改变的种子已然播下。

新的解决方法是什么？

大多数银行和 IT 领导认为，加强全盘的业务和技术管理能力，方是长远之计。

要做到"一盘棋式"的管理，仅靠打通各个中心的网络，依然无法改变业务管理决策的问题。只有做到真正的数据中心大集中，才会从根本上解决问题。但是大集中技术是否成熟？实现的方案有哪些？业务管理需要哪些技术功能作支撑？投入成本是否可以承受？这些问题都需要被逐一回答。

新方法的实施难度和成本？

开始提出这个方案，是在客户的计划会议上，每次我们的销售团队都被邀请出席，给客户介绍最新的技术和行业趋势。客户在开始时觉得这是美好但不太现实的方案，因为他们已经为现有方案投入了大量设备和人员，更重要的是，系统也确实在产生效益，这时候改变是否合适？在价值、难度、风险和成本之间如何平衡？不过无论如何这种子算是埋下了，之后就是不断培育的过程。

在后期的交流和接触中，客户逐渐意识到，加强风险管控、进行集中管理、加快创新金融业务的推出等，都可通过大集中方案来解决。客户开始表现出一些兴趣，主动了解这方面的问题。销售团队立马积极响应，邀请总部团队和外国银行客户分享业务管理经验。

我们的科技部门就大集中方案向银行行长做了汇报，得到了积极的反馈，行长认可这是一个研究的方向。在他们安排下，我们和银行领导及业务领导进行了多次交流，增强了大家的信心。回想起来，这是一个共同思考和推进的过程。面对双方团队的初次合作，我们和客户自然而然地融合为一个团队。

为了让客户进一步了解大集中方案的应用经验和技术成熟度，我们安排了花旗银行、摩根大通银行和IBM技术专家亲自分享和答疑，十分有说服力。

差不多3年之后，我们终于迎来了一个好消息，我们建议的大集中试点实验室（简称PEL）被银行领导正式批准。于是，我们进一步验证技术和实施概念，模拟应用大集中方案后的管理，也为培养人才做前期预备。

实验室合同的签署意味着只要试点成功，项目就会正式上马，这是决策的最后一步，我们多次和总部汇报项目的战略意义，抽调许多技术专家在不同时段进行支持。那时候，对内的"销售"工作不比跟客户交流的时间少。

还要"货比三家"吗？

在"实验"获得成功后，客户悬着的心落下了。他们知道我们是全球范围内唯一能够帮助他们成功的供应商，没有竞争对手能够提供这些经验和技术支持。

以什么条件购买？

由于从开始我们就对投入有所估算，并且在交流中不断按情况调整，客户的期望始终在我们的可控范围内。客户也明白，只要软件整体授权费用合理（过去是按照主机数量授权），长期成本下降是必然结果。当然，银行的采购部门依然在谈判过程中寸土必争，但是我们双方心里都清楚，这已经是一条无法回头的路了。

最终，G银行以大合同"奖励"了我们。多年之后，G银行的数据中心任务还有进一步变化，但是当初的设计理念没有改变。数据大集中方案提高了G银行的风险管控和整体竞争能力，为创新业务的推出和迎接经济多变的挑战提供了坚实的架构支撑，而我们在G银行的业务也迎来了新的春天。

🔷 大客户经营法则

"大集中"的合同落实意味着另一次奋斗的开始。这是只许成功不许失败的项目，客户的CIO和一众支持者，以一辈子的名声和数以千万计的国家资产为"赌注"，项目如果失败，IBM也可以从此退出中国市场。

客户购买决策过程历程长达三年之久，但相比起来执行就没有那么多时间了。G银行一方面步步为营，另一方面希望项目尽早落地产生成果。通过试点实验室获得的经验，我们共同制定技术应用的实施和测试计划、物理和逻辑转换计划，其中充分考虑业务的可延续性和各种风险。与此同时，客户也为业务管理流程改变做出努力，务求和系统无缝对接。一路走来，执行过程虽然问题不少，但始终无损彼此信任。

别忘了这中间我们还在做传统的升级扩容业务，竞争对手知道"时日无多"，都是放手一搏，本地销售团队左右兼顾。不过我反思整个过程，其中有几点大客户经营的体会，始终在我的职业生涯中激荡回响，深具震撼力。

🔷 价值才是硬道理

这绝对是一个难度和风险十足的项目，如果不是因为痛点够痛，业务价值够高的话，很可能连立项都有困难。同样，项目执行的复杂度也不是一般项目所能比拟，只要双方团队有点私心，碰到困难互相推诿，项目的结果就很难预料。

但是这就是价值的力量，当我们一直为业务价值做出正确的事情时，运气就会找上门来；而当双方的价值利益被拴在一起时，团队合作也会跨越组织的界线，同为项目保驾护航。

🔷 和客户一起思考如何成就客户

大项目通常牵涉企业转型的问题，销售人员需要和客户一起思考和交流，互相促进，才能把所有问题理清，这需要销售人员拥有可持续发展的态度、心理和组织能力。

在真诚的交流过程中，双方的利益自然捆绑在一起，而客户也自然成了我们最大的支持者，为立项和后期竞争提供有力的帮助。只要坚持思考如何成就客户，最终的胜利就会如期而至。

◈ 足以改变竞争态势的策略

如何才能在竞争中胜出，《孙子兵法》提出了各种计谋，但核心原则只有一个，就是"扬长避短"。把竞争态势引导向你最擅长的方面，掌控能力就会成倍数增加。任何竞争的短兵相接中看到的都只是结果，在那之前的筹谋和角力才是核心。

就像在本案例中，我们在被动的市场态势下，利用先进技术和行业经验优势，成功改变市场规则，甚至连竞争的机会都没有给对手留下。

◈ 组织优秀的团队

要想真正成就客户，销售人员不能以赢单告终，而是以成功实施为终极目标。为此，销售人员需要趁早组织优秀的团队，以此支持客户。

我们在项目论证阶段就未雨绸缪，从那些被邀请来交流的专家中，物色合适的人才。客户和我们团队都是"评审"，一方面从技术经验考察，一方面了解个人兴趣，伺机进行游说。

在此"梦之队"中，有来自美国的银行大集中专家作为整体架构师，他做过几家银行的数据集中工作，经验丰富，直截了当，很有权威；在软件系统方面，是一位大型主机系统专家；在应用和生产层，是一位来自加拿大的系统高手，能力和负责的态度无出其右者，客户对他的技术水平除了尊敬还是尊敬。除了这几位骨干技术专家，我们还有一份专家名单，分别在不同阶段加入项目。配合这些专家工作的是本地的年轻好手。

这支老中青搭配的"梦之队"，形成了良好的互补和延续性，大家常年和客户在一起办公，成为客户身边的顾问和战友，提供所有可以提供的资源，三年的付出最终赢得了客户的青睐，我们又花了两年一起实现全国大集中。

◈ 平衡长线短线

"放长线钓大鱼"固然是好，但在任何企业和销售人员都要保证短期生存。不管你喜欢不喜欢，这就是现实，没有一个企业可以只为一个长期目标而经得起长时间的"颗粒无收"。

在养活自己的前提下才能有长期的发展，所以我们要平衡长线和短线目标，这也是成功销售的典型特征。反之，如果只对短期结果有兴趣，也不可能在大客户中取得优异成就。

从成就客户的角度来说，G银行大集中项目不单是一家银行客户的里程碑，也是引领整个银行系统发展的战略成功。在那之后，几乎所有银行都接纳了"一盘棋"的管理思想，其他大银行相继拥抱"大集中"，那些起步较晚的中小银行则干脆一步到位。从商业角度来看，这也是我们取得的重大胜利，不单一举几乎把所有同质竞争对手"团灭"，同时收获了往后十多年数以十亿美元计的营收，是不折不扣的经典案例。

5

领地篇
磨练业务管理能力

B2B销售如何排兵布阵

🔷 销售从GTM策略开始

在B2B销售主管开展工作之前，我们先要了解什么叫GTM策略。所谓GTM是英语Go To Market的缩写，我将其简译为"迈向市场的策略"。

对于任何"B端"企业生产的产品或服务而言，它们都需要通过一定的销售和市场营销手段才能"卖"出去。由于行业、产品、服务和企业经营各自的特点策略不同，"卖"东西以及触达市场的方式方法也会各异，每家企业都需要根据其特点设计出一套适合自己的整体策略，以便让自家的产品和服务有效地"迈向市场"。

了解并满足市场的需要，是GTM策略的终极目标，所以GTM背后也包含了市场学里的"4P"（见第1篇），经过有效组合，让供应商赢得目标市场的青睐。

供应商当然认为市场越大越好，另一方面它又希望市场尽量单一，这样它就可以以最小的成本（包括产品、宣传、销售、支持等都会变得相对简单）去获得最大的业务效益。但是随着时代的发展，像这样能被一两种产品/服务满足的单一大市场几乎已经绝迹。今天客户的需要和需求越发精细，供应商需要对市场细分后才能以合适的产品/服务满足客户的需求。

市场细分就是把一个大市场切成多个客户需求类似但不同的小市场。这些小市场同属于一个大市场，但各自有着针对产品/服务需求的不同特点。举个例子，在"C端"市场里，饮料市场可以细分为碳酸饮料、运动饮料、酒精饮料、含乳饮料、饮用水市场。另外，也可以用年龄段、饮用场景甚至性别细分市场。

同理，在"B端"市场中，细分也可以从不同维度入手，包括客户所属行业、业务特殊需要、规模大小、所在区域、支付能力、使用能力等。每个细分市场的客户需求都有着相似度很高的解决方案，而细分市场的目的就是要更有效地把供应商的解决方案跟与其需求最接近的市场彼此对接，从而在同样的成本效率下，增加"卖"出去的机会。

就好像百事饮料集团没有选择进入含乳饮料市场一样，"市场选择"（Market Selection）限定了供应商会专注于哪几个细分市场，这是市场细分后的重要工作。选择的条件自然是供应商的现有产品/服务或者能力，加上市场的购买力以及竞争情况。供应商一旦选择了各个细分市场，下一步就是要为其制定不同的触达手段（当然，供应商有时候需要同时为所选择的市场重新设计产品/服务才能触达）。

是直销、渠道还是通过线上或电话进行营销？是专注于某些大客户，还是以"陌拜"的方式进行直销？在渠道方面，要考虑需要几层的分销和（或）代理，大城市和边缘地区的渠道是否一样？渠道的工作是负责"卖"产品、服务，还是两者兼具？线上/电话是作为单独的销售通道，还是和营销或渠道配合？在客户和产品/服务上有何取舍？这一连串的问题（还有更多）看似独立，实际上相互关联，需要一体考虑，才能形成一套完整的策略，完成对所选择的目标市场有效覆盖。"细分市场的触达路径"（Routes To Market，RTM）是GTM的一个重要产物，它把如何触达和覆盖供应商选择的细分市场的路径和方法，做出清楚的描述。

越来越多的数字化社交和内容营销手段，被赋予"赢利"的使命。就连从前专属于销售团队的"卖"东西的任务，也有部分使用了大数据和精准营销等市场营销手段来提升获得线索和新客的效率。

了解市场学的人都知道，销售手段的特点是"推"，而营销则是"拉"。而"推""拉"在时间和内容上如何配合，也是GTM需要决定的事情之一。前面提到的RTM和市场营销手段，实际上是市场营销的"4P"中对Place（渠道）和Promotion（推广）的思考。以上这些再加上相应的解决方案策略和售前/售后策略，以及定价策略，目标市场的GTM便基本成型。虽然很多人认为市场营销在"B端"世界中的应用不如"C端"丰富，但实际上它们的本质是相似的。

表5-1是一个典型的供应商层级的GTM框架。这里的目标细分市场分别以"大客户""行业客户"和"通用客户"来表示，这也是"B端"市场通常使用的一种划分方式，目标细分市场也可以以其他方式划分（如地区、产品）和组合。无论细分市场是什么，对市场做出的描述越精准，对策略的制定就越有帮助。至于相应的策略，则要在如何触达、营销、售前、售后、定价和解决方案6个方面加以思考和定义。

当然，由于一般在"B端"市场中销售人员扮演着比其他市场营销人员更关键的角色，因此在GTM中触达路径（RTM）会更细致，而GTM策略也通常由主管销售的高管负责制定。GTM策略决定供应商以什么方法高效地赢得各个目标市场，这是任何一个供应商都必不可少的策略。作为企业的最高战略部署，GTM一般不会在短期内做出重大变化（除非是市场出现重大变化，或者突然发现之前的判断错误），但是每过一段时间（通常是一年）都会根据市场环境和执行效果对其进行调整。

表5-1 触达市场的策略（GTM）框架

细分市场	触达策略	营销策略	售前策略	售后策略	解决方案策略	定价策略
大客户 -100个大型实名企业 -能源、重工、交通、基建行业 -购买潜力至少1000万元/年	直销模式/大客户团队/代理辅助	关键客户人员内容宣传/组织营销活动/维持忠诚度	直销模式/售前团队/代理辅助	直接支持/售后团队/代理辅助	定制方案/全产品/服务线	保护毛利/与历史价格合理关系
行业客户 -能源、重工、交通、基建 -大客户除外 -全国分3大区域 -购买潜力至少50万元/年	分区渠道模式/两层代理/分销和行业代理/销售经理负责管理	品牌知名度/内容宣传/线索获客/组织营销活动/大数据寻找目标客户	分区渠道模式/分销支持/售前辅助	直接支持/售后团队/分销辅助	预制行业解决方案/代理提供"最后一公里"定制服务	捆绑产品方案/综合毛利率目标
通用客户 -所有客户 -以上4行业除外 -全国分3大区域	分区渠道模式/两层代理/分销和代理/销售经理负责管理	品牌知名度/内容宣传/线索获客/组织营销活动/大数据寻找目标客户	分区渠道模式/分销支持/售前辅助	授权区域分销支持/售后团队辅助	小型预制通用解决方案/代理提供所需服务	竞争性定价/市场占有率

有了GTM策略和RTM的方向之后，销售主管要考虑利用哪些"兵种"才能使销售成本效率和效果达到最优，然后将所选"兵种"加以组合，让RTM得以落地。同时，随着销售领地逐渐成形，主管则可以进一步设计销售组织，定义不同销售角色的目标和内容。

对销售人员而言，必须首先了解目标细分市场和相应的触达策略，以及销售组织的设计和各种"兵种"的目标任务，这样当她们被分配到个人的销售领地时，就会清楚该如何开展工作。

至于供应商的其他部门，尤其是市场部以及售前/售后等所有面向客户的部门，也需要了解GTM，以便制定相关的部门策略以促进GTM策略的实现。

🎁 销售"兵种"

一个供应商在规模尚小的时候，销售人员资源有限，基本上什么生意都要做，没有什么销售分工。但当业务扩大人手增加以后，很可能会出现许多销售人员争抢同一订单而有些客户却没有任何销售人员关注的情况。供应商很快就会发现有两个问题要解决：宏观上到底要多少"兵种"才能达到专精；微观里如何进一步切分目标细分市场，确定销售的个人领地，使大家目标清晰而且动力十足（竞争且互不相干）。

在规划销售"兵种"之前，销售主管首先要以GTM为基础，针对不同细分市场所制定的RTM触达路径，确定所需销售人员人数。因为在产品/服务范围复杂和广阔的市场中，销售主管很可能需要不同类别的销售人员，才能高效地达成销售目标。

任何一家大型企业为了保证不同产品线和客户群的收入都能达标，大多都会为不同维度的目标组织专门的销售人员，以确保各业务线的业绩跟计划相符。这样就形成了不同种类的销售"兵种"。

销售"兵种"都是围绕市场和供应商的共性进行建设，以便利用针对性的销售资源去满足具有共性的市场。这样，销售工作的成本效率能相对提高，赢单效果也更显著。销售"兵种"的划分维度有很多，最常见的有以下8种。

1. 客户规模

2. 客户地区

3. 客户行业

4. 客户关系——现客/新客/竞客

5. 产品

6. 解决方案

7. 线上销售

8. 渠道销售

1. 客户规模

以客户规模大小划分"兵种"，是最常见的做法。不过，这种方法不太适合初创供应商，只有等企业发展到一定程度，累积了一些客户才会形成。这时候，一些客户的需求变得多元化，对供应商的要求也更多。客户对供应商的贡献，无论从合同客单价（数量）和重复购买的频率上，明显开始有所不同。

供应商为了针对不同贡献的客户提供差异化的服务，就会把目标市场分拆为**大客户和普通客户**，交予不同的销售人员去覆盖。

数个大客户会交给一名大客户经理负责，这些大客户经常会以行业或者地区进行组合，至于数量多少通常由销售目标大小来决定。举个例子，一个供应商金融部的大客户经理，会负责数个金融类大客户，而一个华东区的大客户经理会负责华东区的数个大客户。由于客户规模不小，现客中复售、增售和新售的机会就会很多，销售人员则专注于客户的耕耘工作，其行为与"农夫"十分相似。

普通客户一般是指来自中小企业的客户，由于消费的金额和频次都不是很高，而且企业数量较多，供应商一般会以行业、地区和产品等共性"标签"来作为进一步区分领地的标准。负责普通客户的销售人员大多被称为"行业客户经理""地区客户经理"和"产品销售经理"等。在负责普通客户的"兵种"中，一般同一个行业、地区或产品里有超过一名的销售人员共同负责某领地。这时候销售主管有两种管理方法，一是要求她们在领地中自由竞争，二是鼓励合作，共享结果。由于普通客户一般的复购和增购率都相对较低，销售人员往往更关心如何获取新客，其行为更像是一个"猎人"。

有时候，我们还会遇上一些"大客户中的大客户"，这种客户对供应商的业绩贡献很大，而且新旧需求持续不断，是供应商业务的重要来源。这些企业往往本身规模很大，业务范围广泛，组织也比较复杂，为了对其加强覆盖并挖掘更多机会，供应商会以**单一大客户**（Territory of One）作为一个领地，不惜成本，交由一位专职的销售人员负责。

对于一些超大规模的客户，供应商甚至会以一整个销售团队为其服务。在这样的情况下，通常会有一位资深的销售人员作为服务客户的主要窗口，带领多名销售人员，分工合作，分别负责客户中不同的部门。另外，供应商还会配备专门的售前和售后支持人员，务求让这个大客户得到最好的服务。

对于销售人员来说，单一大客户就是她的销售领地，她的名片上通常会写着"大客户主管"或类似的名称，并且把负责的客户名称附上，加以说明。对外，她的工作范围从寻找商机、售前、制定解决方案、商务流程、谈判到交付、售后安装实施和服务。她需要协调供应商的所有资源，确保客户业务目标和需要得到满足。

对内，她要向供应商承诺达成业务目标，带领她的直属团队（销售）和其他部门团队做好所有跟客户有关的工作。也因为如此，单一大客户经理通常都会由比较资深的销售人员担任。在一些超大规模的客户里，领头的那位销售人员的级别甚至能媲美销售主管，并且会被认定为高管之一。

例如，对于很多IT供应商来说，针对电信运营商及银行客户，都可能需要安排单一大客户主管。再比如像波音或空客这样的大供应商，每一家航空集团都是单一大客户，会受到专门的销售人员的照顾。

2. 客户地区

当供应商的规模从初创发展到稍微大一些时，通常会以地区来划分"兵种"，其好处在于能够把市场和客户就近组织起来，从而提升销售人员"跑客户和市场"时的效率，进一步节省成本支出。

但值得注意的是，对于产品和服务品类多且性质不一的供应商来说，利用地区来划分销售领地也意味着销售人员需要同时掌握很多产品的信息，以及面对相对不一样的业务需求，对销售技能的要求更高。所以对于上了规模（产品种类多）的供应商企业来说，它们更多地会把地区划分的方式，应用在同质性较高的产品/服务上，以减少销售人员的压力，提高效率。

以地区划分销售领地就是以地理上的现实边界为依据，将相邻的部分组成为领地分配给销售人员，这些地区常以行政区域或以供应商自定义的逻辑方法组合而成（例如A公司的华东地区包含的省份可能与B公司的华东地区有所出入）。根据销售人员所在的行业和市场，地区可大可小，其职称通常类似于"地区销售经理"。有些销售主管希望销售人员各自有分工、互不相干，因此会把地区拆分成不重叠的区域，但也有些主管崇尚自由竞争，会让多名销售人员共同在一个地区工作，尤其是那些购买力较强的地区。

以客户地区为界的销售"兵种"与服务普通客户的销售性质类似，都以获得新客为主要目标，她们也更偏向于"猎人"的销售模式。

3. 客户行业

某些供应商的产品/服务可以同时被不同行业的客户使用（如企业管理软件）。当使用在同一个行业中，客户大多有相似或共同的痛点和业务需要，应用方式也比较相似。如果一个企业成了供应商的客户，尤其是其中的"头部"客户，往往能够吸引其他同行的企业对供应商产生兴趣。

相反，在不同的行业中，客户对供应商的产品/服务的应用方式有其独特之处。同样是企业管理软件，金融业和制造业的使用特点就有挺大的区别。

在这样的情况下，设置针对客户行业的"兵种"不失为一个好方法。根据行业的特点，解决方案也更有针对性。同时，销售人员在开发市场过程中也更能够利用客户成功案例，提升销售的效果。

所以，销售主管以客户行业划分销售"兵种"，在行业特性明显的市场中尤为普遍，同时以客户行业来划分个人销售领地的做法也十分常见。被分配领地的销售人员通常以"行业客户/销售经理"的头衔出现，负责该行业内的客户。对于某些重点行业，销售主管也可能分配多位行业客户/销售经理，再辅以地区分工，务求把该行业的销售工作做得滴水不漏。

以客户行业划分的领地，有些属于成熟行业，有些尚待开发，因而销售人员既有可能如"农夫"般在现客上不断耕耘，也有可能像"猎人"般不断寻找新客。

4. 客户关系——现客/新客/竞客

有些市场处在萌芽阶段，特别是那些具有颠覆性创新的行业，供应商没有什么现客，也没有同性质（产品/服务类似）的竞争对手，因此它主要是获得新客。而在成熟行业，市场上新客很少，大部分客户已被各个供应商瓜分得差不多了，供应商能做的是要专注于现客的维护和扩充，同时从竞争对手手中挖取客户。但更多时候，市场处于发展期，供应商既有现客要维护，还有大量新客要去挖掘，当然也有不少竞客有待"翻盘"。

无论是哪种情况，有些供应商会以现客、新客和竞争对手重点客户来划分销售"兵种"。这种划分方式，有利于销售人员针对某类关系的客户施以相应的销售话术和活动，提升工作效率。

例如，在现客方面，销售人员的工作可能集中在日常关系的维护和跟进项目，而在销售方面，则会偏重于各个部门的走访，挖掘各种需求，包括新的产品需求、续约或增购等。而由于双方经历过之前的合作，花在商务上的时间和解释工作会减少。相反，要跟一个新客谈成合作，销售人员需要从头开始挖掘痛点、提出解决方案、介绍产品和进行说服工作，又要了解采购流程、参加各种竞争招标和商务谈判，销售周期长、成本高。至于挖取竞客，想想都知道其难度是最大的，销售人员要在获取新客的工作基础上，深入了解竞客和它现有供应商（竞争对手）的合作关系，从中找到切入的机会。

销售主管以客户关系划分销售"兵种"的情况极为普遍，不过在真正部署销售领地时，往往还会"植入"其他方式（客户规模、地区、行业、产品等），例如大客户＋现客、普通客户＋新客。

唯独竞客这类企业客户比较特别，在有些大型企业中，销售主管为了更全面地覆盖市场，减少"漏网之鱼"，或者由于某些企业具有特殊意义（例如行业头部企业可以成为"灯塔"客户），会不惜力气成立针对竞客的部门或"兵种"，专注于（通常是针对某个竞争对手，或者某些重点大客户）赢回客户。

5. 产品

以上"兵种"的划分方法都是基于客户特点的。与之相对，以产品去划分则不要求对客户的规模、地区、行业和关系等进行预判，而是要把客户对产品的需要作为这个"兵种"的工作重点，凡是对某类产品有需要的，都可以被看成销售人员的领地客户。

产品垂直有别于行业垂直，供应商认为产品之间的"共性"对销售行为和活动的影响（比行业）更大。在同产品线中，往往产品的目标市场、推广方法和渠道种类都比较接近，所以销售人员的领地工作按产品线进行分工，可以带来更高的效率。

采取以产品垂直划分方式的销售主管，在战术上以推广产品为核心，强调产品的功能，这种做法比较适用于相对标准的产品／服务，不太适用于具有行业特性的产品／服务。以产品垂直为领地的销售人员，通常会以"产品销售经理／专员"的头衔出现。

因此，销售人员会更多地从产品的技术、功能和使用等角度去说服各种有需要的客户。至于销售能否成功，则主要取决于负责客户的销售人员的痛点挖掘能力了。

值得一提的是，在供应商中负责不同产品线的销售人员，有时候针对同一个客户的业务需要，都会认为自己的产品更能满足客户，因而产生内部竞争。这也是设计产品"兵种"时需要注意的问题。

6. 解决方案

所谓解决方案，最简单的定义就是供应商为了解决一个客户问题将某些产品／服务组合成一个"产品／服务包"，它的底层组成部分还是产品／服务，但这些产品／服务经过组合后却能比较全面地解决客户的业务需要，因而被冠以解决方案的名称。明白这个定义，就不难理解解决方案和产品/服务的关系，还有为何解决方案总是和行业有着密切的关联。

所以，解决方案"兵种"，可以说是产品"兵种"的"加强版"，打击能力更加强大。

同时，解决方案也经常具有行业特性（如一家提供专业音响的企业，它的汽车音响解决方案和一般家用音响的解决方案完全不一样）。在某个行业中，供应商把产品/服务包装起来，设计出一系列针对不同行业需要的解决方案的做法极为常见。所以解决方案"兵种"和客户行业"兵种"经常一起出现在销售主管的设计当中。

这类销售人员以"解决方案经理"的身份出现，一般需要更深入地了解某行业和应用，更多地从解决客户问题的角度去推动产品/服务的销售。

7. 线上销售

随着科技的进步和销售成本的飙升，新的销售"兵种"不断出现。针对一些低客单价的产品/服务，有一类销售"兵种"只通过各种线上方式和客户保持联系。线上销售"兵种"通常又分为两类，分别为销售开发代表（Sales Development Representative，SDR）和内部销售代表（Inside Sales Representative，ISR），一般部署于同质性较高和相对简单的产品/服务，用以平衡赢单转化率和获客成本。

SDR 是互联网时代产生的销售性质的岗位，通过线上外呼来开发客户。她们一般根据主管所分派的目标客户区域或名单（没有固定划分方法，但大多以新客为主），通过电话、邮件、呼叫中心、视频或社交聊天等方式与潜在客户交流，发现业务需要，并引导需求。她们会根据客户（线索）需求和意向的实在程度进行评分，将"合格"的线索转交其他直销人员来赢单。SDR 通常以辅助形式配合其他的销售"兵种"工作，不会单独出现。

SDR 工作的前身是电话营销，隶属于市场部，但后来供应商（特别是互联网企业）将电话营销角色强化为销售职能，置于销售团队统一管理。

至于 **ISR**，除了和 SDR 一样通过线上方式获得合格的线索之外，还需要往前再走一步，负责赢单的销售工作。与 SDR 不同的是，ISR 可以被部署去获取新客，也可以用来维护现客。从这个角度来看，它们的工作本质和前面介绍的"兵种"相当，区别只在于沟通方式。

ISR 工作的历史比较久远，早在 20 世纪 90 年代盛行电话和电视营销时，ISR 便已经出现在 IT 行业，用来销售个人电脑和相关耗材。而随着互联网的发展，ISR 的沟通手段变得更丰富，市场接受度更高，也快速进入各行业销售主管的组织考虑之中。

8. 渠道销售

有别于上述所有直接向最终使用客户进行销售（直销）的方式，利用渠道代理进行销售的供应商则看中渠道伙伴的优势。渠道代理的功能分为3类。一般来说，渠道代理的基本工作是向客户销售和签单，但有的渠道也会和供应商配合，有偿提供解决方案或者售后所需的相关服务。还有一类渠道代理，掌握一定的覆盖能力、客户资源和技术力量，愿意有偿"代替"供应商管理和支持小一级的其他渠道，以分销商或总代理的身份出现。

常见的渠道合作伙伴有分销商、总代理、附加价值代理（Value Added Reseller）和服务提供商，一般根据其作用和角色来划分。但无论是哪一种，它们的动机都非常简单，就是利用自身的能力，在供应商的产品/服务上增加价值，以实现自身盈利。

同样，对于供应商来说，使用渠道代理的动机也离不开对效率和利润的考虑。扩大市场覆盖的范围和速度，降低覆盖的成本同时提升效率，以合理的成本提供有竞争力的解决方案和售后服务等，这些都是非常典型的使用渠道代理的原因。

但是**渠道代理有时候又是一把"双刃剑"，在提高供应商销售成本效率的同时，它也会使供应商失去对客户的接触和感知**，以致在一些极端的情况下，渠道代理把控着客户的购买计划，反客为主，使供应商的地位边缘化。

为了更好地管理这种商业模式，销售主管需要安排专门的销售"兵种"来对渠道代理进行覆盖，时刻保持主动。其工作和直接面向最终客户的人员不一样，她们一方面要为渠道代理考虑，助其赢得最终客户的青睐，另一方面，又要代表供应商，确保渠道代理所做的与供应商的利益一致，并且合理合规。

简单来说，撇开渠道开发、招聘和导入（有时候是由一个独立的销售人员负责，根据主管的整体计划执行）的工作外，渠道销售人员的任务内容可以分为以下几个方面。

渠道赋能永远是一个主题。无论是供应商的产品、技术，还是销售方法等，渠道销售人员都需要帮助其所负责的渠道代理时刻处于兵强马壮的状态，因为其业绩完全依赖于渠道代理。从主动制定培训计划到持之以恒地执行，这是最不传统的销售工作。

其次是**支持渠道作战**。如何有效、快速而合理地为渠道代理协调内部资源，提供有力的支持，这是一个至关重要的问题。如果支持过度（或者渠道代理要求过度），就与供应商直销无异，失去了使用渠道代理的价值；反之，则有可能因此而失去商机。作为供应商和渠道代理的"桥梁"，判断何时和如何支持渠道代理，则是考验销售人员功力之处。

最后是渠道的有序运营。例如，销售人员所负责的渠道，是否分配有业务指标，是否兑现了业绩承诺，是否有足够的销售和技术人手，是否按时回款，是否违反供应商的条款或者诚信守则，是否有很多客户满意或投诉问题等，都是渠道运营的范畴。

和直销人员一样，这些渠道销售人员的领地，以渠道种类再加上渠道的规模贡献大小、地区、产品、行业等维度进行划分。有的销售人员只负责一个超级渠道伙伴（例如一个全国性的分销商），有的则负责一个区域或行业内的所有伙伴（地区的代理商），也有的负责专门的解决方案。

渠道销售是一份难以拿捏得当的工作。从表面看，销售人员和渠道伙伴业绩关联度高，自然应该对渠道代理鼎力支持；但与此同时，她也要协调好渠道和供应商中其他直销人员的合作，以免出现不必要的内部竞争和矛盾，更好地保护好供应商的管理规则和业务利益。

组合销售"兵种"，切割个人领地

无论是何种行业和企业，"B端"企业的GTM和RTM利用到的应该出不了这八类"兵种"，任何销售人员都会以某"兵种"被分配到各自的销售领地。而无论个人领地是以什么维度划分，作为销售人员都应该熟悉相应原则，发挥各自的功能。

回头看看销售主管要做什么。在企业建立主要的GTM策略后，主管的核心工作是找出目标市场中最能影响销售效率的共性（是客户规模、地区、行业或关系，还是产品、解决方案、线上或渠道），决定最佳的具体触达方式。影响销售效率的共性通常不止一个，而且相互交织。

针对大客户，供应商自然以直销为主，但是在很多市场中，客户行业特点明显、业务需要迥异，这样的话，销售主管在设计大客户的覆盖策略时，很可能在大客户里以不同行业进行二次划分。另一方面，在中小企业群里，虽然还有行业特点，但由于覆盖效率降低，不宜继续使用行业划分，主管可能以地区进行二次划分，方便销售人员就近覆盖，甚至可能适当引入地区的渠道代理，或者以SDR进行辅助，降低销售成本。

有些企业的产品线之间区别明显，其中一种产品线适合大型企业使用，此外不同行业的业务需要不一，行业特点也不尽相同。这时候，销售主管可能会把产品、客户规模和行业共性组合在一起，划分"兵种"和领地，务求将销售效率提到最高。另一产品线则面向中小企业，由于行业太多、太分散，销售主管只能以典型使用场景的解决方案带动产品销售，再交给地区/产品的渠道代理，加上供应商自身的ISR对市场进行覆盖。这时候，产品、普通客户、解决方案、渠道和ISR的"兵种"组合，也可能成为一种选择。

可以想象，各类"兵种"可以产生出很多不同的组合。销售主管要在找出最有效的市场共性之后，决定所需的"兵种"，并且加以组合，最终规划出具体的销售领地和触达路径。根据这些决策，销售主管进一步定义各"兵种"之间的合作关系，便能设计出销售组织、人员目标和角色（详见图5-1）。

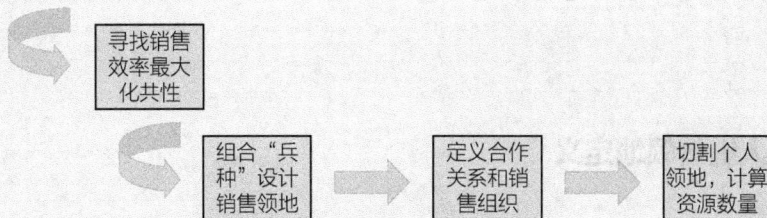

图5-1

最后，销售主管还要把每个组合的销售领地，进一步切割到个人层次，这样就可以确定需要多少销售人员及每个人负责的具体领地范围。

"兵种"和销售领地根据GTM设计配合落地，而GTM又需要根据市场环境和特点，以及企业产品和自身情况与时俱进，不能墨守成规。我们可以从以下一家大型跨国供应商30年间的转型，看到销售"兵种"、领地和RTM转变的实际过程。

- 1980年前后，以大客户、通用客户和渠道为3个独立"兵种"，负责不同产品的销售。

- 1995年前后，以行业垂直为主轴，将目标市场分为14个不同的行业领地，以3个地理上的大区，按实际情况布置销售资源。

- 1997年前后，将14个行业垂直的领地合并成为6个行业群，但是这些行业群只负责市场中一定规模以上的大客户，其他企业一律归入"中小企业"领地。在这个基础上，继续将销售资源布置在3个大区之内，后来陆续增加解决方案和渠道等。

- 2000年以后，个别客户已经达到相当规模，在行业群的基础上，单一大客户开始出现。

- 2010年以后，从行业维度转向客户规模维度划分，除了部分单一大客户和超大客户的领地外，其余的企业客户都被分到3个大区之中。

年轻销售人员需要关注的是自己被分配到哪个领地，属于哪种市场共性，对供应商的战略意义是什么。在了解这块领地的划分维度后，销售人员也就能够了解自己隶属于哪个"兵种"，以便更加充分地准备好该销售角色所带来的具体工作内容。

设计个人销售领地

个人销售领地定义

对于销售人员而言，个人的销售领地，是指每一位B2B销售人员被销售主管分配的目标市场范围，附上一个配套的销售和业务指标。销售人员只能通过在其范围内的客户赢单去完成她的目标。

在这个简单的定义中，销售人员要注意一个变数，就是在同一块领地中，有可能由一位销售人员独自负责，也可能由多位销售人员一起负责。一人负责当然最简单，成败得失都系于自身。

而当同一领地由多人共同负责的时候，有可能会出现销售人员自由竞争（商机）的情况；也有可能会采取合作方式，无论谁赢下具体商机，合作的销售人员都能分享成果。这是两种截然不同的个人领地切割方式，取舍在于销售主管。

领地设计原则

个人销售领地的划分是供应商最重要的执行手段之一。把销售领地切割到个人，销售目标才能依附在个人领地上，同时被层层分解，一直落到每个销售人员的头上。每个销售人员的目标和工作内容需要边界清晰，才能做到权责分明，充分调动每个人的积极性。从资源管理的角度来看，通过合理的个人领地分解和分配，销售主管也可以顺应市场和竞争环境的需要，将不同的销售资源组合起来，以更高的效率实现目标。销售主管如何分解领地有一定的原则。

原则之一是永远追求销售效率和效益。和前面有关 GTM 和销售"兵种"的讨论一脉相承，任何领地的划分和切割工作，都必须以效率和效果为目的，在两者之间找到平衡点。能够一个人覆盖的领地不需要用两个人，两个人的领地选择互相竞争还是共享成果，也要根据哪种方式效率更高来决定。

原则之二是，在销售个人层面来说，所分配的领地需要公平合理地反映出和个人能力/经验匹配的市场（领地）潜力。个人能力强而销售领地过于贫瘠，会让销售人员失去兴趣；个人能力不足而销售领地潜力巨大，又会因覆盖不力让供应商损失宝贵的市场机会。

原则之三是，一家供应商所有销售人员（包括直销和渠道代理）所能覆盖的个人领地的总和，一定等于供应商 GTM 策略中所有的目标市场。虽然某些销售人员可能会被重复分配到同一领地上（例如一个团队负责一个领地），但从整体来说，被覆盖的个人领地总和一定不会小于 GTM 中所列的目标市场。

原则之四是，所有销售人员的销售指标的总和一定等于或者大于供应商的整体销售目标。这是因为供应商担心部分销售人员不能完成目标而导致整体目标无法实现，所以会在原来指标的基础上加上某个百分比（常见的是 5% 到 25%，根据有几层销售来决定）的富余作为缓冲。值得小心的是，如果缓冲设定太高，有可能打击销售人员的积极性。但如果所有销售人员的指标总和（除去重叠指标）小于供应商的整体销售目标，则表示销售主管犯了销售管理最低级的错误，供应商将很难完成整体的销售指标，又或者出现销售人员完成指标而供应商完成不了的尴尬情形。

🎁 守住领地契约精神

虽然供应商和销售主管是销售人员的雇主和老板，但假如她具备"个体户"心态的话，个人销售领地的分配，实际上是她和供应商之间的一份契约。这契约有两部分，其中之一是供应商答应把某一部分的市场交予销售人员经营，而第二部分则是销售人员会尽力完成和领地相匹配的销售指标，并以此作为获得奖励提成的计算基础。

一般来说，在销售人员入职或者在新财年开始时，供应商的销售主管都会和属下销售人员做两件事情，一是分配或确认（和从前一样的话）每位销售人员负责的领地，分派当年（有些企业以每季度或半年作为时间单位）的销售指标，另外就是告知销售人员提成佣金的计算方法。

供应商通常会以正式文件的方式让销售人员签署领地和销售指标分配协议，以及提成佣金计划文件或类似文件，理清供应商和销售人员的责任和承诺。

但不管有没有正式签署的协议文件，这些内容都是供应商和销售人员之间最重要的契约，双方都应该公平对待。一方面它代表了供应商对销售人员的期望和愿意为之付出的代价，另一方面也确认了销售工作范围和销售人员对供应商的承诺。

专业人员应了解和尊重契约，B2B 销售人员亦然。可是在实际工作中，很多有经验的 B2B 销售人员也没有这样的观念。这意味着等到销售人员和供应商发生争议时，才发现原来某些契约内容有所缺失，或者和她当初所想的不一样。

如何开展领地工作

🎁 销售人员的领地工作

如果把赢得订单比作在一场"战役"中打败对手的话，那么达成领地的销售指标就像是赢得一场"战争"的胜利。行军作战时，将军要了解地形环境，掌握全盘局势，分析敌我形势，然后寻找战机，方能取得战争的最终胜利。

同样，销售人员的领地工作，就像将军在指挥一场战争，中间包括多场大小战役。要赢得一两个单子，销售人员靠着个人能力甚至运气也有可能成功，但要完成指标，除了依靠个人能力，还需要良好的策略和严密的执行。

领地工作从客户开始，无论是新客还是现客，销售人员都得要找到他们并建立联系。新客需要在领地的"茫茫大海"中通过营销手段或者"陌拜"的方式去寻找。现客虽然对供应商并不陌生，但销售人员还是要花精力去建立个人信任基础。

接触新客后，销售人员需要对其培养才能产生商机，并且在不断拜访现客的过程中也能发现新的需要。无论是哪种情况，发现、推进和管理商机都是领地工作的组成部分。销售人员还要决定在领地中主打的产品/服务或解决方案，才能有效率地满足大部分的商机，赢得青睐。

对于以上这些领地工作，要求策略与执行同样出色，销售人员要和其他部门、团队合作无间方能成事。所以除了需要公认的出众口才外，销售人员还需要兼具一流的分析和洞察能力，以及细致的行动、协调和领导能力。

📦 领地计划思维

所谓谋定而后动，专业的B2B销售人员在开展领地工作之前需要先动脑筋，而制定领地计划正好彰显这方面的能力。

当然，领地计划的真正作用不是要证明销售人员有头脑，而是用来指导销售人员一步步地将领地攻占下来，为销售人员的工作提供主动性和计划性。例如，要打下一个领地，销售人员肯定需要供应商内部的合作和支持，但是各部门资源是有限的，自然更愿意把资源分配给有计划和更靠谱（可以制胜的）的销售人员。

说到资源，不得不提一下销售人员的老板。作为销售主管（无论是高级的还是中级的），她手里掌握着可以支配的资源，如差旅和活动等支出预算，同时她在各个部门的资源分配上也有很大的影响力，所以销售人员的工作必须得到老板的认同和支持。

如果销售人员的业绩一直达标，她即使什么其他事情都不做，别人依然愿意忍受，但是只要有一次她的业绩没有达标，那么所有做不好的事情都会被无限放大。这间接说明了让老板了解领地计划的重要性，事实上在得到老板的指点和"祝福"后，最后落实的领地计划就会变成一个"共同"的计划，对后面的执行有百利而无一害。

任何一种计划，只要写下来，就成了一个沟通工具，甚至是一本"操作说明书"（足够细致的话），在争取资源时如此，在执行过程中也是如此。就像在交响乐团的演奏中，指挥引领所有人一起演奏，拍子不准、时机不对、声音过高、动作过大等都可能毁掉整场演出。同样的，在销售过程中如果沟通不足，极可能导致业务目标无法达成。领地计划对团队沟通的重要性不言而喻。

对于志向高远的销售人员来说，领地计划还承担着另一个极其重要的作用——承前启后。一个好的领地计划，应当承载着供应商无数代销售人员开拓这块领地的经验和智慧，让下一个接手的人能够在这个基础上进一步发展。销售人员应不断维护更新，使领地计划始终清晰，这不仅是在为"下一代"销售人员筹谋，也是为自己的下一步发展打开方便之门。

销售人员是否是可造之才，有经验的销售主管可以从其领地计划和管理的水平中看出来。

🎁 领地计划和管理

合格的销售主管在财年计划开始前都会要求每位销售人员梳理并提交（分享）自己的领地计划，让有关的合作部门了解配合销售人员制胜的策略和行动。而汇总所有销售人员的领地计划又可以帮助销售主管判断这些行动是否有助于完成整个部门的任务。

不同的销售人员可能"兵种"不一，就算是"兵种"一样，具体的个人领地大小也不一样，就算领地共享，每个人的策略和做法也不尽相同。无论销售人员负责大或小客户、某个地区、某个行业、某个产品还是渠道伙伴，她都需要为自己的领地制定策略和计划，从而开展工作（负责单一大客户的销售人员需要制定大客户计划，这个部分在第3篇中探讨过）。

从原理上来说，个人领地计划和GTM策略一脉相承，是它的一个缩影。但是，经常有销售人员被分配到某一个领域的原因竟然是"认识领地里的某些人脉，于是就先从那里入手"。虽然利用这些人脉资源去收集更多的信息是很好的事情，甚至会发展出一些早期商机，但是千万不能以它取代领地计划，两者不能画等号。

另外，我也经常碰到销售人员对领地没有深入了解和分析，只是从个别客户那里带回来一些奇怪（不是供应商能做的）的需求，这很容易对领地计划造成错误引导，小则多走弯路，大则走错方向。

领地计划和管理是专业B2B销售不可或缺的体系、方法和技能。事实上，对于销售主管和其他业务管理人员来说，这技能同样有用。试想一下，销售领地其实就是一个市场，只是更浓缩而已。销售人员对领地计划的制定和执行，可以为管理更大的业务范围提供非常系统性的帮助，是销售人员过渡到销售主管过程中非常好的实战培训。

虽然领地的特点各异，挑战不一，各个供应商行业和市场环境的区别也不小，但是领地计划和管理的原则和步骤大同小异，一般可以分为以下4步。

1. 洞察（和更新）领地情况

不断更新对领地情况的了解，目的其实非常简单实际，就是要不断（每过一段时间）回答两个问题。这两个问题分别是这个领地的潜力有多大（是否有吸引力），以及供应商在这个领地是否具有竞争力。

接触过企业管理的读者大多都听说过"通用电气矩阵法"，这是在20世纪70年代由著名的跨国企业通用电气提出的用于分析投资组合的方法。这个方法以这两个问题为轴心，分别去回答有哪些外部和内部因素造成影响、该投资的吸引力以及企业投资后是否能够有效竞争，再帮助企业去制定相应的策略。虽然它是为分析投资可行性而生，但是它一样可以帮助销售人员思考，是企业的市场部和销售部经常使用的方法（详见图5-2）。

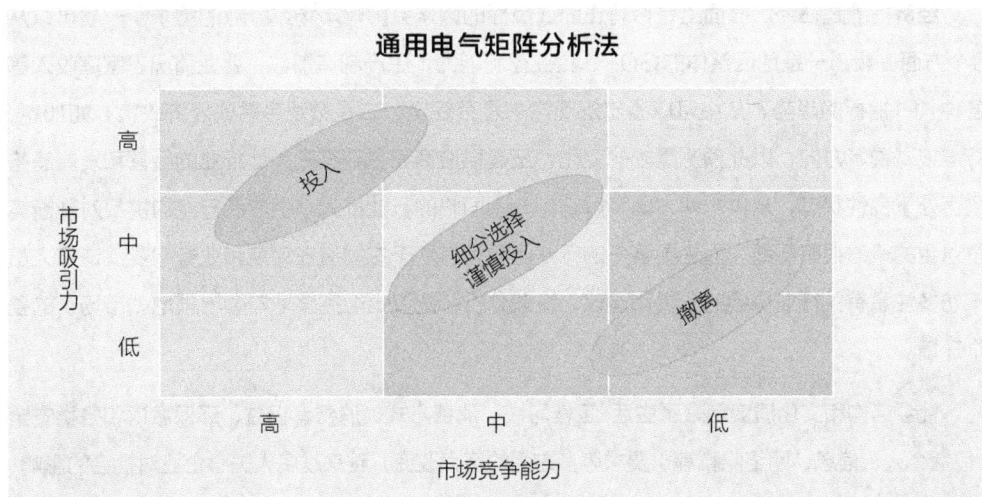

通用电气矩阵分析法

图5-2

影响这两个问题的因素有很多，包括市场大小、环境气候、利润情况、成长空间、竞争对手等外部因素，以及自身的产品服务、成本结构、销售能力、渠道价值链、已有市场占有率等内部因素。

当然，和投资与否不一样的是，销售人员通常没有选择领地的自由，但这并不妨碍了解这些信息对制定领地策略和打法的帮助。销售人员可以根据自己对领地的认知去决定需要获得什么资料，才能为决策提供支持。从我过去的经验来看，我们可以把这些信息分为 3 个部分——**领地的环境和趋势、领地画像以及领地记分卡**——分别从不同的角度，帮助我们对领地保持全面而深入的理解。

● 领地（市场）环境和趋势

无论是针对客户、行业、产品还是地区维度，销售人员都需要了解其所处的市场环境和趋势。可以分别从 4 个方面入手——**政治（Political）、经济（Economic）、社会（Social）和科技（Technological），即为 PEST**。

政治指所在领域的政治是否稳定，在可见的未来里有没有重要的事件发生，宏观如国际关系、政府换届、年度重要会议等，具体到相关的法律、法规和政策的出台或改变是否会对整体经济或部分行业带来影响。通常来说，有关政治环境的趋势，对业务的影响比较宏观，对供应商业务的影响需要与其他因素一起考虑。当然也有可能一个特殊的政令或事件会导致市场的变化，销售人员需要加以关注。

经济指的是在经济层面上是否有正面或负面的因素会影响市场或行业的需求。一般可以从 3 个方面去看。一是地区整体的 GDP、企业盈利能力、生产制造指数、就业情况、家庭收入等各种 KPI 指标的趋势，从中可以看出宏观需求是否旺盛；二是宏观金融或经济政策，如加息、降准或减税等方向，以此预测需求的变化；三是供应商和主要客户所处行业的经营和发展趋势是否处于良性状态，从供求两方面了解它们分别面临的行业挑战。供应商行业的挑战对判断竞争对手的策略很有帮助，而主要客户的行业问题则有助于挖掘潜在痛点和业务需要。销售人员不妨多注意有关行业协会的分析和建议，这些分析和建议更能完整地勾勒出领地（市场）的整个环境。

社会结构和文化演变带来了生活／工作习惯、消费方式、消费者权益、环保意识和各类安全（包括个人、信息、网络隐私等）要求等多方面的巨大改变。越来越多人关心企业对社会的影响，因而企业在做出任何决策之前都需要考虑**社会**因素。近年来，这些因素的重要性越来越高，甚至会影响（改变）客户的业务需求和决策，以及供应商的解决方案是否会被采纳。

这些"社会"因素包含甚广，几乎无处不在，尤其是企业的决策者开始转换为"80后"，供应商需要重新考虑客户的想法。一个社会潮流的兴起可能会使一种产品大卖，而另一个产品因为用户界面不够"年轻"而被抛弃；一个碳排放的指标不过关，或者是信息安全的要求不能被满足，就可能导致失去商机甚至整个市场。销售人员需要多观注那些和行业有关的"社会"因素，并且要留意是否有社会团体提出新的要求。

在后互联网的数据时代，就连生产"砖与水泥"的企业也找到了结合科技力量的钥匙，**科技**的发展趋势对所有企业都至关重要。销售人员如果不了解有关客户的关键和潜在科技如何影响供应商的业务，就有可能失去很多机会。人工智能、大数据、区块链、物联网、社交科技等，还有制造业的新材料、新工艺、机器人等，都可能直接或间接影响客户对供应商的购买决策，不能忽视。

如果主要客户所处行业取得重大的科技突破，就意味着该行业有着不错的发展趋势。供应商（或竞争对手）的科技也可能正好帮助主要客户行业的发展。这些都是销售人员必须心里明白并且加以利用的。

PEST和它们的趋势影响着各行各业。虽然当年提出PEST分析法的人主要用它来分析企业的外部经营环境，不过我认为利用它对一个市场或领地做出分析，同样可以产生有用的洞见，对影响领地的宏观外部因素提出有用的看法。此中的关键，是要求销售人员时刻保持敏锐的触觉，习惯大量观察和收集各种信息并加以分析。

- 领地（市场）画像

把领地的特点描述出来是进行领地画像的主要目的。这些特点，我们可以将其分成5个方面，从多个角度立体呈现这块领地，使洞察更清晰。

目标客户画像：首先我们要对领地中主要（目标）客户画像进行梳理，特别是那些以产品和地区框定的领地，然后基于画像的描述进一步收集信息和估算目标客户的多少，如果可以通过某些渠道直接取得客户企业的名单将使后面的执行工作事半功倍。了解领地有多少合适的潜在客户十分重要，因为这是你所能够获得的最大成就，也就是你领地的"天花板"，你的一切成绩的论证都来自这里。

当然，如果销售人员负责的领地是大客户，我们不需要做这项工作，而是直接为每一个大客户做客户计划。

痛点和需要： 同样的产品应用在不同的行业或者客户上，所体现的价值和解决的痛点都有可能不同，所以销售人员要针对自己的领地，把和供应商有关的客户的共同痛点和需要总结出来，以便于更好地把解决方案（产品或服务）和客户关联起来，同时在为客户写建议书和制作销售工具时也更有针对性。供应商解决方案和潜在客户的共同痛点和需要关联越大，表示能够满足客户的几率越高，对供应商的需求也越明显清晰，对估算领地的长期和短期潜力及需求量很有帮助（有关痛点、需要和需求的关系已经在第3篇展开讨论了）。

需求和解决方案： 摸清领地中客户的痛点和需要后，销售人员要研究如何通过供应商的产品和服务满足它们。满足程度越高，客户对供应商解决方案的需求就越有机会形成。为了提高竞争能力，销售人员需要分析领地中需求的特性，以及解决方案的档次和功能、产品/服务的类别和数量、价格的区间、一般的购买行为和购买渠道等，这些都会进一步帮助销售人员估算领地的长短期需求量，以及决定通过什么策略去满足客户。例如在适当的时间和场景为客户提出性价比最好的"优惠套餐"。

生态环境： 在大多数情形下，一个领地中除了供应商还会有其他"玩家"，这些"玩家"和供应商共处于同一个价值链中，有可能是竞争对手，也有可能是价值链上下游的潜在合作伙伴。销售人员需要了解领地所在的生态环境，对竞争对手要做到知己知彼，评估对方的威胁，以有效的策略面对。对潜在的合作伙伴要分析是否有互补空间，是否可以加以利用，作为覆盖战略的一部分。生态环境中潜在的机会和威胁，一正一负，却足以影响供应商在领地中的竞争能力，不容忽视。

领地潜力估算： 最后一项工作，就是利用上述4项获得的信息，加上销售人员能获得的其他第三方数据，把领地（市场）对供应商需求的潜力做出量化的估算。把客户数量、客单价（或产品/服务单价）等假设列出，就可以计算出领地对供应商需求的金额。这个市场的需求潜力可以按一年（当年）和长期（整个领地）分别记录，为供应商提供衡量成败的标准。

领地画像，包括目标客户画像、痛点和需要、需求和解决方案、生态环境和潜力估算，从5个维度勾勒出销售领地的重要属性，是销售人员制定领地策略的决策来源。虽然在开拓新的领地时很可能信息不足，但随着时间的推移，销售人员需要主动获得和积累有关的资料，使画像逐步完善。况且，这些因素肯定会随环境改变，所以在不断完善的过程中，销售人员也需要进行阶段性的更新，务求真正对领地了如指掌，这样才能保证领地策略的高效落实。

● 领地（市场）记分卡

要时刻知道供应商在领地的表现如何，销售人员可以使用领地记分卡。不同行业和不同供应商于不同的领地对绩效的认定会有不同标准，但是任何记分卡都不外乎以这几个维度做比较——时间、竞争对手和市场潜力。

和时间比较最好是看**成长率**，不同时间段（年度、季度、月度）的同比和环比都能反映供应商在领地中是否与时俱进，这是成长中的企业最喜欢看到的。

很多企业追求的目标是成为市场领导者，这意味着需要打败竞争对手。在这样的领地游戏中，一家供应商的"得"就是其他供应商（一家或多家）的"失"。此外，在一些成熟的企业或市场中，由于市场成长空间已经很小甚至是在萎缩之中（例如现今的个人电脑市场），市场占有率也经常作为最重要的指标。这些企业对竞争极其重视，往往在领地的竞争中会要求销售人员以市场占有率来衡量得失。

用市场潜力的"天花板"和销售结果比较，得到的是**市场渗透率**，最常用于衡量市场潜力有明显变化但变化速度不快的上限（"天花板"），例如互联网的使用人数不会超过整个人口数量（而人口数量的变化每年相对十分有限），又例如全国手机网络基站的数量是一个相对固定的总量。这些行业的供应商对渗透率特别重视，因为它既能反映出在一段时间内的实际进步，同时也能反映出和竞争对手的差距。

销售人员在设计领地记分卡时，如果了解供应商所处的行业和状态，就能推断出它最重视的业务指标。基于以上的讨论，我建议领地记分卡应该包含以下内容。

业绩数据（金额、数量）

成长率（同比、环比）

市场占有率

市场渗透率

总体来说，领地记分卡能够让销售人员和整个团队知道供应商在该领地中所处的状况和位置，并通过不同维度的数据，为销售人员提供决策支持，也同时为制定合理的领地销售指标提供客观的参考。

随时了解领地的环境趋势，保持清晰的领地画像，还有通过记分卡时刻提醒供应商在领地中的表现，是洞察（更新）领地情况的 3 个基本动作，销售人员必须对此有深刻的认识。

2. 分解领地销售指标

领地的销售指标是维系供应商和销售人员的共同目标，这道理看似简单明了，但是在现实中销售人员关心更多的是提成佣金，而供应商整体是否完成销售指标，并非每个销售人员都能真正明白和关心。销售人员要经营好领地，需要把目标分解，这部分工作分为两步：首先**正确认识销售指标，然后分解销售指标为业务目标。**

● 正确认识销售指标

经常听到销售人员说，"去年没达标，不就是成长慢了些、收入减少了些、钱少赚了些，但我们还是活得挺好的，起码还有钱赚。"说这些话的销售人员不明白企业对销售业绩的趋势有多敏感，尤其是对于上市企业，销售业绩不好带来的财务问题是难以忍受的。

相反，供应商对每一个销售人员完成指标的依赖和关注大得多，因为任何一个销售人员的指标缺失，意味着需要其他人来补漏，否则企业便完成不了整体的销售指标，同时会带来显著的"多米诺"影响（Domino Effect）。

销售不达标对企业带来的压力是多方面的。首先最直接的影响是企业的毛利，卖出去的东西少了，但短期生产成本还在（尤其是固定成本的部分），毛利自然减少。企业为了补救毛利，可能会采取不同的价格折扣政策，但无论是薄利多销还是利润至上，都会对销售人员带来影响（如果是减价的话，销售人员要卖更多才能完成指标，涨价的话，则可能影响竞争能力）。

万一毛利率保持不住，企业为了保护盈利（净利和净利率），最简单粗暴的方法是削减支出，首先往往是削减行政、营销和销售等费用。如果情况持续恶化，下一步影响的就是生产和研发的投入，而这也会直接影响企业产品质量和创新能力，削弱企业的中长期竞争能力。此外，销售业绩不佳还可能导致现金流出现缺口，迫使企业通过借贷（或融资）去补充，增加利息费用负担，进一步加深对利润的伤害。

销售年年达标，不断"开源"，生意越做越大，销售人员能得到的支持和回报也就越多；但如果"开源"不成，那企业只能"节流"。"节流"多了，供应商会陷入恶性循环，销售人员的日子也肯定不好过。

为了避免因为部分销售人员无法完成任务而影响整体业绩，销售主管大多会在个人销售指标上加上某个百分比的富余以作缓冲，这点无可厚非。但也有个别销售主管信心不足，为了自身"安全"，个人指标富余加得太多，以致销售人员怨声载道，采取消极态度。

每年年末都是销售人员最忐忑不安的时候，也是销售人员和主管之间在销售指标的设定上互相博弈的时候，主管希望加强整体指标完成的"安全"系数，销售人员则希望老板手下留情。为了分配到低一些的指标，销售人员甚至把部分商机藏着掖着，希望让日子好过一点。

不过这些都不是最好的合作办法，要走进一个良性循环，销售人员应当本着同理心，**既要主动了解供应商的期望，也要让主管明白领地的情况。**她应该在平常做好领地计划，以事实和分析如实反映市场竞争情况，再以有效的策略和执行去取得主管和老板的信任，这样才有"本钱"去建议合理的指标。虽然分配销售指标是主管的权力，但不等于销售人员没有机会施加合理的影响，关键是要和主管沟通无间，而且要把平常的工作做扎实。这也是为什么在前文会提到要做好洞察领地的工作，领地的环境和趋势、领地画像和记分卡等缺一不可。

● 分解销售指标为业务目标

一般来说，销售人员拿到的销售指标多为财务数字，其中以合同、营收或收款金额为主，有时候也会加入毛利率或净利率等利润指标。这类指标与企业的财务报表无缝对接，可以被直接使用。但是对于销售人员来说，这些数字必须先被分解然后转化为可以通过行动达到的目标。

例如，某商用打印机A公司的一位销售人员负责山东地区的中小企业，去年接手这个领地时，业绩为营收1000万元、毛利280万元、毛利率28%。其中销售了1万元的打印机400台、5万元的打印机90台、10万元的打印机5台，另有100万元的耗材。4个季度的业绩比例分别为20%（200万元）、25%（250万元）、25%（250万元）和30%（300万元）。

今年初，主管给她的销售指标分别为营收1250万元和毛利364万元，比去年提升25%和30%，同时要求毛利率提升一个百分点，从28%升至29%。为了达到这一目标，主管要求她尽快提出领地计划。

A公司有3款打印机适用于中小企的办公用途，价格分别为1万元（毛利率20%）、5万元（毛利率30%）和10万元（毛利率50%），加上相应的耗材业务（毛利率40%），主要通过渠道销售。

当销售人员拿到1250万元和364万元的销售额和毛利指标后，她所做的第一件事是根据领地情况和策略选择将指标分解如下（详见表5-2）。

表5-2 领地销售指标转化为业务计划目标

型号	价格	去年实际结果			今年业务目标（1）			今年业务目标（2）		
		台数	营收	毛利	台数	营收	毛利	台数	营收	毛利
低型号	1万元	400	400万元	80万元	520 (+30%)	520万元 (+13%)	104万元 (+13%)	400 (+0%)	400万元 (+0%)	80万元 (+0%)
中型号	5万元	90	450万元	135万元	120 (+33%)	600万元 (+33%)	180万元 (+33%)	90 (+0%)	450万元 (+0%)	135万元 (+0%)
高型号	10万元	5	50万元	25万元	11 (+120%)	110万元 (+120%)	55万 (+120%)	40 (+700%)	400万元 (+700%)	200万元 (+700%)
耗材	-	-	100万	40万元	-	150万元 (+50%)	60万元 (+50%)	-	120万元 (+20%)	48万元 (+20%)
		495	1000万元	280万元	651 (+32%)	1380万元 (+38%)	399万元 (+43%)	530 (+7%)	1370万元 (+37%)	400万元 (+43%)

她根据去年的实际情况提出两个方案，代表两种不同的思路，而且这两个方案的目标数字都比销售指标高，为她提供一些缓冲。这两个业务目标的最终数字几乎一样，营收只相差10万元，而毛利只差1万元，但是它们的组成非常不一样。

业务目标（1）的方案要求所有型号产品的销售都以超过30%的速度成长，毛利方面则更多依靠高型号的高毛利率，耗材的成长主要是来自新增打印机和去年累积的台数，这些能为营收和毛利带来不少贡献。业务目标（2）的方案则是截然不同的思路，低和中型号的销售只和去年持平，耗材的成长基本反映去年新售打印机的全年使用增量，所有的精力都放在高型号之上，以它的高价格和高毛利率作为完成指标的主要"发动机"。

在这个例子中，如果选择方案（1）的策略，意味着销售人员在各方面的投入相当，行动量大但风险较小。如果选择方案（2）的策略，则更偏重于高型号的发展，销售人员的大量精力会放在相对少数的客户商机之中，渠道的利用也和方案（1）很不一样。它的好处是更专注（可能是一个很大的空间），但风险也相对更大，万一高型号的业务没有提高，销售指标就会泡汤。

至于如何选择，需要根据市场环境、领地情况、自身情况和策略方向来决定。而一旦做出选择，行动计划就需要支持业务目标的完成，也直接支持销售指标的达成。

当然在这个简化的例子中，市场环境或供应商产品是否对高型号特别有利，我们不得而知，在现实环境中要考虑的因素更多，如需要多少个新客和现客，客单价要多大，有没有配套的服务营收，又或者业务是否有季度性的差异等，都会影响销售人员将销售指标分解成为业务目标的方式。

通过这个例子，我希望让读者清楚地看到，任何销售指标都需要被分析和分解成为可以操作的业务目标，再结合策略落地成为行动计划。

3. 制定领地策略和行动计划

业务目标清晰后，销售人员的下一步就要把主要的领地策略和相关的资源落实下来，然后制定具体行动计划，指导在销售指标的周期内（通常是一年）具体要做什么。简单来说，领地策略就是要搞清楚卖什么东西和卖给谁，同时确保卖了之后能兑现价值，让客户满意。由于领地通常由一定共性的客户组成，所以策略需要能够不断重复这个过程。我把需要考虑的几个方面在下面列出并讨论（详见表5-3）。

表5-3　制定领地策略和行动计划

1. 解决方案策略
   - 市场客户痛点、需要、需求
   - 供应商价值、产品/服务、价格、渠道
   - 包装方法
   - 解决方案组合
2. 客户覆盖策略
   - "猎人"还是"农夫"
   - 客户关系还是覆盖效率
   - 如何找到客户－卖给客户－维护客户？
3. 市场营销策略
4. 交付售后策略
5. 竞争策略

● 解决方案策略

制定领地策略的第一步是建立解决方案策略，回答"卖什么东西"这个问题。赢得领地"战争"的前提是赢得领地中大多数客户的"战役",我想关于这点大家是没有异议的。为了这些"战役"胜利可以重复发生,销售人员要把领地中的客户跟供应商相关的共同痛点和需要梳理出来,再把供应商的产品和服务与之匹配。她还需要尽力分析领地中客户需求的特性,务求为客户提供一个最佳的解决方案。

什么是解决方案? 解决方案这个词常被滥用,不同的销售人员对其有不同的解读。大多数销售人员会以为解决方案有别于产品,以致有销售人员说,"我们是卖解决方案的"或者"我们是卖产品的",仿佛解决方案和产品是两种对立的东西。其中一些销售人员甚至认为,产品指的是硬件实物,而解决方案一定含有服务。

要定义解决方案,可以分别从客户和销售人员两个角度去看。**从客户角度来说**,解决方案是能够解决企业业务问题的一套有效方法(承载于产品或服务之上)、步骤和计划。**它包括3个方面。首先,它要从客户的痛点和需要出发;其次,它需要包括实施或部署这套方法的计划和完整思路,使客户能够真正使用它去解决问题,获得价值;最后,客户要以合适的代价(包括有形和无形的)和能力**去获得这个方法。这三个方面如果没有被同时满足,所提出的只能算是局部的解决方案,意味着客户要自己想办法解决未被解决的部分,在这样的情况下,客户合作的意愿难以保证。

从以上定义来看,解决方案和产品/服务的关系极其密切,可以说产品和服务是组成一个完整解决方案的重要元素,但同时它必须要加入对交付、实施、使用以及成本的考虑,才能变得完整。

站在供应商的角度,解决方案的定义是一个能够满足客户痛点和需要的产品和服务(可以包括第三方的产品/服务)的组合,以合理和合适的交付、实施、使用和成本的方式提供给客户。

当然,是否提供完整(或者多少程度)的解决方案,是供应商的战略性选择,很多时候它和所在行业的竞争是否激烈有关系,竞争压力越大,供应商越愿意多动脑筋,让客户更易得到满足。在某些情况下,有些企业只愿意专注于提供某个部分的产品(从理论角度一个单一产品可以被视为一个局部的解决方案),让客户(自助或自己实施)或者第三方去提供其他部分的解决方案,这种做法在B2B销售的世界中也是经常看到的。

在销售过程中,销售人员必须解释有关解决方案的3个方面,争取客户相信和接受。和"卖产品"刚好相反,销售人员强调的"主要卖点"是解决客户问题,其次才是产品的亮点,关键是要说清楚（通过各种文字和影音）供应商提供的方法能够如何解决客户的痛点和需要。

为了帮助销售人员更好地解释这些方面的做法，并向多个有共同痛点和需要的客户重复传递，需要根据以上3个方面设计和包装针对某种痛点和需要的解决方案，并且最好能够把它变成标准的文字和影音的销售工具（建议书），以提高传递效率和内容准确性。

有不少销售认为**包装解决方案**比产品复杂，但其实解决方案也可以相对简单，下面我为大家举些例子分别说明。

▶ 例子一　某互联网公司为中小企业提供办公室管理和行政支持的软件

客户共同痛点和需要：针对50人以下规模的中小企办公室，要做到"麻雀虽小，五脏俱全"，对管理和行政效率有帮助。但企业老板大部分对管理流程不熟悉，也没有太多预算去做自动化。

解决方案组成：一个以SaaS为基础的中小办公室软件"套餐"，包括50人一年的使用 + 一天现场培训 + 7×24小时支持。软件无需实施，只需要设定参数和导入数据即可使用。

这是一个相对简单而完整的解决方案，只有单一产品和一小部分服务，几乎没有实施，年费套餐方式降低了价格门槛。

▶ 例子二　某管理软件系统公司为零售行业提供中小零售商店解决方案

客户共同痛点和需要：手工记账导致库存记录不准确，也无法及时补货。

解决方案组成：一体化零售软件系统 + 第三方零售点硬件 + 快速上线服务包 + 一次性买断或者分期付款方式。

这个解决方案牵涉第三方硬件，相对复杂一点，供应商为了提供更完整的解决方案，主动加入了第三方硬件，再加上分期付款的灵活付款方式，算是一个比较完整的解决方案。

设计和包装不同程度的解决方案，并且把它变成销售工具——在规模较大的供应商中通常由专职解决方案的销售人员负责，在包装之后与所有其他销售人员共享。但是无论是哪种"共性"领地的销售人员，都需要具备包装和销售解决方案的能力。包装解决方案时，除了前文多次提到的客户痛点和需要之外，销售人员要了解客户在商务和使用部门的一些共性问题（如价格、付款方式、使用能力等），而且不能对竞争对手掉以轻心，需要关注它们是否有类似的解决方案，以及它们的方案的完整程度等，以便能够与之抗衡。

管理解决方案组合（Solution Portfolio）是每一位销售人员都需要掌握的技能，不管个别解决方案从何而来，只要对客户有价值便应该被销售人员采用。从这个角度来说，销售人员更像组合解决方案的管理者。如果单个解决方案是赢下某一个订单的"武器"，那么整个解决方案组合就像是我们的"武器库",是完成领地的销售指标的重要手段。

针对领地中客户的不同痛点,销售人员可以选择或者包装若干个解决方案,然后把销售指标转化成为解决方案的业务目标,而这些解决方案的业务目标,又可以进一步转化为产品/服务的业务目标。这样我们就可以很清楚地看到,要完成销售指标,需要几个不同的解决方案的订单,也就是需要多种不同的产品/服务。

使用解决方案组合作为领地业务目标的执行管理方法,更贴近于市场,更具有指导价值。这里举个例子,假如销售人员的领地包括维护部分老客户和拓展新客户,那她的组合当中应该包括两方面的解决方案,发现缺少或者不足的话,都应该及时调整,保证有足够的"武器"去完成目标。再者,在执行的过程中如果某些痛点的解决方案的接受度差强人意,销售人员也应及时调整解决方案,弥补不足。

最后,由于这些解决方案是以客户需要为出发点,所以通常在B2B环境中,供应商会更多地利用解决方案作为市场营销手段的诱饵。比起强调产品的功能亮点,解决方案在营销活动中更容易引起客户的共鸣,勾起客户的兴趣和购买欲望。

销售人员懂得包装解决方案和管理组合是制定领地计划的第一步。

● 客户覆盖策略

制定领地策略的第二步是要思考3个问题:第一是如何找到目标客户(之前已经定义过目标客户),第二是如何把解决方案卖给目标客户(之前已经定义过解决方案策略),第三是如何去维护现有客户。无论分配的领地是新客户还是老客户,大客户还是小客户,覆盖策略都要回答这些问题。

B2B销售里的"猎人"和"农夫"两种模式可以帮助我们思考销售覆盖策略。有些人用"猎人"和"农夫"来形容销售人员的类型,也有人用"森林"和"耕地"来描述领地的特性。

我在多年前第一次接触这两个名词时对它们的印象极深,它们能够非常形象地描述销售人员该如何扮演自己的角色(详见表5-4)。

现实中,有些供应商分配给销售人员的领地就像一大片"森林",这类领地的特点是里面有很多全新的客户,企业规模以中小为主,当然如果供应商是新来乍到的话,它也不会介意里头有些大企业成为"猎物"。这种情况下,客户需求相对比较单一和简单(起码在初期),客户数量多但复购/增购机会不高,销售人员要扮演"猎人"的角色,更专注于不断捕获更多新的"猎物",

而不是依靠客户带来持续的生意达成目标。

表5-4 B2B销售"猎人"和"农夫"领地覆盖工作比较

特点	"猎人"	"农夫"
领地	更像"森林",销售人员通过狩猎获得新猎物	更像"耕地",销售人员通过重复耕种,争取提高收成次数和产量
客户	需求比较单一、简单或属于一次性满足的需求,复购/增购机会较低,为供应商持续提供生意的机会较少。中小型规模企业相对较多	需求较多或者复购需求较大,可以为供应商提供持续的生意。大中型规模企业相对较多
解决方案	通常比较单一、简单或属于一次性满足客户的方案,价格相对低些	需要多种不同解决方案,方案中有简单的也有复杂的,复购和增购可能性和金额较大
销售工作重点	获取新客户的线索来源,以及解决方案的传递工作	维护客户关系,了解和挖掘个别客户具体需求,再传递解决方案
覆盖重要性	覆盖范围/效率＞客户关系	客户关系＞覆盖范围/效率

在企业世界中,有些销售领地就像"耕地"一样,存在着供应商认定值得长期"耕耘"的客户。这些客户一般有较多种类的需求(供应商能够满足的)或者本身规模较大,有复购和增购业务空间,能够为供应商带来持续的生意。面对这些客户,销售人员扮演"农夫"的角色,通过"精耕细作"维护客户关系,同时不断"翻土、播种、浇水、施肥和除虫",为下一次的订单努力。

销售人员在构思应该如何覆盖领地时,可以按"猎人"或"农夫"的模式为自己定位。

客户关系重要,还是覆盖效率更重要? 也有销售人员经常问及这个问题。她们说,客户都有由新到老的过程,好不容易跟新客户建立关系,为什么要做"猎人"? 跟随这番逻辑,是否所有领地都应该是既有新客户又有老客户呢? 这个答案关键在于覆盖效率和客户关系哪方面对领地的业绩更有帮助。

举个例子,如果供应商的解决方案比较单一或者属于一次性满足的话,新客户复购的机会比较低,销售人员更多地寄希望于获得更多客户而不是通过客户不断购买去完成她的任务,在这样的情况下,客户关系的价值就可能没有覆盖效率来得重要。有些供应商以此为策略,把领地中销售人员的任务定位为尽量获取更多新客,而把复购这部分工作交给售后维护的人员负责(不是完全放弃)。这样的例子在现今B2B型互联网公司以及大供应商的中小企事业群中会经常碰到。

也有些供应商具有多种解决方案,适合需求多元化的客户(通常是规模较大的客户),这些客户一旦拓展成功,利用前面建立的信任和关系,可以不断获得更多生意,这时候关系的价值就变得更为重要。这样的例子在大企业专门负责大客户的事业群中比较多见。

当然，在现实中确实有些销售主管在设计领地时既要获得新客户，又要维护老客户，这种情况一般在不大不小的企业中出现得比较多。面对这样的领地时，为了**要兼顾获取新客和维护现客，销售人员需要交叉扮演"猎人"和"农夫"的角色，这对其能力的要求会比较高。**

但是无论销售人员最终选择以什么"角色"出现在领地之中，她在覆盖领地时都要处理好以下几个问题。

如何找到目标客户？ 对于"农夫"来说，不存在这个问题；对于"猎人"而言，这是至关重要的一环。有些供应商在招聘销售人员时，总是先问对方"有没有某些客户资源"，这意味着对这个销售角色起码有部分"猎人"的要求。销售能够自带"客户资源"作为新东家的线索自然是好，而一旦这方面资源枯竭以后，销售人员还是会碰到如何找到客户（Prospecting）的问题。

"猎人"销售最好提前和供应商的**市场部沟通，把获取线索商机作为主要工作之一**，这一点非常重要。因为过往有很多销售人员对市场营销一窍不通，甚至看不起市场部，因而错过了通过市场部去获取线索的机会。尤其是那些具有一定规模的供应商，市场部都会把一定的资源投入在线索上。专业的销售人员利用扎实的领地计划、清晰的客户痛点和解决方案，可以轻易获得市场部资源的倾斜，协助其吸引领地中的目标客户，使之成为线索或商机。

如何把解决方案卖给目标客户？ 无论是"农夫"还是"猎人"都有针对自己领地客户的解决方案组合，但是关于传递解决方案的信息则有不同的做法。"农夫"销售会对领地客户进行不断地交流和了解，除了继续以一对一的方式沟通，经常也会组织领地客户的活动，通过活动介绍新的解决方案。有时候，她们也会将其领地中活跃的渠道合作伙伴作为自己的"助手"来实现销售。

面对偌大的"森林"和大部分并不熟悉（除了小部分之外）的客户，"猎人"最重要的覆盖策略必须是以杠杆原理，撬动一切资源去帮助销售。一方面，她需要继续和市场部合作，利用市场部资源传递解决方案信息，进一步为商机"加温"。另一方面，专业的"猎人"应该都是优秀的渠道经理，她会建构属于自己领地的"渠道地图"，在领地中的各个领域或者解决方案上和不同的渠道伙伴进行合作。不会运用第三方资源（尤其是渠道）的"猎人"，基本上是没有机会成功的。

如何维护已有客户？ 对于"农夫"来说，这一定是日常工作的重中之重，但是值得一提的是，除了自己个人之外，她还需要借助供应商的售后和客服等部门人员的协助。

"猎人"在进入领地时虽然没有客户，但随着客户的增加，她很难有足够的时间以一己之力去维护。有些供应商会把这类客户的维护工作交给售后和客服部门负责，这时候"猎人"需要与这些部门提前沟通，让其协助维护客户，此外，聪明的销售人员还会继续借助市场部的资源，在维持关系的同时挖掘新的机会。

● 市场营销策略

这里提到的营销策略是指销售人员针对自己的领地所进行的营销工作。这些活动虽然为领地而设，但它们必须也是供应商的市场计划的子集，需要和整体策略保持一致。不过有别于企业级的市场营销工作的广阔范围，领地的营销工作集中在两个目的之上。正如前文在"客户覆盖策略"中提到的，客户的获取和维护工作都是销售人员的责任，而且在传统的"B端"企业里，几乎一切有关工作都由销售人员独力完成。随着科技进步，市场部的能力越来越强，也开始参与客户的获得和维护工作。

借助互联网、内容、社交等科技手段，市场部可以帮助领地销售人员在获客过程中对痛点和业务需要进行刺激，以获取领地中的商机线索，也可以更直接地以适当的解决方案包装瞄准有需求的客户，触发购买意愿。同样，市场部可以对所有供应商的现客（包括某个人领地）发起精准沟通，传达供应商和解决方案的价值，挖掘新的商机。

当然，由于销售人员众多（比起市场部员工人数而言），市场部很难同时照顾每一位销售人员的需要。聪明的销售人员，会主动把自己的领地策略和主打的解决方案推荐给市场部，希望其方案被纳入企业级的营销策略。这种做法一旦成功，销售人员的领地工作就会得到市场部最大程度的支持。

至于具体的营销活动和手段的选择，销售人员应当和市场部同事共同策划，利用市场部的专业知识和资源，定期讨论进度，以达到事半功倍之效。总而言之，在现代的"B端"市场中，销售人员必须懂得在获客和维护客户上和市场部精诚合作。

● 交付售后策略

领地策略另外一个重点是制定交付售后策略，目的是实现承诺的价值，帮助客户成功，最终的结果是客户满意。有些人错误地以为销售工作只包含签单，之后就是"公司的事情"。她们在客户面前说着客户成功和满意，但是如果做不到，客户是不会买账的。所以销售人员如果不以行动影响客户在交付和售后过程中的体验，无异于置客户的利益于不顾。

照顾个别客户还可以靠认真和细心，面对领地中的众多客户，除了认真和细心，还需要预先设计好交付和售后策略，在实现价值的同时，做好效率和成本的管控，否则很容易顾此失彼，两边不讨好。

一个以客户满意为中心的交付和售后策略要围绕解决方案组合来展开，因为这才是他们花钱的原因，他们花钱买的不是一堆产品和服务，而是解决问题的方法。

销售人员需要为每一个领地中的**解决方案分别定义好它的交付方式、部署计划和售后支持方式（如果是供应商统一做的解决方案更应该有清晰的定义）**，并且估算好相应的资源。每种解决方案一年有多少个需要交付，牵涉什么产品的物流，多少服务资源，以及启用之后得到什么支持和支持的水平等，这个过程需要销售人员和所有有关的供应商部门（包括商务、物流、服务、售后、客户等）一起计划，通过沟通和讨论预先协调好客户的期望值和资源分配计划。

这样，领地销售人员才能够真正从客户的痛点和需要出发，到最后通过解决方案有系统地交付、实施和使用，把承诺的价值给到客户，让客户满意。

- 竞争对手策略

在前面提过，洞察领地情况的目的是要回答"供应商是否具备竞争力"这个问题，所以销售人员有一项重要的工作，就是要了解领地中的生态链，特别是竞争对手。在分析过竞争对手的强弱后，结合供应商自身的其他情况，销售人员需要制定出针对领地竞争对手的策略。如果是敌强我弱，又或者旗鼓相当，该如何对应？

在B2B销售这个行当中，竞争对手和销售人员是"天生一对儿"，任何销售策略的讨论，不可能不涉及竞争对手。可是，销售人员要注意不应以打败竞争对手为目标，而是必须以赢得领地这场"战争"为最终目标。为此，我将在第10篇展开更多的讨论。

策略制定好了便要从纸上搬到领地和客户面前。不过有些销售人员在行动时想得比较简单，有时候会遗漏了某些重要的考量，事后懊恼不已。

为此，在开始制定行动计划时，销售人员应当针对每种领地策略先定下执行目标（定义怎样才算成功），然后按目标再设定行动任务。

在这里值得一提的是，解决方案策略、客户覆盖策略、市场营销策略、交付售后策略，以及竞争对手策略等，同属于领地策略的一部分，彼此依赖，销售人员要把整体策略贯穿起来，将领地计划整合到一起，保证各种策略之间的一致性。

随后，销售人员可以利用一些行之有效的方法论，如常见的5W1H法（What、When、Who、Where、Why和How），分别从6个维度——"什么、何时、谁人、何地、为何以及如何"——去思考，确保所想到的行动更全面和周到，也便于跟踪和调整。

但是无论用的是何种工具，最重要的是用心思考和观察，在制定靠谱的计划后才严格执行。销售人员切记不要在花费大量精力研究策略后，为了尽快出成绩而草率地制定行动计划，甚至因个人偏见直接跳进某个行动。

4．执行领地行动计划

领地计划定下来了，接着便是执行。由于环境变数多、牵涉的人（包括客户和供应商）也多，执行的结果和质量最难把控。而且花在执行上的时间也是领地管理中最长的。在现代管理中，大多的过来人都认同，80分的策略和100分的执行比起100分的策略和80分的执行，更有机会获得成功，可见执行的重要性。

执行不存在捷径，销售人员只能遵从PDCA（Plan、Do、Check、Act）原则——计划、执行、检查和应变处理——来执行。这一类的工作需要不断循环推进，尽量确保行动按期执行，质量和效果达到预期，还需要根据结果进行调整。尤其是检查（Check）和应变处理（Act）两项，是任何执行方法的精髓。一些没有养成检查习惯的销售人员，往往凭感觉或表面现象判断行动的结果，因而失去调整的机会，功败垂成。

领地计划成功执行的另一个重要元素是销售人员的协调和沟通能力。销售人员和各个部门需要经常保持沟通，定期进行正式进度会议或非正式交流，使虚拟团队的每个人都了解进展，才能够及时做出合理的调整。

在执行领地计划的过程中，销售团队所做的一切都关系到3个关键的过程指标。无论是什么样的领地，这三个指标都同样重要，直接影响领地"战争"的最后结果，需要专门加以管理。

● 线索/商机管理

线索/商机的数量、进度和质量为领地的"战争"提供不同的战机，战机越多则赢得"战争"的把握越大。线索/商机的数量、进度和质量自然也成为领地管理中第一组关键指标。

为了达到领地的销售指标，销售人员需要想办法以最经济的方法，获得更多高质量的线索和商机，同时确保它们不断更新。在任何一个时间点上，领地是否有足够的线索/商机，它们所处的阶段是否成熟，是否接近成单状态等，都需要被时刻关注。于是，对线索/商机进行积极管理，不任由它们"自生自灭"，便成为销售人员执行领地计划中一项重要的工作，更应该被销售主管关注。

线索/商机管理又被称为销售的"漏斗管理"（Funnel Management）或"管道管理"（Pipeline Management），这将会在第6章有更多讨论。

- 赢单管理

线索/商机出现后，销售人员除了要管理整体的数量和质量，更需要对每个重要的商机开展销售工作，推动赢单。赢得个别订单固然让人兴奋，但是要完成销售指标，不能只依靠一两个订单，而是需要若干单子才能成事，而这些单子的特性可能各异，有大有小，有高毛利率的也有低毛利率的。

所以，所谓赢单管理（Deal Management）就是针对当期（月、季、年等）的销售指标，对手上所有已经确认的商机做出有效梳理，通过过往的历史数据推断单子数量/金额是否足够完成指标，并做出相应的纠正/预防措施。另外，需要确保各类单子按照（或超出）各自的目标胜率发生，才能如期达成销售指标。

有关赢单管理和实际赢单过程的内容将会在第6篇分享。

- 预测管理

从线索/商机开始到赢下重要的单子，销售人员在领地管理中还要做好销售预测管理（Forecast Management）。这是B2B销售人员在主管面前最重要的"人设"之一，能言善辩的销售人员，如果不能提出准确的销售预测，很快便会失去信任。

销售预测的提交频率根据行业和企业的需要而定，常见的有每周、每双周或每月，但也有其他较激进或宽松的做法。最重要的是预测结果要相对靠谱。预测数字达标自然是好，如果数字和目标有差距，销售人员需要提出应变措施或补救办法，务求消除或缩小差距。

关于销售预测的方法将会在第6篇展开讨论。

以上这一切对销售人员的个人执行能力和纪律要求很高。时间管理、任务管理、沟通管理、目标管理和做事的细致态度等，都是专业销售人员应该具备的基本素质。

踏上业务管理的"早班车"

🔲 作战执行和管理的最小单元

不了解销售领地管理的人可能会以为这只是有关销售的个人行为，实际上它和供应商的业务管理关系非常密切。

领地是供应商GTM策略中的最小作战执行和管理单元，是供应商触达客户的"四肢"，也是协调签派一切资源的中转站。同时，领地又是供应商的"神经末梢"，大部分客户信息都来自领地，并且最终汇聚成为市场的全貌。供应商如果失去领地这个业务管理机制是无法生存的。明白这个道理的销售人员，就该知道如何让销售主管刮目相看了。

🔲 业务管理的全面训练

领地的计划和管理，讲究清晰的目标、有效的策略和强有力的执行。个人的洞察、决策、执行和应变能力固然重要，但沟通、协调和领导力也不可或缺。无论是"亲自上阵"还是在"幕后指挥"，销售人员的业务管理能力都会通过领地工作得到提升。

所以对于销售个人而言，做好领地工作的另一个好处就是让个人业务管理的能力得到充分而全面的锻炼。这种"实习"机会是成为销售主管和业务主管的必经之路，志存高远者千万要珍惜每一次完成领地工作的机会。

经典案例

企业管理软件巨头打开中小企市场

本部分内容由时任SAP中国区副总裁何东辉先生提供。何先生是国内资深销售和业务管理专家，先后出任NEC中国区高级副总裁、中国惠普副总裁，在IBM和联想等大型企业承担管理工作超过二十年。离开科技市场后，何先生转战耐用消费品行业，出任方太集团联席执行总裁，分管集团运营工作。

🎁 背景和挑战

作为企业管理软件巨头，SAP产品在全球范围内广为大中型企业使用。SAP总部为了增加营收，意识到需要开拓中小企业市场，特别推出两款软件产品，分别为A1和B1（简单来说，A1适合中型企业，B1适合小型企业）。我的任务是打开本地中小企业市场。

开始时总部对中型企业的销售方式以直销为主，以企业规模（营收额）和地区来划分销售领地。对于中型企业来说，A1和大客户产品一样，需要大量的定制和实施，加上客户本身IT能力不强，实施周期不短，中型客户不堪重负。

至于小企业，总部则希望交给渠道代理经营，但问题是我们在本地没有销售代理，只有实施服务伙伴，而B1的单子太小也难以让它们"动心"转去做小型企业的生意。

总部意识到需要从根本去改变市场和销售的做法，于是提出全面发展渠道代理的想法，并且在全球开始推行。因此我必须从头开始研究市场和策略，在和总部方向一致的前提下，制定适合本地的领地计划。

🎁 分析和策略

从机会的角度来看，中小企业数量庞大，但行业众多，难以全部覆盖，需要进行细分。竞争方面，甲骨文这样的跨国对手活跃在大中型企业市场，本地的用友和金蝶公司等，活跃于中小企市场。针对市场和对手，我组织团队进行SWOT分析，发现以下要点。

优势（Strength）：SAP企业管理软件品牌和行业经验在业内赫赫有名，对中小企业十分有吸引力；另外，经过多年培养，市场上已经有为数不少的第三方实施服务商和有经验的个人咨询顾问可供使用。

弱势（Weakness）：首先，与用友和金蝶相比，SAP以直销见长，在本地没有销售代理，而大多数销售人员缺乏经营领地和渠道的概念；其次，市场上一般都认为SAP软件价格高昂（软件加上实施费用），而且实施周期不短，中小企业对此敬而远之。

机会（Opportunity）：弱点虽然不少，但是时间的机会不错。消费品（CPG）的细分行业（服装、食品、饮料等）、高科技电子、汽车配件、摩托车等行业都有机会，中小企业管理效率提升的问题迫在眉睫。另外，对手甲骨文和我们一样还在大型企业中打拼，而用友和金蝶在中小企的"甜蜜点"（sweet spot）更多在财务会计之上，SAP产品覆盖的业务领域和功能更为完整，对中小企的整体业务价值自然更高。

威胁（Threat）：中小企市场相对处于"蓝海"状态，寡头还没出现，更大的威胁来自时间和自身的策略执行是否有效。

基于SWOT分析，我认为策略上不能过于分散，需要选择吸引力强（需求大和竞争力强）的垂直市场攻关，只要快速强化自身能力去适应中小企市场，发展渠道代理模式，应该大有可为。在进一步研究之后，我们制定了以下几个重要策略。

- 以细分行业、地区（省市级）和新老客户3个维度，细分垂直市场，要求精准专注于最有吸引力的市场。

- 针对细分垂直市场，在A1产品中加上相对标准的"行业模板"，缩短实施周期，降低实施费用。

- 推出一系列渠道政策，吸引第三方服务商成为（兼做）中小企产品的渠道代理。

- 用SAP中国研究院资源帮助服务商将"行业模板"本地化（适应本地流程），并提供营销活动、渠道折扣以及销售支持。

- 销售人员转型，从直销转为支持和赋能于渠道代理，杜绝和代理竞争。

- 加强利用和整合SAP内部资源，支持中小企业市场攻关，包括组织更多相关行业活动，组建电话营销团队。

执行和结果

执行方面，我们先从总部要来SAP在全球有"最佳实践"经验和能力的26个行业信息，以此作为我们的基础（这是我们有竞争力的行业）。然后，麦肯锡咨询公司为我们提供主要中小企业的数据，以省市GDP和细分行业排行分类（市场潜力需求大）。我们把这两种信息交叉匹配，从26个行业中得出最具吸引力的细分行业/省市的市场，将其作为我们专注的目标对象。例如，我们选择了深圳的高科技行业、浙江的化工和汽车零配件行业、山东的消费类产品（食品、家居、服装等）行业，以及重庆的汽车零配件和发动机行业。

所选择的行业在全球范围内都是我们的"最佳实践",业务流程相对清晰。我们把这些经验跟第三方服务商分享,并动用研究院资源予以协助,以此来吸引和说服它们成为我们的渠道代理。加上我们承诺不会直销竞争和富有诚意的折扣,服务商开始投向我们的渠道怀抱。一年下来,我们和超过30家(包括全球和本地的)服务商进行联合规划,划分目标市场加以合作和保护,其中大部分服务商都成了我们的代理。

销售人员的工作也和直销大不相同,转型以后她们只负责招揽、赋能和支持代理工作,销售指标和所负责代理商重叠,不再发生和代理"抢单"的情形。为了支持代理商工作,销售人员牵头和市场部以及电话营销团队协调,组织获客和线索培养工作。

在一连串的努力执行下,我们第一年已经取得不错的效果。到了第二年,我们每个季度都能达标,而销售人均生产力也比之前提升了一倍多。

这个例子中的领地策略和执行,虽然关乎整个目标市场的中小企业,但从原理上适合任何领地计划,也适合每一个销售人员。销售人员要意识到,和最终客户见面交流不是销售能力的唯一体现,策略、规划和协同执行同样重要。

6

赢单篇（上）
B2B 销售的科学管理

赢单无捷径

🎁 无数销售"活动"累积的成果

如果把销售人员拿下一个领地比作赢得一场"战争"的话，那么领地中每一个商机的竞争就如同一次"战役"。销售指标和市场占有率是这场领地战争的胜负指标，而赢单的数量则是每次胜利的象征。一场战争的结果由无数战役的胜负累积而成，同样，销售人员要在领地中立足也要经历多次从商机到合同的赢单过程。

赢单不是轻而易举的事，其中困难重重。先不说现代企业客户越来越精明，购买决策和采购流程更为复杂，就算是判断商机从何而来，是否精准符合供应商的理想"客户画像"，都足以让供应商和销售人员思前想后，耗费大量精力。

正如第3篇中提到的，客户的购买过程变数甚多，销售结果一不小心就会受到影响。销售人员辛苦付出到头来一无所获的例子比比皆是，随随便便就可以列出以下众多无法赢单的原因。

- 客户需要能被内部解决，不需要外部协助。

- 客户因各种原因"立项"失败，项目胎死腹中。

- 标书的内容和条件被竞争对手影响，导致无法竞争。

- 解决方案不足以满足客户业务需要/痛点。

- 和竞争对手比较，产品不够好，功能/性能比不上。

- 折扣不够大，价格竞争力不足。

- 交付时间不能满足客户需要。

- 部署/实施的难度和成本太高。

- 商务条件（付款条件、时限等）竞争力不足。

- 招标/竞标流程出现问题或瑕疵，因而被取消资格。

- 正式招标中综合得分低于竞争对手。

- 商务谈判时条款/文字无法达成协议。

- 客户内部意见不合，采购停滞不前。

- 没有覆盖好客户的重要部门/人员，导致出现不支持或临时干预决策的情况。

- 对竞争对手防备不足，让对方出奇制胜。

打开任何 CRM 系统，都会发现一个销售人员最不愿意看到和填写的栏目——"输单原因"，这些原因对有经验的销售人员来说应该不会陌生。我把这些原因整理出来不是为了在销售人员的"伤口上撒盐"，也不是用来简单提醒销售人员不要犯错。我希望它能引发销售人员对赢单的思考，这远比一个提醒清单重要。

这些输单的原因，一方面可能是销售人员工作不够努力或周到所致，怪不得别人；另一方面也可能是客户或竞争对手造成（和销售人员的预想不一致）的结果。我们都很明白，客户和竞争对手（尤其是竞争对手）的有些反应可以进行引导，有些却难以预测，有时候即便是工作到位了，结果还是难以预料。

小到传递一份产品资料或在电梯里和客户的一次偶遇，大到递交解决方案或预备价格谈判，只要是市场部或销售人员为了赢单而做的一切事情，都是**销售"活动"**（activities）。在本书内我会以带引号的"活动"专指。

不难想象，要赢下一个单子，销售人员需要组织、参与和进行很多次的赢单"活动"。有可能做尽一切依然没有好结果，而只要一次"活动"没有做好，就足够引发输单的多米诺效应。

从这些林林总总的输单原因里也可以看到另外一个事实，那就是在现代乃至未来的企业市场里，根本没有传说中"一招制胜"的销售术。赢单，并不是只做对一件事情或认识一个对的人就能实现的。对于外表风光的销售人员来说，**残酷的事实是，所有赢单都是在适当时间做出适当"活动"累积得来的结果，没有捷径可循**。这些"活动"既要避开或解决以上各种输单"陷阱"，同时又要不断摸索，为客户提出最好的技术和商务方案，这些都需要耗费销售人员的大量心血。

🎁 赢单"活动"的阶段和"小目标"

"活动"有很多而且都需要产生效果，销售人员不能让它们漫无目的地发生，也不能被客户或竞争对手"牵着鼻子走",否则结果难以收拾。于是,有序地管理这些"活动"变成销售人员的重要工作之一。

销售人员所发起的**任何"活动"都需要具有目的性**,这里说的"目的性"并不带有任何恶意或不择手段的意思。就像管弦乐团的演奏,每种乐器的演奏者都要把自己负责的部分奏好,然后加上精妙的编排和指挥者的引领,才能化为美妙的旋律。每一种乐器的每一个音符都为整篇乐章而生,没有一丁点儿是多余的。

同样,每一个销售"活动",无论多么简单,都不应该是无意识的,否则不仅浪费时间和精力,更可能产生负面效果。就像一件乐器奏出的每一个音符,无论是多么短的拍子,只要出现在错误的地方,都会破坏整个演奏。

这个看似简单的道理好像谁都知道,但是还有不少销售人员经常在没有"乐谱"的情况下即兴演奏。当销售人员真正明白"活动"的意义后,会让"活动"所花的每一分钟都让她和赢单之间的距离缩短。

我希望销售人员能够养成察觉和厘清目的,然后努力地去达成的习惯,具体可参考如下几点。

- 与其坐在一角等待客户业务成功"立项",不如协助挖掘痛点,刺激需要。

- 与其希望标书提出有利的需求,不如提早奔走、交流,引导需求。

- 与其希望客户不走正式招标流程,减少竞争变数,不如主动思考例外原因,加以说服。

- 与其担心招标结果,不如先从评分标准入手,让客户了解背后的道理,调整解决方案。

- 与其担心产品的性能和功能不够好,不如研究什么样的解决方案最能满足客户需要。

- 与其努力说服供应商得到最好的价格,不如努力让客户认同解决方案技术和商业价值。

销售人员的赢单"活动"必须围绕签约的"大目标"部署,这点毫无争议。但是为了更好地聚焦,把这些"活动"分为不同逻辑阶段来管理,会更有利于它的完成。同时,销售人员也应当把某个机会的"大目标"进行划分,制定相应的"小目标",然后把主要的赢单"活动"、阶段和"小目标"关联起来,这样更为有效。

赢单的阶段如何设定,具体的"小目标"又应该是什么,这与供应商和销售主管的判断密切相关,但通常都离不开3个方面的思考:**一是"寻找好线索",为销售找到匹配度高的潜在客户;**

二是"**打败竞争者**"，让供应商尽量减少甚至成为唯一的竞争者；三是"**满足客户**"，说服客户认可该解决方案（包括商务条件在内）。

从过程来看，销售赢单的阶段和这三方面有着很强的逻辑关系。顺着这三个方面为每个阶段设立各自的"小目标"，会让每个阶段的目标更为明确，"活动"的目的性也变得更强。销售人员也可以**化被动为主动**，因时制宜，灵活调整"活动"，获得更有用的信息，制定更有针对性的话术，设计更合适的解决方案，提高赢单的概率。

🎁 布局——制定成功策略

经常能在商业新闻上听到"某某企业布局进军某某行业，正预备下一盘大棋"。把策略制定比为"布局"，是现代企业家喜欢用的语言。其实对于 B2B 销售人员来说，不管商机是大是小都需要"布局"，这样才能有机会赢得"棋局"。

孙子兵法《始计篇》中提到，"夫未战而庙算胜者，得算多也；未战而庙算不胜者，得算少也。多算胜，少算不胜，而况于无算乎！吾以此观之，胜负见矣。"意思是决定战争之前需要经过分析和计算，看看有多少有利因素，有利因素越多则胜利的把握越大，如果有利因素少或甚至没有，则在未战之前胜负已分。

这里隐藏着一个经常被销售人员忽略（或选择性忽略）的智慧，就是对于有些商机，自己从一开始就缺乏有利条件，根本不应该去竞争。不过大多数销售人员"天性"使然，不愿意放弃机会（尤其是"猎人"），总认为每个商机都应该尝试，以致最后发现资源投入了却得不到结果。**学习合理放弃竞争，也是销售人员的能力之一。**

所以，想要成为一个能常打胜仗的 B2B 销售人员，首先必须对商机的所有关键因素进行分析，从中找到有利的条件，做出适当的判断，选择是否竞争，然后才制定赢单策略，继续扩展有利的条件，提高赢单的机会。

"布局"的前提条件是信息和分析。销售人员要"布局"某个商机，要从销售所属领地、客户以及竞争对手的情况入手，才能真正做到知己知彼。这是为什么要在"领地篇"中讨论制定领地策略和计划的原因，也是为什么要在第 4 篇讨论以下有关客户购买行为的问题。

- 企业客户买什么？

- 客户为什么要买？

- 客户有没有能力买？

- 客户怎样决定要买谁（你）的？

- 客户用什么条件买？

- 客户的潜在价值有多大？

还有，在第10章中有关如何分析和竞争对手的比较，以及如何制胜的3个主要思路。

- 解决业务痛点，满足客户需要。

- 洞察竞争态势，落实制胜策略。

- 影响游戏规则，建立竞争优势。

有了对领地、客户和竞争对手的充分认识和分析，销售人员即可开始"布局"。"布局"的意思，就是在与客户和竞争对手"博弈"的过程中，创造有利环境和条件，让客户逐步向供应商靠拢，并且跟竞争对手渐行渐远。这中间有客观因素和主观影响，有企业利益和个人动机，有正常流程和意外情况，甚至有"威逼与利诱"（降低风险与提升效益之取舍）等不同推力和拉力的相互作用。

套用比较正式的说法，"布局"其实就是制定赢单的制胜策略（Deal Strategy）。这些策略渗透在该商机销售的全过程中。对下，要为所有赢单"活动"提供指引；对上，则要能支持各赢单阶段"小目标"的达成，否则不能算是好策略。

对我来说，赢单策略关乎6个主要问题，把答案想好了，再计划如何创造有利的环境和条件去达成，策略基本上就清楚了。下面我们一起来看看这六个"布局"的问题（详见图6-1）。

- 策略的预期结果是什么？

- 什么样的解决方案最合适？

- 要说服什么人给予支持？

- 什么是最双赢的商务条件？

- 要在什么时间之内赢单？

● 如何打败竞争对手？

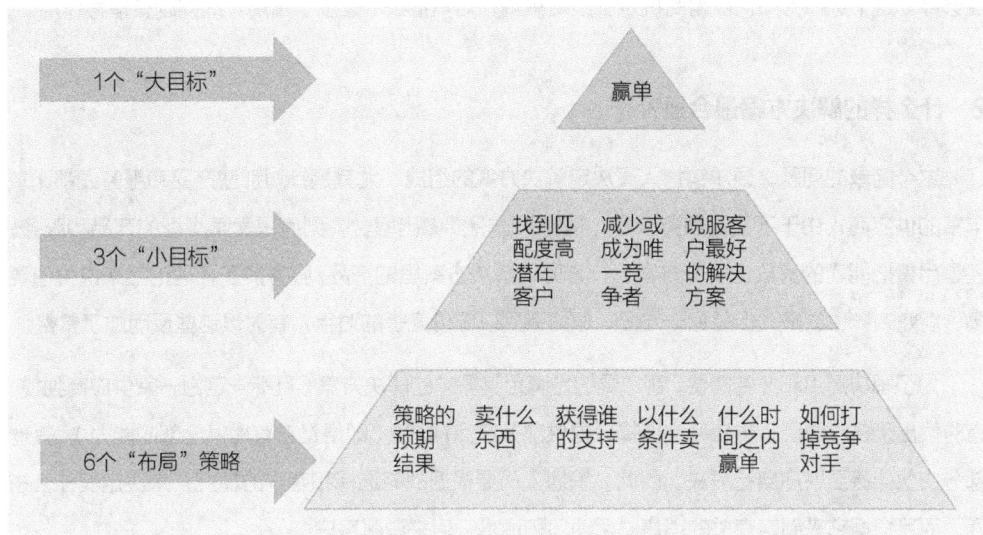

图6-1

1. 策略的预期结果是什么？

这个问题具有战略意义，它的答案代表销售人员乃至供应商对某个商机的判断和期望，不同的期望会直接带出截然不同的赢单策略和"活动"。乍一看在任何情况下，一家供应商都希望以最小的代价卖出最多的东西，但很多时候出于客户、竞争对手或供应商自身的问题，销售人员都需要做出不同的取舍。

举个例子，在分析过赢单有利条件的多少后，销售人员经常会遇到以下这些问题。

● 是否一定要"大小通吃"，赢得全部，还是鼓励合作，让利于伙伴？

● 是尽量争取最好的价格和条件，还是以时间为重，速战速决？

● 是与竞争对手平分天下，还是成为市场领导者？

● 是薄利多销，还是保护利润？

● 是为了某个战略原因（如行业第一个"灯塔"客户）而为客户提供特殊投入，还是所有工作以收入为目的？

销售人员在对这些问题做出回答的同时，也对单子的大小、时间，还有条件的取舍做出战略性选择。这个选择为如何赢得商机定下策略基调，对其他5个关于"布局"的问题有指导作用。

2. 什么样的解决方案最合适？

这个简单的问题，要求销售人员决定解决方案的组成，尤其是针对那些产品和服务线都比较丰富的供应商。由于产品和服务众多，销售人员需要做出取舍，到底只卖某类型的产品和服务，还是尽量把能卖的都放进解决方案。一方面，解决方案里的产品/服务多了，理论上来说价值更高、能赚的钱也更多；但是另一方面，假如遇到以低价竞争的对手，有时候这些反而成了累赘。

为了解决痛点和业务需要，客户要的是满足其需求的解决方案，且不一定由一家供应商独揽。有时候出于各种原因，供应商会选择只提供部分产品/服务（即便是它有提供全部的能力），其他部分由伙伴甚至客户自行解决。因此，销售人员要根据战略选择和客户的情况，来决定卖什么东西，而且根据它来制定有关的销售"活动"和话术，用来说服客户。

常用来引导解决方案的，不外乎是客户痛点和需要、产品价值和价格等因素，关键是如何对症下药、避重就轻，选择最适合的策略。

3. 要说服什么人给予支持？

在这个笼统的问题背后，包含所有和客户有关的问题，用来指导销售人员做出明智的决定。在现代的B2B销售工作中，销售人员固然要跟所有有关部门的人建立融洽的关系，但其中肯定需要差异化对待。需要差异化对待的情况有如下几种。

- 决策者地位特别重要但很难接触。

- 有些人虽然级别不高，但是由于某些原因拥有很大的影响力。

- 不同部门的人会提出各自的诉求。

- 有些人更倾向为供应商提供支持。

- 也有些人更青睐于竞争对手，处处给供应商设置障碍。

一般来说，销售人员可以根据不同的人的重要性（高、中、低）和他们对供应商的态度（倾向、反对、中立等）做出分析，然后制定不同的覆盖策略和话术，务求把这些人都变成供应商的支持者（起码不会成为反对者）。

在这个过程中，销售人员要把有限的资源和时间，花在对的人身上。一旦需要重点覆盖的名单清楚了，销售人员就要决定哪些人需要自己亲自上阵，哪些人（部门）可以请同事甚至主管或其他供应商的高管"代劳"。客户中不同人关心的事情有别，供应商的立场和"答案"如何，都需要预先想好。

对客户里的人完成整体的覆盖，是销售赢单的重要砝码之一。

4. 什么是双赢的商务条件？

这是经常被销售人员忽略的问题，往往到了商务谈判时才予以关注。但事实上，这是一个很重要的策略问题，足以影响商机最终的成败。

客户愿意以什么条件买和供应商愿意以什么条件卖，两者必须吻合，合同协议才会达成。销售人员在了解买卖双方的条件后，需要努力消除两者差距。在这个过程中，销售人员自然要努力说服客户接受供应商的条件。但与此同时，销售人员也要做好准备，确定哪些商务条件可以让步，哪些必须坚持。

尤其是在价格策略上，供应商的下限是什么，竞争对手的公理价位又是如何？ 在必要的时候，是否有别的条件可以和价格交换（如以更早的付款交换折扣的要求）？ 凡此种种有关商务条件的问题，销售人员都要预先准备，提早测试客户的"底线"，又或是故意透露"风声"。

总而言之，销售人员不能等到商务谈判那一天才开始想起关于商务条件的问题。

5. 要在什么时间之内赢单？

时间是在6个"布局"的问题中，最容易被销售人员忽视的一个。可能大多数销售人员认为，赢单已经不容易，哪还敢奢求它在什么特定时间之内发生。可是，难以控制不等于不应该对它有所要求，起码销售人员要在目标时间内做出相应的策略，否则连一点影响成败的可能性都不会存在。更何况供应商也有业绩压力，总希望销售人员对赢单的时间是有规划的。

作为"布局"的一部分，时间之所以重要，有多个原因。首先，每个客户的购买过程和流程都不同，加上部门沟通效率不一样，所需时间也有长短之分。销售人员期望太快赢单，可能不切合实际，反过来说，如果放任而为之，又有可能夜长梦多，使竞争对手乘虚而入。其次，有些需求来得特别紧急，客户需要在很短时间之内解决问题，这时候时间就变成一个影响胜负的因素。在另一些情况下，竞争对手在时间问题上存在一些弱点（如产品新旧交替），这时候如果销售人员能够有针对性地影响客户对时间的要求，就能够获得竞争优势。

当然，销售人员希望在最短时间之内，帮助客户走完购买流程，也是出于供应商达成业务目标的需要。在赢单的同时，供应商会要求销售人员能够准确地预测订单发生的时间。总而言之，对赢单时间的思考是销售人员在"布局"时需要提前筹谋的因素之一。

6. 如何打败竞争对手？

这是几乎所有销售人员都会关注的问题，也是她们认为"最烧脑"的地方，我将会在第10章中对此展开讨论。在分析竞争对手寻找弱点和避开强项的同时，如何争取在购买过程的关键事件上赢得主导游戏规则的机会，都是销售人员研究打败竞争对手策略的重要因素，自然也是在赢单"布局"上必不可少的要考虑的问题。

影响赢单的因素众多，而且必须使多个因素同时发生作用才能有所成就，所谓"天时、地利、人和"缺一不可。策略虽然有千百种组合，但总体来说离不开以上6个"布局"问题。销售人员要制定赢单的策略，不妨以这六个问题来帮助"布局"。只是如何才能做出适合当前商机的具体策略，在这里不可能一一穷尽说明，销售人员必须通过个人思考、分析和判断，方能得心应手。和"布局"有关的思维习惯，我将在第11章进行更详细的分享。

🔹 控局——保证有效执行

把策略都定下来之后，就要把相应的"活动"梳理成赢单计划，然后做好执行工作，务求使结果按照预设效果发生。如果"布局"是为了制定好策略，那"控局"就是为了把策略执行好。

所谓"控局"，就是在整个销售过程中，销售人员把定下来的赢单计划的内容执行出来，推动达到"布局"时在6个问题上想要的效果。当执行结果或效果偏离原定的策略和"小目标"时，销售人员需要快速做出反应，及时把它们重新推回正轨，在既定时间内帮助客户完成购买，成就赢单。

解决方案的组成、商务条件的取舍、客户和第三方人员的覆盖、竞争对手的评估，以及时间的判断等是否对供应商有利，都是"控局"所在。"控局"做得不好，再好的"布局"也是徒劳。

要做到有效地"控局"，并不需要高深莫测的技巧，销售人员需要做好的，都是基本动作。

1."控局"意识和欲望

销售"活动"的影响对象是客户或竞争对手，这些人的反应很多时候不是销售人员能够准确预料的，如果销售人员没有超强的"控局"欲望，很容易在众多繁杂的事务中走神或忽略对方的反应。

我见过的超一流销售人员都十分讨厌"失控"的感觉，因此她们总是在审时度势，尤其对任何偏离目标的迹象高度敏感，做事细致入微，甚至有时达到"强迫症"的程度。

这一点对于年轻的销售人员来说尤为不易。个人的经验尚浅、客户相对的强势地位，加上没有前辈传承指导，经常使完备的赢单策略在执行时"掉链子"，这些都需要加以注意和经常锻炼。

2. 专业知识和意见

在信息越发透明的时代里，客户知道的已经不见得比销售人员少，以前销售人员因为信息不对称而具备的优势已经不复存在。B2B 销售人员需要从提供信息转变为客户提供更有价值的选择或业务建议，这样才能有生存空间。

越来越多客户看重供应商和销售人员能否为其提供有价值的专业意见。因此，从聆听和询问以获取客户重要信息，到宣传、解释和说服客户以传递重要信息，今后的销售人员对各种知识和信息（包括市场、行业、客户、供应商、产品技术、竞争对手等）的学习、掌握和使用，将成为有效"控局"的最基本条件。

3. 言而有信，言出必行

"控局"的另一个前提是信任。要想客户跟着走，销售人员必须要获得客户的信任。从前的信任是基于关系，现代的信任一方面基于销售人员的专业知识和意见，另一方面则基于诚信。聪明的客户会从销售人员身上观察，了解其是否重承诺，是否说到做到。一个不被客户相信的销售人员，想要"控局"恐怕十分困难。在极端的情况下，客户甚至会怀疑销售人员的一切建议是别有用心的。

诚信看似简单，但销售人员往往容易忽略，在不觉间失去客户的信任而不自知，更不用说"控局"了。

4. 上下一心、团队一致

即便是集各种知识于一身，现代的销售人员也不可能像过往一样，独自完成使命了。在今后的企业市场里，越是复杂的解决方案，销售人员越会依赖团体作战，更多的"活动"会由团队完成。赢单更像"一盘棋局"，需要所有"棋子"各自发挥作用，才能获得最后胜利。其中一个"活动"执行坏了，其他"活动"或策略就可能受到影响。

在这样的情形下，销售人员更像是"下棋的那个人"，负责协调团队资源，确保"每一步棋都下得漂亮"。销售人员更要做好内部沟通工作，让团队成员不仅了解自己的作用，也明白如何在客户交流中保持高度一致性。客户从供应商团队得到的信息越是一致，销售人员"布局"的可信度就越高。

此外，销售人员还需要把握章法和节奏，根据赢单的阶段在恰当的时候做恰当的事情。客户购买过程本身有其步骤和各种前置条件，销售人员在执行时既不能操之过急，也不能放之任之，要时刻注意各人的想法和时间上的及时性，做到张弛有度。

🔷 赢单"活动"与时俱进

过去的赢单"活动"相对比较简单，一方面"活动"重心更倾向关系的建设和维护，另一方面客户购买过程也没有今天的严谨和复杂，自然不需要盯得那么紧。如今各行业竞争日趋激烈，供应商的业绩、效率和胜率的压力与日俱增，对销售时间控制和要求也越发提高。从前供应商不太关注销售对赢单过程和阶段的把控（只关心赢单的结果），在过去数年这样的观念也开始发生转变。这点在近年来越发流行的客户关系管理系统（Customer Relations Management，CRM）、销售自动化系统（Salesforce Automation，SFA）和营销自动化系统（Marketing Automation）的部署数量上可以得到验证。

与此同时，随着市场经济的逐步完善，企业管理水平快速提升，客户更看重供应商解决方案的业务价值。在摆脱"野蛮生长"时代低效采购的同时，也迫使供应商调整其销售方法，更多地关注客户的业务痛点和需求。

这些转变正在改变供应商和销售主管对销售"活动"的原有观念，要求销售人员更具目的性，策略"布局"更系统化，执行上更有章法和节奏。未来虽不可知，但可以肯定的是，成功的销售人员只能通过更科学的方法向客户提供价值，才能完成销售指标。也只有在这样的前提下，销售人员才有可能**在帮助客户完成购买的同时，顺利实现自己的目标**。在下一节我们将会探讨一个完整的赢单过程包括哪些阶段、"小目标"和重要"活动"。

B2B 销售的赢单科学

《The Art of the Deal》是一本畅销书，中文大致可以翻译为《生意的艺术》。作者在书中描述了很多引以为傲的做生意的手法，这些手法与其个人的性格、成长和独特的价值观十分相近。换个说法，也许只有他这样性格和价值观的人，才会以这样方法做生意。对他来说，做生意的确是种"艺术"，确实是独一无二的，绝对对得起这本书的名字。

但是对于绝大多数的销售人员来说，书中的（成功）方法很难被复制，因为他的性格和独特价值观，在一般人身上不容易找到。我更愿意相信，要帮助B2B销售人员取得成功，应该从销售过程中提炼所有赢单的共性（原因、事件、步骤、行动等），将之系统化地记录和梳理，总结出可以重复的方法。我称之为"赢单的科学"。

🔲 科学提升效率造就专业

在20世纪90年代初，西方企业开始重视客户关系和资源的管理。在此之前的二三十年，他们的精力主要花在会计、财务、库存、生产、供应链、人力资源、研发等企业内部管理和流程自动化之上，迭代衍生出以企业资源计划（Enterprise Resource Planning, ERP）为主的相关系统，并且从中获得明显的效率提升。在取得巨大效益后，"以客户为本"的经营理念逐渐走进B2B企业的视线，企业开始把关注点转移到需求端，即以客户和商机为主的外部资源管理，可以通过同样科学化的管理，提升市场营销和销售的效率，加强和客户的联系。

它们在一些企业管理软件公司的帮助下，重新梳理如何管理客户、线索和商机。为了提高精准度和赢单效率，它们审视了供应商和客户之间的各种关系，为线索、商机和客户制定更清晰的定义和分类，同时把整个销售过程如同企业财务或生产职能（像企业 ERP 系统）一样做流程化的分析直到赢单。CRM 管理软件的出现，让供应商企业实现对客户、商机和销售"活动"的管理，让科学销售有机会落地。

由于 B2B 销售工作有别于财务或生产管理，流程中牵涉企业以外不能控制的资源（客户、生态链、渠道、业务伙伴等），很难完全像内部流水线一样进行高度流程化的管理，因而企业只能把销售的赢单过程分为若干阶段，分析在每个阶段中客户会做什么事情，应该发生什么事情，还有阶段之间的关系，用来指导销售人员（和市场部）对线索和商机的经营。即便如此，这些科学化的新方法还是为企业带来帮助和希望。

在开始时所有销售人员都对这种方法和管理软件产生抗拒心理，因为这意味着更多的工作量（需要把信息及时更新到系统里），以及减少了自由度（提高透明度带来的约束）。

随着时间的推移和企业管理软件公司的推动，西方企业接受了通过科学销售方法和管理去促进赢单，不再单纯依靠个人能力和"销售艺术"。"金牌"销售人员也不再仅仅是企业传说中的销售"天才"，还可以是那些愿意以专业和科学方法做事的"普通人"。

随着企业管理意识的提升，近年来 ERP 和 CRM 也开始被我国企业认识和接受。得益于科学销售观念和软件科技的帮助，更多普通人可以通过做好专业销售工作获得成功。

虽然客户和商机管理，以及科学销售的想法是由企业提出的，最早的目的也是从管理角度出发，但是这并不代表它只对管理者或销售主管有用。相反，对于专业的 B2B 销售人员来说，这正应该是其梦寐以求的工作手段。任何一门专业都需要有自己的方法论，B2B 销售也不例外，一流的销售人员本来就应该把自己当做管理者来要求。

以下的篇幅将为读者讲解清楚赢单的科学方法和步骤。

🎁 从"路人"中寻找线索

在开始讨论科学销售如何赢单的过程之前，我们有必要把几个关键的概念解释清楚，它们分别是"路人"、线索（Lead）和商机（Opportunity）。

我们都明白生意不会凭空出现，在客户没有成为客户之前，就像一个陌生的"路人"，从你身旁走过你却从未察觉，有些根本连擦肩而过的机会都没有。在这个概念中，可以把赢单过程简单定义为把**潜在客户从"路人"转化为"热线索"并且在产生商机后赢得订单的全部过程**。

"路人"是还没有和供应商发生接触的潜在客户。而线索其实就是那些**"经过接触后，供应商认为有可能与其做生意（赢单）的潜在客户，通常来自那些对供应商产生兴趣的企业"**。

在企业市场里，"路人"和线索必须以企业作为识别，而不是企业里的某个人，就算是企业的老板，也只能算是一个线索的联系人。其次，线索也不是一单生意或一个商机，因为在这个阶段，供应商虽然有初步的判断，但是还无法断定是否真的有机会或机会将在什么时候出现，也无法估计这个商机有多大（详见图6-2）。

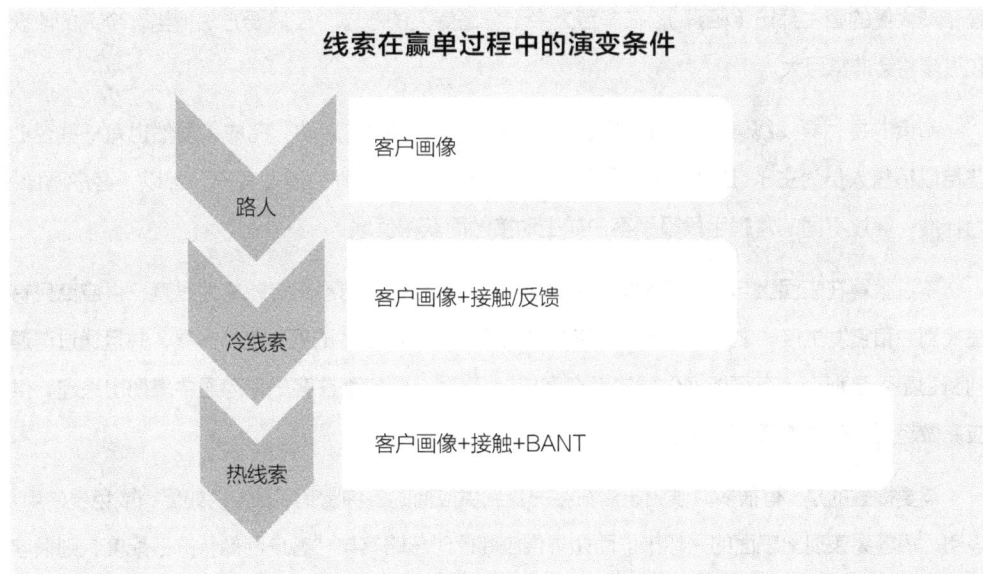

线索在赢单过程中的演变条件

路人　客户画像

冷线索　客户画像+接触/反馈

热线索　客户画像+接触+BANT

图6-2

换句话说，**线索是供应商认为有机会赢单的企业，而商机就是那个从线索企业获得的赢单机会**，两者关系紧密，甚至有很多销售人员经常把线索和商机混为一谈。

大家会问，"有可能和供应商做生意的潜在客户"在市场中有很多，哪些才算是线索？如何判断？的确，在茫茫的商海中要找到有可能做生意的潜在客户谈何容易。在没有找到之前，他们对供应商来说如同陌生的"路人"，而要在众多的"路人"中找到他们，我们需要企业的"客户画像"（Customer Profile）。

到底怎样的企业最有可能与我们做成生意？对此各行各业的供应商有不同的答案。是行业、规模大小（人数、营收等）、某类工艺流程、某类组织部门、某类现有采购、某类业务需要还是某类痛点的存在？这些特性越是精细，越能勾勒出清晰的"客户画像"。但更重要的是"客户画像"能反映两个现实问题：**一是它用得上（需要）供应商的解决方案；二是它买得起供应商的解决方案**。供应商必须根据自己的目标市场和产品定位，加上过往的成功经验，制订最适合的"客户画像"，并以此从众多的"路人"中找到合适的客户。

一般来说，现客（尤其是大客户）大多被攥在"老销售"的手里，所以从"路人"中寻找线索的任务**通常是年轻销售人员的入门工作**。打开电话本，逐家企业进行外呼，在商业大厦里"上蹿下跳"企图越过前台，又或是在某小区里不分门牌地去宣传，都是年轻人必经的历练。这个过程牵涉大量的陌生拜访（陌拜），在辛苦之余十分磨炼人的意志，但只要方法得当，个人的收获和进步将会非常巨大。

幸运的是，寻找线索的工作越来越多地会通过市场部的"活动"完成（虽然也有一些企业坚持以销售人员为主），这些"活动"无论是针对匿名还是明确的潜在客户，都以"客户画像"为标准，通过不同的营销手段吸引客户或主动接触而获得反馈。

不过就算在表面上与"客户画像"完美匹配的"路人"，也不一定能成为线索，供应商只有在找到并和它发生接触之后，才能确认它和"客户画像"所描述的匹配度有多高，并且通过沟通判断它是否是那个"有可能做生意的潜在客户"。当然，假如潜在客户在沟通中表现出兴趣，供应商做起判断来就更事半功倍了。

需要提醒的是，有很多时候由于潜在客户受到供应商的各种营销手段（例如促销或免费使用）吸引，很容易表现出表面的兴趣来。而如果供应商此时忽略其与"客户画像"的匹配度，则很容易会产生错误的判断，把本来不匹配的"路人"错当为线索。

所以正常来说，我对线索的定义是，和**"客户画像"高度匹配，在经过"接触"后依然符合判断的那些企业**。如果这两个答案都是正面的，它自然能成为供应商的线索。如果经过接触后发现它与"客户画像"有严重偏差，线索便不能成立。

也有人会说线索的标准很难"一刀切"，因为"客户画像"的匹配度基本不可能达到百分之一百，而且初步"接触"的判断也未必十分准确，难免有误。这种心理其实有点矛盾，因为理论上来说，标准越细致，线索会越精准，这本来是一件好事情，但其背后却有一个因素在作崇，那就是"舍不得"。无论是市场还是销售人员，尤其是在那些潜在客户数量不多的细分行业里，都会害怕有漏网之鱼。试想一下，如果市场上有大量的"路人"能满足更严格的线索标准，根本就没有人会担心。

线索的数量和质量就像天平的两端，供应商的市场和销售部永远需要为之找到平衡。为此，供应商会按照企业当时的市场情况制定出线索标准的具体尺度。最常见的做法是对"客户画像"和"接触"的判断作出评分，当"路人"达到最低分数要求则列为线索。也有些供应商采用更简单直接的标准，即只要"路人"满足某些最低条件，就接受成为线索。

🔲 "冷线索"和"热线索"

既然可以为线索设立最低门槛，就代表其有质量高低之分。一般我们以冷热来区分线索质量。刚刚满足最低评分或条件要求的叫"冷线索"；评分更高或条件满足到某一程度时"冷线索"转化为"热线索"。线索除了在成立时有"冷热"之分，供应商还会对线索加以重视和培养，通过不同的"活动"来为它"升温"。

有关培养线索的"活动"，有可能是市场部、销售人员单独负责，也可能是共同负责。由于工作牵涉两个团队，为了责任和分工明确，供应商经常在线索中增加其他的标识，在满足某些评分或条件后，把市场部负责确认的线索称为"市场部确认线索"（Marketing Qualified Lead,MQL），转交于销售人员继续跟进，经过销售人员"活动"之后，进而成为"销售部确认线索"（Sales Qualified Lead,SQL）。因此除了"冷线索"和"热线索"之外，还有MQL和SQL之分。

线索的温度是否能够提高，主要看**客户的业务需要是否能够形成对外界的正式需求**。这个道理很简单，如果业务需要不能变成外部需求（如没有钱或没有人去做），那销售人员就没有商机可以赢了，这也是供应商需要对线索加以培养的原因。

在市场部和（或）销售人员的努力培养过程中，越是接近成为明确的外在需求时，线索的温度越高。而反映外在需求的成熟度和状态，通常可以根据4项条件来判断，它们是：**预算（Budget）、决策链条（Authority）、业务需要（Need）和时间目标（Time）**。

🔷 BANT+C 线索和商机评判标准

BANT标准由谁首先提出已无从稽考，不过它的确被大多数从业人员认为是判断一个线索的"温度"和是否产生出商机的快速手段，能从4个维度（见表6-1）去分析业务需要形成外在需求的成熟过程（在线索成为商机之后的阶段中，销售人员要通过"活动"继续影响BANT，为赢单建立更有利的条件，所以BANT实际上贯彻整个销售赢单过程，是简单易用的评判标准）。

表6-1 BANT反映需求成熟度定义线索和商机

预算（Budget）
- 客户有没有预算？
- 能否申请预算（如没有），申请路径？
- 预算来源（部门）是否清晰？
- 客户有没有价格的心理预期？和供应商的报价是否有差距？

决策链条（Authority）
- 相关部门/人员是否清晰？
- 接触的是谁？
- 是否已经开始筹备？
- 决策流程和阶段是否清晰？
- 决策关心的问题/标准是否清晰？
- "立项"了没有？

业务需要（Need）
- 业务目标是否清晰？
- 业务痛点是否强烈和清晰？
- 业务需要是否强烈和清晰？
- 是否需要外部帮助满足？
- 可行性分析（如有）的结果？
- 需要能被供应商满足？

时间目标（Time）
- 有没有目标完成时间？
- 有没有重要或紧急事件？
- 有没有明显的时间表？
- 决策和流程时间是否清晰？

1. 预算

这并不是简单地问客户"有没有钱"，而是通过了解和预算有关的情况，来判断客户对解决问题是否"认真"。任何企业如果没有预算或申请预算的计划，无论它多么喜欢解决方案，这个方案对它而言也只是空中楼阁。相反，就算真的没有预算，如果已经开始申请，也会是很好的征兆。

对于没有合作过的线索企业，销售人员如果能了解到对方预算的来源和审批流程，将有助于判断预算被批准的可能性和难度，从而评估真正的商机是否出现（何时出现）。当然，能够了解到预算的多少就更好了，这样就可以判断解决方案的价格是否会对赢单造成障碍，及早设法应对。

无论是现有客户还是线索企业，专业的销售人员会了解以上种种有关预算（B）的问题，以此评估商机的质量，提早影响客户，为后期的价格谈判争取更多的空间。

2. 决策链条

线索企业的业务需要是否能转化为外在的采购需求，通常要经过其内部的讨论和决策。虽然这部分的论证工作主要由使用部门（或某个人）负责，但销售人员如果对整个决策的流程和牵涉的其他部门和人都了解清楚（特别是复杂项目），便能够做出相应的覆盖行动，施加影响，自然会提高获胜的信心。

一个线索企业如果已经开始启动内部的立项流程，那肯定是一个重要的里程碑，是销售人员不能错过的重要信号。这里说的"立项"，可以是大企业里正式的流程，也可以是中小企业部门经理和老板的一个简单对话。"立项"除了决定是否形成向外的采购需求，往往也和预算密不可分。

客户另一个重要决策是供应商的选择。所以在会面时，销售人员接触的人和角色越重要，且他们对供应商和销售人员越认可的话，赢单的机会就越大。所以了解会面人的角色和争取他的支持十分重要，就算他不是（唯一的）决策者，也可以将你引荐给其他重要的人。他的支持与否，其实也是一个重要信息，直接表达他的真实态度。

了解线索企业决策流程，而同时得到决策链条中有关人员的支持，将对赢单产生决定作用，在线索和商机的评估中占有重要地位。就算面对熟悉的现客，销售人员也需要时刻对决策链条保持关注。

3. 业务需要

这本应该是判断线索和商机的第一个标准，但为了迁就英文缩写BANT的发音更"好听"，这个字母被放在了第三位，不过这并不妨碍它在商机评估中的重要性。

业务目标越清晰，痛点和业务需要越强烈，对外在需求的形成就越有帮助。业务需要和需求的可行性分析是否需要正式报告和审批，流程是否漫长，也会影响商机的出现和它的质量（时间、业务影响范围、需求形态和大小等）。

不过最重要的是，在了解到对方的业务需要时，销售人员必须评估**自己的解决方案能否很好地满足对方，并在合理的商务条件下，提供足够的价值**。匹配度和价值越高，自然会提高赢单几率。

业务需要虽然从名称上只是"需要"的意思，实际上它包含了解决方案和价值等多方面的评估，是一个线索能否产生优质商机的最基本因素。

4．时间目标

这里的T指的是时间目标，主要用来考量线索企业对满足需要是否有清晰的时间要求。无论是为了在某时间段内完成某个业务目标，还是为了解决一件"迫在眉睫"的事情，业务需要越是有清晰和重要的时间目标，形成需求的可能性就越高。相反，一个企业的痛点和需要无论有多强烈，如果没有时间目标或紧迫感的话，它们就很可能不去解决它。

企业对某需要没有设定时间目标或紧迫感的话，线索温度会变低，销售人员也会对其失去兴趣，原因是她们通常会先关注短期的机会。在市场部为销售人员"打前阵"的合作中，必须认清这一点，对时间目标要特别敏感，否则线索很容易被销售人员拒绝或抛弃。

以上只是通过简单的讨论，将BANT相关的角度让大家来思考，希望销售人员能举一反三，在评判线索和商机时从实际出发，提出更多问题，帮助做出更准确的判断。一个潜在客户是否有强烈的业务需要？是否需要在目标时间内满足？是否有决策购买的预备？ 是否有预算的安排？如果这四个问题的答案都是正面的，相信没有人会否认这应该是质量很高的热线索。

值得一提的是，在常用的BANT标准以外，有些企业（行业）会加上竞争（Competition）的强弱作为评估的一部分，形成BANT+C标准。

如果销售人员在接触客户的时候，对方已经在招标了，这样的商机肯定会受到竞争影响。相反，如果客户的需求是完全由销售人员引导出来（暂时没有竞争）的，又或者是已知的竞争不多时，商机的质量自然要好些，胜算也会大些。

和前面提过的"客户画像"评分方法一样，判断BANT也可以通过为这四项条件单独评分，将其相加后（也可以加上权重）便可得到BANT总评分，用来判断线索的温度。BANT评分也可以和前面的线索评分一起使用，叠加起来整体判断线索的温度。BANT只是一个简单的标准，评分的方法可以有很多变化，如四项条件采用不同的权重计算再进行相加，也可以根据供应商的不同产品系列建立不同的BANT评分规则，重要的是要经过思考，找到适合自己的那种。**BANT评分通过"活动"不断增加，线索的温度也将越来越高；当达到供应商认定的水平时，"热线索"就会产生一个商机（详见表6-2）。**

表6-2　线索与商机评分

客户画像

	评估项目	权重		评分标准				示例-客户X	
				3	2	1	0	评分	加权分
1	1.1企业性质	1	13	合资	外企	民营	国企	3	3
2	1.2企业类型	1		自主品牌	代理	OEM	ODM	3	3
3	1.3业务类型	1		产品型	偏产品型	偏项目型	项目型	3	3
4	1.4产品数量	2		100种以上	50~100种	10~50种	10种以下	3	6
5	1.5客户数量	2		500个以上	100~500个	10~100个	10个以下	3	6
6	1.6销售人员（含渠道）数量	2		100人以上	50~100人	10~50人	10人以下	3	6
7	1.7市场部门设置	4		有市场部	有专人负责市场工作	有人兼职市场工作	无人负责	3	12
8	2.1样本数量（品种、册）	10	20	50本以上	10~50本	5~10本	5本以下	3	30
9	2.2现有产品信息呈现方式	10		多媒体	非印刷版电子文件	精美印刷文件	普通纸质文件	3	30
	TOTAL	33	33						99

注：以上加权总评分达到30分，即可计为"线索"，并录入CRM

BANT

	评估项目	权重		评分标准				示例-客户X	
				3	2	1	0	评分	加权分
1	对产品信息营销管理的需求（5个功能点）	6	6	强烈	有	可能有	没有	3	18
2	（介绍样本后）对样本通的使用意愿	4	4	强烈	有	可能有	没有	3	12
3	所能联系到的最重要联系人的身份	6		决策者	影响者	协调人	其他	3	18
4	对样本通的采购意愿	10	10	强烈	有	可能有	没有	3	30
5	预算情况	3	3	有预算	暂无/可申请到	不知是否可申请到	无预算	3	9
6	购买时间	4	4	2个月内	2~4个月	4~6个月	6个月以上	3	12
	TOTAL	33	33						99

注：以上加权总评分达到50分，即可计为"热线索"，并传递给销售人员

　　上表是一个线索和商机的评分范例，供大家参考。在这个例子中，供应商以9项条件描绘"客户画像"，9项分数经过加权后标准的总分可以达到99分。按照供应商的定义，只要在"客户画像"中获得30分，就会被接受为线索。同样，供应商以6项条件评判BANT，经过加权后总分也可以达到99分。当线索的BANT总分超过50分时，市场部就会把MQL转给销售人员，由销售人员继续跟进并产生商机。这只是众多量化"客户画像"和BANT来判断线索和商机的例子之一，供应商和销售主管应该根据自己的特点制定有关标准，就算不能完全量化也是可以的，关键是找到和自己情况强相关的方法。

🔷 商机的两三事

商机最基本的定义就是**"供应商认定了线索（或客户）企业的某个外在需求，并将其作为赢单的机会"**。说得直白一点，如果线索是有兴趣/可能买东西的企业，商机就是企业会花钱去买的那个东西。**线索是个企业，商机是个机会。**

商机产生自某个线索或现客的企业，具有BANT等相关重要信息，包括清晰的业务需要和需求（供应商卖什么）、项目预算、时间目标和决策链条等。信息越齐全，对后面的销售"活动"提供的方向指引越清晰。

在商机出现的那一刻，销售人员会给它一个项目名称，也需要对它的**规模大小（金额、数量）、采购内容（产品、服务或解决方案等分类）、签约目标时间、胜率等情况做出判断**。这些信息在后续个人商机管理中起到非常重要的作用。

跟"冷线索"和"热线索"一样，商机在不同赢单阶段里也分为"确认商机"（Qualified Opportunity）、"已建议商机"（Proposed Opportunity）、"已接受商机"（Conditionally Accepted Opportunity）、"已谈判商机"（Negotiated Opportunity）和"胜利商机"（Won Opportunity），作为每个相应赢单阶段的目标成果。

从定义中可以很明显看到，和线索不一样，商机不是一家企业而是该企业需求带来的机会，甚至有些时候（尤其是提供多种解决方案的供应商）一个热线索在同一"活动"内可能产生超过一个商机。相反，商机也不一定只来自线索企业，我们一直强调和现有客户进行长期合作的好处，所以绝对不能忽视商机来自现有客户的可能。

还有一个关于商机的观念不易理解，却非常值得分享，几乎所有企业管理者都会同意"客户"是供应商最重要的资产之一，但相较起来，**实际上商机是比"客户"更接近"变现"的供应商资产**。客户和线索企业产生的商机，每一个都有它的规模大小，处于相应的赢单阶段，具有不同的胜率。**规模金额越大、越接近签约阶段，以及预测胜率越高的商机，质量越优良，资产价值也越高。**

这就不难明白为什么供应商会把最昂贵的资源（销售人员）投入其中，只可惜到目前，许多供应商在商机管理上并没有做好，资源投入不少，但因为缺乏恰当的方法导致销售效率偏低。这几乎是所有企业老板和销售主管最头疼的问题之一。

商机既然是一种机会，那么它就会有发生的概率和时间等属性。尤其是从领地管理的角度出发，销售人员（和主管）一定要对商机的胜率、阶段和时间因素等十分重视，才能有效地管理商机。有关商机管理的讨论将在本章下一节和后面的"销售漏斗"中展开。

🔶 B2B 销售赢单全过程

赢单过程没有绝对的定义，一般指**供应商从接触一个陌生"路人"开始，对其培养（互相了解）后成为线索，进而产生商机，最后签署合同的过程**，这在管理学中也被称为"线索到订单"（Lead to Order）的流程。当然在有些情况下，现有老客户带来新的商机，赢单过程就不需要从"路人"和线索开始了。不过在本节中为了更完整地呈现整个过程，以"路人"作为起点讨论更为合适。

由于潜在客户、供应商，还有竞争对手相互影响，这一过程的环节和变数很多，一不小心就会无法完成赢单。所以实现科学管理的第一步，要通过实际经验的总结把销售赢单过程的共性归纳出来，再将其分解成不同的逻辑阶段进行管理，这样才能够让市场和销售人员更聚焦于每个阶段的"小目标"。

在赢单过程中，供应商会通过大量的"活动"引导客户，但是我们也应该清楚，销售人员的一举一动其实会受到客户内部购买决策、行为和反应的影响。所以要定义销售的各个赢单阶段，不能闭门造车，应该以客户的购买行为作为阶段分类的逻辑依据。简单来说，**销售人员执行的所有"活动"应该围绕如何协助客户尽快完成购买过程而展开的。**从这个角度来看，要分解出销售赢单的各个阶段，必须要和第3篇提出的客户购买过程阶段相同步（详见图6-3）。

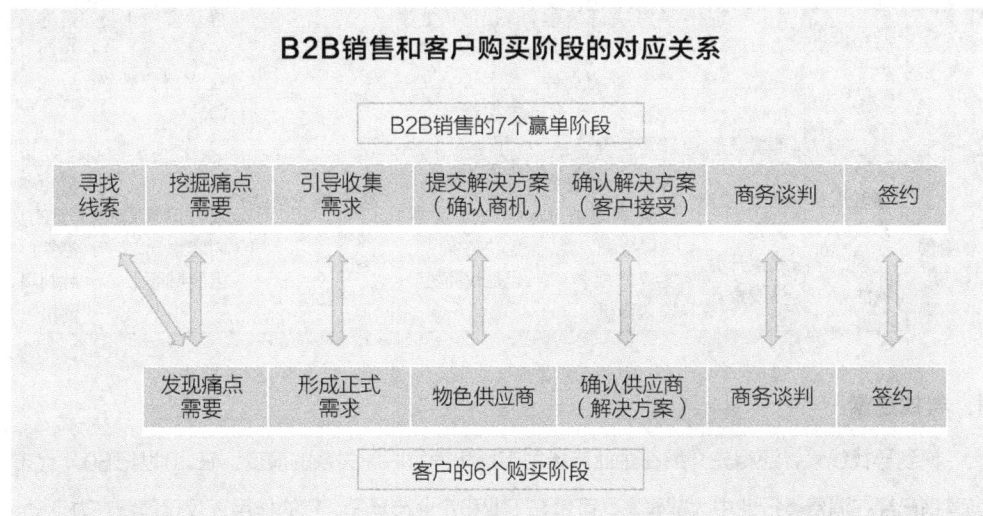

B2B销售和客户购买阶段的对应关系

B2B销售的7个赢单阶段

| 寻找线索 | 挖掘痛点需要 | 引导收集需求 | 提交解决方案（确认商机） | 确认解决方案（客户接受） | 商务谈判 | 签约 |

| 发现痛点需要 | 形成正式需求 | 物色供应商 | 确认供应商（解决方案） | 商务谈判 | 签约 |

客户的6个购买阶段

图6-3

供应商应该按照所处行业客户的购买过程对具体阶段进行分解，然后对应制定适合供应商的具体赢单过程和阶段，走出科学销售的重要一步。

经验告诉我们，B2B销售赢单其实没有捷径，该经过的阶段总要经过，只能通过提升速度和效率缩短时间、提升胜率。所以尽管不同的行业和企业的赢单过程有所不同，而且各家CRM系统对赢单阶段的划分方式也各异，但它们的基本逻辑是大同小异的。本书中定义的赢单阶段从"寻找线索"开始一直到"签约"为止，主要参考各大企业和过去的工作经验，一般分为7个阶段（详见表6-3）。

表6-3 B2B销售的7个赢单阶段

阶段	寻找线索	挖掘痛点需要	引导确认需求（确认商机）	提交解决方案	确认解决方案	商务谈判	签约
负责人员	- 销售 - 市场	- 销售 - 市场	- 销售 - 市场	- 销售	- 销售	- 销售	- 销售
工作内容	- 制定客户画像 - 各类市场活动 / 销售活动 / 客户介绍 - 初步接触 - 判断匹配度	- 市场活动 - 销售接触多部门建立关系，寻找支持者 - 挖掘痛点，确立业务需要 - 关联痛点、需要和业务目标 - 分析业务价值 - 部署竞争	- 强化关系，确定支持者 - 提出满足方法 - 演示、案例讨论 - 协助可行性分析 - 引导需求匹配供应商能力（N） - 影响时间表（T） - 影响预算（B） - 了解决策流程（A） - 影响需求文件内容 - 部署竞争	- 获取正式需求 - 了解满足条件 - 根据BANT和竞争评估商机 - 协调供应商内部 - 客户交流（正式/非正式） - 提出解决方案（应标书或建议书） - 部署竞争	- 覆盖支持者、决策者等（正式/非正式） - 推动/介绍方案 - 内部修改方案 - 方案价值论证 - 克服疑问反对声音 - 提供合同，或了解客户合同版本	- 谈判最终交付内容 - 谈判最终价格 - 谈判合同条款 - 确认合同流程和签约时间 - 供应商内部审批流程 - 推动客户审批流程 - 双方同意最终内容	- 最后内部合同价格条款批准 - 最终签约
"小目标"和预期结果	- 接触后初步兴趣 - 发现线索 - 冷线索	- 确立客户需要 - 线索升温 - 热线索	- 客户认可业务需要满足方法和供应商 - 客户立项 - 确认商机	- 提交建议书 / 解决方案 - 已建议商机	- 客户接受解决方案，邀请商务谈判 - 已接受商机	- 双方同意最终内容 - 已谈判商机	- 签约（盖章/签名） - 胜利商机

1. 寻找线索

说到寻找线索，还得先介绍在企业市场里市场和销售职能关系的演变。在20世纪80年代市场营销已经在消费类行业中大放异彩，可是在工业和企业市场里，它的作用还仅仅停留在办活动、印样册和做公关这类辅助工作上，并没有被要求对生意（业绩）产生更直接的帮助。到了90年代，当这些企业审视客户和商机管理的时候，就意识到市场部（或职能）可以也应该帮助销售人员去赢单，尤其是在赢单过程的早期阶段。在此之前，从寻找线索到签约都是销售人员一力承担，也因为如此，在当时对线索的定义并不重要。

当赢单阶段被分解出来后，市场部被赋予更多为销售人员"打前站"寻找和培养线索的责任，这样销售人员就可以集中精力于商机的竞争和赢单"活动"。如此一来，为了让彼此的合作更顺畅，再加上对线索质量的要求更高，就有必要把线索的定义和责任弄得更清楚，否则很容易产生矛盾甚至责任推诿。

我把"寻找线索"作为赢单过程的起点，是要充分展示如何从零开始赢得生意的全过程，并非所有生意都要从线索开始，特别是在成熟市场中，有可能供应商大部分生意都来自现有客户，这一点不足为奇。

假设供应商设有市场部，"寻找线索"是市场部和销售部在赢单获客上合作最早的阶段，但无论由谁来主导，两方首先要共同把"客户画像"和评判（评分）标准定义出来，同时制定评分/评估标准，否则易生矛盾。出于供应商的观念和策略的区别，有些供应商会在某类产品或"猎人"的领地中，要求市场部完全负责寻找线索的工作。也有些产品较为复杂的供应商会让市场部和销售人员同时运作。通常来说，供应商的业务如果需要更多新客户支撑，市场部寻找线索的责任会更重一些。

市场部寻找线索的方法自然是**进行针对"客户画像"的各类线上和线下营销活动，试图接触那些陌生的"路人"**。在互联网和大数据科技的帮助下，线上的各类内容、社交和精准营销活动如雨后春笋。营销活动经过精心策划，基于"客户画像"的业务痛点、需要、需求或供应商的解决方案，传递能够引起那些"路人"共鸣的信息，并且通过主动沟通和对方反馈（表达感兴趣或不感兴趣）评估是否具备成为线索的条件。一般来说，针对"路人"的营销活动如果能获得两位数百分比的转化率就是很好的结果。此外，很多时候为了节省活动成本，市场部也会希望通过同一个活动获得BANT信息，加速线索升温的进程。

销售人员通常会通过自己的人脉关系拓展和寻找线索，现有客户的推荐和介绍是线索的主要来源之一，此外她们还会利用社交工具拓展更多的人脉。也有些供应商由于掌握的市场部资源较少，会要求销售人员进行电话"陌拜"，不过这种方法由于"客户画像"很难准确抓取，通常效果一般。总而言之，销售人员不能放弃任何方法的尝试，而且要保持灵敏的触觉，感知变化，才能捕获更多新的线索。

无论是市场部还是销售人员主导的"活动"，通过接触供应商会确认有关"路人"的"客户画像"或获得直接反馈（感兴趣或不感兴趣）。如果决定把"路人"升级为线索，销售人员就要把线索企业放进销售漏斗，开始进行追踪。很明显，获得线索（无论是"冷线索"或"热线索"）是"寻找线索"阶段当仁不让的"小目标"。销售"活动"产生的线索，都会被一视同仁地处理，而且数量和质量同等重要。

供应商对这个阶段的"活动"处理得当的话，"路人"会对供应商产生积极的反应或表达兴趣，这就意味着供应商的"活动"成功地找到潜在客户的痛点和需要，帮助它迈进购买过程的第一个阶段——"发现痛点需要"。

2. 挖掘痛点需要

无论是因为供应商的"活动"还是出于自身的原因，潜在客户主动或在不觉中开始了它购买过程的第一阶段——"发现痛点需要"，而供应商也同时走进"挖掘痛点需要"的赢单阶段。

在"寻找线索阶段"，供应商已经对线索企业的痛点和业务需要有了初步判断，同时线索客户也初步认同供应商的解决方案。这两点工作做得扎实的话自然是好，但一般来说越是复杂的解决方案，越需要对痛点和业务需要进行深挖和培养。赢单的第二阶段"挖掘痛点需要"的工作可以由市场部继续负责，或根据线索评分移交销售人员负责。部分"市场部确认线索"，即MQL的移交会出现在这个阶段之初。

如果挖掘痛点需要阶段由市场部继续负责，那么市场部通常会以营销"活动"或电话形式继续跟进，目的是继续通过沟通强化线索企业对痛点和业务需要的共鸣，从而对供应商提出的解决方案产生兴趣。通常在这个阶段结束时，如果线索评分达到指定的水平，市场部会把线索作为MQL移交给销售人员。如果线索没有达到指定"温度"，则会由市场部营销"活动"继续培养。

如果挖掘痛点需求阶段由销售人员负责，那么销售人员通常会采取较复杂的解决方案。在制定接下来的"活动"重点后，销售人员首先需要协调有关部门，广开沟通渠道，与线索企业建立融洽的关系。通过聆听和询问，销售人员对痛点和企业需要等继续深挖，将其业务目标关联起来，让线索企业看到潜在的业务价值，从而更加明确业务需要。

线索客户中不同的部门在购买过程中扮演不同角色，加上个人动机驱使，对业务需要的看法或优先级很可能不一致，销售人员此时要把供应商的解决方法有针对性地进行介绍，尽量争取更多的支持者和赞助人。赞助人有时候也被称为拥护者，但是我更喜欢赞助人这个名称，因为它除了支持和拥护外，还带有主动在客户内部为供应商"出力"的含义。

值得一提的是，很多人认为做销售工作必须能言善道，却不知对销售人员而言"能听善问"可能更为重要，尤其在这个阶段。在第3篇谈到的痛点和业务需要经常由于各种原因藏在客户企业深处，不易被人发现，自然不能成为商机。有关聆听和询问的技巧将在下一节分享。

"挖掘痛点需要"是销售人员全力以赴的阶段，不要坐等客户自己找上门来"买东西"。做好这个阶段的工作，不仅能强化客户对业务需要的认知，还能引导线索企业对业务需求预期，为下一个阶段"引导收集需求"做好准备。就像孙子兵法所说的"上兵伐谋，其下伐交，其下攻城"，真正赢单的起点是在找到线索之后的"伐谋"攻关，这部分的工作完成好了，后面的阶段将事半功倍。可以想象，在这个阶段中竞争对手也不会坐以待毙，销售人员一不小心就会让对方有机可乘。

此阶段的"小目标"有两个：一是协助线索企业，让它认同这项业务需要不可否认，为需要转化为对外需求做铺垫；二是供应商线索的内部"升温"，提高线索成熟度，使其逐步产生商机。

3. 引导确认需求

这个阶段是决定线索企业是否最终会产生商机的重要阶段。产品越是复杂的供应商，越会偏向于由销售人员承担这个阶段的工作。只有在刚性需求和产品相对简单的市场中，供应商会以市场部来继续引导需求的形成。

假如前面阶段的工作做好了，线索企业的业务需要被正式确立，下一步它就会主动寻找满足需要的方法。这时候，客户的使用部门还是主要负责的单位，它首先要决定业务需要是通过企业自身资源和能力解决，还是依靠外界的援助。只有在需要外部能力支持的情况下，客户的业务需要才有机会形成外部需求。

例如，口渴的人需要补充水分，但是补充水分的方法和饮品种类有很多：既可以将水买回家里，也可以到餐厅去享用，既可以选择碳酸饮料也可以选择矿泉水。相同的需要可以有多种满足方法，产生对不同饮品和消费方式的需求。同样的，在企业市场里，同一个业务需要可以由不同的方法解决，哪一种方法被选中，就会决定线索企业最终的需求方向，也直接决定哪些供应商能够参与下一轮的竞争。

业务需要满足方法的选择，是需求的可行性分析的其中一个部分。除此之外，线索企业还要针对具体交付（购买）内容、实施计划、时间目标、使用能力和预算等多方面和外部供应商进行交流（技术和询价等），形成意见后再经过内部其他部门（决策者、影响者、采购者、实施者的部门）论证批准，形成外部需求。在外部需求正式成立后，企业会把采购的具体需求内容整理成为文件，并在下个阶段提供给各个潜在供应商。

供应商在这个阶段中要做的事情分为两个方面：**一是帮助线索企业顺利完成从业务需要到外部需求的过渡，完成可行性分析和立项；二是要引导线索企业在"形成正式需求"阶段中与供应商无缝对接，引导线索企业在业务需要的满足方法以及在具体的购买（交付）内容上（解决方案）向供应商倾斜，还有在BANT的其他条件上尽量和供应商匹配，并将条件写入需求文件（详见表6-4）。**

表6-4　确认商机，影响BANT和竞争态势

	影响目的	影响重点
预算（Budget）	预算更多 和供应商价格匹配	业务目标/痛点/业务需要重要 价值/ROI高值得投入
决策链条（Authority）	决定和流程更快	业务目标/痛点/业务需要重要 业务迫切性（制造事件）
	更多支持者	价值/ROI高 部门利益 个人动机、热点、风格
业务需要（Need）	采购需求和解决方案更匹配	解决方案更优胜
		其他商务条件更合适
时间目标（Time）	签约时间更有利	业务迫切性（制造事件）
竞争情况（Competition）	选择对我们有利	整体解决方案更为优胜

由于外在需求的成立牵涉环节和部门众多，销售人员之前建立的融洽关系在这个阶段最好能被转化为有力的赞助者或支持者。可以想象，在经历了上一阶段的聆听、询问和信息收集后，供应商在这个阶段需要对线索客户进行大量的影响工作，务求对方在内部购买决策讨论中制定更有利于供应商的外在需求。如表6-4所示，供应商影响客户的目的和重点围绕BANT和竞争展开，之前收集到的各种信息，在这时候都能派上用场，成为说服对方的重要论点。这是最需要销售人员逻辑思考和沟通能力的地方。

供应商在这个阶段的"小目标"，一是让客户认可供应商的解决方案及能力，二是引导客户

内部立项成功，决定通过外部需求满足需要。这个阶段的成果，是线索企业成为一个"销售部确认线索"SQL，而它的外部需求也成为供应商的"确认商机"，并被记录到CRM（或SFA）中，成为销售人员赢单的重要里程碑。这个商机具备BANT的有关信息，就像在母亲体内茁壮成长的小生命一样，此时商机的"心跳"和"模样"已经可以被清晰地看到了。

4. 提交解决方案

在对外的采购需求成立后，潜在客户会进入"物色供应商"的阶段，寻觅最终合作的供应商。与此同时，供应商也进入"提交解决方案"阶段，务求为它"心仪"的线索企业和"确认商机"准备解决方案。当然，如果之前的工作到位的话，现在的线索企业心里也应该会以供应商为合作的首选，甚至是唯一的对象。

但即便如此，销售人员也不能掉以轻心。现代企业的采购流程中存在大量变数，足以改变结果。毕竟采购流程制度化管理的目的，就是想要尽量降低来自供应商销售人员的"干预"。

下面提出了采购流程中5个可能出现变数的环节，需要销售人员小心谨慎处理。其中前三个虽然发生在"提交解决方案"阶段，但销售人员具体的"活动"工作应该提前启动，才有机会产生效果。

包括技术、价格和商务等具体需求内容一旦被定下来，特别是正式的需求文件，很难有被改变或修订的空间。任何不利于供应商的需求内容将对销售人员制定有竞争力的解决方案带来巨大挑战。万一不利的需求太多，甚至会影响供应商的投标竞争资格或兴趣。为了尽量避免出现这种情况，影响**需求文件内容**是销售人员极为重要的"活动"。

潜在客户决定采用什么**采购方式**，也是销售人员需要影响的地方。越是公开的招标方式，意味着会有更多的竞争对手，其中难免有些对手直到这个阶段才知道商机的存在，但由于它们之前并没有投入，因此可能会在投标过程中给出一些"表面符合标书要求的超低价格"，破坏原先潜在客户的预期。所以对前期阶段下了很大功夫的供应商来说，竞争者自然是越少越好，以免出现任何不可控的情况。当然，假如你是那个前期没有投入的销售人员，自然会反其道而行之。

采购形式决定下来后，潜在客户便要决定评估解决方案的方法，通常会**分别从供应商资质、技术和商务上，按照项目特点制定具体的评审标准**。由于采购、财务、使用和实施等部门的目标有不同的偏重，具体标准经常是不同部门博弈的结果。例如，以价格竞争见长的供应商自然希望商务权重更高，而价格通常也是采购和财务部门相对关注的地方。以高价值竞争的供应商则希望技术部门的权重更高，这样的供应商通常和客户中的使用和实施等部门更"志同道合"。销售人员需要根据供应商的长处提早施加影响，一般可以在技术和商务权重上下功夫，或突出供应商的强项于评审标准之中的重要性。

线索客户在邀请潜在供应商参加竞争时会提供需求文件（或招标书），但根据采购形式和规则的严谨程度，在销售人员得到需求文件后可能会被限制和客户交流。这时候纵然销售人员发现对自己有不利的内容，就算客户中有强大的支持者，那也是"遥不可及"的了。因此对于需求文件的内容，必须在上一阶段和支持者做好沟通，否则想改变就为时太晚了。销售人员切记不要因一时大意而**违规和客户交流**，万一因此被惩罚或"废标"就会前功尽弃。当然，如果这是非招标的采购流程，有些客户还是非常愿意和供应商保持技术和解决方案上的交流的。

既然需求文件已定，销售人员此时最重要的工作就是协调供应商内部资源，针对最终具体需求内容，评估竞争对手的可能反应，然后制定技术和商务解决方案，既要能满足定下的需求，又能在技术、价格和商务等标准上打败竞争对手，还要能够达到供应商自身在商务上的期望和要求（利润、时间等），三者缺一不可。需要特别小心的是，如果是正式投标，制定标书还要注意各种**格式和应标的要求**，特别是某些"必须回答"的问题，最遗憾的就是因为格式问题而被惩罚或"废标"。

"提交解决方案"阶段从线索企业邀请各个供应商开始，到销售人员成功提交解决方案结束，这和线索企业在相应的"物色供应商"阶段所做的相吻合，唯一不同的地方是，线索企业通常收到不止一份解决方案。而供应商能做的，是在进入这个阶段之前做好准备工作，在进入后用心制作解决方案，同时避免触犯任何流程上的错误而导致失败。

在这个阶段的"小目标"顺利完成后，成果是"确认商机"变成"已建议商机"。销售人员要开始做下一个阶段的准备，力争通过最后努力让对方接受供应商的解决方案。

5. 确认解决方案

当线索企业收集解决方案/建议书之后，会按照之前制定的标准，评审并选出最终的供应商和解决方案。

在这个阶段中，就算在非招标的情况下，供应商的精力主要还是花在内部评审和论证上，双方的交流会相对减少，当然假如销售人员需要补充信息资料的话，依然可以接触客户。如果是正式招标采购的话，客户和供应商的交流机会和时间将受到更多限制。通常只限于在评审过程中让供应商对解决方案内容作出解释、澄清或修改，其余时间客户会与各个供应商保持距离，甚至采取封闭隔离方式，以保证公平公正。评审小组一般由采购部和使用/实施部门牵头，再加上有关部门成员。遇到技术复杂或创新领域，企业很可能会邀请第三方学者和技术专家从技术角度协助评估，保证一定的中立性和独立性。

评审小组会把解决方案的综合结果按优劣排列出来，排名第一的通常就是被选中的那个，但也有企业要求采购流程选出超过一家供应商，然后采用竞争性谈判的方式决定最后的选择。但无论如何，决策评审小组都会先经过内部同意才和供应商沟通，邀请供应商进入"商务谈判"的阶段。

可想而知，这是供应商命运攸关的关键时刻。一路走来投入良多，如果在这时候出局，无论对供应商还是销售个人员来说都是"血本无归"。要避免这种结果，最好是在前面的阶段把工作做到位，把技术需求引导好，突出供应商的亮点，把商务需求校准在供应商可控范围之内，把最有利的需求内容和评审标准置于正式需求文件之中。并且，尽量说服客户减少不必要的竞争对手，并且在合理的情况下减少正式招标采购的步骤，以提高效率。

即便如此，由于参与评审的人员众多，既有潜在客户的各个部门，又有第三方专家，不是所有人都是销售人员支持者。无论是真正合理的专家意见，或是竞争对手的"暗箭"，很难避免出现意料之外的问题和情况。

所以销售人员在这个阶段，只能依赖于之前阶段的准备工作，让赞助者和支持者对解决方案的亮点和不足都加以了解，然后通过他们在客户内部帮助销售人员发声，在需要的时候——尤其是遇到反对或质疑的声音——站出来提出合理的论点。当然，如果销售人员能够依规和客户保持沟通，那就能更有效地应对当时的状况。赞助者和支持者对供应商的解决方案越熟悉，在内部评审时信心越充足，越能帮助销售人员化险为夷。销售人员对他们的"培训"工作是这个阶段取得成功的重要手段。

销售人员在这个阶段的"小目标"，以客户正式接受和确认供应商的解决方案和获得邀请进入"商务谈判"而实现。此时的"已建议商机"也变为"已被接受商机"。

6. 商务谈判

"商务谈判"是需要双方合作的阶段，也可能是双方接触最多的一个阶段，但不要因此认为这个阶段无风无浪。

理论上如果在之前的阶段中工作做得到位，大部分的技术和商务内容双方已经有心理预期，但毕竟客户和供应商存在一种"矛盾"的关系，既希望在这个阶段中顺利谈成合作，不枉前期的投入，却又因为身份上各为其主，需要为自己代表的一方争取最佳的结果。

邀请超过一个供应商进入"商务谈判"，是客户争取有利结果的手段之一，不过就算没有这一做法，聪明的采购人员还会在谈判桌上争取更多条件。虽然招标的结果（供应商的建议书）内容相对固定，但采购人员仍会通过澄清理解或变化数量和交付内容等方法去触发变化，从而获得改变结果的机会。销售人员要提前提防，做好准备去面对艰辛严峻的谈判。

在谈判过程中首先要把握好的是解决方案中的交付内容，包括对产品的功能和性能的承诺，或是服务的具体定义、服务范围和验收标准等，因为任何和原来解决方案中的差异都可能导致成本上涨甚至产生不可控制的风险。最可怕的是销售人员不知道自己卖了"什么东西"。

价格是采购人员最喜欢争取的，也是最容易体现其个人价值的地方。有关价格讨论的策略将在第7篇展开。

除此以外，商务条款也是不容忽视之处。销售人员不能认为只要价格谈好了，其他条件就不重要，实际上任何合同中大部分商务条款都能够被量化为金钱，有些是机会成本和价值，有些是实实在在的金钱。现实是，只有极少数的销售人员明白这一点。万一遇上成本不设上限的合同条款，如合同的罚则没有"封顶"，一项条款就足以让供应商倒闭，对于这些条款，销售人员不可以也不能无知地接受。

这可能有点危言耸听，但销售人员最起码要管好合同中收款（付款）的时间和条件。这些貌似简单的条款经常在艰难的价格谈判后被销售人员忽视，但是它的重要性绝对不比价格低（时间就是金钱），对供应商的财务影响极大（有关销售的业务指标将在第8篇讨论）。有时候供应商为了让客户提早付款，甚至不惜牺牲额外的价格折扣，它的重要性可见一斑。

和前面的阶段一样，我给销售人员的建议是把预备工作做在前面，在"商务谈判"之前针对内容、价格以及重要的商务条款展开沟通，让客户知道供应商的立场和底线，就算不能完全守住，起码对谈判过程有所帮助。我经常督促销售人员提早（在"商务谈判"之前的合适阶段）把合同文本提供给潜在客户，一方面为后面的工作做准备，另一方面这也是一个测试对方兴趣的方法。

进入"商务谈判"阶段后，对于任何与供应商原合同中区别的条款（无论是用谁的合同文本为基础）都不能掉以轻心，务必先了解客户的动机，再和供应商法务或有关部门讨论并做出反应。

谈判固然是销售赢单过程中的重要环节，也有很多个人技巧可以用上，但更重要的是充足的预备、合乎逻辑的思维和满满的诚意。商务谈判顺利完成，在双方内部审批后，将进入"签约"

阶段。"已谈判商机"在此时应该无限接近终点了。

7. 客户签约

万事俱备，只欠"签约"。经过"商务谈判"阶段，合同的所有内容和条款均被双方内部确认，剩下来的就是把内容落实到合同文本之中。无论最终合同由哪一方提供，该文本一般都会经过客户内部有关部门的最后检查，保证合同文字如实反映双方的协议，最后才会签字和盖章。

到了这个阶段，赢单风险基本不大，但是对于专业的销售人员来说，她还需要关注和推动合同签署的流程，因为**这几天也可能影响她对供应商的销售预测和承诺的落实**。特别是对于上市企业来说，同样的一个单子在12月31日（年末或季末）和翌年的1月2日签署，业绩意义上的差别巨大。那些在签字栏上不填签日期，事后再由销售人员"倒填日期"的做法，实际上既不合法也缩短不了流程的时间。销售人员需要依靠自己的努力推动客户的内部流程，在最短时间内签下合理、合法、合规的合同。

双方正式签署合同就意味着，在经历了整个赢单过程的7个阶段之后，这个商机终于成为"胜利商机"。

企业客户的购买行为复杂而多变，不同行业的企业之间又有各自独特之处，想要通过一套标准流程去描述它是不太可能的。同样，B2B销售的赢单过程也一样复杂多变，而且每个供应商都觉得它比别人更懂赢单的精髓，想要把赢单流程做一套"标准"也不切合实际。

幸好无论是客户的购买行为还是供应商的赢单过程，它们都遵从着一些相似的业务逻辑，让我可以通过累积的经验，把赢单过程的阶段和重点与读者分享，而不是简单地介绍流程。

把赢单过程阶段化的好处十分明显。

- 它将整个赢单过程的先后顺序和因果关系梳理清楚，说明了如何才能进入下个阶段直到赢单，加深了销售人员（和主管）对**赢单必要条件**的理解。

- 它提高了整个赢单过程的**可视化程度和透明度**，让销售人员随时了解线索企业和商机的进度，做出相应的判断。

- 它对每个阶段的特点和共性做出归纳，让销售人员**更专注于**阶段中应该发生什么事情，制定更精准的"活动"计划和恰当的"小目标"。

- 由于行动更有目的性，对执行的时间、地点和人物的纪律要求也更高，销售**"活动"的**

质量因此提高，浪费也会大量减少。

- 商机进程的高度可视化可以让销售人员知道哪些单子胜算更高，让**销售预测**的准确度更高，时间的把握更精准。

- 它可以作为销售人员与供应商其他部门（包括主管）沟通商机时的一种**共同语言**，方便大家对商机形成一致的看法，在调动内部资源的时候特别有用。

B2B 销售的业务管理

销售人员的业务不外乎确保在自己的地盘内生意源源不断，对外赢多输少，对内说到做到。为此，**销售人员应该做好漏斗管理、赢单管理和预测管理。**

🔷 像"个体户"一样经营商机

以科学管理方式对待赢单过程，可以帮助销售人员聚焦每个阶段的具体行动和目标。不过作为"个体户"，销售人员不能沉醉在一次胜利之中，还得为自己领地的全盘生意打拼。她不仅需要不断地找到新线索或商机，更需要时刻对未来的生意做出判断，及时调整领地策略和行动。未雨绸缪的"个体户"最关心以下这些需求侧（Demand Side）问题。

- 潜在客户来自哪里？是来自市场营销活动、销售"活动"、朋友/现客的介绍，还是靠其他的手段来获得？

- 市场需求是否旺盛和健康？成长性如何？

- 短期（季度）和中期（年度）的需求如何？

- 市场需求有何特点？哪类（档次、品类）产品有市场？来自新客还是老客？大企业还是小企业？哪个地区？哪些行业？

- 这个月/季度能有多少订单？多少收入？多少现金流？

● 竞争对手多不多？都有哪些？强不强？

要回答以上这些问题，销售人员需要一个线索和商机的管理模型，并结合销售赢单的阶段，对有关信息加以分析。这个线索和商机管理模型被称为"销售漏斗"。

漏斗管理

在上一节赢单过程的7个阶段中，销售人员在每个阶段都要通过执行各种"活动"，把上一阶段的成果推动到下一个阶段，直到赢单。

销售人员通过对潜在客户的不断培养，使其从历经"冷线索""热线索"后形成"确认商机"，再经过"已建议商机""已被接受商机"和"已谈判商机"等里程碑，最终获得"胜利商机"。这些里程碑对销售人员聚焦每个阶段的工作和成果，发现问题和把握销售节奏等很有帮助。

销售漏斗是一个记录所有线索和关联商机信息的"容器"和管理模型，它以赢单阶段划分，根据线索和商机达到的里程碑，把它们分配到相应阶段，然后统计出每一阶段相应的线索和商机总量，以及所有阶段的总量（详见图6-4）。

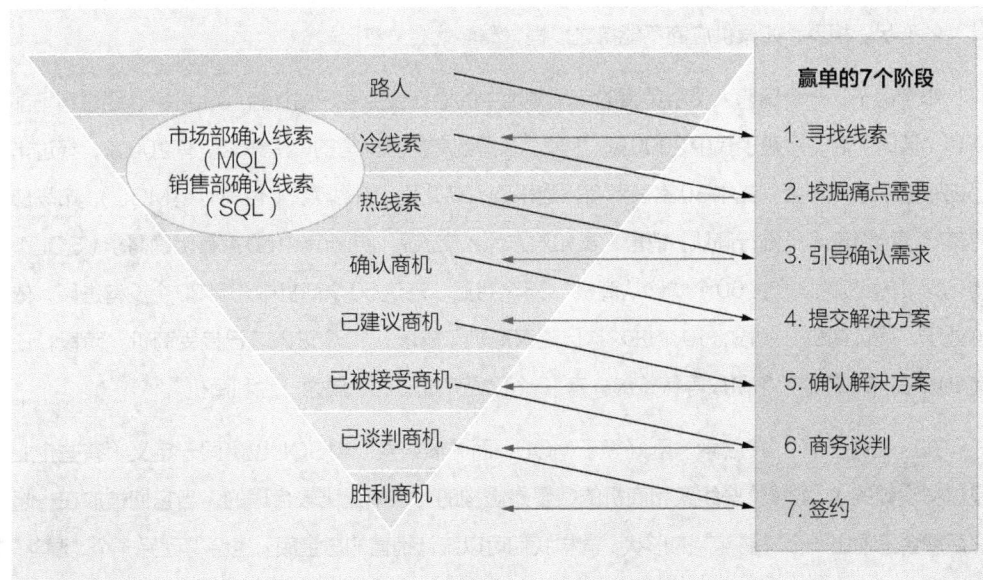

图6-4

不同的供应商或行业的赢单过程不完全一样,即使阶段的里程碑可能稍有不同,也不妨碍销售漏斗的使用。

经营有道的供应商和聪明的销售人员从不轻易为一般线索提供解决方案。原因是在对方未形成购买需求前,销售人员提供的解决方案可能并不合适,甚至会弄巧成拙,给客户传递错误的信息(价格太高、功能太复杂/简单等)。况且,在没有引导客户需求的前提下贸然去满足,很容易坠入竞争对手布下的陷阱。

因此,销售人员应该在"确认商机出现"后,再提供具有针对性的解决方案。加上曾经引导需求,此时销售人员所提交的解决方案被接受的机会也会大大增加,有可能成为"已接受商机"。

值得一提的是,在销售漏斗中,我们把不同温度的"冷线索"和"热线索"当作两个不同的阶段里程碑加以衡量和追踪。但是,也有些企业为了划分市场部和销售部的分工,以"市场部确认线索"(MQL)和"销售部确认线索"(SQL)分别取代"冷线索"和"热线索"作为阶段的里程碑,这种做法可以有效区分两个部门的阶段"小目标",这在市场部比较有规模的企业中尤为普遍。至于如何取舍,则根据供应商的需要和看法而定。

理论上来说,只要供应商持续进行"寻找线索"的"活动"(尤其是匿名的营销活动,数量通常更大),在前期赢单阶段获得的线索和商机数量一定比后期阶段多,这样就会形成一个"漏斗"的形状。相反,如果供应商不能持之以恒,漏斗就会"变形"。

举个例子,一个销售人员所负责的市场领地中的潜在企业客户估计有10000家,经过市场部营销"活动"后,接触了其中2000家"路人",得到有初步兴趣的"冷线索"有200家,经过市场部呼出"活动"后,其中80家表示有兴趣采购,转化为"热线索"(也同时是MQL),市场部将其转移给销售人员进行确认。销售人员和对方深入交流后,判断其中60家有明确需求(SQL),转化为"热线索",产生60个"确认商机"。3个月后,在这60个商机中,有20个没有进展,依然处于"确认商机"阶段,10个进入"已建议商机"阶段,10个进入"已接受商机"阶段,还有10个在"商务谈判"阶段等待签约,有10个已经完成签约,成为"胜利商机"。

在这个例子中,"冷线索"刚好等于MQL,而"热线索"和SQL也是同一定义(有些企业是这样设计的)。虽然这些线索和商机的数量是虚构的,但都是比较合理的。当它们被放在一起之后就会呈现出一个"漏斗"的形状,同样我们可以统计销售的总金额,也会得到另一个"漏斗"形状,如图6-5所示。

销售漏斗案例

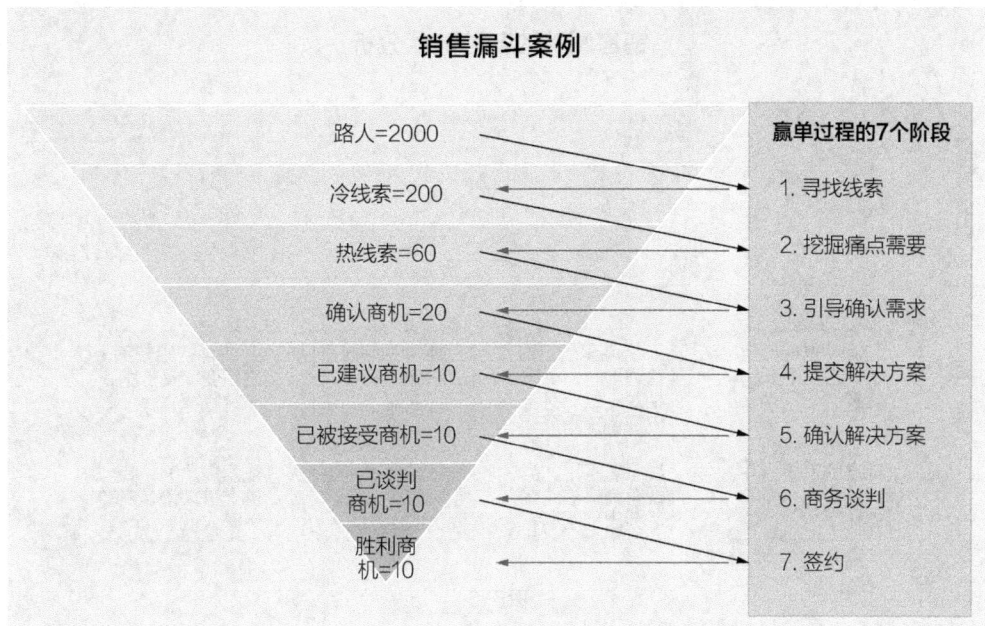

赢单过程的7个阶段

路人=2000 → 1. 寻找线索

冷线索=200 → 2. 挖掘痛点需要

热线索=60 → 3. 引导确认需求

确认商机=20 → 4. 提交解决方案

已建议商机=10 → 5. 确认解决方案

已被接受商机=10 → 6. 商务谈判

已谈判商机=10 → 7. 签约

胜利商机=10

图6-5

　　真实的漏斗形状固定，它很好地利用上宽下窄的物理形状，以及地心引力的自然规律，使液体的传输平稳、不徐不疾。一个管理得当的销售漏斗也应该如此。但是如果管理不好，销售漏斗就会"变形"，甚至出现"不规则"的形状。事实上，销售人员可以单凭销售漏斗的形状，快速判断线索和商机管理是否出现健康问题。在图6-6中可以看到，除了左侧第一个漏斗的形状相对正常，其余三个都有不同程度的问题。

　　第二个漏斗的形状像一根长方形的管道。理论上来说，当所有阶段的转化率趋近于梦寐以求的100%的时候，这种"管状漏斗"才会出现，而且可能只出现在超大型项目（只有几个）的商机管理中。而如果这种形状的销售漏斗出现在大部分的市场中，则意味着线索的数量不足，当目前的商机被消化后，就会出现青黄不接的问题。第三个漏斗的形状问题比较明显，它代表线索数量足够，但是转化率太低，导致商机和赢单偏少。第四个漏斗和第三个一样，有足够的线索数量，产生的商机数量也不少，但是后面阶段的推进太慢，导致最后赢单太少。

　　销售漏斗的形状和3个方面有关，分别为线索和商机的**总量**、它们在漏斗中推进的**速度**和各阶段之间的**转化率**。销售漏斗线索和商机的总量越大，销售漏斗的体量自然越大，这也是销售人员最乐于看到的。

销售漏斗的各种形状分析

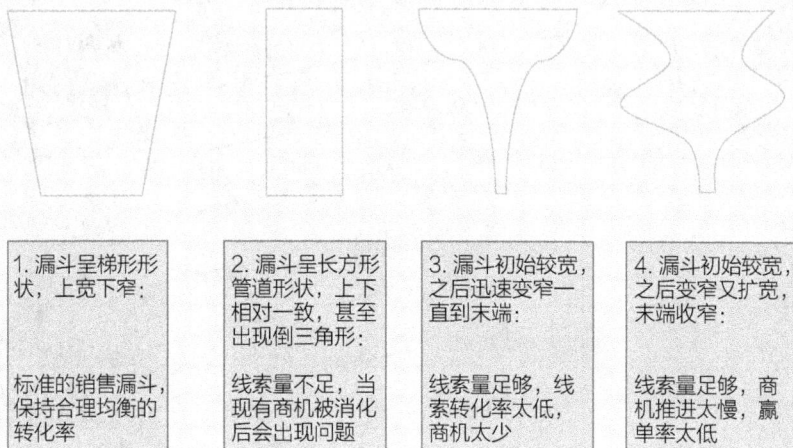

1. 漏斗呈梯形形状，上宽下窄：	2. 漏斗呈长方形管道形状，上下相对一致，甚至出现倒三角形：	3. 漏斗初始较宽，之后迅速变窄一直到末端：	4. 漏斗初始较宽，之后变窄又扩宽，末端收窄：
标准的销售漏斗，保持合理均衡的转化率	线索量不足，当现有商机被消化后会出现问题	线索量足够，线索转化率太低，商机太少	线索量足够，商机推进太慢，赢单率太低

图6-6

漏斗中的线索和商机总量大固然是好，但如果它们前进的速度不够快，则会把漏斗的形状拉长，从线索到商机成单中各个阶段的时间也会被延长，所以销售人员最喜欢的是形状比较扁平的销售漏斗。要衡量漏斗各阶段的转化速度，要以线索/商机停留在每个阶段中的时间作为计算基础，时间停留越长，速度自然下降。要了解漏斗的速度是否适宜，CRM系统中的赢单阶段必须由销售人员持续更新，否则就无从了解速度是否出现问题。

此外，各个赢单阶段的转化率也会影响销售漏斗的形状。转化率越低，漏斗的宽度越小，通过的流量减少而时间延长。而如果漏斗中各个阶段的转化率参差不齐，漏斗可能呈现不规则的形状，线索成单的时间也将变得难以预测。

销售人员最喜欢稳定的转化率。如表6-5所示，在各个阶段中销售人员最关心的转化率（可以是数量或金额）有以下几项：分别针对线索（1和2）、商机（3）和赢单（4和5）的转化效率加以追踪和管理。

漏斗总量（数量和金额）、各阶段线索/商机停留时间，以及各种转化率的指标为销售人员提供漏斗的"健康信号"。聪明的销售主管会"以史为镜"，也会在领地（销售人员）之间做比较，从中判断是否存在问题，然后加以管理。

销售漏斗的形状有一定的可塑性，遇上形状不好、"健康度"不高的销售漏斗，可以通过改变总量、速度和转化率来改善，而这些改变主要依靠市场和销售人员的"活动"达成。传统上认为市场部的营销活动只能用来提高知名度和获得线索，事实上它们也可以被用来孵化线索和推动商机的前进，对速度和转化率同样有帮助。

表6-5 销售漏斗中常见的各种转化率

- 线索转化率
  1. 冷线索 / 路人 × 100%
  2. SQL / MQL × 100%
- 商机转化率
  3. 商机 / 线索 × 100%
- 赢单转化率
  4. 胜利商机 / 线索 × 100%
  5. 胜利商机 / "确认商机" × 100%

销售"活动"质量越高，对总量、转化速度和转化率越有好处；规模越大，总量相应越大；频次提高，则转化速度、转化率甚至总量都会提高。但这一切是否有效，除了要看"活动"的质量、频次和规模，还得看竞争对手的相应"活动"是否冲击或冲淡供应商的"活动"效果。

销售"活动"需要精心计划和管理（尤其是营销活动，活动管理是一门重要的学问），在提升活动效果之余，还要尽量以较低的单位成本（Cost Per Lead, CPL）获取每一条新线索。精明的供应商会定期追踪和比较不同"活动"（包括销售和市场营销的）方式的CPL，从中找到成本和效果之间的平衡。

一个好的商机管理模型可以提供丰富的信息。除了包含行业、地区、产品、领地、金额规模等常见维度，好的商机管理模型也可以用于分析不同的时间段，如一周、月度、季度、年度等，让销售人员养成关注短期和中期需求的习惯。此外，销售主管还可以通过线索和商机信息建立和更新时间记录，判断销售漏斗是否过于老化、缺乏活力，以及销售人员是否及时更新信息。

销售人员对赢单的心情有时颇为忐忑，一方面希望线索商机多得应接不暇，但同时又担心处理不好弄得"一地鸡毛"。销售漏斗的"健康"与否受到优胜劣汰和客户购买过程的"自然规律"影响，有些时候不能操之过急。关键是销售人员要找到自己的销售漏斗的节奏，以最经济有效的方法去获得最多和最好的线索，在**"多、快、好、省"（总量、速度、转化率和成本）**之间找到**最佳平衡**。

赢单管理——与时间赛跑

众所周知，供应商的业务指标具有很强的时效性。无论是出于会计和证券监管的原因，每季度、半年或一年计算业绩结果，还是根据市场需求的频率，以每季、每月、每周甚至每日为单位来平衡供需，企业管理都逃不开跟时间赛跑的命运。这里有两个时间条件需要同时被满足，**一个是时间段的长短，另一个是目标时间**。任何发生在时间段以外和目标时间之后的业绩结果都不能被计算。

所有销售指标都要在某时间段内完成，目标时间可能是每周、每月、每季或每年的最后一天。因此，要完成指标，销售人员就要确保在当期时间段内有足够数量和金额的商机，而这些商机又要有合理的转化率。

赢单管理正是要根据当期（月度、季度、年度）的指标，对手上所有商机分类和组合做出有效梳理，利用历史数据判断商机的数量/金额是否足够完成指标，然后做出相应的落实、纠正和预防行动。行动的目的通常是增加当期商机数量和确保各类商机如期转化为销售指标。

1. 足够数量和金额的商机

商机足够与否，需要销售人员根据过往经验加上当期商机的状态做出判断。过往的经验包括同时间段内的商机数量、最终销售结果和它们之间的转化率，这些可以用作当期转化率的参考，估算出最终销售结果。如果结果不足以满足销售指标的需要，那么当期商机的数量就是不够的。当然，当期的市场情况如何（市场是否活跃）、竞争对手的势头，以及大单子的进度状态等因素，也会影响转化率和胜率，需要销售人员在判断时做出适当的调整。

越是规模大和产品线广阔的企业，它们的商机金额大小差距也会越大。为了便于管理，很多供应商会把商机分为**最重要的单子（Key Deals）和小单子（Small Deals）**两类。何为"最重要的单子"和"小单子"，每个供应商（或销售领地）都可以自行定义。对某些行业来说，普通的单子可能以千万元计算，但是对于其他行业可能百万元以上的就已经是超级大单了。

无论定义如何，每个供应商都会有它**独特的单子组合（Deal Mix）历史**，记录着"最重要的单子"和"小单子"之间的比例和数量，还有和最终结果的关系。除非是产品线有重大改变，否则这个历史关系虽然会随时间改变但会保持相对稳定，能为赢单管理提供有用的数据支持。

例如，在重工生产或工程行业中，为数不多的"最重要的单子"可能占据供应商业务（无论是商机还是最终销售结果）的90%以上，剩下的10%业绩由"小单子"贡献。相反，对于一些面向小微企业市场的供应商，"小单子"可能贡献90%以上的业绩，"最重要的单子"反而凤毛麟角。不过在大多数的行业中，我认为"最重要的单子"的业务占比在总业绩的1/3到2/3较好，否则相当于把"所有鸡蛋放在一个篮子里"，会增加企业管理的风险。

另一方面，当这些"最重要的单子"占比出现比较大的波动时，供应商也需要特别注意。例如，某企业在过去8个季度中，"最重要的单子"的总金额占比都在50%左右。如果这时候商机的占比突然下降到30%以下，则很有可能预示着下一个季度的销售指标无法达成，必须马上想出应对的办法。

问题是出在"最重要的单子"太少，还是"小单子"太多，又或是两者都不够呢？ 商机不够的话，只有两个办法，一是把目标时间在远期的"最重要的单子"前移到当期，二是从线索中物色有可能成为当期"最重要的单子"的潜在客户，加速商机转化。但一般来说，如果要从线索入手的话，就意味着情况比较危险了。

2. 管理"最重要的单子"，达到超高胜率

在正常情况下，销售人员手中总有那么几个关键的大单子，对领地的销售指标影响甚大。尤其是在大客户的领地中，有时候这些单子占据整个领地业绩的一半以上。占比越大，管理工作越重要。

"最重要的单子"金额大，如果发生任何闪失，都会给业绩留下很大的窟窿，难以弥补。销售人员要保证超高的转化率和胜率才能确保"最重要的单子"对业绩的贡献。为此，销售人员要为每一个单子制定专属的赢单策略和赢单计划，将一切可能的影响因素都想到，完成赢单过程中各个阶段的"小目标"，订下滴水不漏的行动计划，然后严格执行。

图6-7是赢单计划的一般内容明细。一般来说，针对每一个"最重要的单子"，销售人员都需要先把客户情况、商机情况、供应商情况和竞争情况梳理清楚，这样才能知己知彼，做好"布局"和"控局"工作。这些情况、赢单策略和具体行动，需要被记录在赢单计划中，时刻提醒销

售人员不断审视局势，做出应变。

赢单计划一般内容明细

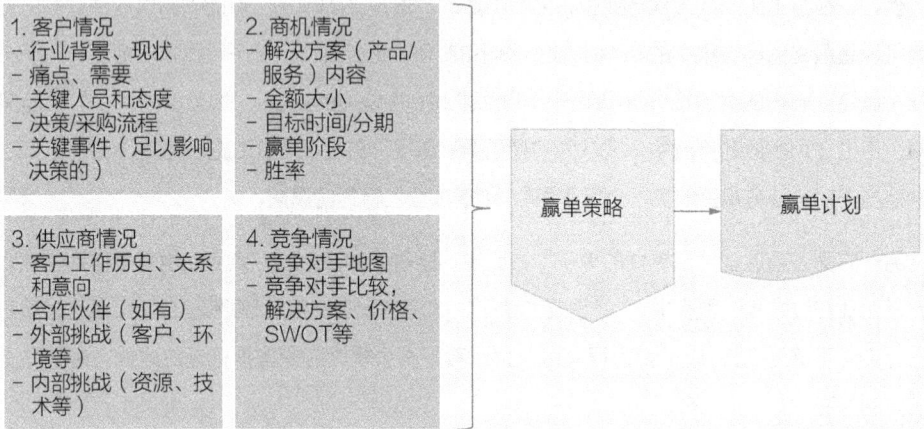

1. 客户情况 – 行业背景、现状 – 痛点、需要 – 关键人员和态度 – 决策/采购流程 – 关键事件（足以影响 　决策的）	2. 商机情况 – 解决方案（产品/ 　服务）内容 – 金额大小 – 目标时间/分期 – 赢单阶段 – 胜率
3. 供应商情况 – 客户工作历史、关系 　和意向 – 合作伙伴（如有） – 外部挑战（客户、环 　境等） – 内部挑战（资源、技 　术等）	4. 竞争情况 – 竞争对手地图 – 竞争对手比较， 　解决方案、价格、 　SWOT等

赢单策略 → 赢单计划

图6-7

为了保证执行质量，销售人员需要定期（通常为每周或每月）就"最重要的单子"向主管汇报进度，以便及时调整和协调资源。万一输单，还要对这些"最重要的单子"进行复盘，以免重蹈覆辙。

3. 以数据管理"小单子"

相对来说，"小单子"金额小、数量多，不能像"最重要的单子"般逐个管理，而需要利用数据和指标从整体上去管理。

管理"小单子"的数据分析可以各施其法，最需要关注的是当期的商机数量、商机平均金额和总金额、商机阶段分布等关键指标数据。这些数据会定期（通常是每周）被复核，同时与历史转化率对比，以此来估算销售指标是否能完成。由于"小单子"发生的周期通常较短，这种方式最重要的目的是判断"小单子"是在每周不断进步接近目标，还是停滞不前。这种比较每周数据变化状况（尤其是商机的阶段迁移）的管理方法，有时候被称为"瀑布式"管理，在管理"小单子"上特别有用。

以数据驱动的赢单管理需要销售人员对该业务的赢单过程阶段进行分解，然后对关键指标加以追踪，利用收集到的历史数据做出适当分析，用以发现问题，推动管理行动。

🎁 预测管理——对结果承诺

几乎所有稍具规模或设有独立销售主管的供应商都会要求销售人员提供销售预测，但是一直以来，大多数销售人员并没有理解销售预测的意义。所谓销售预测（Sales Forecast），是指**销售人员提前对自己在某时间段内能够完成领地销售业绩的正式估算**。再细看这句话，它包含了下面值得注意的要素。

"提前"——是指在预测时间段还没有结束，真正销售结果出来之前。根据供应商所处的行业业态，销售人员会被要求以每周、每两周、每月或每季一次的频率进行预测。

"某时间段内"——也称为"预测时间段"，意思是只有在该时间段内发生的销售业绩才算数。很多时候，销售人员会被要求提供连续两个时间段的分别的估算。时间段的长短由销售主管基于供应商业务和行业周期而定，常见的以季度和月度为期，也有销售频次高的产品会以每周作为预测时间段。

例如，某供应商要求销售人员每周五预测当季度和下季度的销售结果。假设今天是6月7日，星期五，她需要对今年第二季度（4月到6月），以及第三季度（7月到9月）的销售结果做出两个预测，然后继续在6月14日、21日和28日分别更新她的预测，以便及时反映当前的形势。但是在7月5日那天，由于已经踏入第三季度，销售人员便需要分别提供7月到9月，和第四季度（10月到12月）的两个预测（这时候，第二季度已经结束）。

还需要注意的一点就是，销售人员的预测通常只针对商机。一般来说，线索企业在没有产生商机之前不建议予以预测，因为时间、金额规模、立项计划等尚未成型，变数太大。如果销售人员非要把线索放进销售预测之中，除非有极大把握（尤其是签约时间），否则销售预测可能无法实现。

这些个人销售预测被销售主管层层叠加起来后，经过进一步判断会形成整个供应商的业务预测，用来指导生产计划、制定企业各类财务预测（尤其是上市企业）。可想而知，这些数字对企业经营管理有多么重要，如果销售人员提供的预测误差太大，供应商的主管们基本上无法做出任何有效决策。

对于销售人员来说，做好预测工作对个人领地的经营也有很大的好处，除了对短期赢单所需资源调动有所帮助外，对中期业绩更有裨益。根据需求预测及时调节工作重点，可以为达成销售指标未雨绸缪，避免临时张罗订单的窘境。因此，做好预测工作绝对是未来专业销售的基本"人设"之一。

在过去，销售人员的预测质量存在不少问题，这大多和她们对预测工作认知不足而导致不重视和缺乏责任感有关。一种常见的情况是，销售人员对各个商机情况比较熟悉，但却从来没有意识到需要具体分析签约的概率，每当被问到某商机能否如期签约时，总会支支吾吾或说一堆可能发生的意外。也有些销售人员对商机情况根本不熟悉，所以只能凭感觉和商机的大概情况来推测，自然给不出合理客观的判断。

不能、不懂或不敢对每个商机做出客观判断，意味着预测商机总金额时没有足够可靠的根据，最后预测就会沦为销售人员的"随性发挥"。性格保守的人会给出"超级保守"的预测数字，而生性乐观或喜欢"取悦老板"的人就会给出"过分乐观"的数字，这些预测"方法"准确度有多差可想而知，所以未来的专业销售人员必须做出改变。一方面，她们需要对手中的商机情况充分掌握，特别是那些和判断赢单有关的关键信息；另一方面，她们要培养以客观事实对商机签约判断的习惯，这样才能改变过去的错误习惯。

要做到这两点，销售人员需要大量和商机有关的管理和"活动"信息，过去这些信息的记录大多随意而且不完整，幸好前面提到的销售赢单阶段和销售漏斗等已经为此打下基础，而支持线索和商机管理的 CRM 系统也正在普及。销售人员只要利用好销售漏斗和 CRM 工具，便可以提升销售预测的客观性和准确性。

🔶 销售预测的 4 项主要信息

为了支持对每个商机做出尽量客观的判断，绝大部分的 CRM 系统都需要销售人员填写和更新各种商机信息，其中的 4 项对商机的预测尤为重要，它们分别为**商机当前所处的赢单阶段、目标签约日期、商机规模金额和商机胜率**。

1. 商机当前所处的赢单阶段

商机的"确认商机""已建议商机""已接受商机"和"已谈判商机"阶段，由销售人员根据赢单阶段的"小目标"判断是否已经达成。当前阶段越接近签约当然越好，起码从时间的角度，应该越来越靠近终点了。

2. 目标签约日期

签约日期以客户正式签署（盖章）为准，销售人员应该根据赢单阶段和客户提供的时间和决策资讯做出判断。将系统中的赢单阶段和目标签约日期交叉验证是确认赢单是否会在销售预测时间段内发生的一个好方法。不过在很多时候，由于销售业绩不理想，销售人员会"被迫"把一些时机尚未成熟的商机提早预测，遇到这种情形时，销售人员必须和主管沟通清楚。

3. 商机规模金额

个别商机的金额大小会直接影响销售预测的数字。销售人员经常犯的错误有两个：一是出于某些原因（可能让商机数字更"好看"）在判断金额时过于乐观，没有把最后的价格谈判考虑进去；二是没有及时更新系统中的商机金额，而后直接将系统中的金额信息组成预测数字。这样，商机在系统中的金额往往和最后的成交金额有较大差别，到头来会让主管觉得销售人员不靠谱。

4. 商机胜率

系统要求销售人员对赢下商机的概率（百分比）进行记录和更新。这是一个销售人员摆脱不了的、带有主观判断的综合考量，但是销售主管可以根据市场、自身和竞争环境特点去设定一些相对客观而且和赢输强相关的标准（甚至是规则），要求销售人员按照标准来评估。至于以什么作为跟赢输强相关的指标，或如何量化评估胜率的百分比，这些内容其实并没有限制。

通常来说，如果潜在客户对供应商发出强烈的购买信号，这种情况通常会反映在BANT上，再加上竞争情况本来就以输赢为结果，所以，如果BANT和竞争形势都对供应商有利，那么胜出的机会应该更高。

量化各项和输赢强相关的指标的计算方法和最终得到胜率百分比的逻辑要尽量简化，做到一目了然，使销售人员能够快速将主观感觉和计算结果进行比较，以免陷入无尽的"心理斗争"。

表6-6是一个分配商机胜率的例子。它以BANT和竞争情况为指针，将胜率分为6级

（100%、80%、60%、40%、20%、0），并且把每一级BANT和竞争情况的指针加以描述。它的好处是相对简单，缺点是每级的描述不能完全等比量化。设计适合供应商计算商机胜率的方法，需要在客观和方便之间取得平衡。

表6-6 商机胜率和BANT+C

	100% 签约	80% 商机十拿九稳	60% 商机对供应商 有利	40% 商机对竞争 对手有利	20% 商机对竞争有利或 有很多变数（可能 终止）	0% 输单或 商机终止
预算 （B）		价格已经谈好，在 预算范围，或能够 申请追加预算	价格估计在预算 范围	价格可能在预 算范围之外， 有价格风险	价格超出预算较多或 预算还没正式落实	
决策 链条 （A）		商务谈判已结束或 决策者已经口头批 准，正在内部审批 流程	邀请进入商务谈 判，或使用者/实 施者/决策者等 强力支持	邀请进入商务 谈判，或使用 者/实施者等 部分支持	使用者/实施者等部 分支持，或还在建立 支持者阶段，或反对 者较多	
业务 需要 （N）		客户接受供应商为 最佳解决方案	客户接受解决方 案（有条件接受 或有倾向性）	客户接受解决 方案（有条件 接受）	解决方案局部满足需 要或客户还没有完成 正式需求立项	
时间 目标 （T）		和预测签约时间一致	和预测签约时间 一致（或有些许 延误风险）	和预测签约时 间一致（很可 能有延误风险）	预测签约时间存在变 数，延误风险大	
竞争 情况 （C）		使用者/采购者宣 布决定或正式中标	对供应商有倾向 性，或标书对供 应商有利	对竞争对手有 倾向性，标书 对竞争对手有利	对竞争对手有较强倾 向性，标书对竞争对 手明显有利，或竞争 较多情况不明朗	

🔲 如何得出预测数字

当一个商机所处的赢单阶段、目标签约日期、商机规模金额和商机胜率都被及时和如实地更新到CRM系统后，销售人员就有了预测该商机的基本条件。预测包括3个部分：一是发生的时间是否落入预测时间段；二是商机最终是否会被赢下；三是金额将是多少。判断最终销售预测数字的方法有很多，没有一个是绝对准确和完全客观的，我在这里分享一个常用的逻辑。

首先考虑的是时间，商机的目标签约日期和赢单阶段经过交叉验证后是否依然落在预测时间段内？是否有延误导致跌出时间段的风险？时间段外的商机是否有被提前的可能？销售人员考虑后把"无时间风险"的商机列出一个清单，把有延误风险和有提前可能的商机另外写进"有时间风险"清单。

其次，根据商机胜率的高低（无论用什么方法得出）和其他已知情况，销售人员做出判断。当然，胜率再高也不一定稳赢，胜率低的也不一定没有奇迹发生，销售人员还是需要在相对客观的信息辅助下，决定那个商机是否"入围"预测。然后把"无赢单风险"（就是很有信心会赢的意思）的商机列入一个清单，其余的写进"有赢单风险"清单。

把"无时间风险"和"无赢单风险"清单的商机交叉核对后建立一个无时间风险和无赢单风险的"双无风险"清单，剩下的商机分别放入"无时间但有赢单风险"或"有时间但无赢单风险"清单。

再次，再把之前"有时间风险"和"有赢单风险"的清单交叉核对，得出一个"双有风险"清单，剩下的商机分别按性质分配到"无时间但有赢单风险"或"有时间但无赢单风险"的清单。

"双无风险"清单应该是最稳妥的预测，"双有风险"清单不予以考虑，至于"无时间但有赢单风险"和"有时间但无赢单风险"清单各有风险但是有机会补救，可以用来作为销售预测的备选，如图6-8所示。

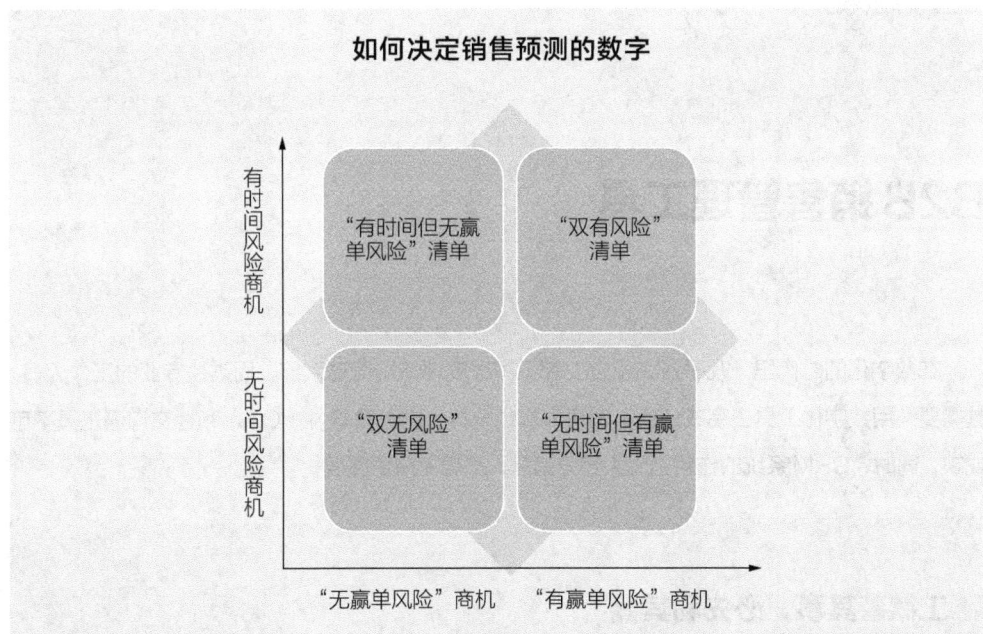

图6-8

最后，先用"双无风险"清单的总数作为基础预测数字，但销售人员还需要将其和销售指标进行比较，看看是否有差距以及差距有多大。万一预测数字不足以满足指标，销售人员会面临来自主管（和自己）的压力，可能需要把"无时间但有赢单风险"和"有时间但无赢单风险"清单中的商机加入预测之中，但是由于这部分的商机胜率较低，一般来说我们需要加以区分。

因此，有些销售主管会要求销售人员提交两个数字，一个是以"双无风险"清单预测的基本"承诺"金额，另一个是"最好结果"金额（加入部分或全部"无时间但有赢单风险"和"有时间但无赢单风险"清单商机）。

另外一种做法是，主管要求提交一个数字范围的预测，除了有最低和最高金额之外，还有"最可能"发生的总金额。销售人员可以基于以上3个清单组合计算预测总金额。

还有第三种做法，即3个清单分别计算个别总数，再乘不同的折扣百分比（以平均胜率或其他合理逻辑），分别计算出3个"期望价值"，将它们相加成为预测总金额。

通过以上方法，销售人员（或主管）可以计算出销售预测的总金额，但需要注意的是，无论这些逻辑和计算多么科学，它们只能起辅助作用，销售人员还是要依赖自己对领地和商机的了解做出最后的决定。

B2B销售管理工具

在数字化的时代里，几乎各大小企业都不同程度地使用信息系统，而越是专业的工作人员，越需要利用数字化工具去完成任务。销售人员也一样，办公室软件（OA）和社交沟通工具不可或缺，同时，CRM系统的作用也比大部分销售人员想象得更重要。

🔲 工欲善其事，必先利其器

过去大多数销售人员提到CRM系统，都会抱着"敬而远之"的态度，表面上她们对供应商和销售主管要求使用CRM系统表示尊重和理解，实际上心里都在抱怨系统没有多少价值。她们看到的只有"坏处"，认为需要输入和更新各种客户、线索、商机和"活动"等信息，比从前带来了更多的工作量。而且，由于各种信息都被存储在系统中，所有线索、客户和商机信息都突然变得一目了然了，她们的"活动"和一举一动也变得无所遁形。昔日给人感觉自由的销售工作，在透明度骤增的环境下，让销售人员失去不少"安全感"。

这些认知上的误区使得销售人员在使用CRM系统时只是勉强被动地应付销售主管的要求。更新不及时、忘记更新、内容质量差、乱填信息、填写错误信息、漏填信息以及填写不完整的信息和填写重复信息等低级错误都能反映出销售人员的真实态度。这些错误导致系统内的信息无法被有效分析，是典型的"垃圾输入，垃圾输出"。这不仅对供应商和销售主管不公平，也大大贬低了销售人员自身的工作价值。

工欲善其事，必先利其器。就拿医生为例，从来没有听说过医生不会操作医疗设备就能上岗的。同样，想要成为专业的销售人员，需要改变过去错误的认知，接受和学习CRM（和其他企业软件）系统，将其作为销售最重要的工具，并且养成良好的使用习惯。

CRM（或SFA）系统都能做些什么

我在本章中讨论的内容，其实更多属于CRM领域中的SFA的范畴，即以"销售职能自动化"（Sales Force Automation）实现科学销售。提升线索商机管理的效率和胜率，是SFA系统带给销售人员的重要能力。不过为了前后一致，我会依然使用CRM作为统一称谓。

撇开今天最新而完整的定义，CRM系统以客户为中心，帮助供应商处理和管理与客户之间发生的所有关系，包括从线索开始到成为客户，以及整个生命周期（客户忠诚度、第二次销售等）。如果说ERP系统是一家企业的内部流程管理核心，那么CRM就是它相应的外部流程管理枢纽，将以它为核心和其他有关系统进行连接。

总体来说，供应商使用CRM的目的是帮助销售人员为供应商带来更大的业务效益，提升客户满意度，同时不断提升自己的生产力。这样的系统可为销售主管和销售人员提供以下的支持。

- 对**领地中客户**的管理。

- 对**线索和商机**的跟踪和管理。

- 对销售（赢单）结果进行**预测**。

- 对**合同和订单**进行管理。

- 对**收款和发票**流程进行管理。

- 对各类业务和销售行为信息进行**分析**。

为了完成这些有价值的任务，CRM系统必须及时获得各种相关的信息，才能如实反映出当前的各种情况，提醒销售人员下一步该做什么。销售人员如果能够有效地使用CRM系统，将会从中获得巨大效益。

在**客户（现客和线索企业）**方面，CRM系统中的这些信息包括客户的名字、行业、地区等基本标签，还有能获得的客户背景和所有联系人等基本信息，以及它和供应商的业务关系（现客的交易历史或线索企业的有关商机）、"活动"记录和计划，并且可以记录建立时间。这样，主管和销售人员就能利用不断更新的静态和动态客户信息，加强对整体领地和个别客户的管理。如果是特殊的大客户，还可以在系统中附上它们的"客户计划"，提供更深入的资讯。

在**商机**方面，CRM系统包含所有来自现客或线索企业关联的"确认商机"（或更进一步的阶段），每个商机所记录的信息应该尽量详细以便准确帮助供应商判断商机的价值。有关商机的信息包括潜在购买的内容（产品、服务和数量）、商机金额大小、目标签约时间、所处赢单的阶段、胜率、商机建立时间和更新时间等关键信息，可以方便销售人员对商机进行分析，对商机的价值做出预测评估。另一方面，有关商机的其他背景、BANT、"活动"和竞争信息也应该被及时记录，方便销售人员和有关团队协同合作，计划应对的赢单行动。

值得一提的是，很多销售人员没有意识到CRM其实是**销售预测**的重要工具，而系统中每一个商机的4项关键信息（商机的金额大小、所处的赢单阶段、目标签约日期和商机胜率）尤为重要。只要销售人员适时做出尽量客观的判断，就可以用CRM系统预测该商机是否会在某个时间段内发生，再把所有同一时间段内发生的商机汇总，就可以得到销售人员在领地中的基础预测数据，并以此作为对供应商承诺的根据。

除了为销售预测提供数据支持外，完整而准确的CRM系统数据能够产生线索和商机管理的**各种维度分析**，例如（不限于）领地、行业、产品、地区、目标时间、胜率、赢单阶段等，帮助销售主管和销售人员更深入地了解各自的市场情况，对制定领地策略有极大帮助。另外，以销售人员在系统中操作、建立和更新线索和商机信息的时间进行统计，销售主管又可以分析出销售人员在商机管理工作上的效率和生产力，并将其作为绩效评估的一部分。

在CRM系统中，主管和销售人员都可以通过自己的账号管理（输入、更新、修改、删除等）名下所有的客户和线索企业，以及它们关联的商机。根据在获客任务上的分工，市场部人员也可能被赋予类似的权限，而其他部门则会出于协同合作的需要获得不同的使用权。

在移动和互联网时代，CRM系统与时俱进，让销售人员可以通过各种移动设备随时随地管理属于自己的客户和商机，而高度智能化的系统也会根据设定对销售人员做出提醒。这一切都在为销售人员创造更好的销售环境，使CRM成为助力销售人员的生产力工具。

以上所描述的只是CRM系统针对线索和商机管理的部分功能（SFA）而已，随着CRM系统的不断发展完善，还有很多值得销售人员学习和使用的功能。

本章从多方面探讨了销售人员的赢单工作。把赢单分解到"活动"、将潜在客户分类定义、赢单过程分阶段处理、为线索和商机建立销售漏斗模型、以尽量客观的方法做销售预测，使用CRM系统支持商机管理等讨论，都离不开如何让赢单工作做到可重复、可持续、可量化、可视化、系统化和尽量客观，这一切都希望揭示销售赢单也有科学的一面。在下一章，我们会看到更多销售人员在赢单时使用的销售方法和个人技巧。

经典案例

专业销售人员离不开CRM（SFA）系统

CRM系统是专业销售人员必须重视和掌握的工具，本节将以"销售易"CRM平台为例，简要介绍销售人员如何在赢单过程中利用CRM系统，让自己的工作卓有成效。虽然市场上各家的CRM系统都有其独特之处，但原理和作者所习惯使用的"销售易"基本相同，读者可以举一反三。

🧊 线索管理

面对众多渠道获取的线索，如何快速识别出高质量线索，并充分利用线索达成业绩目标？如果需要人工判断每条线索的质量，不仅需要花费大量人力和时间，而且销售人员往往不能充分地跟进线索，让大量线索白白流失。

相反，如果销售人员能够利用CRM系统，从识别、查重到跟进、转化，对线索全生命周期进行管理与培育（详见图6-9），能够帮助销售人员对线索进行快速响应并及时跟进，将会极大地提升线索转化率。

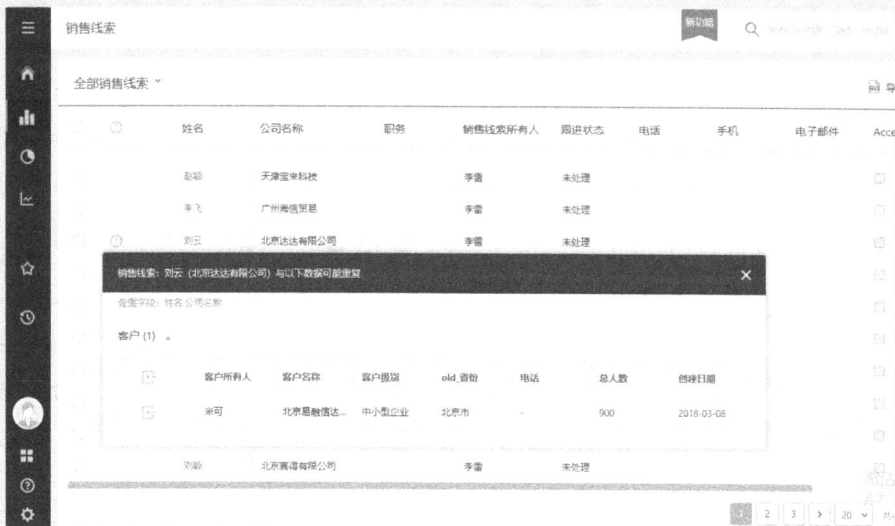

图6-9

📦 客户管理

如何全面掌握客户信息，深入挖掘客户价值，实现增售和复售？如果缺乏完整的客户信息，销售人员就无法深入地挖掘客户的需求。

使用移动端CRM，销售人员可随时随地记录与跟踪客户全生命周期的信息，如客户的拜访信息、相关文档、跟进情况、签单或续约情况、回款信息以及为客户提供的服务进展等。

同时，系统可为客户智能打分，按照分数高低，帮助销售人员识别客户等级，将有限的精力花在更有价值的客户身上，让销售收益最大化。

客户信息沉淀到系统中后，全公司就拥有了统一的客户信息，方便销售人员挖掘二次商机（详见图6-10）。

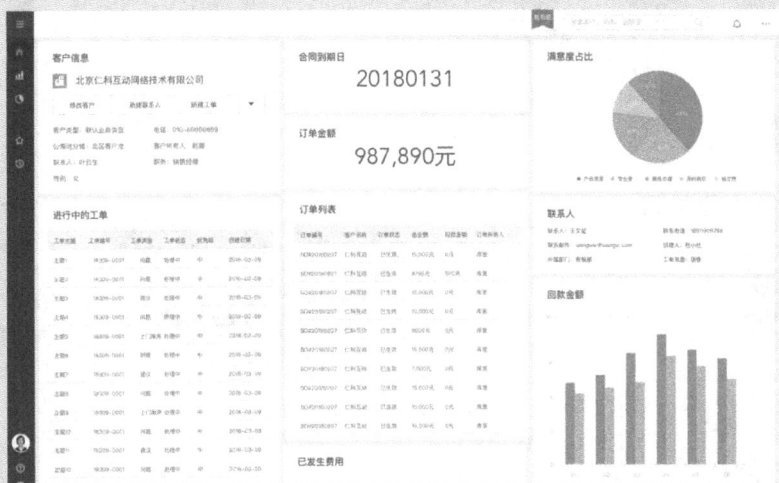

图6-10

📦 商机管理

针对 B2B 销售，如何透明管控漫长的项目跟进阶段，提升销售效率？

首先，基于不同企业的业务情况，可分阶段管理销售项目，并将可复制的实战经验固化到系统中，如将销售项目分为：初步接洽、需求确认、报价、拟定合同和赢单五大阶段，每个阶段下分别设置相应的任务目标。这样，即使是经验尚浅的销售人员，也可按照此销售流程快速上手，逐一击破项目各个阶段下的每条销售任务，有条不紊地推进项目进程（详见图6-11）。

对于销售管理者，销售漏斗管理功能是一项绝佳的管理工具，它可帮助管理者精准预测销售业绩（详见图6-12）。那么其原理是什么呢？简单地讲，用每个商机阶段的销售金额乘以每个商机阶段的赢率（赢率是预测出来的或通过经验总结）加权得到整个销售漏斗中的赢单总金额。如果预测未达到销售目标，就可以提前采取行动，分析商机金额、销售行为或销售方法等。此外，管理者透过销售漏斗可以查看每个商机的具体情况，及时给予团队成员销售指导与支持，最终实现销售目标。

📦 订单/合同管理

好的合同条款是实现高质量交付和盈利的基础，公司需要加紧合同的评估与控制。CRM工具通常支持多层级、跨组织地对合同进行把关。同时，使用 CRM 移动端可快速、高效地处理合同审批，且实时掌握合同执行、跟踪、变更等全流程。

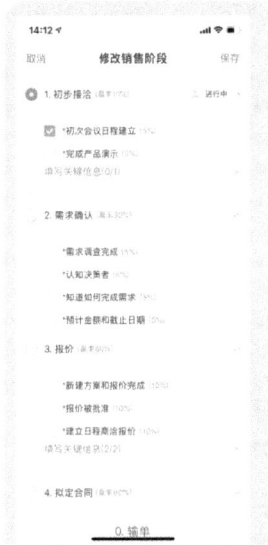

图 6-11

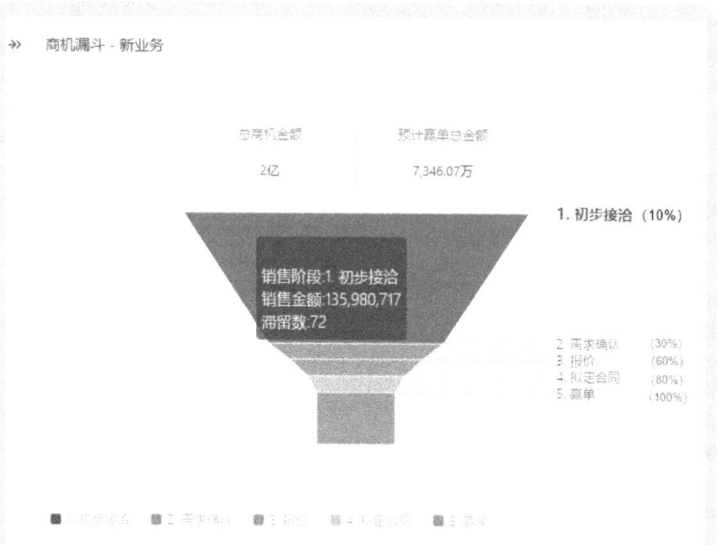

图 6-12

　　B2B产品的交付往往涉及多个环节，以制造业为例，销售环节关注合同，生产环节关注订单，交付环节关注项目，既各自定义，又要保持互联互通。销售人员需要懂得利用CRM系统与各个部门高效协作，保证产品的顺利交付（详见图6-13和图6-14）。

图 6-13

图 6-14

📦 发票回款管理

很多企业把生意做得如火如荼，但由于现金流断裂，最终关门倒闭。销售人员如何保证公司的账目清晰，收款及时，变更有序以及企业营收的全局统筹？

CRM 系统可以自动化管理企业应收、发票与收款（详见图6-15）：按合同/订单金额或比例分批次创建收款计划；基于应收单，给客户开具销售发票；通过邮件或系统消息通知销售人员预计回款、逾期回款的金额与时间；款项到账，创建收款单，自动核销应收余额。

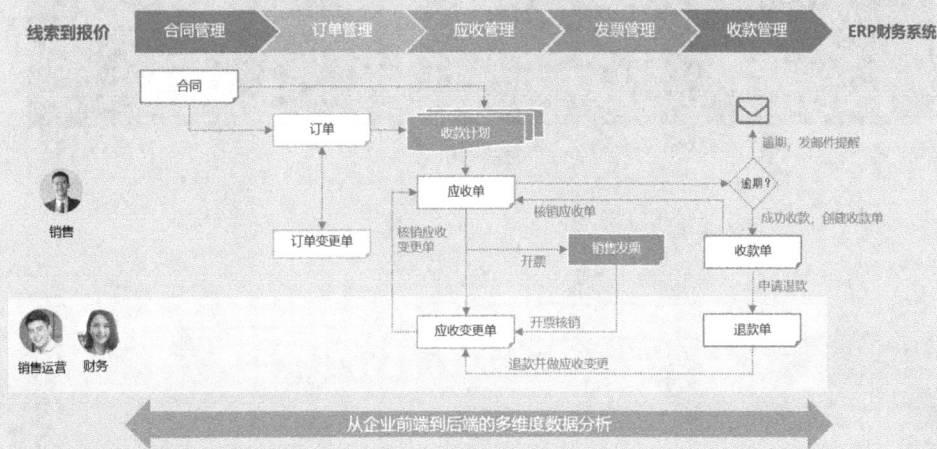

图6-15

当业务变化时，如由于某种原因免除客户10%的尾款，通过变更管理，可以及时做订单变更、应收变更与申请退款，系统会自动核销10%的尾款。此外，历史变更信息可在系统中查询追溯。

沉淀在系统中的交易数据，结合可视化分析，不仅可以帮助管理者全面掌握企业营收情况，科学地调整销售策略，及时地指导销售团队采取相应的行动，还可以满足销售人员对数据的分析需求，指引相应的工作（详见图6-16）。

以上五大销售过程管理（线索管理、客户管理、商机管理、合同/订单管理、发票回款管理）将销售"黑匣子"一步步拆解，能够实现数字化、精细化的销售过程管理，帮助销售管理者迅速找到问题所在，及时调整销售策略，为好的销售结果打下坚实的基础。

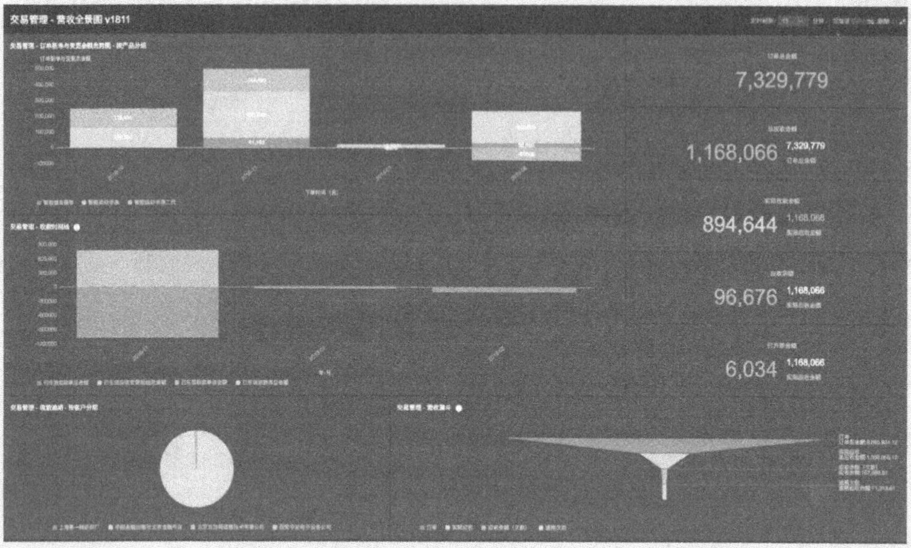

图6-16

7

赢单篇（下）
B2B 销售的方法和技巧

解读B2B销售方法

就像武侠小说中的各门各派一样,销售方法在近年来也是百花齐放,像"关系型销售""产品型销售""解决方案销售""价值型销售"和"顾问型销售"等逐渐为人熟悉。

不过,这些方法还鲜有机会被系统化地描述和比较,使得人们(尤其是新手)难以对各种销售方法有全面的理解,或明白它们之间的关系。和销售的本质一样,人们需要了解清楚销售方法的原理,才能为自己的销售类型定位,又或者学习各种方法,集各家之大成,以便在不同场景中切换最合适的销售方法。

B2B销售方法论的基础

任何武功无论强调的是刚还是柔,是稳还是险,其目的都是御敌制胜。各种销售方法也是如此,无论销售"活动"的重点是什么,**其目的还是以最高效率帮助客户走完购买过程,做出对销售人员有利的决定**。所以销售方法并没有好坏之分,只要是能够帮助赢单的就是好方法。说得更准确一点,销售方法只有是否适合当时销售环境之说,没有好与不好的区别,销售人员了解各种方法后,销售人员**应当自行选择在合适的环境使用合适的方法**。总体来说,供应商或销售人员决定使用哪种**销售方法,受3个因素影响**。

1. 市场特性

市场特性包括市场需求的成熟度、需求特点、供求关系、解决方案价值和竞争对手策略等因素,这些因素可能同时存在,也可能分别出现,影响供应商选择的销售方法。

需求,是客户业务需要无法在内部解决时向市场提出的具体要求,也是供应商所提供的解决方案(产品和服务等)最基本的存在原因,因此供应商对市场的需求特别敏感,尤其当"刚需"出现的时候。

销售人员也喜欢刚性需求,当市场需求明确而旺盛时,她们会觉得赢单比较容易,生意比较好做,而且对她们来说销售过程和方法也会比较简单、省事。可是从另一方面来看,"刚需"市场是一把双刃剑，要么它已经是个"红海"，要么就是各路竞争对手都在通往"红海"的路上。这样对于一些本来竞争力较弱或规模较小的供应商来说非常不利，而对于规模大的供应商来说就算经得起激烈竞争也难免受到伤害。也因为如此，有些供应商会拉宽对需求的看法，务求在竞争对手的前面发现需求的"苗头"，然后加以"灌溉"，把市场的战线前提到"刚需"出现之前，或者要求销售人员在需求出现之前，以不同的销售方法展开"活动"。

一般来说，越是成熟的市场，其需求越"刚性"，在这样的市场里，客户清楚它要买什么东西，用来解决什么需要，关键是以什么条件买到什么级别的解决方案。如果遇上供不应求的情况（虽然不多，但可能出现在资源类和高资本投入的市场）时，客户的谈判空间更小，它会在家里做好功课，带着需求和预算来洽谈。在这些情况下，销售人员"活动"的复杂度相对较低。

如果再碰上市场所提供的解决方案（通常是产品）价位不高，供应商更要谨慎选择销售方法，因为复杂的方法耗费的资源更多，所以必须控制销售成本，以免得不偿失。反之，如果解决方案价值较高，供应商可能会采取更全面的销售方法，务求提高胜率。

市场特性中还有另一个考虑，那就是竞争对手的策略。有些供应商为了创造与竞争对手之间的差异化优势，就算是同质性很高的产品，也可能采取不同的销售方式。这样的例子有很多，比如20世纪80到90年代的施乐公司和IBM等信息行业企业巨头纷纷转变销售方法以求应对来势汹汹的对手。

市场特性影响供应商的销售方法，企业需要根据自身所处的市场情况，制定或调整自己的销售方法，找到自己的销售"甜点"。

2. 客户购买模式

不同的企业根据自身的行业定位、价值观、愿景和战略思维等，会制定不同的企业购买策略。第4章里提到过，在补足能力缺口的时候，有些企业会选择"能自己做的不买"或者"能外包的不自己做"两个截然不同的策略。这些策略被企业组织吸收后变成购买行为的"习惯"，甚至变成规章制度落实到流程之中。在供应商的眼里，客户的购买模式分为3种，分别为交易型（Transaction）、整合型（Integration）和外包型（Outsourcing）。

顾名思义，在"交易型"的购买模式中，客户通常只购买"部件级"（Component）的产品，然后自行对产品（或多种产品整合）进行加工、整合或"二次开发"，形成自己的解决方案。这类客户相信自给自足，一般出现在行业价值链的顶端，或危机意识比较强的企业中。

在"整合型"购买模式中，客户寻求合适的供应商作为"整合者"，这种客户不一定计较每样产品的价格，但会看重解决方案的价值并以此来衡量它的价格，同时关注实施和使用等后续问题。

还有一类企业崇尚"外包型"购买模式，即把"非核心"业务都外包出去。这种观念近年逐渐被众多企业接受，尤其是初创企业，它们大多拥抱"轻资产"和快速成长的发展策略。由于这类客户寻求范围更广（包括运维在内）的整体解决方案，购买内容最为复杂，金额大而且销售周期长，供应商和销售人员必须非常深入了解客户才能赢单。

虽然企业会有各自的购买策略，但在现实环境中，更多的企业会根据不同的需要和需求，采用不同的购买模式，以达到最佳的效益。销售人员需要根据不同的购买模式施展不同的销售方法。

3. 客户购买过程

在前面提到过，销售的赢单过程阶段与客户的购买过程阶段相对应。同样，销售方法的选择也和客户购买所处阶段有着密切关系。客户是否清楚自己的痛点和需要？是否已经决定要买什么？针对不同的答案，所使用的销售方法完全不同。

销售人员要做的，是评估这家客户处于"销售漏斗"的哪个阶段。如果它还在线索阶段，那么销售人员（或市场部）可能还得从痛点和需要入手；如果它已经"立项"甚至在"招标"，那么销售人员就只得从产品和解决方案下手。当然有些时候，供应商很早就发现客户，但出于以上两点原因，可能等到阶段后期才进行赢单"活动"。

总而言之，销售方法和客户购买阶段有着深厚的联系。无论使用什么销售方法，客户的购买过程和阶段还是需要经历的。

🔷 不同理念的销售方法

销售方法听起来有点抽象，其实不过是一家供应商（销售人员）在赢单过程中有所偏重的不同方式而已。任何销售方法都有 4 个属性，分别为赢单理念、过程阶段、"活动"和话术。

赢单理念首先生于内，然后通过赢单的过程阶段、"活动"和话术形成于外，一般人接触到的销售方法通常是后面"看得见"的部分，对其理念的思考不多。这四个属性必须正确配合才能相辅相成，如果搭配错误，就会对销售效果带来负面影响，轻则浪费时间、精力，重则与机会失之交臂。例如，明明招标书已经发出，如果此时还要去强行挖掘客户痛点，只会浪费时间和使客户生厌（详见图7-1）。

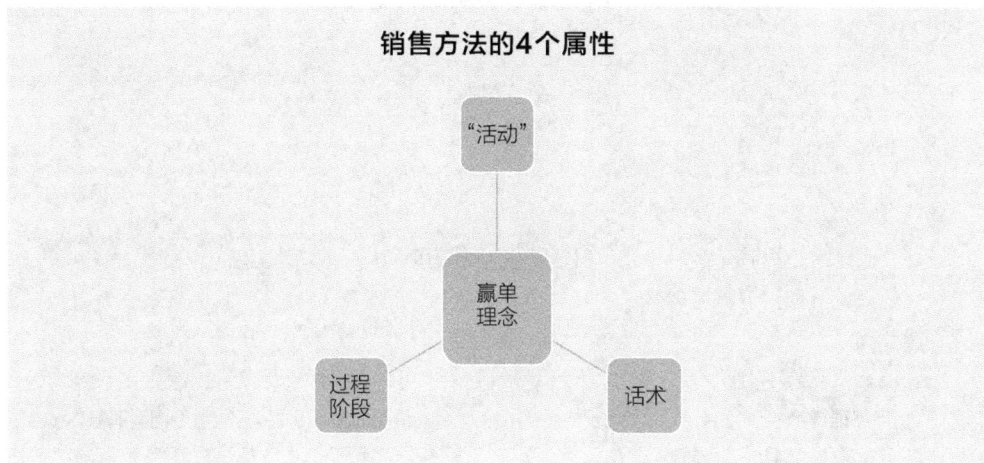

销售方法的4个属性

"活动"

赢单
理念

过程
阶段

话术

图7-1

赢单理念，指的是供应商认为在销售过程中，**什么东西最能打动客户，使得客户愿意与其合作，以此作为赢单的立足点**。近年来市场上被广为传播的销售方法有好几种，细看之下它们的理念可以分为3类：第一类**以供求双方个人关系**为本，主张关系做好了，什么都可以买卖；第二类以**供应商能力**为基础，认为供应商提供的能力或产品是关键的，这种理念强调，只要供应商生产出好东西就能"卖"给客户，客户尽可以相信和使用，这是一种"由内而外"的销售理念；第三类理念则以**客户业务**为赢单基础，更关心客户的购买动机，以客户业务为本，所以"由外而内"才是供应商赢单的根基（详见图7-2）。

由于赢单的理念不一，供应商自然各施各法，赢单过程的起点不会在同一"起跑线"上，有早有晚，销售"活动"目的、形式和内容也会有所不同，所使用的话术和语言也存在不少差异。

但无论是哪种销售方法或理念，都需要有其独特的"销售主张"（Unique Selling Proposition, USP）。这个起源于20世纪50年代市场营销的概念，最早用于广告行业，主张在任何广告中必须要突出产品的独特性（功能、性能、成分等）。虽然USP针对的是广告行业，但后来逐渐被用于销售方法，而其概念也从产品的独特性发展到解决方案以及客户价值的独特性，用来引领销售人员思考供应商的解决方案中可以打动客户的独特之处（产品、解决方案和价值等）。

不同理念的销售方法

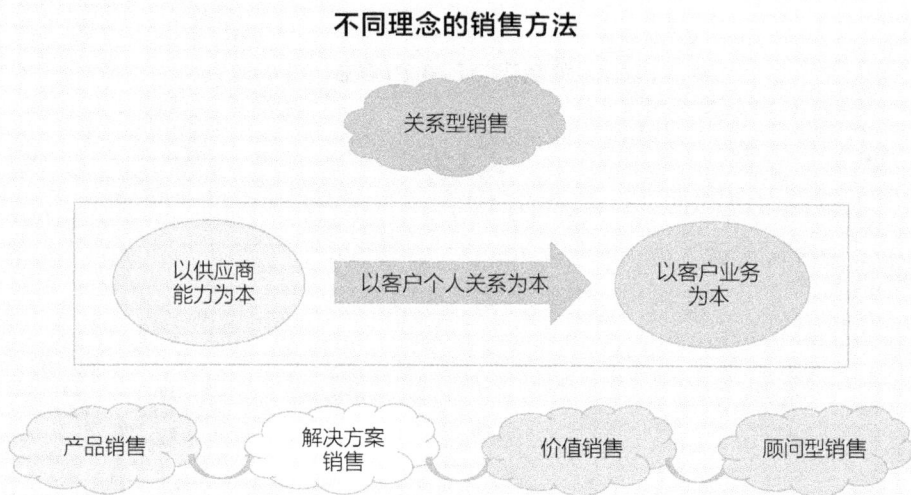

图7-2

下面将会分别通过不同的赢单理念来讨论市场上常见的几种销售方法。

关系型销售

"关系型销售"理念是以供求双方人员的关系为基础，以相互信任为行事和决策的依据。销售人员认为只要找对值得信赖的人，双方都可以"委对方以重任"，从而实现赢单。因此，销售人员相信找到客户中有影响力的人（或者找到客户中有重要性的人）然后培养关系至关重要，这是左右任何业务和赢单的根本因素。

这样的销售人员时刻努力地建立和巩固关系，认为"关系"是所有"活动"的重心。就算供应商举办各种营销或客户活动，她们也会认为活动内容是次要的，最重要的是"活动"是否足够吸引客户参加，以及在休息时间和客户的交流。她们建立的关系也远远超越融洽的社交礼仪，而是要通过各种办法，把对方变成"好哥们儿"。而当客户遇到业务或技术上的问题时，销售人员通常需要协调供应商的其他人员代为（帮忙）处理。所以说关系型销售方法的成本其实是相对高昂的。

不过，在有些商品化程度很高（如食物、能源等）的产品领域中，尤其是市场客户为数不多的产品领域，销售人员不需要寻找新客户，只要把老客户服务好，就能持续获得订单。这种市场的特点是，客户少而且都是现客，加上产品已经非常成熟（需要、产品甚至价格都很明确），销售人员的"活动"重点自然是偏重于关系维护了。

总体来说，"关系型销售"适用于成熟市场，客户的业务需要清晰、需求明确而稳定，解决方案（产品）相对标准，购买模式属于"交易型"。如果客户数量相对固定的话，那么使用这种方法就更是如鱼得水了。

不过话说回来，这种销售方法和理念并不能适应其他的市场特征和客户购买模式。例如，在那些客户需要复杂且完整解决方案的领域中，如果客户选择"整合型"或"外包型"购买模式，意味着销售人员要对客户的业务了解更深入；而在那些新兴市场中，快速获取新客户是供应商最重要的目标，意味着销售人员要很有效率；又或者在那些科技创新行业中，市场需求还在依赖供应商的培育，意味着销售人员要从头开始挖掘痛点。这些例子都不是"关系型销售"方法能很好驾驭的。

可是，"关系型销售"似乎是众多供应商偏爱的销售方法，"拥有行业/客户人脉资源"等字眼几乎无一例外地出现在招聘广告或猎头公司的职位描述中最显眼的位置，就连近年非常蓬勃的互联网高科技企业在招聘销售人员时也没有例外。

但是，使用了不适合的销售方法，最直接的影响是错误匹配销售人员的能力，找"关系型"销售人员去做解决方案的工作，很容易产生两个结果，一是销售人员很容易过于依赖关系而脱离业务，甚至为了赢单"主动"或"被动"地走上不归路。当关系做到个人层面，个人动机和利益就会出现在关系中，销售人员很容易会发生"意外"，这些例子在过去出现过太多。

二是销售人员因为不懂技术或解决方案而需要大量帮忙，导致赢单的效果和效率降低，成本上升。虽然关系型销售方法在市场早期也曾为很多企业立下赫赫战功，但是如果我们细心观察人均销售金额这个指标，会发现"关系型销售"的人均销售金额并不高。

其实，销售方法本来是中性的，没有对与不对之分，"关系型销售"也是如此。关键是把关系放在最重要的位置的同时，不能脱离企业的业务需要，销售人员才会有施展的空间。

如何在"关系型销售"上加入更多业务的元素，或者如何在其他的销售方法中加入恰到好处的关系元素，是专业销售人员应该思考的地方。

📦 "连续统一体"上的组合销售方法

"好的销售能把梳子卖给光头的人"，这个例子常在很多企业的销售岗位面试中用来考验面试人员是否具备销售思维。如果你的回答是"光头的人没有头发，不需要梳头，因此没有对梳子的需求，所以他们不是我的目标客户"，虽然这个答案证明你了解痛点和客户定位，但你很可能不会被录用，因为通常面试官会认为你没有展现挖掘其他痛点并创造需求的能力。他们更认可的答案可能是这样的——"平常你有没有头疼，按摩头皮可以促进血液循环，我的梳子的设计特别适合按摩头皮"。

"产品型销售"是除了"关系型销售"之外，销售人员最常用的销售方法。不过在讨论它之前，有必要先了解"产品型销售"与"解决方案销售""价值型销售"和"顾问型销售"的宏观关系。

前面提到过，除了"以关系为本"的销售理念之外，销售赖以赢单的"底气"要么是供应商的能力特别出众，能够让客户心悦诚服，要么是供应商非常懂得客户，处处为客户的业务着想，然后有针对性地提供解决方案或产品。但是，如果供应商只偏重于某一方，又未必能适应所有市场需求和客户购买行为，因此才会产生不同的销售方法。

这里说的"以供应商能力为本"和"以客户业务为本"的销售理念并不背道而驰、非此即彼，它们存在于一个"连续统一体"（Continuum）的两个"起点"。"产品型销售"存在的一端，代表以供应商的能力作为销售的立足点开始赢单"活动"。"顾问型销售"存在的一端，则是从深度了解客户业务开始，作为赢单的起点，不过到了适当的阶段，还是需要销售"活动"。从这个角度看，"顾问型销售"涵盖了"产品型销售"的方法。

而在这个"连续统一体"两端之间，可以存在由不同方法组合而成的销售方法。在市场上经常被提起的"解决方案销售"和"价值型销售"属于同时重视供应商能力和客户业务的销售方法，至于在过程中偏向哪一端，则是各行各业的供应商根据情况自行设计决定（详见图7-3）。

从供应商能力到客户业务为本的销售方法

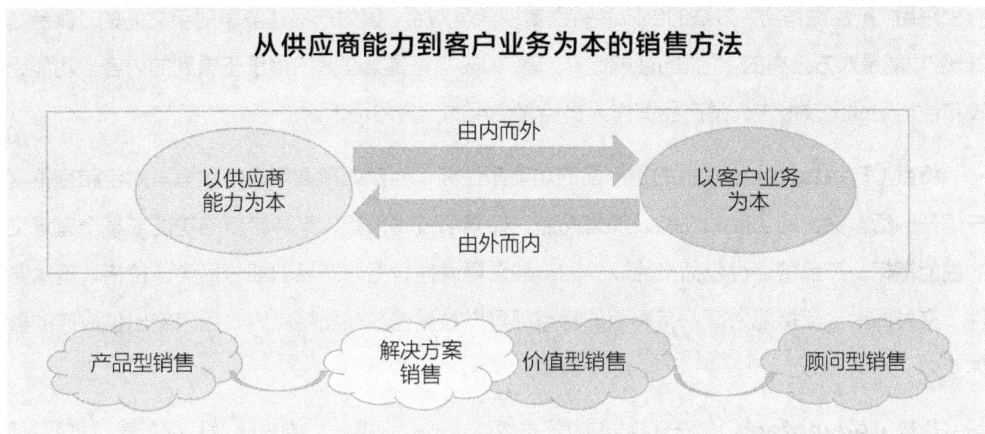

图7-3

产品型销售

虽然名为"产品型销售"，实际上它是以供应商的整体能力为本的销售方法，既包括产品，也包括价格、条件、品牌、交付、生产和其他能力。它的理念也很简单，出发点是供应商认为自己十分了解客户需求，能做出最好的产品去满足它们。而另一方面，客户也很了解自己要什么，所以只要销售人员把供应商产品的"特点"（Feature）、"优势"（Advantage）和"效益"（Benefits）（简称FAB）宣讲和沟通清楚之后，客户就能把产品和自己的业务需要关联起来，做出购买决定。至于后来专家在FAB的后面加上价值（Value），也表明了进一步将产品和客户需要的距离拉近。从FAB到FAB-V，都是基于"连续统一体"的改良产物。

需要注意的是，客户将产品买回来后，不一定就能直接解决问题，有可能需要客户对产品进行一定的操作和加工才能成为解决方案。在"产品型销售"方法的理念中，产品不一定是最终的解决方案，而客户才是解决方案的提供者。

"产品型销售"方法是一种"由内而外"的销售方法，以供应商的FAB为中心，所以销售人员的赢单"活动"和话术，包括展会、峰会、产品演示、样本、样册甚至建议书，都是围绕产品的功能和亮点进行深入介绍，从而说服客户。除了产品之外，供应商也会招待客户到自己的研究中心或工厂，通过展现自身的整体能力来赢得客户对产品的信心。

采用"产品型销售"方法的供应商特别重视竞争对手，因为产品是竞争对手之间的"舞台"。"什么功能是对方没有的""我的性能比对方高30％"等是某些客户最乐于看到的内容。功能比较和性能测试比较报告，是产品销售人员经常使用的工具和话术。

特点（Feature）通常指的是产品的功能和性能，当然如果要用来打败竞争对手和赢得客户信任的话，突出的功能和性能必须是亮点，如某项技术创新、某种崭新的功能或某个有意义的性能指标。产品特点也包括产品以外的一些重要属性，例如产品的细分品类、价格、运输条件、交付周期、支持能力等。有亮点的特点都可以被涵盖在产品特点内，用来突出供应商的整体能力。

优势（Advantage）是产品特点的状态或能达成的水平上，突出比"从前"或"其他人"更进步和出色的地方，含有浓烈的比较味道，让客户对供应商的产品形成好感，从而认定供应商是唯一的选择。在FAB中，优势的作用主要在于清楚地表达由于"特点"的亮点带来的产品差异。

效益（Benefit）是指某个产品特点（和它的优势）能够解决某种客户问题的能力，它是"产品型销售"方法FAB中与客户业务之间唯一的纽带。"效益"虽然能够解决客户的问题、带来价值，却始终只从产品的角度出发，客户需要自己去判断自己是否也可受益于该产品带来的效益。

我在表7-1中通过一些产品的FAB例子，把"特点""优势"和"效益"之间的关系阐明。需要注意的是，"特点"是基于产品提出的，"优势"是基于产品的特点提出的，而"效益"则是针对客户提出的，销售人员通过三者之间的密切关系，将产品的各个特点立体地呈现出来，打动客户。

"产品型销售"最适合应用在庞大而且客户众多的"刚需"市场，由于市场上对某产品的需求明显而且定义清晰，客户对自己的痛点和业务需要也十分清楚，供应商只要比拼出谁的产品更好、优势更大，产品的效益对于能满足的需要和痛点一目了然，不容易发生错误匹配的现象。况且在庞大的"刚需"市场中，竞争自然激烈，销售"活动"和话术围绕产品展开，相对"标准"，也有利于高频次的赢单过程和竞争。

也有些客户选择"交易型"购买策略，这类客户自行分析痛点和业务需要，制定解决方案之后，再基于解决方案展开部件级的产品采购。它们会自行作为解决方案的整合者出现，在采购产品的基础上进行加工或二次开发。"产品型销售"方法在这种情况下几乎是必须选择的销售方法。

表7-1 产品销售的特点、优势和效益（FAB）

特点（Feature）	优势（Advantage）	效益（Benefit）
某手机的照相镜头和功能	可以在非常黑暗的地方使用，并可放大X倍	在各种拍摄环境下都能够拍出高质量的照片
某品牌的商用台式电脑的内存和芯片速度	处理速度和容量比上一代提高50%	大量文字处理办公环境下效率提升50%
某人力资源管理软件中的技能管理功能	将以往需要人工收集、归类、统计和分析的员工技能自动化	提高员工技能管理的准确性和实时性，降低员工培训成本
某起重设备制造商发布新的产品，占地面积是上一代的50%	能够在更狭窄的空间运作	可以取代大量人力，减少工作时间
某SaaS软件的收费方式是以每月计算和按需收费	减少一次性的软件费用支出，避免浪费	以更合理的付费方式获得软件使用权，提升现金使用效率
某医疗设备企业要设立工厂	减少运输成本10%	购买价格降低20%，交付时间缩短30天

不过，像任何销售方法一样，"产品型销售"方法也有它的弱点，虽然它的"活动"和话术相对标准，有利于重复使用、提高销售效率，但是如果市场上有很多同质产品的话，销售人员要在众多的竞争对手中脱颖而出，就不是那么容易了，而这也是"红海"市场到最后都会拼价格的原因。

🔷 解决方案销售和价值型销售

从字面上来说，"解决方案销售"和"价值型销售"有些区别，但是从概念上来说，它们彼此差别不大，在此可以一起讨论。"解决方案销售"和"价值型销售"都是"产品型销售"的延伸，其目的都是把供应商的产品和服务更好地与客户的业务关联起来。一个以"解决客户问题"的姿态出现，另一个为"提供客户价值"出力。这些销售方法在"连续统一体"中的具体名字其实并不重要，关键是具体执行的销售"活动"如何展现对客户业务的重视。

"解决方案销售"的核心理念是，供应商产品FAB和能力虽然突出，但是单独提供的时候不能解决问题。供应商需要把不同的"部件级"产品更有效地整合（包装）起来，加入有偿或无偿的其他服务，才能完全解决客户需求。总体来说，"解决方案销售"的基础还是供应商的能力，但加入了对客户业务需要的深入了解，用以指导供应商如何"包装"解决方案。

同理，"价值型销售"的核心理念强调如何通过供应商产品FAB和能力为客户提供业务价值。市场营销大师科特勒（Philip Kotler）就曾经在他参与编著的《营销管理》（Marketing Management）一书中提出FAB＋V的概念（代表将产品特点、优势、效益加上价值），延伸产品销售的同时凸显价值的重要性，并将其作为销售方法论的基础。

"价值型销售"方法认为再好的产品，如果和客户业务无关，就不会产生任何客户价值，因此销售人员必须先了解客户的需要，然后把产品的亮点和需要关联起来。销售人员对客户的了解越深，能够提供更大价值的机会越大，就能够更少依赖于价格作为竞争手段。

值得一提的是，虽然"解决方案销售"没有提到"价值"一词，而"价值型销售"也没有提到"解决方案"，这并不妨碍它们相互兼容。在绝大部分情况下，这两种销售方法的理念被融合在一起，供应商以产品FAB为起点，加强对客户业务的理解，然后通过"解决方案"的方式去提供业务"价值"。

这两种销售方法的销售"活动"和话术，都强调以了解客户的业务需要作为赢单的起点以及解决方案或建议的根据，关心"客户应该买什么"，而不是"供应商应该卖什么"。但与此同时，不能停止对产品亮点的宣传"活动"，因此成本也比较高。

无论是"解决方案销售""价值型销售"，还是在"连续统一体"中的组合销售方法，只要供应商能够灵活地调节，就可以适应很多的市场特性和客户购买模式，尤其是逐渐增多的复杂的"红海"市场。

顾问型销售

商业咨询行业在20世纪80年代左右开始流行起来，成功的顾问人员似乎有一套独特的销售方法，总能够吸引并直接跟客户决策者见面，把"自己"和"知识"卖出去，并收取高昂的费用。

一些供应商高管开始思考为什么企业的老板们会愿意掏钱去买一些"摸不着和看不见"的东西，也有些销售人员甚至戏称她们卖的是"气件"（vapourware，气体组成的物件），有别于IT行业卖的"硬件"和"软件"。后来她们终于发现，客户的老板和高管最渴望的是能够解决业务问题，这也是他们愿意为之掏钱的原因。于是一些供应商开始研究如何把顾问的方法用于销售，提高差异化价值，提升销售胜率。

我的老东家IBM则更直接，在2003年时以35亿美元收购了当时全球最大的商业咨询企业之一，让顾问专家通过提出各种企业管理信息化的建议来带动解决方案和产品的销售，同时责成全球销售主管进行销售转型，将顾问的手法和逻辑融合到已有的销售方法"Signature Selling Method"（与"解决方案销售"和"价值型销售"相似）之中。类似的销售转型在其他企业中也逐渐流行起来，这种销售方法后来被称为"顾问型销售"。

因此，"顾问型销售"并不是直接使用咨询公司的那套方法去销售产品或解决方案，而是把顾问工作的理念融入并强化已有的销售方法。它是"解决方案销售"和"价值型销售"方法的延伸，并不是完全不一样的销售方法。

"顾问型销售"最典型的例子就是医生，她要把通过学习和经验得来的大量有关的医学知识应用到治疗方法中去医治病人。不同的疾病需要不同的治疗方法，先通过专业方法去诊断病情，经过分析之后，才提出治疗建议（详见图7-4）。

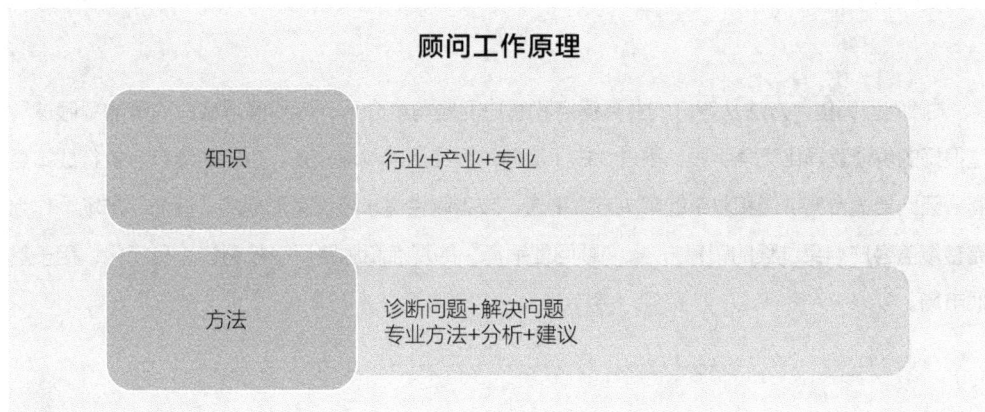

顾问工作原理

知识	行业+产业+专业
方法	诊断问题+解决问题 专业方法+分析+建议

图7-4

同样，在企业环境中"顾问型销售"也是以知识和方法为基础，以解决客户问题为目的。虽然它同样重视客户关系和产品FAB，但是相比之下，解决客户业务问题的专业知识才是成功的关键。就像没有医生的专业诊断建议，任何药品或治疗手段都派不上用场；如果病人对医生的专业知识没有信心，也不会愿意接受治疗。"顾问型销售"强调要解决问题，先要通过各种方法挖掘客户痛点并加以诊断，经过分析后提出建议，并在此基础上提供解决方案。

因此"顾问型销售"的"活动"会从"挖掘痛点需求"阶段开始，同时覆盖客户购买过程的各个阶段，是最完整的销售方法。

图 7-5 所示是一个典型"顾问型销售"方法的过程，跟之前讨论过的销售赢单过程和客户购买过程是一致的，在这里不再赘述。值得一提的是，它包含了"产品型销售""解决方案销售"和"价值型销售"要做和要说的事情，并且把赢单的起点延伸到了解现状和挖掘痛点，把终点推后到实施使用和客户获取价值，从而形成完整的闭环。

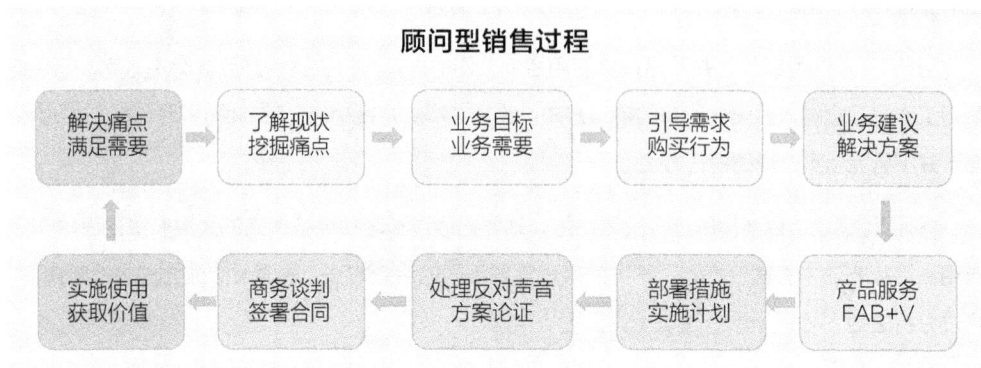

顾问型销售过程

解决痛点满足需要 → 了解现状挖掘痛点 → 业务目标业务需要 → 引导需求购买行为 → 业务建议解决方案

实施使用获取价值 ← 商务谈判签署合同 ← 处理反对声音方案论证 ← 部署措施实施计划 ← 产品服务FAB+V

图 7-5

"顾问型销售"方法从客户的业务痛点和解决问题角度介入，容易博得客户高管的"眼球"，是很好的价值差异化竞争手段。不过，由于赢单过程经历的阶段较多，也相对复杂，执行成本更高，因此更适合高价值和复杂的解决方案销售，或者刚性需求还没有形成的"蓝海"市场。作为完整覆盖客户购买过程的销售方法，"顾问型销售"的观点和思路可以被销售人员简化，用于其他市场。

高效 B2B 销售的 10 个习惯

很多年轻人都想从这类书本中学到"有用的"个人销售技巧，期望在赢单过程中快速"搞定"客户，拿到单子。有别于一般人认知的销售技巧，我在这里分享的经验，不是教会销售人员能言善辩，也不是"挖空心思搞懂客户"，更多的是关于销售人员**连接客户（Connect with Customer）、建立互信（Build Trust）和获得支持（Gain Support）**的方法。这些事情有两个关键词，**一是"积少成多"，二是"工多艺熟"**。

"积少成多"在这里更多的是针对客户的影响。很多销售工作仅做一次，对客户的影响并不明显，但是只要出发点是对的，日积月累，客户就会感受到，或者被潜移默化地影响，其结果逐渐会显现出来。此外，"工多艺熟"的意思是，很多习惯本身没有一个固定的"套路"，其基本原理都是一样的。在不同的市场、行业、客户或商机中，销售人员需要根据当时的情况和自己的能力做出相应的调整，时间久了就会得出经验，熟能生巧。

无论是确认业务需要、敲定客户需求，或是介绍解决方案，还是商务谈判，销售人员和客户之间都要存有互信的关系，才有机会引对方导达成目标。

如何能够取信于人，然后逐步让客户投向销售人员的阵营？我从经验中总结了10个销售习惯，用于销售人员和客户之间的交往和沟通，帮助建立和加强关系。

📦 观察、提问、聆听、收集、分析和判断

人们都说好销售靠的是沟通和口才。清晰的表达能力固然重要，但是实际上销售人员最需要培养的是通过**各种手段收集各种信息，然后进行分析判断的习惯**。养成这种良好习惯，可以帮助销售人员把很多细小的事实累积起来，寻找当中的异同，获得相对准确的结论。

正确地分析和判断，有助于销售人员做出更好的策略和行动计划，大到客户的业务需要或对投标价格的反应，小到客户的个人喜好或对某个商务条款的接受程度，都需要客观地分析和准确地判断。要做到这一点，销售人员要有点"福尔摩斯"的精神，利用各种手段从信息源头收集信息和资料。

收集信息的手段有几个关键点，有逻辑地提问是不能缺少的基本技能，尤其是在挖掘痛点、业务需要和进行重要的谈判时。例如，由尼尔·雷克汉姆（Neil Rackham）先生创立的SPIN销售法实际上便是以不同的提问方法来引导客户的销售方法，其分别利用"场景性问题"（Situation Questions）、"探究困难的问题"（Problem Questions）、"暗示性问题"（Implication Questions）和"解决性问题"（Need-payoff Questions）帮助客户挖掘痛点和需要。

销售人员的口才不只用来说服客户或"卖东西"，还可用来提出适当的问题，从而发现有用而真实的信息。

此外，敏锐的观察和聆听能力也是收集资讯的"必杀技"。无论是对方的身体语言还是"话外之音"，销售人员一不小心就可能被表面蒙蔽，而错过真正重要的信息。事实上，优秀的提问技巧如果没有对应的观察和聆听能力，效果也会减半。相反，如果搭配得宜，真相会无所遁形。那些优秀的专业销售人员，其耳朵、鼻子和眼睛可比嘴巴要厉害得多。

销售的赢单过程是观察、提问、聆听、收集、分析和判断的过程，望闻问切缺一不可。信息多了、分析多了，自然工多艺熟，判断越发准确，弯路也可以少走许多。

🔷 快速判断客户的个人特点

销售的第二个重要技巧，是在短时间内**快速判断客户的个人特点，包括观念、动机、"热点"（成功标准）和风格**。虽然在企业市场里购买决策都有一套流程，理论上每个人都应该按照政策要求扮演不同角色，但是这些人不可避免地被自己的背景因素影响，让购买过程产生变数，甚至影响结果。

大企业中的部门很多，需要销售人员覆盖的人也多，所以需要销售人员快速了解客户的个人特点；小企业资源有限，人员需要兼顾的事情和面对的供应商很多，和小企业做生意，"趁热打铁"十分重要，需求热度一旦下降，便有可能被无限期搁置，销售"窗口"其实十分短。再加上小企业的决策流程更受个人影响，如果销售人员不能快速发现客户的个人特点，对症下药，便会失去着力点。

专业的销售人员不仅会通过观察、聆听和直接交流迅速了解客户的个人动机、"热点"和风格，同时也会用上其他途径，包括通过来自同事和第三方的信息快速勾勒客户的"个人画像"。哪怕是一点点有用的信息，她都会牢记于心。这样她才更容易在后面的交往中和客户找到共同兴趣点，建立融洽的关系。

相对而言，个人风格比较外在，容易通过观察和交流发现，动机和"热点"则需要销售人员下更多工夫和获取更多资讯才能做出判断，但这才是真正有价值的部分。从客户的从业履历和声誉入手，加上其在过去负责过的工作项目的结果，通常会给销售人员提供有用的发现。

🔷 找"对"的人成为支持者

企业市场的购买决策最后都会落到人的身上，供应商有越多的支持者（和赞助人），对生意越有利。在赢单的过程中，销售人员必须**努力寻找"对"的人并获得他（们）的支持**。光凭客户关系，成就不了销售，但是没有客户的支持，连销售的机会都没有。首先，销售人员需要确定哪些是"对"的人。"对"的人能够帮助销售成事，找错了人轻则帮不了忙，重则弄巧成拙，搬石头砸自己的脚。

例如，很多年轻销售在"陌拜"潜在客户时，很容易把接触的第一个人或"好说话"的人当成支持者，哪怕那只是一位普通员工。这些年轻的销售人员被拒绝的次数实在太多了，迫切希望能跟客户说上话，然而事实和经验告诉我们这未必是对的，很多时候销售人员在不对的人身上花了大量精力，到头来事情没有任何进展。

还有更糟糕的例子，销售人员遇到某企业的人员，其自称是某"项目负责人"，要求有关项目的事情都只能告知他一人。实际上这个人只是项目组中的一员，他这么做是希望把所有供应商都控制起来，为个人谋求利益。这样的人通常会定期透露部分项目信息，让销售人员看到希望，同时又会提出一些难题，让销售人员觉得需要得到"高人指点"。这样销售人员以为找到了很好的支持者，也乐于只通过他一人攻关，但实际上被对方玩弄于股掌之间而不自知。最后大多数的结局是客户的管理流程该如何便如何，这个人也根本不能决定一切，可怜的是销售人员，不光浪费了时间，还可能赔上其他的成本。

所以在任何情况下，销售人员都需要对客户部门组织有所了解，正确评估哪些是需要建立关系的人，千万不要贪图便利。"好说话"的人不一定是"对"的人，"对"的人有以下几个基本条件。

首先，"对"的人一定是以企业和部门业务为重，而不是那些只为个人利益着想的人。当然，每个人都有自己的动机和"热点"，只要不违背企业的目标，就能提供良性的动力。最怕的是那些只为自己着想的人，这种人的心思不在业务上，就算他身在决策位置，也不是"对"的人，不会成为真正的支持者。万一销售人员遇到这样的人，宁可选择避开和绕过，若实在无法避开和绕过，就只能通过采购流程把他"打败"。

其次，"对"的人应该对供应商和其所卖的东西有最起码的了解，认同供应商解决方案可以帮助他的企业和部门。

这两个基本条件成立后，客户在决策链条中的位置和角色才有意义。一般来说，"对"的人不只有一个，销售人员要做的事情是先找到一个并迅速与其建立关系，然后通过他尽可能建立第二个支持点，甚至更多。越是复杂的项目，就需要越多的支持者，但两个支持者是良好的起点，可以降低被单点"堵塞"的风险。

要把一个人变成支持者，是一个积少成多的过程，需要销售人员主动地经营。建立融洽关系的方式因人而异，有人喜欢谈工作业务，有人喜欢谈天说地，这些只能靠销售人员自己的观察和判断。有些销售人员急于求成，做的都是一些投其所好但浮于表面的事情，客户对此心如明镜，尽管他未必会说出来。

个人认为，比较有效的方式是建立客户、供应商和销售人员之间的目标兼容性。能跟客户做一辈子的朋友，靠的不是"酒肉"，而是在合理合法的原则下，在业务和工作上给对方提供真正的帮助。销售人员可以通过快速分析寻找"对"的人，并且建立相互之间的共同目标，来推动有益的关系建设。找"对"的人这件事说起来容易，但做起来却很难。

🔹 用专家角色改变客户交流

在现代社会中，人们对专家特别尊重，也更容易对其产生信任。相反，销售人员给人们的印象一般是"卖东西"的人，这多少会使他人产生抗拒心理。

鼓励B2B销售人员迈向专业，正是"顾问型销售"方法所提倡的。销售人员要成为客户面前的专家，一方面要掌握客户所在行业相关的知识与洞见；另一方面，她也要**养成以专家角色在客户面前出现的工作习惯。**

举个反面例子，客户喜欢在第一次见面时跟销售人员说，"给我一个方案和报价"。这听起来是件好事情，但问题是很多时候，销售人员根本还没有了解清楚对方的需要（时间有限或者挖掘能力不足）。有可能这只是客户随便一说，又或者是客户还没有认同供应商（或销售人员），只想了解更多信息（产品/价格）。这时，有的销售人员会信以为真，以为客户已经产生购买意向，高兴地把商机带回公司。有些销售人员甚至主动提出为客户提供方案和报价（有些销售主管以此作为考核项目），建立错误的购买信号（如果客户说"好"的话），满心欢喜地回去做方案。

事实上，无论是客户还是销售人员主动提出，在没有清楚了解客户业务痛点和需要前便提供解决方案和报价，是本末倒置的做法。在这种情况下，销售人员只能提供一个大概的方案和报价，这很容易陷入两难，要么方案的假设太复杂（价格虚高）吓跑客户，要么方案（价格）可能跟最终需求相去甚远，引起客户不满。

很多人认为这是很难避免的情形，尤其是客户提出的要求，销售人员一般不敢怠慢。而且销售人员总想争分夺秒，希望能够在一次拜访中尽量往前推进，这是典型的传统销售心态。不过如果销售人员将自己定位为"专家"，想法很可能会不一样。

就好比医生不会在搞清楚病因之前就给病人开药方，这是最基本的专业素质。同样，专业的销售人员也不应该在了解客户痛点、需要、需求和决策流程之前，轻易提供解决方案和报价。原因很简单，一是销售人员需要这些信息才能提供合理的解决方案和报价，了解越细，方案越准确，这对客户有益。其次，这本来就是一个客户购买过程的必经阶段，如果客户说不出来，可能时机尚早，"八"字还没有一撇，也有可能是客户还不认同产品和服务，需要销售人员做更多工作。坚持这样的工作方法，也是对客户的一种测试。

遇到客户主动要求提供方案时，销售人员应该立即审视已经获得的信息是否足够，如果不够，则利用这个机会去请求更多信息，以及进行更多介绍工作。

- 了解客户的业务目标、痛点和需要（痛点要刺激需要）。

- 了解外部需求是否已经存在，不在的话如何决策（需要刺激需求）。

- 确认客户明白产品/服务如何满足需要（不明白则需要进一步解释）。

- 提升客户对产品/服务的兴趣（能够满足需要）。

这时候销售人员必须以负责、诚恳的态度，向客户耐心解释，贯彻专家的角色。只要销售人员在会面中能够提供真正的价值，大部分客户都会所触动。而在这个过程中，销售人员也会发现客户是否有诚意。

总而言之，从传统销售转向专家角色是一个重要的销售习惯的改变，尤其对未来的影响会很大。以上所说的是一个非常典型的例子，但还会有其他销售工作需要销售人员以专家角色来应对，这里不能逐一讨论。关键是销售人员要拥抱专家角色，以专家视角去审视自己的工作方法，不断改良，做到工多艺熟。

◈ 经营和客户从小到大的"协议"

在人际交往中，任意两个人每共同完成一件事情或达成一个协议，不论事情是大是小，都会增加彼此的信任。同样，销售人员和客户人员**在日常交往里达成小的协议（Agreements），可以逐渐累积双方的信任**，对关键时候重大的协议（购买决定和合同）有天然的帮助。

我们对"决策树"（Decision Tree）的原理应该不会陌生，几乎每一个重要的决定都可以分解成更多数量的小的决定。任何一个赢单机会也可以从结果倒推，发现销售过程中存在哪些小决定，然后逐一去达成，为最终决定做铺垫。

把这两点结合起来，意味着销售人员可以把赢单的"决策树"分析出来，对每个小的决定加以经营使其变成小协议，在过程中不仅累积信任，也累积出来最后的赢单决定和协议。这种销售技巧的优点在于，把复杂的销售决定分解并逐个击破，方便销售人员执行和管理，也有利于让客户和销售人员建立互信。

在赢单过程中，供应商需要提供给客户的文件起码有3份——解决方案/建议书、实施计划和合同文本，这是赢单"决策树"上3个重要的决定点，如果客户认同它们的内容，将会对最后的赢单决定有很好的促进作用。

这些文件是用来测试客户诚意和认真程度的最佳工具和手段，如果客户有别的想法，他们对这些文件不会随便认同，因为他们心里明白这些文件的意义。就算嘴上认同，接下来的行动也会暴露其真实想法，毕竟人的行动比说出来的话来得更老实一些。对于专业的销售人员来说，这三份文件的内容是引领客户到最终协议（合同）过程中的最佳抓手。

除此之外，销售人员还有很多其他的决定点可以争取，小到对某个产品功能亮点的认可、对建议书内容的认可、对某个销售洞见的赞叹，大到对售后服务体系的欣赏、对成功案例的羡慕，这样的小"协议"在积少成多之后会产生强大的助力，对最终结果带来良性影响。

🔹 管理合理期望和过分承诺

客户对销售人员的信任受到她一言一行的影响。在交往中得到满意的结果的话，信任会加深一些。同样，每一次失望也会相应减分。言而有信的道理谁都明白，不过很多时候销售人员在客户面前有可能不自觉地犯错。

有时候销售人员受不了客户的故意挤兑或将其与竞争对手的比较，为了在场面上说服客户，会把供应商能做到的说得"太满"，就算客户没有期望那么高的性能/功能，销售人员也会把产品说得过分得好。这种言过其实的过分承诺经常给供应商带来伤害，使其要在合同价格、交付内容或条款中做出让步。

也有些销售人员将客户的话视为真理，就算客户表达有偏差，也不敢说出真话或及时纠正，让客户形成不合理的期望。这些期望一旦形成很难改变，满足的成本又很高，让销售人员（甚至供应商）骑虎难下。

销售人员和客户交往时，要避免过分承诺。这个习惯从日常交流开始，哪怕是一件小事情都不能掉以轻心。对客户提出的想法或要求，自己都要"过过脑子"，不要让客户抱有错误的期望。对没有把握做到的事情，销售人员不要随便答应。凡事尽量以客观事实为依据，实事求是，能做什么是什么，这比"先说了再想办法"更会得到客户的理解。过分承诺，一半可能源于对销售本质的不理解，另一半则归咎于销售人员潜意识里的不自信。

信任不足会让客户心生犹豫，到了更重要的决策时刻，更不敢全力支持销售人员。相反，销售人员一旦**养成承诺和期望对等的工作习惯，总能让客户在不知不觉中产生信任，积少成多，形成良性循环**。

🔲 利用成功案例引起共鸣

大多数人都讨厌失败，在有责任心之余依然有点害怕承担责任，看到别人成功时又想要向他看齐，同时希望自己做的事情被别人认同。客户在购买过程中同样会产生这些心态，销售人员针对客户的此类心态，最好的方法是通过其他客户的成功经验增加现在客户的信心，解除他们的担心。在企业市场里，利用客户成功案例是非常有效的销售技巧，值得销售人员投资时间去"熟读"供应商成功案例的前因后果。

成功案例可以在赢单过程的不同阶段引起共鸣，发挥不同的效用。在开始挖掘客户痛点和业务需要时，成功案例可以用来激发客户的兴趣和欲望；在论证和确认解决方案时，它可以增强客户的信心，从别人的经验中获得借鉴；在最后的谈判阶段，它除了支撑支持者的信心，也可以用来消除反对者的疑虑。

成功案例通常是由市场人员负责收集和整理，最简单的只有成功客户的名字或名单，以数量和名气显赫的客户为亮点。更好的做法是把客户使用的解决方案以及相关的经验和价值，以图文或视频的方式记录下来，供销售人员使用。也有些成功的客户愿意为供应商"站台"，出席供应商的活动，或接受潜在客户的直接探访，现身说法分享经验，这是最高级别的客户"背书"。

作为专业销售人员，应该深入了解供应商过往的客户成功案例，从案例的企业背景、痛点和需要，到解决方案、使用效果和商业价值角度进行研究，以便在适当阶段引起客户共鸣。销售人员还要及时掌握案例的更新情况，交叉使用，务求应用自如。

🎁 确认再确认，不要"想当然"

这听起来好像很啰唆，却是非常实用的销售习惯。有些销售人员为了表示自己对客户的说话很专注，有时候明明没听清楚，但又不好意思提问，结果就产生了误会。也有些销售人员受到自己的主观影响，错误理解客户的意思，因而做出错误的决定。类似的事情时有发生，过失貌似很小，但影响可能十分严重。

只要养成跟客户确认（verify/confirm）的习惯，这样的错误其实很容易避免。和客户确认，除了可以避免和客户发生误解，还可以用来确认客户在期望值和结果之间的满意程度，间接也能强化客户对供应商的信心。

不过最有用的还是确认客户对供应商的认真程度。例如，客户对供应商不感兴趣时，或许出于礼貌的原因，他未必会直接表达真实的态度，而是敷衍了事。客户经常让销售人员"回去做个报价来看看"，这时候如果销售不进行确认，就有可能信以为真。

作为一个好习惯，不管是客户郑重承诺的事情还是随口一说的话，不管是真是假，销售人员都应想办法确认，千万不要因为是"客户告诉我们的"或者是"想当然"就毫无保留地接受，这样的亏，很多销售人员都曾经吃过。

确认的方法有很多种，有直接的、有婉转的，但最有效的方法便是提出需要确认的原因，会显得更有说服力。只要运用得当，客户不会产生反感，反而会觉得销售人员做事认真负责。

🎁 永远为下一次接触做铺垫

把赢单过程分为不同阶段，可以帮助销售人员把各种"活动"的逻辑关系分解清楚，方便有条理地执行。但是如果每一次"活动"之间不能保持连贯的话，赢单的节奏则可能会被打乱，失去协同效益之余，商机进程可能因此而终止。

一个好的工作习惯就是，在和客户的任何接触中**永远要为下一次"活动"做铺垫**。无论见面与否，不管是提交报告、提供资料、跟进进度、反馈意见，还是邀请对方参加"活动"或参观演示，销售人员都应该预备好"台词"，在本次接触结束之前，提出和确认下一次接触的事由，而且越清晰越好（目的、时间、地点、人物等），寻求继续交流的机会。

这样做的好处是，一方面能确保赢单过程不被中断，保持延续性，另一方面可以测试客户对于"上一步"是否满意，对于"下一步"是否期待。任何对供应商认真的客户都不会拒绝配合销售人员在每次"活动"结束时一起计划"下一次"，就算当时不能定下来，也会让销售人员继续跟进。

销售人员应该将此作为每次客户会面或接触结束前的"标准动作"。从另一个角度看，这也是跟客户确认的一种方法。只要持之以恒，就能养成习惯。

及时发现和处理反对的"声音"

在赢单过程中，各种的疑虑甚至反对的"声音"可能随时随地出现在任何人身上，**如果不及时释疑或者处理不当，可能导致商机停止或竞争失败**。要及时处理，首先销售人员要能察觉它们的存在。有时候这些声音能直接、清楚地听到，有时候它们来得非常婉转，一不留神就会错过或者错误理解，也有一些反对者根本没有发出声音，只是通过行动来表达。

也许出于侥幸心理或者对自己的策略太有信心，不少销售人员对反对的"声音"的敏感度很低，经常对其听而不闻，仿佛它们早晚会消停，甚至有些销售人员可能因为没有经验而听不出来。

销售人员就算把前面提到的所有销售习惯都做到极致，也很难保证客户有关人员都如愿成为支持者，不出现任何反对的"声音"。包括聆听、观察、分析、判断、反复确认、管理期望、经营协议、积少成多、建立信任等在内的销售技巧确实可以帮助销售人员及时发现反对的"声音"，也能够通过她们的层层把关，减少这些"声音"出现的机会。但即便如此，客户不同部门中持有不同立场和意见的人总会存在，而且竞争对手也和我们一样在不停地影响客户，因此培养及时发现和处理反对的"声音"的工作习惯，是销售技巧中的最后一道防线。

预防胜于治疗，这是为什么前面讨论过的销售习惯那么重要。销售人员能跟客户建立融洽的关系和信任固然是基础，但在工作上还需要多留一个心眼，多走一步路，去减少问题出现的可能（或者及早发现问题）。假如反对的"声音"还是存在，销售人员要及时处理，千万不要掩耳盗铃，否则会使商机停滞不前，更不可以用谎言或敷衍的手法搪塞客户。

要有效处理反对的"声音"，先要对这些"声音"的大致内容和形成原因有所认识，以及辨别其可能来自客户的哪个部门。一般来说反对的"声音"可以分为3类：**一类围绕客户企业；一类针对供应商；还有一类跟客户个人有关。**

围绕客户企业自身问题的反对"声音"，主要和企业中部门的角色有关，有的关心预算，有的关心使用。这些问题一般出现在赢单过程早期的立项和形成需求阶段，但也会出现在商务谈判阶段。尤其是在双方相持不下的时候，反对的"声音"是客户采用的谈判手段之一，常见的围绕客户企业的反对"声音"如下。

- 痛点和业务需要不强烈、不紧急或不重要。

- 现有产品/方法已经足够，无需改变。

- 改变的财务成本很高（成本/费用支出）。

- 改变的实施/部署成本很高（时间、资源、难度和风险）。

- 改变的使用成本很高（流程/员工技能）。

- 没有预算或预算不足（经常预算或者项目预算）。

针对供应商问题的反对"声音"可能来自客户中的任何反对者，并无部门之分。它们随时在赢单过程中出现，特别是后期的确认供应商和商务谈判阶段，常见的针对供应商的反对"声音"有以下6种。

- 供应商的背景资质和实力

- 产品功能/性能

- 产品使用/操作

- 产品实施/部署

- 总价和单价（折扣后）

- 商务条款

至于客户个人的问题，很少直接以反对的"声音"出现，更多可能是某个"声音"背后的真实原因，销售人员需要在分析反对的"声音"时，将客户个人因素考虑进去。

- 个人工作动机

- 个人成功标准的"热点"

- 个人工作风格

个人承担的风险太大、对供应商的解决方案不熟悉，或是对竞争对手的方案更认同等原因都会导致个人的反对"声音"间接出现在其他反对"声音"的背后。但由于这种声音特别隐蔽，更需要销售人员小心处理。

处理反对"声音"和处理其他问题的方法并无两样，其实没有任何花哨的地方。首先销售人员要尊重每一个反对"声音"，收集反对的内容和业务原因，了解其是否与客观事实和业务有关，还是个人的主观假设。根据不同情况，销售人员分析制定回应策略，在执行后还需反复确认问题是否已经得到有效处理。如果问题还没得到解决，销售人员还需要重新分析制定其他的回应策略。

制定回应的策略可以围绕4个方面展开思考。第一，要看反对的"声音"本身是否为**客观事实**，如果不是的话，应当从问题入手，如果问题本身属于客观事实，则只能以事实回应。第二，任何反对的"声音"一定基于反对者所属部门的利益，否则就难以立足，所以销售人员必须检视反对的内容和原因，并从中找到和**反对者部门利益**的关系，对症下药。第三，个人的动机、热点和风格对企业决策的影响不容忽视，在分析反对的"声音"时也必须从对方**个人心理**的角度出发，寻找最均衡的回应策略。第四，企业购买决定到头来看的是**解决方案，包括产品、服务、价格和条款**。要找到回应反对"声音"的策略，自然必须要对此了如指掌。以上是销售人员在制定回应策略时需要考虑的。

具体如何回应反对的"声音"，需要根据反对的内容和临场情况做出变化。我列出几个笼统的方法供大家参考，希望大家在遇到具体问题时可以灵活运用。

以事实正面回应反对的"声音"：这是最基本、直接的方法，在对方并不客观或反对内容/原因带有瑕疵时最为有效，当然使用这个方法的前提是自己掌握了事实。

弱化反对"声音"的重要性：如果对方的反对内容和原因是正确合理的，销售人员能做的，就是把它的重要性降低，就好像改变招标评分标准中的权重一样，把它的影响降到最低。

以其他特点、优势、效益或价值比较盖过反对的"声音"：这类似于降低反对"声音"的重要性，但不同之处是直接以别的"声音"盖过反对"声音"，如在比较两家解决方案时，对方提出我方的价格高出30%，我方以更高的性能和更多的功能来回应。

拉动支持者质疑反对的"声音"：如果销售人员建立的支持者联盟有足够的力量，也可以发动他们用各种理由质疑反对的"声音"，质疑的理由可以和以上几点结合。

分析对个人工作的好处：对于出于个人动机反对的人，只要他的个人原因和业务目标不矛盾的话，销售人员可以通过提供解决方案，帮助对方在工作和绩效上获得更好的表现。

以上回应的方法都离不开分析和客观事实的支撑，以理服人，以供应商和解决方案的硬实力说话，在满足客户部门利益的同时，尽量兼顾个人心理需要。除了策略和方法，销售人员处理反对的"声音"时还要注意选择回应的渠道，是公开正式的场合还是非正式的沟通，务必三思而后行，以免引起面子问题（毕竟对方是反对的"声音"）。而且事后必须反复确认，得到充分证明，才可以继续前进。

这十种销售个人技巧和习惯，是我从过去的经验和实践中总结下来的，用来辅助销售人员日常和客户之间的所有交往，相信会有不错的效果，其中关键还是要做到"积少成多"和"工多艺熟"。

通过价值守住价格

"如何守住价格"以及类似的问题最受销售人员重视。受重视的原因很简单，因为没有一个企业客户在第一次合作时，不曾对供应商的价格提出异议，甚至之后它总会成为赢单的"最后"一道坎，直接影响业绩成败。面对关系再好的客户，在今天的采购流程化管理中，销售人员也不敢在价格上有丝毫放松。在这里我把价格跟其他反对的"声音"分开，单独讨论一下我对守住价格的看法。

在企业世界里，价格和价值是孪生兄弟，足够的价值才是守住价格的"硬道理"。当供应商提供的价值足够时，面子和关系只是谈判最后一刻的"润滑剂"而已，销售人员千万不能对面子和关系寄予过多的希望。

🔲 从接触第一天开始为价格打基础

要以价值守住价格，销售人员从展开销售"活动"的第一天起，便需要开始宣传供应商的各种价值，不能等到商务谈判前才临时"抱佛脚"，因为到那时候，供应商所能提供的价值和客户的预算期望已经不能逆转，就算双方发现差距，想要妥协调节也都来不及了。越早开始，销售人员越有机会把双方预算、价格和价值匹配一致。

第一步要做的，就是在客户面前摆正自家产品和价格的定位。每家供应商都有自己的定位，大致可以分为3类。有些供应商主打高性能和高价格组合，以"高价值"的形象出现；有些供应商专做低性能的东西以低价格出售，会把自己的产品和服务定位为"物美价廉"；还有一种供应商认为自己能以低价格提供高性能的东西，以"高性价比"作为定位（详见图7-6）。

供应商价格定位

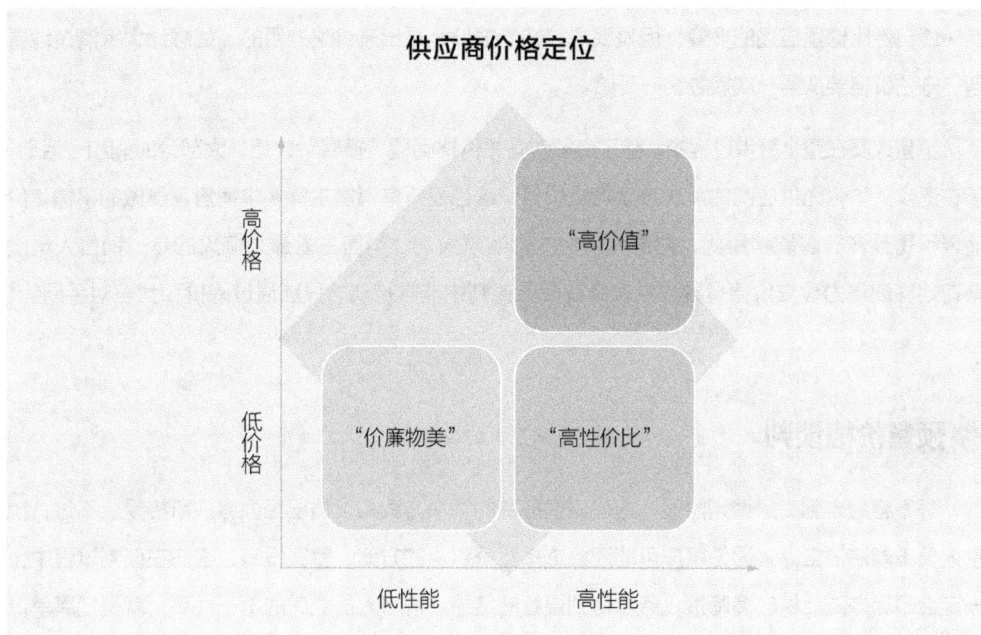

图7-6

可是，很多销售人员潜意识里认为客户不喜欢听某些话，不希望把价格说得很高，也不愿意承认产品性能不足，因此本来定位"物美价廉"的产品到了销售人员嘴里，会提升为"高性价比"，而"高价值"的定位也往往变成了"高性价比"。"高性价比"是大多数销售人员最喜欢的自我定位，她们以为这样能留住客户和对以后的价格谈判有帮助，实际上这是一个重大的销售误区。

其实，无论供应商的定位是什么，销售人员从开始接触线索和商机的那天起便不能随意更改，否则客户会对供应商产生错误的期望。相反，销售人员在赢单过程中的所有话术和"活动"都应该去确认和强化供应商的定位，使客户尽可能接受，因为一旦客户接受，它就会以这个定位来衡量和要求供应商，对价格的期望值也会相对合理。如果客户一直不接受，那实际上就意味着这可能不是一个好的商机。

在这个过程中，销售人员经常会遇到一个头疼的问题，那就是在初步接触后被客户要求提供一个"初步报价"。这貌似是个积极的信号，但是往往由于当时还没有足够的需求信息，销售人员担心如果价格报得太高会把客户"吓跑"，但是如果价格报得太低，又怕以后没有谈判空间，或者无法覆盖所有需求。如果出现这种情况，销售人员不应该有丝毫纠结，而是必须利用这个机会从客户那里获得进一步的背景和需求信息，以便提供一个相对准确的报价。万一客户敷衍了事不愿意提供更多信息，销售人员可以以当时的情况进行判断，是继续提供报价还是终止跟进。现实环境自然比这里描述的多变，但是我把"初步报价"拿出来讨论的目的，是想让大家清楚地看到，守住价格要从第一次接触客户开始。

销售人员在整个赢单过程中，除了必须对有关价格问题"摸底"之外，大部分时间和"活动"都在逐步铺垫，为供应商的解决方案建立价值，这也是所有销售主管要求销售人员做的事情。价值累积得越多、越能够量化，对最后价格的影响越大。让销售主管最为恼火的是，销售人员没有花足够的精力建立价值，导致供应商在商务谈判中非常被动，只能通过降价和竞争对手周旋。

预备价格谈判

好不容易走到商务谈判阶段，这代表供应商的解决方案和价值已经为客户所接受。不过，销售人员不能沾沾自喜，因为客户可能还会选择竞争对手的方案，就算没有，客户在谈判过程中也一定会想尽办法让供应商降价，务求得到更好的结果。销售人员能做的第一件事，就是把赢单过程中**所有被客户确认过的业务价值全部盘点起来**，用来守住之前的报价。

在进入价格谈判之前，我还整理了几件值得做的准备工作（详见图7-7）。

1. 了解客户的理由

商务谈判是客户和供应商在签约前最后一次价格博弈的机会，客户需要在之前的报价之上提出有说服力的理由，才好让供应商愿意去谈。一般来说，客户为了"出师有名"，会做好功课并提出合理的理由，但也有些强势的客户（或其中的采购部门）会开门见山地说他的责任就是"杀价"，并以竞争对手相逼迫。

商务谈判知己知彼-如何守价格

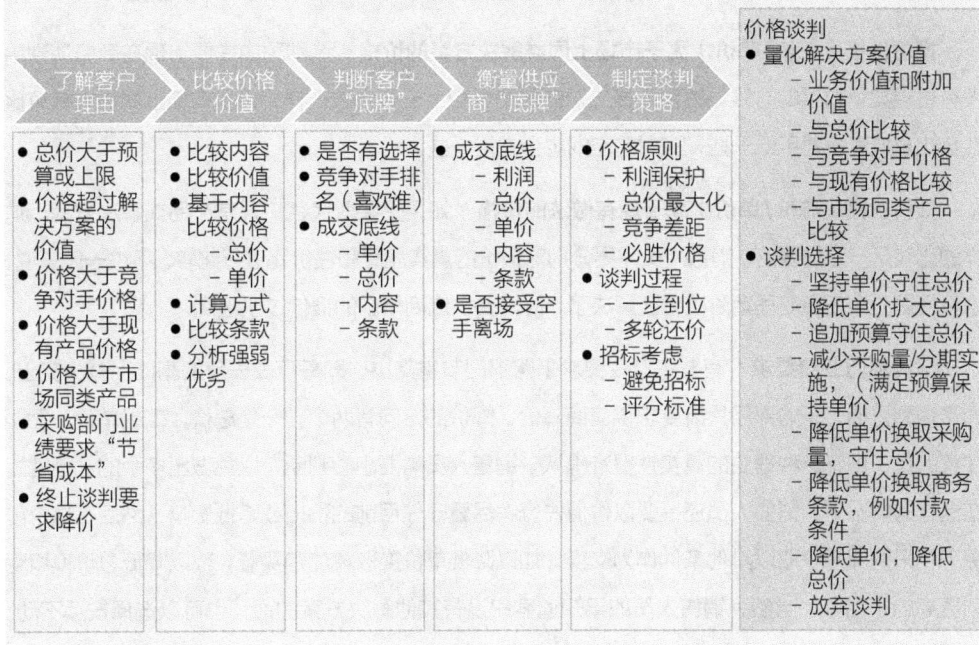

了解客户理由	比较价格价值	判断客户"底牌"	衡量供应商"底牌"	制定谈判策略	价格谈判
● 总价大于预算或上限 ● 价格超过解决方案的价值 ● 价格大于竞争对手价格 ● 价格大于现有产品价格 ● 价格大于市场同类产品 ● 采购部门业绩要求"节省成本" ● 终止谈判要求降价	● 比较内容 ● 比较价值 ● 基于内容比较价格 　– 总价 　– 单价 ● 计算方式 ● 比较条款 ● 分析强弱优劣	● 是否有选择 ● 竞争对手排名（喜欢谁） ● 成交底线 　– 单价 　– 总价 　– 内容 　– 条款	● 成交底线 　– 利润 　– 总价 　– 单价 　– 内容 　– 条款 ● 是否接受空手离场	● 价格原则 　– 利润保护 　– 总价最大化 　– 竞争差距 　– 必胜价格 ● 谈判过程 　– 一步到位 　– 多轮还价 ● 招标考虑 　– 避免招标 　– 评分标准	● 量化解决方案价值 　– 业务价值和附加价值 　– 与总价比较 　– 与竞争对手价格比较 　– 与现有价格比较 　– 与市场同类产品比较 ● 谈判选择 　– 坚持单价守住总价 　– 降低单价扩大总价 　– 追加预算守住总价 　– 减少采购量/分期实施，（满足预算保持单价） 　– 降低单价换取采购量，守住总价 　– 降低单价换取商务条款，例如付款条件 　– 降低单价，降低总价 　– 放弃谈判

图7-7

客户的理由五花八门，但不外乎以下几种，它们有时候是真的，有时候却是障眼法，有时候亦真亦假，需要销售人员深入了解和判断，才能在制定策略时对症下药。

报价总价大于客户预算：这个理由如果是真的，意味着就算解决方案的价值十分高，客户也可能买不起，或只能少买一些、分期实施，除非客户愿意申请追加预算。如果这个理由只是要求降价的"烟幕弹"，供应商就有机会坚守价格。

报价价格（总价/单价）超过解决方案的价值：简单来说，客户的理由就是认为解决方案不值这个价格。这里说的价格有可能是报价的总价，也有可能是针对某个部分的单价。理论上来说，能走到商务谈判这一阶段，出现这种理由的可能性不高，但无论是虚是实，供应商最好的应对方法，就是之前提过的，把解决方案所有价值尽量量化，并以此去论证报价的合理性。

报价价格（总价/单价）高于竞争对手的价格：这是客户最常利用的理由，里面有两层含义，表面上是绝对价格的差异，隐含的可能是两个解决方案价值的比较。而且和上面一样，销售人员要了解到底是总价还是某部分单价的问题。应对的办法分为两部分，一是要以"苹果与苹果"比较的方式，检视两个解决方案包含的内容，推算出两个报价的真实差距，二是把两个方案的价值点做出比较，再把价值的差距和价格的差距进行比对（性价比），得出更实在的结论。

报价价格（总价/单价）高于市场上同类解决方案的价格：这种理由主要出现在商务谈判中没有直接竞争对手的时候，销售人员应对的方法也和上一条大致一样，只是市场上同类方案可比性会比直接竞争对手低一些，应对的空间也会充裕一些。

报价价格（总价/单价）高于现有做法的价格：如果是要取代客户现有产品或解决方案，这样的比较是一定需要的。销售人员需要分别对报价的真实差距和性价比进行比较。不过一般来说，这种问题应该在赢单早期阶段就被解决了，除非是供应商早前的报价过于虚高。

采购部门业绩要求：有些企业会要求采购部门节省支出，即每年在去年的基础上减少支出。为了达到目标，采购部门只能要求供应商降价。降价的方向有两个，一是总价，二是单价。需要注意的是，由于这种理由的真实性很难确认，销售人员需要小心判断，以免做出多余的"牺牲"。在这样的情况下，销售人员还是要以价值先行，尽量守住目前的价格或降低影响，然后在这个前提下和采购部门争取以其他条件作为交换，如以降低单价换取增加购买量，或以降低总价换取毛利更高的产品等。当然，销售人员如果知道客户没有其他解决方案的话，也可以选择按兵不动，以时间换取客户最终的妥协。

客户以终止谈判为理由强势要求降价：这种理由的背后是客户有一个心理价格，但是由于没有其他更好的理由，只能够以终止购买或谈判作为议价手段。这种方式一般不会在谈判初期出现，更多出现在最后一锤定音的时候。面对这样的要求，销售人员的处理方法基本上和前面一条相同。

正如以上所说，这些理由在同一个商机里时真时假，也经常一起或先后出现。销售人员要通过分析，判断客户真实的理由，然后对症下药。

2. 比较价格和价值

无论客户的理由是什么，销售人员要以不变应万变，以解决方案的价值为基础去应对各种情况。在赢单过程中销售人员已经做了不少建立价值的工作，到了商务谈判之前，需要盘点各种业务价值，将其作为谈判的第一道防线。

就算客户之前曾经认同过这些价值，依然会想办法通过和其他对手比较，把价值弱化，甚至加以否定，为降价争取更多空间。无论是和竞争对手、市场上同类方案，还是和现有产品等比较，能否守住价值，对谈判手段的选择有很大影响，这是销售人员必须做的准备工作。

除了解决方案价值的比较之外，销售人员也需要对方案的内容（包括数量）、报价、单价、条款等做仔细分析，并和其他对手进行比较。这样围绕解决方案的全方位比较才能让销售人员看清自身与竞争对手、市场上同类方案或现有产品的优劣，并以此作为谈判的依据。

3. 判断客户"底牌"

商务谈判不只是价格，还有（解决方案）内容和条款，三者互相关联，而价格方面又可分为总价和单价。这四项都是谈判的重点，但其中的优先级会根据客户当时的情况和目标而定。解决方案的内容包括有关产品、服务以及相应的数量，任何改变（增删）都可能影响解决方案的价值，同时也会影响总价甚至单价和条款。在谈判中，内容是需要被最先决定的部分，其中哪些部分的内容是重中之重，哪些可以改变，销售人员需要有所权衡。其次，客户对总价和单价哪方面更为重视，总价是受到预算影响还是比较富裕，还有哪些条款对客户重要，哪些能够被"交换"等，这类信息和判断都会对策略带来帮助。撇开解决方案，客户是否有其他可行的解决方案，它们之间的排行和理由等，则是对客户"摸底"的补充信息。

4. 衡量供应商"底牌"

和了解客户一样，销售人员对供应商解决方案的内容、总价、单价、条款等也需要有所掂量。供应商在价格谈判时最关注的通常是毛利（这单生意是否赚钱或能赚多少钱），还有这单生意或客户的长远价值和意义（例如这是突破大客户的第一次合作）。此外，商务条款，尤其是付款条件和时间，往往也是供应商想要争取的地方。客户的价格除了影响交易额和毛利之外，供应商（尤其是在成熟市场里）也会关心成交价格（或者是折扣）是否打破了市场的既定水平和规律，这影响到以后类似的买卖。销售人员通过和供应商的紧密沟通，需要对这五个方面的重要性和优先级加以理解，并且在谈判时有所选择，务求把供求双方的诉求匹配起来，促成签约。

5. 制定谈判策略

针对以上的各种信息进行分析和比较，包括对解决方案价值的判断，销售人员就可以开始制定谈判策略。首先为价格原则定下方向。是以追求解决方案总价或利润最大化为目的？还是以竞争为导向，战胜对手为终极目标？不同的原则方向代表供应商不同的取舍。其次，销售人员要决定的是谈判的过程策略。是预备马拉松式的多次来回还是争取比较直接的议价，这主要看双方的紧迫程度，时间对谁更为有利而定。谈判回合的多少会影响具体的"出牌"方法，以及实际的报价数字。

具体价格会随商机而变，谈判的思路也有很多。不过能否守住解决方案的价值，是价格谈判的重要分水岭。"守得住"代表客户接受解决方案及其价值，价格自然好谈一些；"守不住"代表两者或其中之一不为客户接受，谈判的压力会大得多。另外，预算代表客户的客观购买能力，解决方案总价是否在预算范围之内直接影响谈判是否能有结果。因此我在谈判时，会以解决方案价值和客户总价预算为基础，梳理出价格谈判的对策，并且制定出4种情况下的8种价格谈判策略。这些情况和价格谈判标准在这里供大家参考。

🔹 8 种价格谈判策略选择

价格谈判策略围绕供应商的解决方案价值是否被客户认可，以及客户的预算是否和供应商的总价匹配两个因素展开。无论之前技术交流多好，到了谈判时客户往往（尤其是采购部）会主动贬低供应商的价值，这时候销售人员如果能够守住价值，就会给予她更多的谈判空间。同时，如果销售人员判断客户预算充足，也会为她提供更多选项。相反，如果价值"守不住"，而预算又不足的话，销售人员就会陷入非常被动的境地。

除此之外，谈判还有另外两个重要的变数——产品单价（折扣）和数量（在此处为了简化描述，简单定义合同总价＝单价×数量）。调整单价和数量不仅能影响合同总价和供应商的营收，还会影响产品的毛利空间（单价提高或降低）。

根据价值和预算因素引发的4种可能，销售人员可以根据供应商对总价、单价和数量的重视程度，采用以下8种价格谈判策略中的一种（详见图7-8）。

- 解决方案价值"守得住"/总价预算足够

1. 坚持单价，守住总价：这个不需要多解释，在客户接受解决方案业务价值的同时，总价又在客户预算范围之内，价格自然应该坚守。

2. 降低单价，扩大总价：如果发现客户的预算相比总价还有不少富余，销售人员可以考虑以不同的方法（包括降低单价）争取扩大总价。

- 解决方案价值"守得住"/总价预算不足

3. 追加预算，守住总价，坚持单价：客户接受解决方案，但是预算不够，最好的方法自然是客户申请追加预算，守住方案原来的总价。

4. 减少采购/分期实施，坚持单价：如果客户不能申请追加预算，则只能减少采购量，或者分期实施采购，而无需降低单价。

● 解决方案价值"守不住"/总价预算足够

5. 降低单价换取增加采购量，守住总价：如果客户有足够预算，但认为解决方案的价值并不足以支撑价格，销售人员可以考虑以降低单价争取更多采购量，尽量保护总价。

6. 降低单价换取有利的商务条款，降低总价：同样的道理，销售人员也可以考虑降低单价争取更有利的商务条款，如付款时间等，但无法保护总价。当然，在解决方案价值"守不住"的前提下，销售人员比较被动，是否能够成功争取以上条件，很大程度取决于"守不住"的理由和程度，以及客户的选择。万一争取不成功的话，销售人员就要根据策略和价格原则做好准备，选择满足客户要求（降低总价、单价和利润）求得胜利，或是放弃谈判。

● 解决方案价值"守不住"/总价预算不足

7. 假如销售人员选择接受客户要求而降价（以低于原来价格得到同样多的内容），应当争取接受部分降价要求，以性价比差距比例作为降低单价的标准，务求可以在总价上达到客户的预算范围。

8. 放弃谈判永远是谈判的一个选项。

价格谈判策略选择模型

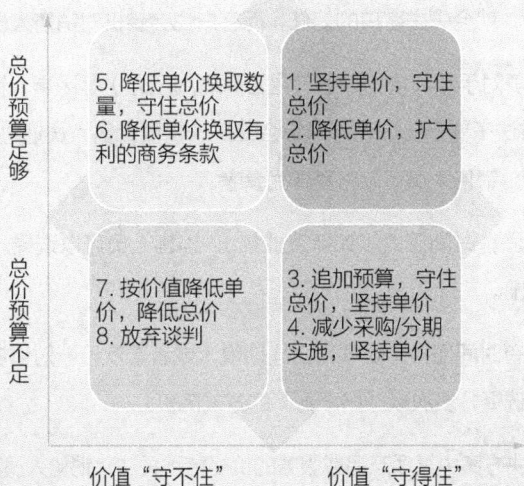

图7-8

以上的价格谈判策略是基于解决方案的价值和客户预算推演而成，是谈判的核心，销售人员明了这个基础，才能更好地守住价格。

📦 降价的"艺术"

遇到以上"守不住"价值的情况，除了放弃谈判之外，降价似乎是不可避免的手段。另外，在买方市场中，销售人员有时会碰到强势的客户采购人员仗着庞大的购买力，要求供应商必须降价到某个水平，否则会选择竞争对手。在这样的情况下，销售人员也面临着降价的挑战。

撇开价值不谈，纯粹从谈判的角度出发，降价的多少依赖于销售人员的临场应变，方法虽然灵活多变，但依然有些经验和原则可以借鉴。

1. 在谈判前要对双方的"底牌"有所了解，特别是要知道客户要求降价的动机和能够交换的条件，对内要制定供应商的谈判价格目标范围、想要交换的条件，以及在什么"底价"时会放弃谈判。

2. 在力所能及的范围内，聪明的销售人员会在前期报价过程中留下足够的价格"缓冲"和毛利，以便在碰到强势的采购人员时也能够留出让客户"杀价"的空间，在表面上对客户做出让步。

3. 无论销售人员的降价方法如何，都必须有很充分的理由。例如，如果降价到比竞争对手还低的水平，理由可能是"这是供应商打入这个行业的第一个客户"或"这是供应商的成本了，已经无利可图"。无论理由是什么，一定要合情合理，而且要在过程中保持一致（切忌变来变去），否则理由一旦出现矛盾，就会失去客户的信任，而客户也会趁机对销售人员穷追猛打。

4. 根据客户、竞争对手和环境（如客户是否有时间压力）等因素，销售人员可以采取不同的方法来降价。这些方法千变万化，也可以组合使用，需要销售人员通过实战寻找自己的招数。常见的选择有如下几种，销售人员可以将其作为参考。

- 如果供应商方面有时间压力（如年度业绩），销售人员可以选择一步到位，直接把愿意接受的底价亮出。

- 如果客户方面有时间压力（如项目上线期限）或者喜欢不断对供应商价格进行"探底"，销售人员可以选择分多次以"挤牙膏"的方式降价。

- 如果客户对解决方案中某项产品或服务的价格特别关注，销售人员可以选择局部降价，尽力守住不受关注的产品价格和毛利，以求达到"拉上补下"的效果。这种方式经常在超市定价策略（在促销的产品旁边放置大量其他热门的正价产品，吸引客户在购买促销产品时"顺便"购买其他产品）中出现，故也称为"超市定价"（Supermarket Pricing）。

- 供应商为了不想市场上某产品或服务的折扣或单价出现波动，不愿意直接对它降价，因此在降价时采取捆绑的方式，将一揽子的产品或服务"打包"降价。一般来说，"打包"的内容中会含有高毛利的产品或服务，以保护整体利润。

- 以降价来"交换"采购数量或商务条件也是常用的降价方法之一，这种方法对强硬的供应商尤其有用。有些供应商仗着品牌和产品强大，对价格管理甚严，销售人员为了促成双方交易，可以选择尝试以"交换"的方式，用价格的优惠换取更大的采购量或者更好的付款条件，打破谈判僵局。

5. 万一试过所有方法后双方仍不能达成一致，销售人员一定要做好心理准备，在到达"底价"后礼貌地放弃谈判，并且解释背后的原因。一般来说，尽管不会高兴，但采购人员会尊重表现专业的谈判对手。

6. 当然，当客户的解决方案选择十分有限（或者对供应商比较青睐），或者销售人员判断采购人员不能承担局面破裂的后果时，有时候放弃谈判也是谈判的手段之一。然而谈判是一种博弈，一旦销售人员宣布放弃，真正破裂的风险也会出现，销售人员需要慎用。

降价的目的是促成买卖双方达成协议，作为"受惠"的一方，客户当然是乐见其成。另外，供应商作为"付出"的一方，心里总会觉得吃了亏。但是既然选择降价，销售人员应该让客户觉得供应商很有诚意，千万不要降了价对方还不领情，这样的话就算签署了协议还是没有促进互信。选择降价的方法要把握好环境和人的因素，这值得销售人员好好思考。

无论如何，从守住价值开始去守住价格，是销售人员在商务谈判中要遵循的基本原理。

经典案例

如何在输了第一期招标的情况下赢回第二期

本部分内容由时任CSC中国区合伙人杨宇先生撰写。杨宇先生在IBM公司服务18年，之后在华为、CSC、Oberthur等高科技企业担任高级管理职务多年，现为北京讯鸟软件常务副总裁。

有经验的销售人员都知道，对于客户没有特别倾向性的邀标项目，竞争往往非常激烈，各投标方都会通过各种途径投入资源、展示实力和突出优势。胜出的供应商，自然会通过项目的成功实施建立紧密的客户关系，为后期相关的项目建立竞争优势。

但是这并不代表供应商输了第一期项目就等于第二期也没有机会。相反的，作为销售人员，不能因一时的挫折而放弃。事实上，项目分期本来就是客户为了分散风险所采取的措施，因此不同阶段由不同供应商赢得合同不是什么稀奇的事情。

诚然，"前任"供应商握有天时、地利、人和，但是如果竞争对手在前期没有把项目做好（尤其是服务为主的项目），本来的优势也可能变成劣势。如果客户对获得的价值有不满意的地方，又或者供应商赚不到钱，合作就会发生变数，机会就会出现。

我的销售团队在 H 公司的物流 ERP 系统实施项目的公开招标中输给了竞争对手 D 公司。D 公司在赢得项目后，用两年的时间完成了项目的实施和交付，比计划时间要长。H 公司对此有些微词，但依然觉得项目基本实现预期目标，并且计划进行项目二期的招标工作。

由于二期项目将在一期工程的基础上扩大实施规模，负责一期项目的 D 公司自然掌握竞争优势。但即便困难重重，我的销售团队硬是虎口拔牙，在与 D 公司、系统维保服务商 E 公司和 ERP 系统软件原厂巨头的竞争中，最终脱颖而出，赢得项目。我们是怎么做到的？有哪些经验可以分享呢？

🔶 分析前因，判断后果

我的销售团队接手客户的项目后，首先了解前期项目中竞争对手的情况以及检讨自身丢失前期项目的原因。通过内部沟通和与客户的沟通，我们分析出来 D 公司的一些重要信息。

- 由于一期项目超时，D 公司很可能是亏本完成的。这可能导致 D 公司在第二期的投标价格不会再像第一期时那么激进，甚至把第一期的损失计算进来。

- 客户对 D 公司的表现并不完全满意。

- 客户对 D 公司的一个外包资源提供商 N 公司的技术能力十分认可。

与此同时，我们也通过自我检讨发现，之前对项目重视不够，高层沟通不足，资源投入不到位，给客户高高在上的感觉。针对这个问题，新的团队拜访客户CIO，组织技术研讨，分享全球行业经验，安排高层会面，重建并维护良好的客户关系。

了解现状，认清需求

项目团队与客户展开多层次和多方位的接触与交流，针对第二期更宏大的目标，我们利用零售和物流方面的丰富经验，为打造合适的实施方案奠定基础，并以此重新说服客户，赢取他们的信心。我们也充分地和客户讨论系统现状，包括第一期的优势与不足，让客户感受我们的专业，让我们有机会巧妙地将需要提升的地方放进解决方案中。

弱化竞争对手的亮点

与第一期中D公司的第三方资源提供商N公司建立共赢的合作关系。这一做法保证客户熟悉和需要的重要资源能够在二期项目中被锁定使用，保证项目的正常实施，同时也严重弱化了D公司在客户面前的亮点。

用心优化实施策略

针对客户提出的"多快好省"目标，我们投入大量精力规划和制定项目实施策略。提出首先建立标杆（小规模）以确定成功模式，之后才按区域复制成功经验，这样的"小步快跑"不但降低了风险也节省费用。另外，针对日程相邻的分段项目，使用首尾交错的方式实施以复用资源、降低成本，还能节省时间，加快进度。再加上公司原有的行业资源和N公司的实力补充，我们的实施计划赢得了客户的信心。

这些措施让我们在保证实施效率的同时，对资源（成本）也做出了最优考虑，增加了标书的竞争力。与此同时，我们估计竞争对手D公司在第二期报价会相对保守，此消彼长之下，我们也占据了价格上的优势。

纵观这个案例，关键是我们能站在客观的角度分析和了解自身的不足，同时发现客户与竞争对手间的价值缺失，然后以此制定有针对性的竞争策略。在执行上，我们重新利用丰富的行业经验，制定高效的实施方案，敲定重要可靠的资源，以具备竞争力的价格，综合评估最优的结果赢得二期项目的竞标。

经典
案例

"思想领导"开创顾问型销售方式

本部分内容由作者撰写，主要素材由时为 IBM 中国区金融事业部"思想领导"黎江先生提供。后来黎江先生先后担任重金数据系统有限公司董事兼高级副总裁、西部云基地总裁、世纪互联创新研究院院长，以及微软中国区 CTO 等职务。黎先生现为 ACGL 金融投资公司董事长，并且作为融合高科技和金融行业的专家，受邀出任多个社会职务。

当时 IBM 是全球银行业最大的 IT 供应商之一，种类繁多的业务交易运行于 IBM 的系统中，可想而知我们拥有得天独厚的资讯优势。因此，如果我们能够给银行客户提供银行业务信息化历史和发展的情况，并且提出自上而下的决策参考和专业建议，一定对银行客户的领导们非常有价值，也一定会为我们销售团队带来巨大的商机和影响力。

可是当时国内的销售人员大多仍是"产品型销售"，对如何跟银行领导讨论业务发展和金融信息化的问题既不熟悉、也不习惯，于是 IBM 特别设立了"思想领导"（Thought Leader）一职，一位从海外回归的专家同事被委以重任，(只) 从银行业务和金融信息化战略层面出发，对成熟的理念和信息化做法做出分析，然后为银行客户出谋划策，提出战略建议。

"思想领导"的出现，有效地满足了客户对知识和意见的需要。很多客户领导也惊讶于"这个销售不卖货"。当时的"思想领导"是我的同事黎江先生。

数年之后（2004 年），IBM 收购了一家全球性业务咨询公司，进一步加强各个行业的知识和业务咨询能力，同时也推动销售团队正式转型为"顾问型"。也可以说，"思想领导"是"顾问型销售"的前身。

4 年之后（2008 年），我的另一个东家——知名管理应用软件企业 SAP——也开始在全球范围内组建一支名为"价值工程师"（Value Engineering）的队伍，其作用和"思想领导"非常类似，专门把某个行业的客户和业内最佳比较，从差异中提出对客户业务的管理建议。数年前，"价值工程师"更名为"行业价值工程师"（IVT），更专注于各行业特点，并且继续扩大规模。

这段分享，只想让大家感受到业务价值对客户高管的吸引力，还有帮助供应商引导商机的"威力"。我们当然不能期望每个供应商都有类似"思想领导"或"价值工程师"的职位，但销售人员需要有意识地将自己培养成为"思想领导"。

8 绩效篇
销售赢单之外的业务和运营指标

企业目标和销售部指标的关系

一般来说,销售主管认为"销售指标"是最重要的指标,但与此同时她还会要求销售人员完成其他的指标。原因很简单,因为销售人员站在供应商与客户中间的位置上,很多事情必须通过她,或者只有她才能办成。然而,主管和销售人员对这一点的认知普遍是有差距的,要把差距补上,我们需要把供应商的企业目标和销售部的管理指标之间的关系梳理清楚。

🔹 目标和指标—— 一枚硬币的两面

在企业管理的范畴里,所谓"目标"(objectives)和"指标"(indicators)可以说是"一枚硬币的两面"(西方谚语"two sides of the same coin",意思是一件事情的两个不同角度)。

有人把企业管理中的目标和指标的关系做如此表述,"指标是衡量目标的具体方法和计量单位,通过记录某类企业活动产生的数据来反映企业某目标的达成情况。指标有两个属性,一是指标的名称定义,另一个是指标的量化数值。"这里说的指标也是在管理中经常被提到的KPI(Key Performance Indicators,关键性能指标)。

例如,某初创企业今年的业务目标是快速成长、抢占市场,要在一年结束时实现收入倍增,并通过两个指标来判断,分别是新签订单金额和确认收入金额,都要比去年成长100%。在这个例子中,新签订单金额的定义是在财年内,买卖双方正式签署合同的金额(不算有意向的),确认收入金额的定义是财务认可的收入金额(不包括没有满足所有准则条件的)。这两个指标的实际发生数值便是"快速成长"目标的量化标准,足以反映该企业是否达到目标。

再举一个例子,某成熟上市企业为了保护投资者的利益和市值,今年的业务目标要提升一个百分点的税前净利率（这样有助于提升股票市场关注的市盈率）。为了衡量这个目标是否能做到，企业以税前净利率、产品的毛利率和部门的费用收入比，分别定下量化指标，定期追踪。这家企业认为这三个指标数字的达成，足以有效反映实现目标的进度。

从这两个例子中可以看到，**指标的作用是，通过它们和目标预先确立的关系，供应商可以从指标量化数值的比较中快速了解为某个目标努力是否能取得效果**，或应该如何应变调整。

💠 企业指标层层分解、互相成就

另外一件值得注意的事情是，由于供应商需要多个职能、多层部门和员工共同合作才能完成它的目标，所以从企业目标衍生出来的相关指标又会成为不同职能和下一层部门的目标，而这一层部门的目标又会衍生出更多的指标，成为再下一层部门的目标，依此类推，直到每个员工。

同样的道理，销售部作为供应商中一个重要的部门，负担着整个企业"开源"的任务，花钱也不在少数，自然也要承接企业目标中销售部能够影响的指标，并将其作为工作目标。而销售部为了达成它的目标，又会进一步为销售部设定有关的管理指标，方便衡量和及时反映问题。这些指标最后会落到销售人员的身上，成为个人绩效考核的指标，因此对销售人员的绩效考核肯定不只有一个销售指标（quota）。

反过来说，在供应商的眼里，如果销售人员都能完成个人绩效考核中的所有指标（包括销售指标），销售部就能轻松完成部门目标，而供应商也更有机会相应地完成它的"开源"目标。这也是为什么供应商那么关心每位销售人员各类指标的完成情况，销售人员需要充分理解和充分准备。

图8-1所示是供应商业务目标到销售个人考核指标的关系，供销售人员参考。从该图中销售人员可以了解到自己被要求做到的个人考核指标，实际上跟整个销售部乃至企业关联在一起。

所以，**供应商的各级目标需要由相关指标对应支持，再配以合理的量化数值，这是现代企业正常运行的基本条件**。以下环节将会介绍供应商主要的指标和各项销售管理指标的关系和类别，让销售人员明白各项指标的重要性。

企业业务目标和销售个人考核指标关系

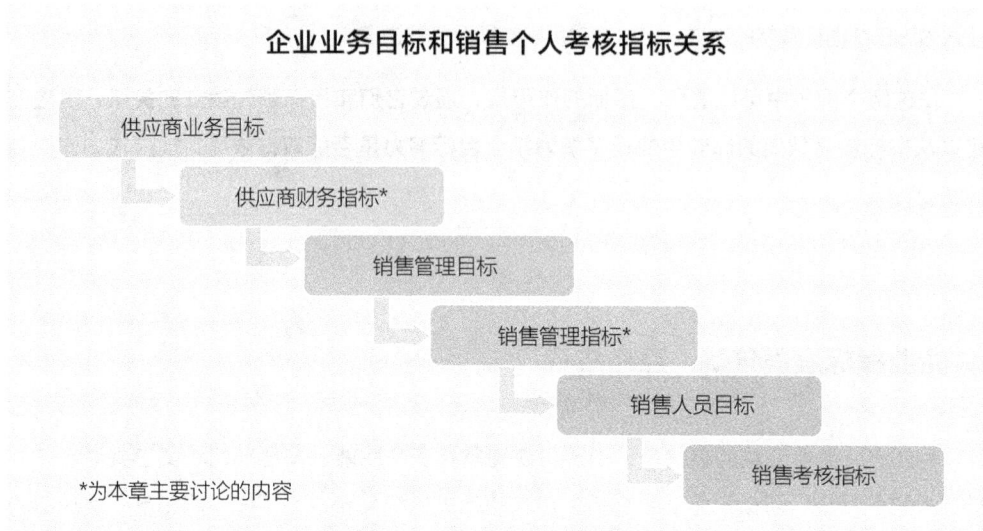

供应商业务目标

供应商财务指标*

销售管理目标

销售管理指标*

销售人员目标

销售考核指标

*为本章主要讨论的内容

图8-1

🔹 个人销售指标以外的部门指标

然而有不少销售人员以为个人销售指标（无论是签单、收入还是收款）是唯一的绩效标准，就算供应商的人力资源和销售主管提出销售的个人绩效考核计划和各种指标，她们都不太关注，或只是应付了事。

而其他部门员工认为，销售人员之所以能够完成个人销售指标，肯定是因为得到了团队的帮助。当他们看到销售人员的风光时，心理难免有点"酸"。

能够完成销售部的管理指标，实际上是销售人员帮助其他部门达成目标的最佳回馈。销售人员如果能够从这个角度去看待团队合作，了解销售指标以外的销售管理目标和指标就会变得更有意义。通过帮助对方达成目标赢来的团队信任，是最为牢固的。

聪明的销售人员当然知道，要做到长期成功，不能缺少团队的帮助，尤其是在困难紧急的时候，团队无条件加班跟口头支持有着天壤之别。无论是售前部门在截止前赶标书，还是财务部门的项目审批、市场部的营销活动安排、服务部门的资源调配等，这些在销售人员需要团队帮忙时可谓"雪中送炭"，在企业中是无价的。

最优秀的销售人员是那些总能够完成各种指标，而且受到其他团队喜欢和赞誉的人，她们在企业内部真正做到"名利双收"，是所有销售人员梦寐以求的"最佳人设"。

🎁 从财务报表看供应商目标和销售指标

一切企业的生存之道都是通过它的**内部经营行为和外部市场交换活动而获利**（除了非营利的企业组织）。要知道企业是否活得好，我们得从以下3个角度的指标去衡量。

- 企业是否获利。

- 外部市场交换活动是否顺利。

- 内部经营行为是否高效。

为了确保实现目标，供应商必须有一套"系统"时刻告诉它在以上3个方面做得如何，让掌舵人制定相应的措施，引领供应商朝正确的方向前行。

在企业管理层面，财务报表正是衡量和反映企业健康程度和获利能力的基本工具，而报表中的各种内容则是相应的指标。财务报表通过不同指标和它们之间组合而成的更多指标反映企业整体乃至各部门的健康情况。损益表、资产负债表和现金流量表是其中3个非常重要的报表。

损益表中的收入情况能直接反映出销售部的"开源"能力。不过销售部对财务报表中其他指标的贡献和影响远比收入指标多。

1. 损益表

损益表（Income Statement）记录企业在一段时间内（年度、季度、月度）是否经营获利，其中最基本的内容和指标是**收入、成本支出、毛利、费用支出和经营或税前利润**（以上都以金额显示），而且大多是销售部能直接或间接影响的。在这里，我采用财务会计概念解释这几个指标的关系，用以下的公式表现出来（详见表8-1，同样的道理，读者也可以自行从其他同类财务报表中找到类似的指标）。

表8-1 损益表的主要指标

收入
（减去）成本
毛利
（减去）费用
经营利润

企业收入减去成本得到毛利，毛利再减去费用得到经营利润（税前利润）。简单来说，**收入**就是企业通过出售它的产品或服务直接从客户处获得的经济收益，**成本**是一切和赚取这部分收益直接发生的和生产（不仅是产品制造的生产概念，还包括服务输出所需要的人力和相关工具）有关的支出。这两者之间的差距就是**毛利**，毛利反映卖出去的东西的收益是否超出直接生产它的成本。

但即便买卖能产生毛利（为正），也不等于这笔买卖就一定是赚钱的，因为企业除了直接生产时会产生支出，还有其他和生产没有直接关系的支出，例如办公室行政、后勤、研发、市场营销和销售等活动都会产生支出。虽然这些支出或多或少都对最终能够卖出东西有贡献，但是它们和收入没有直接关系，因此在财务上它们被称为**费用**。毛利减去费用后还有剩余的话，说明**经营利润**呈盈余状态。

收入越高，成本越低，毛利就越高。毛利高有两个可能，一是企业生产效率高，压低了成本，二是产品好卖或者销售做得好，把收入推高。显然，销售人员对企业的收入有非常直接的影响，也是财务报表上收入的直接负责人。虽然销售人员不能影响生产，但她能把收入扩大（卖更多或守住折扣），在很大程度上也能影响毛利的多少。收入和毛利是与销售人员高度关联的财务报表指标。

费用方面，销售部固然应该负责自身费用的管理，但由于它只占各个其他部门费用的一小部分，因此销售部对企业的总费用支出和经营利润很难像对待收入一样，负上那么大的"责任"。

除了以上几个重要指标外，有些供应商的损益表还会附上两个和销售关系很大的指标——**新签订单和未交付订单**。通常来说，这两个指标并不属于损益表的范畴，但是由于在很多行业，从订单（签单）到交付（记录收入）的周期较长，以致当前的收入数字不能完全客观地反映出企业的经营状态，所以企业把这两个指标引入损益表，用来辅助说明对未来收入的期望，也用来说明当前B2B销售的效率。

这里举两个典型的例子说明：一个例子是重工业，如飞机、船舶制造，签单和交付之间往往相隔数年；另一个例子则是现在流行的SaaS的月费年付方式，客户一次性支付一年的费用，企业收款后，分12个月逐月把收入入账。如果仅关注收入，无法准确地反映企业或销售人员的工作的进展与成绩，所以有必要同时兼看新签订单和未交付订单的数字。

而根据销售所属的行业业态，新签订单有时候会成为提成佣金计划里的首要销售指标。

2. 资产负债表

资产负债表（Balance Sheet）记录在某一个时间点上一个企业拥有多少资产或亏欠。一般来说，资产负债表上的资产越多，负债越少，余下属于股东的净资产就越多。而企业越做越大，资产负债表上的总资产和净资产自然也会越大。当然，数量大不一定等于质量好，所以呈清资产质量，是资产负债表的重要功能，销售人员可以以不同资产分类和不同指标加以追踪。

资产负债表中和销售人员有直接关系的自然就是**应收账**（Accounts Receivables）。销售人员卖出东西后记录了收入，但很多时候客户还没有付款（或付清全部）。在企业已经记录了收入的前提下，财务部门根据合同计入收入而客户未付款的部分就成为应收账。应收账代表企业可以向客户行使的一项收款和"变现"的权力，这权力虽然不像现金一样"好使"，但同样属于企业的一项资产并记录于资产负债表中。

可想而知，任何企业都希望应收账相对于业务规模越小越好，同时希望客户早日付款，使应收账变现，时间越短越好。应收账管理不好的话，首先企业的现金流会受到影响，其次会让企业损失现金利息，长时间收不到的应收账甚至可能变成坏账。销售人员通常也是客户应收账的"第一责任人"。

3. 现金流量表

现金流量表（Cashflow Statement）记录了一段时间内企业因为经营或投资活动产生的现金流进和流出情况，虽然现金属于企业资产之一被资产负债表记录，但是由于它的流动性高而且用途广，现金流的规划和管理一直是企业财务管理中十分重要的一环。

企业的现金流入主要是依靠销售人员卖出东西后的**客户回款**。企业经营活动中有很多地方需要花钱，客户回款入账慢或进得少，就可能出现现金缺口。同样，销售人员是客户回款的"第一责任人"。

综合来看，销售部对企业整体经营至关重要，这点从反映企业经营的财务报表中的指标可以看得十分清楚。企业将这些财务指标分配到销售主管时，会进一步演化成为销售管理中的**业务指标**（Business KPI），以及其他有关的**运营指标**（Operational KPI）。这些销售业务和运营指标最终会分配到销售人员身上，成为她们的个人绩效的评判标准。

销售管理中常见的8个业务指标

下面我们一起来看看销售部业务指标。这些业务指标承上启下，既反映企业整体业绩，直接和三大财务报表挂钩，同时也是衡量销售部工作成效的重要指标。当然，在不同的行业和企业中，销售主管可以设立更多的业务指标，而这些指标的相对重要性也不同，但总体来说这里分享的已经非常全面了（详见表8-2）。

表8-2　供应商目标和对应的销售管理业务指标（Business KPI）

衡量企业业务目标的企业财务指标	有关销售管理的业务指标
新签订单 （New Order）	1. 新签合同金额，预算完成率 （TCV，budget%）
未交付订单 （Backlog）	2. 未交合同单金额，预算完成率 （Backlog，budget%）
收入 （Revenue）	3. 确认收入金额，预算完成率 （Recognized Revenue，budget%）
毛利 （Gross Profit）	4. 毛利，毛利率 （Gross Profit，Gross Margin%）
费用 （Expense）	5. 销售费用，E/R比例 （Sales Expense，Expense to Revenue Ratio，E/R%）
经营利润 （Operating Profit）	6. 经营利润，运营利润率 （Operating Profit，Operating Margin%）
现金流 （Cash Flow）	7. 收款金额，预算完成率 （Cash Collected，budget%）
应收账 （Accounts Receivables）	8. 应收账金额，DSO，过期应收账 （Accounts Receivables，DSO，Overdue AR）

新签订单

对应新签订单的销售管理业务指标主要有两个，就是新签合同的总金额（Total Contract Value，TCV）以及它相应的预算完成率。值得注意的是，合同金额是指在双方合法签署的合同中能够清晰确定的金额，有些所谓"框架合同"或者"开口合同"只签署了一个计划购买的数量或者一个没有固定承诺的金额，这些合同是无法确定TCV的。这些合同需要在这个基础上加签具有固定承诺的订货单之类的文件才可以作数。

TCV，主要用于更直接地反映销售部当前的表现，有些供应商会以新签合同金额和预算完成率（取代收入金额和预算完成率）作为销售部最重要的目标和指标。对于不同领域或"兵种"的销售人员来说，TCV也能以多种维度拆分，所以这个指标也经常被分解到每个销售人员身上。它是收入指标以外最常用在销售人员的个人提成佣金计划的业务指标。

未交付订单

TCV在销售人员的努力下被叠加累积起来的同时，有关的生产部门也积极地配合交付，在交付成功后将合同金额的数字记录为确认收入，从累积的TCV中减除，余下的部分称为未交付合同金额（Backlog Value）。未交付合同金额是销售和生产部门互相"角力"的结果，数目大，代表供不应求，数目小，代表供过于求。但是也有可能是生产部门交付太慢而导致未交付合同金额增加，这需要和生产部门其他指标配合分析。

一般企业最关心未交付合同指标中的金额大小和时间趋势。正常情况下，通过生产部门对未交付合同的有效管理，企业能够准确地预测未来的收入数字，并且此数字能反映市场需求是否旺盛以及该企业是否会面临产能闲置等问题。

由于这个指标的源头是TCV，销售主管很少把这个指标下放到销售个人，通常把它作为一个重要的管理业务指标来使用。

收入

收入的概念说起来很简单，就是在双方买卖交换时，卖方从买方获得的经济利益。在一手交货一手交款的情况下，计算和记录收入非常清晰明了。后来有了赊账，货交了但款还没到手，然后又有供不应求的出现，款收了但货还没有交。各种变化出现后，引发了一些问题：如货交了款收不回来了，那这笔收入就白算了；万一货在运输途中出现意外，应该算是卖方还是买方的损失？如果是卖方的话，那这次交付就不能算是已经完成的，相应的收入也不能记录。

时至今天，服务业的兴起、互联网带动各种业务模式的出现、金融和贸易的发展，加上金融市场合规的要求，使得企业确认收入的计算和记录比从前复杂很多，有更多情况需要考虑，而"收入确认会计"（Revenue Recognition Accounting）也成了财务管理中一门特别的学问，主要围绕两个问题——确认收入的时间（何时）和计量（多少）——提出指引和判断。

不同国家和地区推出了企业认定收入的准则，并不定期对其进行更新，其中针对商品和服务也有不同的认定方法，虽然这些方法和准则不尽相同，但基本原理大同小异。销售人员如果对如何确认收入没有认识的话，极有可能在工作中出现尴尬的情况，导致销售业绩的错判。

一般情况下，财务制度认为在交易中卖方如果已经具备"实现"或"赢取"约定中的经济利益的条件，同时又能证明能够收取该笔收入时，以下条件可以被视为收入确认的凭证。

- 双方已经签订有效合同。

- 卖方商品所有权或继续控制权已经转到买方。

- 卖方有关商品的风险损失已经转到买方。

- 卖方收入金额和相应成本可以被可靠计量（这点和服务合同中计量收入多少有关）。

- 卖方对收款的可能性，有充分的证据（例如我们熟悉的先开发票后付款）。

以上这些不是具体的规矩，却是企业必须遵守的原则，财务人员需要根据该企业的经营特性，提出具体的要求（或文件）作为确认收入的凭证和办法。财务人员还具有把关责任，如果对某交易是否符合这些原则有怀疑，会本着保守的精神对收入不予以确认，这一点销售人员不可不知。最好的方法是针对客户的商务情况提前和财务部门商量对策，这样才能够有效和及时地获得收入和业绩。

确认收入的金额不仅是企业和销售部最重要的指标，同时会被分解成为销售人员个人销售指标的主要内容。同样，收入金额的预算完成率除了用来对销售部做考核，很多时候也会用于个人提成佣金计划，计算提成所得，这些将在本章的后面进行讨论。

🔹 毛利

销售部虽然影响不了生产成本，却能够通过守住价格折扣和卖得更多来影响毛利金额和毛利率，所以销售主管一直被企业要求对毛利负责。有趣的是，毛利金额和毛利率两者之间有时候会产生矛盾，此起彼落，这时候就需要销售主管充分发挥智慧，制定策略获取最佳的毛利组合。

$$\frac{毛利（元）}{确认收入（元）} \times 100\% = 毛利率$$

例如，某产品单价1万元、成本0.5万元、毛利0.5万元。在这样的定价策略下，估计可以卖出1000个产品，带来毛利金额500万元（毛利率50%）。如果将产品价格下降到0.9万元、毛利0.4万元，这时候可以卖出1500个产品，会带来600万元的毛利，可是毛利率会降到44.4%（毛利0.4万元÷价格0.9万元x100%）。这是一个典型的薄利多销的场景，价格下降影响毛利率，但因为数量增加，反而使毛利金额增加。

有些销售主管会把毛利金额和毛利率分配到销售个人身上，但碍于拆分困难，通常只会以企业整体的毛利率为基础让所有销售人员一起承担。一般来说，由于它的重要性，销售主管会对毛利率趋势进行长期追踪。

🔹 费用

企业的整体费用支出有多种类别科目，一般由不同部门负责使用和控制，销售主管能够影响的费用以销售部本身的支出为主。有些销售部会把销售费用的预算拆分到更小颗粒度的团队甚至销售个人，这时候团队或个人会被要求将费用支出控制在预算之内。不过也有些主管不做进一步拆分，而把销售费用指标留在部门统一管理。

值得一提的是，有些企业除了要求销售主管管理费用预算，还会衡量销售费用和销售收入之间的百分比，即E/R比例（Expense to Revenue Ratio）。

$$\frac{销售费用（元）}{确认收入（元）} \times 100\% = E/R比例\%$$

E/R比例的原理很简单，企业按照销售费用指标和收入指标，在制定预算时计算出一个比例，然后在财年中，按照真正发生的费用和收入得出实际的E/R比例。如果实际的比例比预算的高，则需要在财年剩余的时间中进行调整，目的是将E/R比例控制在预算之内。

比起固定的销售预算（总金额或按人数分配金额），E/R比例的优势在于能够动态地控制销售费用的支出，同时被广泛用来比较效率。在企业内由于每个部门的费用都可以通过E/R比例来表述，企业就可以看到每个部门的费用和收入之间的比例，并可以直接进行比较。在企业外，由于大家的规模不一样，E/R比例正好可以用来和同行业中的竞争对手比较，帮助发现谁的部门竞争效率更高。E/R比例还有一个用途，就是和毛利率一起快速计算经营利润的净利率。下面我以一个例子来说明（详见表8-3）。

表8-3　E/R比例

项目	金额（万元）	比例（百分比）
收入	5000	100%
成本	3000	60%
毛利	2000	40%
费用		
- 销售	400	8%
- 市场	150	3%
- 研发	500	10%
- 行政/管理	200	4%
运营利润	750	15%

在表8-3的最右列，所有金额数字都以收入作为分母计算出相应的百分比列出。毛利率的定义固然是以毛利和收入的比例计算，所有部门的E/R比例也是以收入为基数，因此得出来的所有百分比数字都可以直接比较和加减。

在销售管理的业务指标中，销售费用和E/R比例是企业财务和销售主管看得很紧的两个指标，一方面因为销售人员的"自由度"更大，容易使支出超标，另一方面销售费用也是内部欺骗行为的"重灾区"。

📦 经营利润

经营利润就是企业在主业经营中所获得的确认收入减去生产成本和各种费用支出后所得到的

金额，经营利润率则是把利润金额除以确认收入而得到的百分比，而这两个指标用于衡量该企业的赚钱能力。其中，经营利润是所有企业最重视的业务目标。

$$\frac{确认收入 - 成本 - 费用支出（元）}{确认收入（元）} \times 100\% = 经营利润率\%$$

一般情况下，这两个指标主要由销售主管承担，但由于经营利润的影响来自销售和多个部门，所以占据比重不会比销售收入和毛利高，而且通常也不会再拆分到销售人员身上。

🎁 现金流

前文提到过，现金流对企业极其重要，销售部作为最重要的现金流入的枢纽，自然责无旁贷。对于销售主管来说，收款金额和预算收款的完成率是最常见的现金流业务指标，也经常会被分配到销售人员身上成为考核指标。

🎁 应收账

应收账和现金流一脉相承、息息相关，销售人员能否看好、管好客户应收账，对现金流有莫大影响。应收账发生问题，企业老板和财务部门肯定会第一时间找上销售主管的门，而且在很多企业业务会议中，应收账都是必看的项目。因此，销售人员的个人考核指标中（甚至是提成佣金计划中）一定会有关于应收账的指标，甩也甩不掉。

衡量应收账要分为两个方面，一是看它有多大，二是看它的时间有多长。

应收账金额大小固然是一个指标，但是这个指标不足以反映它是否健康。例如，假设某企业应收账金额在今天是100万元，而它每年的生意额（收入）是200万元，那么这100万元的应收账就等于企业半年的收入。假如这家企业的生意额是1200万元，那么100万元的应收账只等于它一个月的收入，好像就没有那么可怕了。

所以将应收账的大小与企业的收入规模做对比，才能够真正发现问题。在财务管理中，这个指标叫DSO，即Days Sales Outstanding，意思是"应收账的大小等于这家企业多少天的销售额"。简单来说就是，这家企业多少天的销售结果（平均）才能够"填补"应收账的金额。DSO

是以"天"为单位计算的，计算方式如下：

$$\frac{应收账金额（元）}{过去12月滚动收入金额（元）/ 365（天）} = DSO（天）$$

DSO的追踪和衡量通常在每个月的最后一天，这样可以方便地把过去12个月（一年）的滚动收入计算出来，而且每个月最后一天的统计，可以让我们看到应收账大小的变化趋势，每月末的DSO天数如果不断往上涨，则表示收款可能出现问题，导致应收账增大，又或者销售收入在萎缩，使应收账比例过大。

应收账大小比例失去平衡不是好事，时间太长也不是好事。但时间怎样才算太长，每个企业都有不一样的标准。例如，对于一家只给客户15天账期的供应商来说，30天的应收账平均时长意味着客户平均都晚付款15天，对于一家给客户60天账期的供应商来说，30天则代表非常高的收款效率。

所以销售人员除了要列出所有应收账客户的付款周期（从记录收入当天起），还需要对客户的账期和付款条件（尤其是如果每个客户不一样）加以比较，才能知道客户是否超出条款允许范围，以便对过期应收账加以管理。

明白应收账的指标和追踪方法可以帮助销售人员做好自己的收款工作，以免天天被主管和财务部门"穷追猛打"，以及在企业业务会议中被"点名"。

以上销售部的业务指标（包括销售指标），除了在主管层面被追踪，大多也会落到个人绩效考核中，以确保被销售人员重视。

销售管理常见的10个运营指标

作为供应商的核心成员，销售主管要对上述和销售有关的业务指标负责。在所有核心部门中，销售部所影响的供应商目标和指标的范围可能是最广的。要完成众多指标，销售主管单靠提成佣金计划激励是不够的，她需要进一步制定出其他有关的**运营指标**（Operational KPI），落实和辅助业务指标的达成。为此，她要把其余的业务指标和运营指标拆分到销售人员身上，将其作为销售个人绩效指标，弥补佣金提成作用的不足。

为什么需要这些运营指标？原因很简单，因为B2B销售过程比较复杂，既牵涉外部，也需要内部配合，任何一个环节出现问题都可能导致业务指标落空。所以只有在各个重要环节上把好关，才能及时预测、发现和应对各种问题。

销售成功取决于销售人员在客户（含渠道伙伴）和市场中的执行，所有销售人员要注意的环节都体现在其中，而销售管理的各种**运营指标就像物联网中不同的"传感器"**，可以不断为销售管理反映情报，为达成销售管理中的各项业务指标做出贡献（详见表8-4）。

表8-4　销售管理中常见的运营指标（Operational KPI）

管理对象	管理领域	常见的销售管理运营指标
客户（含渠道伙伴）	1. 新增客户/业务	新客数目/新客户金额/新业务金额
	2. 客户满意	满意指数（交易）/满意指数（客户）
	3. 客户忠诚	续约率/增购率/客户终身价值
	4. 客户推荐	客户案例数/"灯塔"客户/客户推荐商机数
市场	5. 竞争	市场占有率
		赢输比例
	6. 销售漏斗	商机/线索数量和质量
销售部	7. 销售生产力	业绩（商机、客户数、TCV、收入、收款等）排名和平均值
	8. 销售效率	平均获取商机成本
		平均获客成本
		费用收入比例
	9. 价格管理	实际价格（产品单价或客户单价），实际折扣（产品或客户）
	10. 销售行为	访客数/发出建议书数/销售预测准确度/CRM更新行为/及时报销等

表8-4把客户、市场和销售执行的10个管理领域分别列出，每个领域都代表销售过程中的一个重要环节，这些环节都对最终的业务结果有一定的影响，值得加以管理。在各自的领域中，不同的企业会选择不同的运营指标作为衡量标准施加影响，就算指标一样，优先级也可能有所不同。例如对于互联网企业来说，客户终身价值（Life Time Value, LTV）特别重要，但是项目型工业企业则不会重视这个指标。在本节里，我会着重讨论这十个关键的领域，帮助大家了解它们的重要性。至于常用的运营指标则只作示范之用，读者可以举一反三，在实际工作中提出适合的具体指标。

销售的主要业务指标，无论是 TCV、收入，还是收款金额，都只能通过客户实现。客户数量越多越大、客户越满意或者客户增速越快，就代表着越多的机会，反之则意味着出现各种问题。对于**客户**，除了时刻要对其画像有清晰的认识之外，销售人员也要了解它们的各种状态，以此判断这些客户能给企业带来的价值和维护它们的成本。

🎁 新增客户/业务

这是判断企业是否有朝气和快速成长的重要指标，特别适用于初创期和成长中的企业。以**某段时间内新增加的客户数量或者由它们带来的TCV/收入金额**作为指标单位加以追踪。我称这两个指标为**新客户数和新业务金额（新客户）**，在初创期和快速成长的企业中经常用到。

和这个指标相关的是，有些供应商的客户只有几个，并且不会增加，但是企业为了发展，不断在现有企业之中推广新品类的产品和服务，这种新增业务金额也是很好的运营指标。为了与"新客户数"加以区分，我称这种指标为**新业务金额（现有客户）**。

再进一步，也可以用比例的形式对新增客户和现有客户的业务金额进行比较，这样可以更直观地看到来自新客户的业务占比，并为此制定目标。

🎁 客户满意

客户一旦开始了和供应商的合作，发生了交易，客户满意便应该成为企业最关心的事情。一个满意的客户会提高其忠诚度，为供应商带来更多的生意，而一个不满意的客户很可能会造成更大的伤害。很多有关客户满意的研究都显示，一个不满意的客户向朋友"抱怨"的几率比一个满意的客户向朋友推荐的几率大几倍。

客户满意通常分为对**某次交易（购买、合同）的整体体验的满意程度（交易满意指数）**，以及**某个客户在一段时间内对供应商的整体满意程度（客户满意指数）**。衡量客户满意只能直接从客户身上获取反馈，无论是通过线上还是线下的方式，通常都是利用问卷（或自由表达）的方式，结果是一个量化的分数（指数）加上具体的问题反馈意见。

交易满意指数是客户满意指数的基础。从销售、生产到交付，小到一张发票的错字，大到不好的使用体验，都有可能对客户满意造成伤害。所以交易和客户满意指数都是企业的各个部门共同负责的领域。这两个指标成为销售部（和销售人员）的重要运营指标，是因为销售人员是联系供应商与客户的主要"桥梁"，需要沟通和协调工作，把反馈意见的具体内容分别交予相关部门去研究提升的措施。

客户忠诚

客户满意虽然是客户忠诚的前提条件之一，但是客户满意度高不等于客户忠诚度一定高（如某些客户要求某类采购每次都要招标），客户忠诚度高意味着客户愿意跟供应商一直做生意，所以很多供应商会以**续约率、增购率和客户终身价值（LTV）等作为衡量客户忠诚度的指标**。

续约率主要以客户数为计算基础（也可以用总收入金额），计算以时间计价的客户中有多少愿意在约满时继续合作。续约客户数占所有客户数比例越高，则续约率就越高，同时也反映出较高的忠诚度。客户忠诚度的定义虽然十分简单，但由于客户合同到期时间不一样，对它的追踪需要花费不少精力。

值得一提的是，在一些类似SaaS模式以时间或使用度计费的行业里，续约率是非常重要的指标，不只是用来衡量客户忠诚度，而且还用来计算**LTV**。LTV是一个估算和预测性的指标，是指这家客户在合约期（无论多长）里，为供应商创造了多少价值（简单来说就是会买多少东西）。客户的续约率越高，代表它买得越多，因此LTV也会越高。

还有一个常见的客户忠诚度的衡量指标，那就是**增购率**。也就是同一个客户买过还想"多"买。增购的意思是现有客户在不同时间增加和再次购买同一类或者其他新产品和服务，这种情况可以出现在各种业务模式中。如果在一段时间（如一季度或一年）内，有某数量的现有客户向供应商增购同类或其他产品和服务，这个数量除以供应商的全部客户数，即可得出增购率。增购率越高，代表客户忠诚度越高，客户黏性也越高。

客户推荐

供应商获得新客户后，首先要让客户觉得满意。在客户满意度不错的前提下，客户可能会继续和供应商做生意，购买更多产品和服务，这个客户的忠诚度也随之提高。在这一过程中，假如供应商继续让客户满意，到最后这个忠诚的客户还可能把自己的经验分享给别人，把供应商推荐给其他有需要的企业。客户推荐就是用来反映客户持续对供应商满意而愿意为供应商提供额外"奖励"的指标。

客户推荐也是客户给予的最高层次的"奖励"，这里面的客户一般分为两类。第一类客户愿意把自己的经验和其他潜在客户分享，并且为供应商"背书"，但是它并没有一个特定的推荐对象，更多的是出席供应商主办的线上线下活动。这一类指标通常是以**客户案例的数量**为衡量标准，有时候也会以客户行业中某些特别重要的**标杆客户或灯塔客户**作为衡量标准，要求销售团队在某段时间之内达成。

第二类客户通常是第一类的延伸，这些客户愿意主动向同行企业或其他潜在使用者分享和推荐它们自身的经验，或愿意做供应商客户访谈的对象。在有些招标书中，经常会看到招标方需要供应商提供实名客户案例和可供访谈的对象。为了满足这种需求，供应商会要求销售团队不断储备愿意提供推荐的客户。

竞争

竞争不是销售人员工作的目的，而是在通往成功路上不能逾越的障碍，供应商要完成业务目标，销售人员要达成销售指标，特别在现代的市场经济中，竞争对手是不可避免的。

从宏观的角度看，一家企业的成功和市场价值与它的市场地位息息相关，很多企业的愿景是市场领先，成为市场第一，这意味着它必须占据最大的市场份额。所以虽然市场占有率不是财务报表中的指标，却同样是不少企业的业务目标，而它自然也成为销售主管关心的运营目标。

市场占有率一般有两种计算方法：第一种是计算在某个时间点上，供应商累积的业务量（数量、金额或其他有代表性的计量单位）在整个市场总量中的占比；第二种是计算一段时间内（季度、年度）供应商的业务量在整个市场中的占比。两种方法都有人使用，而且也有企业将两种方法一起使用，更全面地看清楚自身与对手在市场中的地位。

销售主管除了关心宏观的市场占有份额，也关心在市场中谁赢得更多。赢得更多固然好，但是和竞争对手相比如果输得更多，这反映出供应商的竞争能力有不足之处，需要查找问题，对症下药。因此在销售管理的运营指标中，还有一项常见的指标是商机的**输赢比例或胜率**。这个输赢比例记录和反映的是供应商的合格商机里最终赢得订单和输给对手的次数和比例，但有时候因为输给对手的信息比较难以确认（有销售人员的主动原因），也有把指标改为赢单比例（Win Ratio）的，简单地计算所有合格商机中最后成单的比例。一般来说，销售主管很多时候会通过将所有销售人员按赢单比例排序，以此判断她们的个人能力。

销售漏斗

在销售主管的日常管理中，最重要的工作之一是时刻关注市场是否有足够的需求，这些需求又是否能被供应商和销售团队捕捉到并进入供应商的销售漏斗，成为**线索和商机**。销售漏斗的体量越大，线索商机的质量越高，销售人员完成短期销售指标的机会越大。

基本上，销售管理中有关线索和商机的运营指标是销售主管每周甚至每天（尤其是那些交易高频的行业）必看的指标。由于线索和商机需要经过市场活动和销售人员录入CRM系统才能进行管理，所以销售人员也会被主管要求对CRM中的个人商机进行及时的维护和更新，否则从系统看到的所有商机/线索指标毫无价值。

得益于CRM系统的普及，供应商对销售漏斗的管理变得越来越细，有关线索和商机的运营指标也从衡量数量（包括金额）扩展到质量、时间等其他维度，务求对销售漏斗有全面而立体的认知。这样能更有效地帮助销售主管对未来业务做出预测，发现问题，及时做出补救行动。

CRM系统除了为销售主管提供线索和商机的运营指标信息，它也是贯穿整个销售赢单过程管理的重要工具，是所有销售人员必须掌握和使用的系统。有关原理已经在第6章中展开讨论。

要完成业务目标和销售的各种业务指标，除了有效的策略，没有强大的执行力是不可能的，因此销售部要时刻对自己的执行力保持高度关注，随时发现问题并及时纠正。销售执行力包括销售人员的个人工作和生产力、销售效率，以及对价格/折扣的操控能力。

销售生产力

无论是宏观经济还是微观企业管理，生产力都是一个重要的指标，很多企业都会以人均值来衡量各种工作的生产力，销售也不例外。销售的生产力来自销售人员，所以销售生产力这个指标自然和人有关。

这些销售人员的产出物主要还是前面提到过的商机、客户数、TCV、收入和收款等，这些代表销售人员在努力工作中不同阶段的结果。有些销售主管只看其中一个或两个方面，也有些主管会把多个方面综合起来一起看，这样得到的结果，更能反映销售人员的真实生产力。

一般来说，销售生产力的衡量方法是把销售团队里每一个人在过去一段时间里（季度、年度）获得的商机、客户数、TCV、收入和收款等数字做一个排序比较，也可以把这些数字转化成为排序后再做比较，以及对各个方面加入不同的权重，反映它们对生产力的不同影响，务求让主管觉得排序的方式最能反映实际情况。另外，还可以计算人均产出值，得出高低。

销售生产力最重要的作用有两方面，人均指标可以帮助销售主管计划所需的人力资源，而各种人员排序则能够帮助主管发现表现落后的销售人员，从而帮助她们提升或直接淘汰，同时也对销售人员起到警醒和督促的作用。

🎁 销售效率

和销售生产力对应的是销售效率，生产力衡量的是每个销售人员能产出多少业绩，而效率则看每个单位的产出（商机、客户数、TCV、收入、收款）需要花多少资源。资源花得越少，效率自然越高。在这五个方面中，销售主管通常最关心的是商机、客户数和收入的效率。

在商机阶段，主要看的指标是平均获取商机成本（Cost Per Lead, CPL），指的是在某时间段内（月度、季度、年度），把为获得商机发生的市场和销售（包括人工）费用支出除以获得的商机数目，得到的平均值就是为了获取一个商机所花掉的资源。由于市场的费用也要被算在里面，这个指标有时候会由市场部负责提供。

$$\frac{市场 + 销售用于产生商机活动费用（元）}{产生商机数目} = 平均获取商机成本$$

比起获取商机成本，销售主管对获取每一个客户的成本更关心，因为这能更大程度地反映整体或个别销售人员的效率。从定义上来看，获客成本包括获取商机的成本，再加上销售过程中发生的费用。所以，平均获客成本（Customer Acquisition Cost, CAC）的计算方法是，把某时间段内（季度、年度）为获得客户签约全过程中发生的市场和销售（包括人工）费用支出，除以获得的新客户数目，得到的值就是为了获取一个客户花掉的资源。

$$\frac{市场 + 销售整体费用（元）}{新客户数目} = 平均获客成本$$

值得一提的是，CAC这个指标在近年来越发在以流量或时间计费的商业模式中盛行，经常和前面提到的续约率和客户终身价值（LTV）联合使用，用来判断商业模式是否能够盈利。

在收入方面，要衡量销售部获取收入的效率，主要采取前面已经讨论过的E/R比例。只要把销售部在某一段时间内（月度、季度、年度）的所有费用支出除以该段时间内的确认收入，就可以得到获得一个单位的收入所需要消耗的销售资源，该结果将以百分比的方式列出。

CPL、CAC和E/R比例是衡量销售效率的3个主要指标。这些指标很少会落到销售个人身上，更多地会通过销售的支出预算予以控制。

价格管理

管理商务价格是销售谈判成单的重要手段之一，价格谈得好，既可以成单，又可以为供应商获得合理的毛利，保护毛利率。但是如果价格控制不好，那么就算能够成单，也可能损失毛利，最终可能导致无利可图。最差的情况就是把价格拉下去后依然不能成单，这就在市场中立下了一个坏的价格"标准"。

前文已经提过，销售主管通常要为毛利和毛利率负责，因此价格管理就成为主管进行销售运营的重点。价格管理为分两个部分，其一是对实际价格（产品单价或客单价）或者实际折扣率（产品或客户）的追踪，这部分数据需要分时段统计，记录每个时间段（月度、季度、年度）中的平均实际价格或折扣率，并对其趋势做出判断。

其二是制定价格或折扣的审批流程，规定供应商内部各级的授权权限和授权条件，同时设定价格和折扣，要求具有授权权限的人进行把关，尽量将实际价格或折扣控制在目标范围之内。审批流程和目标价格或折扣需要参照实际价格或折扣记录趋势，以及市场竞争环境和成本，在适当的时候进行调整。

鉴于价格和毛利息息相关，一般销售主管会把两者放在一起管理。

🎁 销售行为

优秀的销售团队一定要拥有强大的执行能力，为此很多销售主管会针对她认为重要的一些销售工作，通过运营指标进行管理，常见的包括每周访问客户数量、访客报告、客户建议书数量、销售预测的准确度、CRM更新的及时性、销售费用报销的及时性等。

至于这些指标中具体哪个更重要或者如何定义，随销售主管的意愿各施各法，但不变的是它们都属于销售人员的日常和基本工作，我称之为**"销售个人卫生"。**就像我们每天起床刷牙漱口一样，这些事情本来对自律和专业的销售人员来说都是分内之事，一点难度都没有。但是目前还有很多销售人员对自己的工作范围和责任一知半解，这些有关的行为规范和"个人卫生"的运营指标就显得非常重要了。

此外，销售人员作为供应商和客户的"桥梁"，需要承担团队领导和协作工作，也要不断补充和储备个人技能和知识。这些努力虽然不容易衡量，但也是销售主管所关心的。

初步介绍以上3个方面10个领域和常见的20多个运营指标后，希望销售人员对主管在日常运营中关注的地方有所认识，了解为什么她要关心客户的各种状态，为什么要重视竞争对手和输赢，又为什么要追踪销售部的数据。和业务指标一样，它们也大多被纳入销售绩效考核的标准。

值得一提的是，上文介绍的这些运营指标并不完整，在不同行业里可能还有其他运营指标，而且每种指标都可以有更多变化和方法进行衡量。我只是选择一些较常见和有代表性的指标进行分享，目的是抛砖引玉，希望销售人员明白它们的基本意义和如何能贡献于最终的业务指标，在今后销售事业前行时，知道各种指标的轻重，在对的时候做对的事情。

读懂销售业务和运营指标

销售管理的8个业务指标是整个销售部的工作目标，这些指标的量化数值代表了供应商对销售部的期望，能否完成指标将很大程度影响企业业绩和财务报表是否靓丽。如果供应商是上市企业，股价和市值会立刻反映投资市场的喜恶情绪；如果它是私企，投融资和贷款的金主也会很快报以相应的行动，非常现实且直接。

要达成这八项业务指标，销售部需要完成从获得线索商机开始，到销售、签单、交付、收款的一系列过程，然后开始下一个购买周期，直到客户的"生命周期"结束。这个过程中任何一个环节出错都可能导致失败，所以销售管理在运营上要注意许多细节，于是针对客户、市场和销售部的10个常见的运营指标（"传感器"）应运而生。在业务指标和运营指标的关系图中，中间的线代表各种指标可能发生的关系，可以用千丝万缕来形容（详见表8-5）。

表8-5 业务指标和运营指标关系图

管理领域	常见的销售管理运营指标
1. 新增客户/业务	新客数目/新客户金额/新业务金额
2. 客户满意	满意指数（交易）/满意指数（客户）
3. 客户忠诚	续约率/增购率/客户终身价值（LTV）
4. 客户推荐	客户案例数/灯塔客户/客户推荐商机数
5. 竞争	市场占有率
	赢输比例
6. 销售漏斗	商机/线索数量和质量
7. 销售生产力	业绩排名和平均值
8. 销售效率	平均获取商机成本（CPL）
	平均获客成本（CAC）
	费用收入比例（E/R%）
9. 价格管理	实际价格/实际折扣
10. 销售行为	访客数/发出建议书数/销售预测准确度/CRM更新行为/及时报销等

销售管理业务指标

1. 新签合同金额/预算完成率

2. 未交合同单金额/预算完成率

3. 确认收入金额/预算完成率

4. 毛利/毛利率

5. 销售费用/E/R比例

6. 经营利润/运营利润率

7. 收款金额/预算完成率

8. 应收账金额/DSO/过期应收账

无论销售主管最后为部门安设了多少"传感器"，这些"传感器"的"读数"蕴藏了大量有用的数据，可以为销售人员指点迷津。销售管理的关键是如何分析这些数据，从中获得珍贵的洞察。销售人员虽然不是主管，但是如果重视平日自身工作的管理或者以后有志成为销售主管，重视对这些指标的分析会带来很大的帮助。我从工作经验中学到一些分析的简单原则，下面和大家分享。

🔷 设立运营指标要有效反映某个业务指标和相关的问题

假如你希望成为销售主管负责管理，或者你考虑为自己的销售工作设立一些"运营指标"的话，你要明白的第一件事情是，所有运营指标必须和某个业务领域的问题和指标有关键联系，这样的指标才有指导意义。例如，某个供应商为了赢得更多订单和提升利润，要求销售人员每天准时9点上班，并以考勤准点率作为指标追踪。在这个例子里，准点率与更多订单和更高利润的目标并没有明显的关系，这种运营指标看起来没有多大作用。

我曾经碰到过这样的企业高管，虽然不负责销售，但是对各种运营指标"痴恋成狂"，几乎对每一件事情（不是业务目标）都设有指标监控，以至他的员工天天疲于奔命，为了满足对这些无效指标的追踪而浪费宝贵的工作时间。空有一堆指标，真正的业务却没有做好，这千万不可效法。

🔷 指标的数字只能说明问题的存在，更重要的是查找问题的根本原因

各种各样的指标中，有些比较宏观，有些更有指向性。同样，销售指标也是如此，业务指标固然相对比较宏观，而运营指标就更具体一些。但无论是哪类指标，都不一定能指出真正问题的所在。现代体检有那么多科学手段协助尚需要经过医生的解读分析才能确诊，销售的业务和运营指标就更不用说了，必须经过详细分析才能找到问题的根源。

销售管理最怕不求甚解，遇到指标数字不好，只看表面，这样不但不能解决问题，还会浪费资源。要找到指标背后的真正问题，需要不断深挖，而且要触类旁通。例如，某销售主管最近头疼的事情是实际成交价格和毛利每况愈下，这两个指标连续两个季度变坏，问题到底是销售不得力？这款产品碰到质量问题？还是竞争对手有新品推出？很明显，要找出问题的根源，只看这两个指标并不够，还需要依靠销售人员的深入挖掘才行。

再举一个常见的例子，销售主管发现CRM中的商机数量/金额连续3个季度下降，甚至开始影响下个季度的收入指标预测。不动脑筋的主管可能会简单地要求销售人员增加CRM里的商机数量而不去查找商机减少的真正原因。这样将导致销售人员录入大量虚假的商机，貌似解决了商机少的问题，实际上却带来更多麻烦——既没有得到更多有效商机，最后还要花力气去清除系统中的"垃圾"。

不同指标和部门信息一起分析，比单独分析更能帮助发现问题

当通过某个指标发现问题时，我们可以结合其他的指标一起来分析，很多时候能够为寻找问题根源提供更多的线索。

拿上面的例子来说，发现价格和毛利指标下滑时，我会看看其他的运营指标，特别是这段时间的输赢比例、商机数量、客户满意度等，同时也会查询产品部门有关质量的反馈等，帮助收窄问题范围。如果是商机下降的话，我会同时检查各类销售行为的指标，还会和市场部了解竞争对手的动态，以及市场环境的变化等。当然，无论有多少个指标收窄范围和指向某个原因，最终都需要销售人员自己来下结论。

分析指标数字应该从多个角度出发

正如白雪公主的后母问魔镜谁是天下最漂亮的女人一样，任何事情"没有比较，就没有伤害"，从恰当的角度去看，可以帮助我们更容易地发现更多问题，及早对症下药。分析指标数字时，我喜欢从以下4个角度去看。

1. 时间维度

时间是最起码和最常见的分析维度，通常以**一段时间中的指标变化**来分析，如一周、一个月、一季度、半年、一年等，偶尔也会用上3年或5年。另一种时间的表述方式是以**某个时间点作为界线，比较之前有关指标的数字**。财务报表中的损益表就是以时间段来衡量数字，而资产负债表则是以时间点作为计算的界线。两种表述方法各有所用，为管理者带来不同的视角和信息。

以不同的时间表述方式记录指标数据后就可以进行比较，发现某指标的趋势（成长/萎缩）。最常用的有"同比"和"环比"，分别比较去年的同一段时期，以及紧接的往上一段时期的有关指标。举个例子，与2019年第二季比较，2018年的第二季称为"同比"，而2019年第一季称为"环比"。

为什么会有"同比"和"环比"两种不同的比较方式？原因很简单，因为很多行业的指标（如订单、收入等）都有季节性的波动，如果单从"环比"的角度去比较，可能会看到淡季来临，但是如果从"同比"角度去比较，就会看到这个淡季比去年淡季有没有成长，得到的结论也截然不同。

除了比较某个指标在两个时间段或时间点的情形外，我们也会对某些指标做长时间的多时间段/时间点进行跟踪，**分析趋势**，经常能从中发现不同的问题。

2．标准维度

各项指标除了在时间维度上的比较，其次就应该是跟标准进行比较。所谓标准，可以是预算（期望值）、平均值（统计数据平均值或第三方公布的平均值），还有比较少用的最低值（最低期望值或历史最低值）等。这些标准代表着一个可以被管理者接受的指标水平，所以更多关注的是实际数字是否超过标准或距离理想标准有多远。

3．组织维度

在时间维度的基础上，我们可以加上不同组织的维度，如业务部门、地区、产品线，甚至是个人，然后进行比较。这样比较通常是为了看清楚组织中不同单元之间在某个指标上的表现如何。几乎大部分销售管理的业务指标和运营指标都可以利用这些组织单元进行比较，这也是分析中常见的做法。

4．竞争维度

和组织维度类似，不过竞争维度比较的是另一家供应商，可以比较它的同性质的业务部门、地区、产品等，也可以把多个竞争对手放在一起进行比较。

在大数据时代，企业越来越讲究数字化经营，各类业务指标和运营指标（销售和其他部门的）也变得五花八门，几乎已经到了"只有你想不到的，没有你衡量不了"的地步。这些指标从传统的财务报表和管理报表延伸到了企业的各个层面，出现在各类报表文件中。作为销售人员也必须具备基本的指标分析意识，对自身的各种指标有所认识，才能够适应这个日新月异的环境。

衡量和激励销售人员

销售人员入职以后，每年有两样东西会影响她的个人前途和收益：一是个人绩效考核计划（Performance Plan），以达成销售部的有关业务和运营指标（包含销售指标），作为衡量其整体表现的标准；二是个人提成佣金计划（Incentive Plan），以达成个人销售指标，赚取更多的钱。

简单来说，提成佣金计划中的销售指标是绩效考核计划中的一个指标，绩效考核关注销售人员综合能力的表现，而提成佣金则针对特定的"开源"目标。绩效考核的正面激励作用体现在员工的升迁和事业发展方面，而提成佣金顾名思义则以短期的金钱回报作为激励。不过由于提成佣金计划"诱惑"更大，很多销售人员甚至会忽略了绩效考核计划的存在。

🔷 绩效考核计划

实际上，就像企业任何部门的绩效考核计划一样，销售的个人绩效考核计划也是评估销售人员整体表现的最全面的工具。一般来说，考核周期为一年，在周期开始前由销售人员提出，然后和销售主管共同制定考核计划的内容和衡量标准，并在期末进行考核。在周期中，主管应当阶段性地提出辅导意见。类似的绩效考核方法在企业各部门都适用，并非销售部独有，但销售人员的绩效考核计划通常由3个重要部分组成。

1. 业务指标

完成业务指标是销售人员最重要的任务，占整个绩效考核计划最高的权重，往往在50%到70%。业务指标中又以销售指标为重，占30%到50%，剩下的由其他各种业务指标摊分。根据销售领地的特点，销售主管会从常见的业务指标中抽取部分作为衡量的指标，通常不会超过3个，否则目标太多便会失去聚焦。

2. 运营指标

同样，根据销售人员的领地特点，主管会从常见的运营指标中选择适合的加入绩效考核计划。这个部分所占的比重较业务指标轻，通常占比为20%到40%。

3. 个人行为

这个部分是主管希望销售人员个人展现某些特别行为而设，通常围绕个人知识和技能提升、团队的领导力、协同能力等方面展开，根据在绩效周期中销售主管的需要而定，占比通常在10%左右。

一般来说，绩效考核计划应尽量能够量化（个人行为较难），以便于对结果进行衡量和比较。当然，以上分类只是一个框架，计划的具体结构、衡量的内容和权重都由销售主管最后决定。很多时候，主管会根据销售"兵种"设计出不同框架、指标和权重，再由销售人员根据分配的领地加入具体内容，成为最终的考核标准。

📦 提成佣金计划

在了解了衡量销售人员整体表现的绩效考核计划后，是时候看看销售最关心的问题了，那就是提成佣金计划。我在这里不会讨论提成佣金计划有多少种变化的细节，只会分享基本原理，让新入门的销售人员有所了解。

说来奇怪，很多年轻人在应聘销售工作时，不好意思跟面试官说做销售的目的是争取更高的收入，其实大部分的面试官都希望听到候选人说喜欢赚钱（只要是通过正当方法），因为只有这样，供应商的激励措施才有机会派上用场。

说得再直接一点，销售人员赚钱是天经地义的事情，相反，拿到提成佣金都不兴奋的人不一定适合销售工作。这些年来，我见过的优秀销售人员都是对提成佣金计划耳熟能详的人，她们会深入研究计划中的所有细节，读懂哪些指标和规则可以让她们赚到最多的钱。大家也不要担心供应商会心痛多花钱，因为这是它最想看到的事情，是互利和公平的交换。

领地和销售指标分配协议和提成佣金计划是每家供应商详细描述如何奖励销售人员完成销售指标的文件，是供应商和销售人员之间的重要"契约"。销售人员为了自己的利益，应该对它有所认识。**一是要清楚供应商给你的目标，知道你往哪里花力气才能赚最多的钱，二是要知道在什么条件下才算完成目标，从而拿到该得的钱**。遇到不明白的地方应该提前澄清，多一分了解就是多一分保护。不少有关提成佣金的误会和纠纷，都是源于销售人员对计划的不"精通"。

这些"契约"的具体内容，在每家供应商都不一样，很难在本书中一一展开，但无论是简单还是详细，通常会包括以下几个重要的元素。我在这里简单列出，好让读者将来方便识别。

1. 销售指标定义

销售指标一般有3类选择。最常见的是**确认收入（Recognized Revenue）**，因为这是最直接反映企业业绩的数字，但如果有时候确认收入需要较长的时间，不能及时反映销售人员的工作成效（失去激励动力的时间性）。在这种情况下，供应商很可以采用**合同总金额（TCV）**指标。有时候供应商为了促进现金流入，还会直接以**收款金额**作为销售的主要指标。

这些指标说起来简单，但销售人员要清楚它们的具体定义，尤其是怎样才算是确认收入。是交付、开发票还是收款？确认收入的会计准则和入账"凭证"是什么？定义清楚可以让销售人员在工作时更有针对性，也可以为自己的提成佣金谋求最大的收获。

2. 提成计算方法

TCV、确认收入、收款金额等销售指标都是以金额为单位的。

有些供应商喜欢以金额直接作为计算提成佣金的基础。完成每1元钱（或一个单位的金额，如每10000元或每100万元）的指标就可以获得某个比例的提成，多劳多得，我称之为**"金额绝对值"**的计算方法。例如，某供应商的提成计算方式为每完成10000元的确认收入，销售人员可以提取100元（提成比例1%）。销售人员当年完成300万元确认收入可收获30000元提成。

有些供应商产品/服务品类多、客户多、范围广、差异大，销售"兵种"较多，如果都采用"金额绝对值"计算，各类销售"兵种"难以公平地横向比较。为此供应商会以销售指标的达成率（Attainment Rate）作为计算提成的基础，如每完成1%的销售指标可以获得某个数量的提成，按比例计算，多劳多得，我称这种为**"达成相对值"**的计算方法。

在这种方法中，提成比例不按绝对金额计算，而是按指标金额的达成率计算。原因很简单，因为指标金额的大小和达成率才是供应商关心的，只有在全部（或大部分）销售人员都能够100%达成和超过个人销售指标的情况下，企业才得以完成业绩目标。

在以上的例子中，假设销售人员的个人销售指标为500万元，而每1%的达成率可以提取500元，那么完成300万元确认收入就能转化为60%的销售指标达成率。以每1%获得500元提成计算，她还是获得30000元收入。但是巨大的不同之处是，在这个例子中，供应商只能得到销售人员60%的达成率，对于供应商完成整体目标还有不小的缺口。

这就是越来越多企业采用"达成相对值"方法的原因之一。把企业目标和销售指标绑得更紧，意味着供应商有可能通过调节提成比例，驱动销售人员朝着100%（甚至更高）达成率努力。除此以外，它还可以进一步和销售人员的整体薪资（基本工资加提成佣金）进行关联，促进企业里各类人才的横向公平。

3. 单指标/多指标

最重要的销售指标无疑是和生意有关的 TCV、确认收入或收款金额，但是很多时候供应商还希望销售人员关注毛利/毛利率和费用，所以会在提成佣金方案里加上其他指标，将其变成"多指标"的提成佣金计划。

"多指标"计划最常见的组合是 TCV/确认收入/收款金额（之一）加上毛利，也有加上销售费用的，还有一种是把 TCV 和确认收入组合起来，强化签订合同和确认收入同为供应商最关心的目标（尤其是超大规模项目）。一般来说，对任何一种销售"兵种"，很少有超过 3 个指标以上的组合计划。

组合的方法一般有两种：一是针对不同的指标，分别设定提成比例，指标的重要性（权重）可以通过提成比例来体现；另一种和"达成绝对值"一起使用，把组合中的指标完成率计算出来，通过加权后相加，成为一个最终的达成率，并以此作为提成标准。

4. 提成佣金计算方法

这应该是销售人员最关注的部分。无论是"金额绝对值"还是"达成相对值"的计算思路，销售人员每完成一个单位（金额或达成率）的指标，都应该相应有一个提成比例。**计算方法需要清楚列明衡量哪类的销售指标（一个/多个）、怎样才能赚钱**，如完成一个单位获得多少钱，有没有最低完成额度（Minimum Achievement Threshold）和提成佣金加速器（Accelerator）等，**以及相应的重要条例**，如什么时候计算（月结、季结、半年结等）和支付，还有离职时如何处理等。

最低完成额度是指，在指标从零开始到某个金额或达成率百分比范围之内，供应商不会给予奖励，销售人员完成最低完成额度以上，才会获得提成。加速器是指，当销售人员完成某个金额数值或者做到 100% 达成率以上时，额外完成的指标部分会以更高的提成比例计算。供应商把这两种做法合起来可以设计延伸出更多的阶梯提成比例，更系统地推动销售人员朝着供应商的目标努力。

5. 个人销售指标数字和领地分配

领地和销售指标分配协议（Territory & Quota Assignment）或者类似的文件需要清晰列

明销售人员负责的领地范围和相应的一个或多个销售指标的具体数字目标。

个人领地协议和销售指标协议，加上提成佣金计划中的各项信息，决定了销售人员如何赚取最多的提成。无论供应商是否具有正式的有关文件，我都建议销售人员必须把这些信息落于纸上，然后和供应商确认（最好是正式协议并签字）。

在本章结束之前，我想再强调了解从企业到销售管理再到个人各种目标和指标的重要性。就像医生通过各种手段获取病人身体各个部分的指标信息，做出正确诊断并对症下药，把病人治愈之余，也为自己留下好名声。B2B销售人员要想成为专业人士，自然也应该了解供应商和销售部各种指标的原理和重要性，这样才有机会真正做好工作，赚取更多的提成。

经典案例

好业绩始于合理规划和不懈执行

本部分内容由时为富士施乐中国公司大客户销售总监鄢亭雄先生撰写。十多年来，鄢亭雄先生先后服务于富士施乐、IBM以及Entrust Datacard等著名高科技和IT企业。

2007财年，我从区域销售经理转为大客户部销售经理，随后紧锣密鼓地开始扩建一支新的大客户销售团队，一方面从外面招聘"新鲜血液"，另一方面也从其他部门抽调人手。有位年轻的小李，在另一个区域销售团队工作了一年多，业绩表现平平，销售技巧一般，但工作态度很好，对产品及公司内部流程比较熟悉。时间紧迫，我当时抱着试一试的态度把她招募进来。

分配完领地和销售指标后，大家就开始新一财年的冲刺了。但两周后我发现小李的态度不够积极，于是找她了解情况。原来她发现这里的指标比在原来团队高出不少，加上对客户并不太熟悉，因此对完成新财年任务信心不足。

了解情况后，我拿出她负责的客户列表，深入详细地解释了我为什么要分配这些客户给她，这些客户的潜在机会在哪儿。我还告诉她，如果我是她，会如何制定每季、月、周直到每日的工作计划。之后，我带着她一起做了以下几件事。

- 根据我们的认知，把客户从已有装机客户、目前使用量、未来增长潜力、购买习惯

4个维度分类。

- 根据4类客户的优先级，制定详细的客户拜访计划，并做好拜访前的准备工作。

- 和她一起去拜访不同类型的客户，示范如何和不同部门、不同级别的客户进行有效的沟通，如何处理客户的问题，引导客户的兴趣，为下次拜访留下伏笔，还有如何往前推进项目。

- 每次见完客户后，我会和她一起复盘哪些沟通做得不错，哪些需要改进，制定下一步行动计划。

- 经过近6周的客户拜访工作，我们梳理出当年的短、中、长期的项目，并且继续深挖跟进。

自此，小李的工作信心和主动性有了很大的提升，技能和生产率也得到了显著的提高。那一财年，我们一起在最后一个季度签下一个大项目。她不仅第一次超额完成销售指标，更重要的是她经过一年的锻炼，提高了销售技能，获得了信心。两年之后，她被晋升为销售经理。

作为一名销售主管，从那时开始，我在每次分配完任务之后，首先都会和销售人员充分沟通，坦诚交流分配背后的逻辑和原因。在观察到销售人员的问题时我会尽快解决，在让她感受到你是真心诚意帮助她成功之余，也让她看到希望，并且通过行动和努力去改变结果。最后，在辅导的过程中，我需要尽量言传身教，做一个好的榜样。

和我一样，我认为大多数的销售主管都希望下属成功，所以反过来我对销售人员也有以下建议。

- 不要害羞，当你拿到任务时，要勇于向老板请教如何完成任务。

- 认真做好规划，踏踏实实落在实处。

- 敢于要资源，也要善于利用好内部、外部的资源。

在开始阶段，每天复盘，日积月累，你很快就会成为拜访客户的高手。

9

满意篇
管理客户期望，
先建立而后满足

"客户满意"是口号还是成功手段？

现代社会对"客户满意"的关注大概始于20世纪50年代前后，随着市场营销概念的出现，"客户满意"快速成为常态的消费文化。

在企业市场中，虽然相对供应商而言，甲方（客户）比个人消费者强势得多，但是这种强势反而没有让它们像消费市场一样联合起来，成为一股更大的力量推动企业市场的"客户满意"意识前进，而是更多地依赖于供应商自己的价值观和觉悟。

几乎所有高管都知道"客户满意"是现代企业赢得市场和利润的必经之路，可是虽然嘴上都说着"客户不能得罪"和"客户满意是企业核心价值观"之类的话，但不少企业没有预防意识，更没有系统化的管理，更多的是抱有侥幸心理，得过且过。

有些成熟企业确实设定了管理流程和政策，却没有从上而下地推动，空有制度却对客户满意度没有帮助。这样的做法比没有客户满意管理流程更坏。

真正了解"客户满意"如何影响企业成功的管理者并不多，这并不是因为其道理有多深奥，反而可能是因为看起来太简单，才没有受到足够重视。从我接触的各类供应商的情况来看，"客户满意"更像是企业管理中锦上添花的事情，并不是立命之本。如果"客户满意"真的只沦为企业的口号，相信过不了多久企业的好日子就会结束。

"客户满意"虽然是供应商和客户在某次交易中的体验，但影响远大于此。客户不满意的话，不只会给销售人员招来怨言或投诉，还极有可能让供应商蒙受损失（客户不付尾款的情况几乎成了那些平庸供应商的一个"标记"）。除此之外，客户不满意，意味着客户不会忠诚于供应商，就算是勉强留下来（续约），也难有其他增购的机会。这样一来，供应商早期投入的获客成本就可能变得过于高昂，甚至血本无归了。

更可怕的是"好事不出门，坏事传千里"，不同的研究证明，不满意的客户比满意的客户会更积极地把其经验分享给朋友。这一来一回，会有多少潜在的新客户（或老客户）受到影响？名声坏了又如何在市场立足？

相反，如果供应商能够认真处理好客户的不满，坏事可以变成好事。历史和经验证明，客户的投诉如果处理得当，结果能让客户满意甚至超出期望的话，供应商会重新赢得客户的尊重、满意和忠诚度。

"客户满意"是客户忠诚的基础，客户忠诚又是客户是否愿意对外推荐的重要因素。它影响的不单是过去的单次客户交易，还会影响长期合作以及未来其他客户的业务。

我把"客户满意"单独成章的目的，正是希望通过以往的经验，帮助销售人员成为企业市场中负责"客户满意"的"第一人"，了解如何做好"桥梁"角色，去保护和提升"客户满意"水平，达到长期合作的目的。

"客户满意"是什么？

要把企业市场的"客户满意"说清楚看似简单，实际上并不容易，越是抽象的概念，越难对它做出定义。这不是一个学术研究，我试着利用我的经验和图9-1来分析它的属性并且勾勒出它的轮廓。

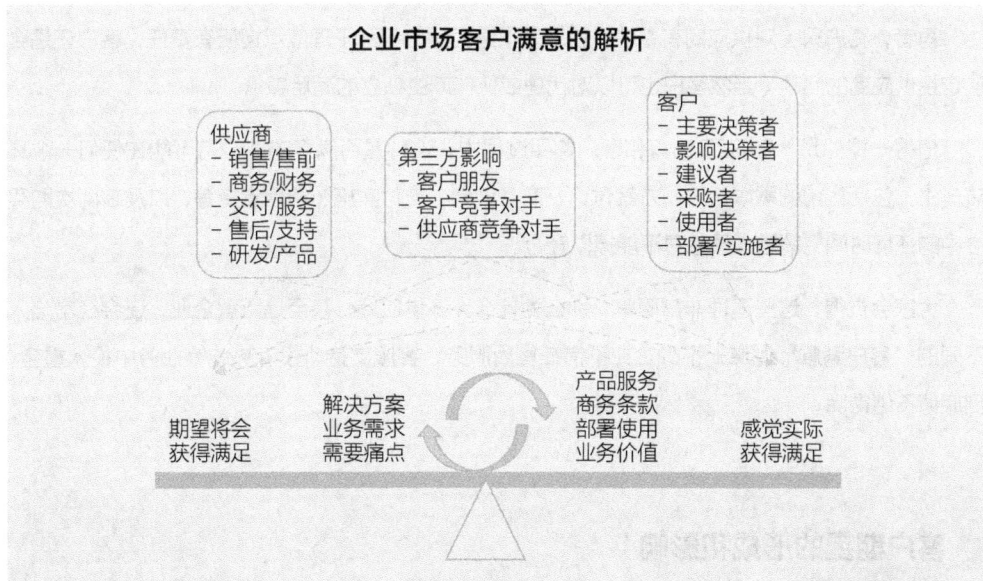

企业市场客户满意的解析

图9-1

🔹 客户期望和感觉的匹配

前文提过，B2B 销售和客户购买是一个价值交换的过程。在这个过程中，客户的业务痛点和需要，被演化成对供应商有关解决方案的需求，而客户对需求的期望实际上代表它对业务价值的渴求，并且以产品、服务、价格、条款、操作性等具体需求的形式（如招标书）表达出来。另一方面，供应商提出相应的具体解决方案去争取满足客户的需求，提供业务价值。一旦客户对此认可，其对供应商需求的期望便会形成，客户将以此来评判供应商的表现，价值交换也将实际发生。

所以简单地说，客户的期望值和满意度主要围绕两个方面形成：**第一是业务价值的体现，第二是对具体需求的满足**。缺了业务价值固然不会被客户接受，有时候就算满足了业务价值但具体需求有部分满足不了，一样会对"客户满意"产生影响。在我的经验中，绝大部分情况下，只有两者同时达成才能让客户满意。

换句话说，"客户满意"是客户（企业作为一个整体）对供应商的主观感觉，这种感觉来自客户认为其需求有没有（以及多少）从供应商那里实际得到满足。

如果客户从供应商身上"期望将要获得"的和后来"感觉实际获得"的所有价值和具体需求一致的话，客户就会感到满意。反之，客户会感到不满意（当然，很多企业在进行客户意见调查时会把不满意和很满意分成为更多级别或以分数代替，但是为了简单解释，在这里只分为3种）。

再者，客户只会对供应商有看法，就算是渠道代理出了乱子理应承担所有责任，客户还是会认定是供应商的问题（当然客户也可以对代理或伙伴产生独立的满足感）。

值得一提的是，在B2B销售和客户购买过程中，这种是否满意的感觉有可能在任何一个环节产生，包括售前的需求讨论、方案讨论、商务谈判、交付实施、售后支持等，以及在两次购买之中的任何时间，销售人员绝对不能掉以轻心。

大家会觉得，这些道理非常简单，那么为什么许多供应商，甚至是巨型企业，还会经常陷入不同的"客户满意"泥潭？不少企业不惜在售后服务、客服支持、投诉热线等业务中投入重金，到底值不值得呢？

🔹 客户期望的形成和影响

既然客户满意的核心是期望，为此销售人员需要了解在企业市场中，客户对供应商期望的来龙去脉，包括期望的内容、影响期望的因素、期望的形成过程等，才有机会满足客户。

要知道，一切期望无论是合理还是不合理，如果不被满足，都有可能导致客户不满意，也有可能让供应商蒙受损失。

暂时抛开个人动机不谈，客户期望的内容主要围绕**业务价值和具体需求**产生，因为这两个方面是客户需要通过购买过程去解决的。两者之中，业务价值无疑是影响客户期望的关键，其目的是要解决业务上的某些痛点和需要，也是整个购买行为的由头。如果得不到业务价值，又或者得到的价值不足以解决原先的痛点和需要，这个购买行为就是一次严重失误，不仅客户企业受到损失，其员工个人也可能背上责任。

客户要获得业务价值，离不开一个有效解决方案的成功交付、部署和使用。**任何解决方案，都包括3个属性，分别为产品和服务、商务条款，以及部署和使用**。无论供应商卖的是什么，客户要得到的解决方案都由这三个部分组成，缺一不可。试想一下，就算产品的功能和性能都很好，但是使用很不方便，又或者价格过高，那就不是一个好的解决方案。又如果价格和付款条件很合适，操作也很简单，但是部署计划太复杂，性能不够强，也不能成为解决方案。

客户想要得到有效的解决方案，需要通过具体的需求，把产品和服务、商务条款，以及部署和使用方面的细节要求清晰列出（如招标书中的产品指标、规格、功能、保修、服务需求明细、范围、交付物、性能值、交付、部署、实施、使用程序、价格、条款等）。这些具体需求实现不了，解决方案就可能出现缺陷甚至交付不了。相反，这些具体需求如果一一实现，解决方案自然成功，业务价值也就实现了。

所以，在客户关心的众多事情中，自然对"货物对版"和"物有所值"最为关注。万一"货物部分对版"而依然"物有所值"，相信客户还会接受，但如果真是"货不对版"的话，"物有所值"就不可能实现。而这也是为什么优秀的销售人员需要具备挖掘痛点需要，清楚描述业务价值的能力，同时又要能够对解决方案的具体需求施加影响，做好招投标和解决方案的工作。

在客户发现业务痛点并觉得需要做些什么时，它首先会把业务上的需要变成对某些产品/服务的需求，在这个过程中初步形成了对业务价值的期望。在后来的采购流程中，**客户和不同的供应商（竞争对手）交流后，对业务价值的期望还会调整**（希望变化不会太大，否则整个购买决策就会产生根本的改变），并在经过技术/商务谈判之后，才最终形成。

客户期望的形成是一个过程，它始于对业务价值的渴求，并且在和供应商签订协议时落实，在此期间，客户有关部门基本都是与外界有所接触的，因此客户**期望也难以避免地受到多方面因素的影响**。

客户内部不同部门的业务目标和在购买过程中扮演的角色有所不同，它们所处的角度和层面虽然在大多数时间是互补的（因为都是以获得业务价值为最终目的），但也难免存在矛盾。典型例子是，采购部希望低价者中标，但是使用部门更希望买到最好的解决方案，而决策部门要求项目覆盖更大的范围，但是执行部门希望降低风险。这些部门和扮演不同角色的员工，需要通过协同和博弈，才会最终决定这次购买的客户期望。

虽然现代企业员工大多是专业的，但是不能抹杀客户**员工的个人动机**对客户期望的影响。这些个人动机，尤其是为了个人绩效和事业的晋升，只要和业务目标一致且不冲突，都算是一件好事，不会导致客户期望的偏离。但在现实中难免个人存在对某些事物、概念、技术，甚至对供应商的看法，特别容易影响客户期望。当然，大家最不愿意看到的是某些心术不正，以一己之私出发的客户，这些人可能会把自己的私欲和期望架在企业之上，令供应商的销售人员进退两难。

供应商自然也不会放过任何可以影响客户期望的机会。从业务痛点的挖掘、技术规格的细节，到价格的范围等，供应商都会寸土必争，以免被其他竞争对手有机可乘。聪明的供应商会通过销售人员、售前人员和各种专家，从技术和商务角度分别去影响客户的期望，其中虽然多数是正式的沟通，但经常也有非正式甚至是隐含的"承诺"（特别容易出现在关系型的销售中）。

当然，**供应商的竞争对手**也不会坐以待毙，很可能做着和销售人员一样的工作，企图影响项目的业务目标和采购标书的具体需求。越多的竞争对手参与，意味着客户接收到越多不同角度的声音，对期望形成的影响也越广。

还有一个经常被忽略的是**供应商的渠道代理和业务伙伴**。虽然不是竞争对手，但它们的目标供应商并不是完全一致的，它们更关心自身的利益。例如在代理供应商的产品之余，渠道代理可能也想卖些自己的产品/服务，又或者想要控制价格和利润空间，这些"小心思"都可能会变成影响客户期望的因素，销售人员不可不知。

客户也会从自身所在的**生态圈中主动寻求"影响"**，比如从同行上下游的朋友那儿听取项目建议和推荐（或抱怨），也会了解竞争对手在类似购买中的做法，从中吸取有用的信息。到今天，虽说企业采购越来越科学严谨，但依然有不少客户认为"买某某的东西肯定错不了，因为大部分对手都在采用"，其影响力可见一斑。

最后，在信息发达的今天，大量的**行业专家和各种媒体**都会在不同的平台上发表各种看法，虽然这些内容的质量良莠不齐，但销售人员也不能忽略它们对客户期望的影响。

大家可以看到，能够影响客户期望的人和原因来自四方八面，影响的内容各异，目的和动机不尽相同。虽说企业购买决策和行为相对科学和系统化（比起个人），客户的期望不可能做到百分之百"合理"。撇开那些不合理的客户（或个人）期望，**所谓"合理"的期望，其实就是那些在供应商能力范围之内能够做到而且也愿意做的业务工作。**供应商做不到或者不愿意做（成本太高或者和业务方向不一致）的，就会被认为是"不合理"的，但是对于某个供应商认为"不合理"的，却可能是另一个供应商梦寐以求的"合理"期望。

无奈的是，不管客户期望合理还是不合理，供应商要赢得单子，都需要想办法满足（起码比竞争对手做得好）。销售人员的最佳策略是**"预防胜于治疗"，在售前和平时都做好影响期望的工作。**

🔲 带有客观的主观感觉

客户期望一旦形成就要得到满足。理论上来说，客户对业务价值和具体需求的期望，都在合同协议签署的那一刻确定下来（有时候在合同之后期望还能有细微的改变），之后的事情就是供应商通过解决方案的交付、部署和使用，去满足客户的期望。"感觉实际获得满足"，客户自然会满意，"感觉实际未获得满足"，就会产生不满意的感觉。问题是，客户是如何去评判的呢？

在企业市场中，客户对供应商期望"感觉实际获得满足"的评分标准和满意的条件自然跟期望挂钩。产品服务交付时是否跟需求匹配？部署实施是否和计划一致？商务条款执行是否顺利？操作性和使用体验是否和预期的一样？最重要的是，通过这次购买，是否为企业带来了预想的业务价值？

这些评判条件理论上都是客观的（可以记录在需求和招标书中），但中间很难排除个人动机以及第三方对评估的影响，也有不严谨的客户由于没有正确/正式地记录需求和期望，导致评估时失去客观的依据，影响"感觉实际获得满足"的程度。这一切都意味着客户期望带有主观色彩，因此"客户满意"天生就是一个"应该客观的主观感觉"，无论如何尝试，都做不到完全客观。主观和感性的元素固然难以控制，而一旦供应商能够满足甚至超越客户期望，客户可能会以个人信誉推荐供应商的产品和服务。

优秀的供应商和专业的销售人员想要提高客户满意度，当然希望提高这个主观感觉中的客观成分，因为产品服务、商务条款、使用体验和业务价值等，是供应商相对可控的，这些东西的"评分"越是能够被量化，就越能够把客户满意的感觉变得客观踏实，减少其他主观因素的干扰。这也是为什么专业的销售人员经常会帮助客户量化价值和做投资回报分析。

从评判的角度来看，"客户满意"和体操比赛有相似之处。体操比赛有一套独特的评分方法，对动作的技术难度和完成质量设有科学标准之余，同时允许裁判对动作的艺术性和完成度表达个人的喜好，尽量在一个主观的评判环境中做到客观。其次，体操比赛采取"满分扣分制"，运动员按照标准完成了动作可得满分（或有难度加分机制），但要是任何地方出了纰漏，都会被扣分。

客户满意又何尝不是一样的呢？很多人没有意识到，客户满意其实也是"满分扣分制"，因为当客户的期望一旦形成，供应商做好是应该的，但是做不好的话，就会失去分数。销售人员要做好"客户满意"，可以参考体操比赛的评分标准并从中学习，对任何一个动作或细节都做到尽善尽美，无可挑剔。

🔷 无处不在的"客户满意"陷阱

在企业市场里，年轻的销售人员经常会纳闷，为什么同一样产品或服务，A 客户使用的时候非常理想，客户好评如潮，但偏偏在 B 客户那里却问题不绝，引来怨声载道。如果撇开产品质量不稳定的问题，既然是同样的产品和服务，功能和性能理应都一样，为何客户反应会有如此大的分别？是什么让供应商在阴沟里翻船呢？

这里有两种情况，一是客户的期望没有被合理地控制在供应商能力范围之内，二是解决方案的表现没有达到客户既定的期望。再加上一些主观看法，就会产生问题。

期望天生带有主观色彩，如果控制不好，不合理的成分比合理的多，有太多机会让客户期望跑偏。最常见的例子莫过于客户的业务价值和具体需求没有在前期挖掘清楚，落到合同文字时过于含糊，以致在签署后引起双方争议。有时候供应商或销售人员急于获得业绩，勉强答应某些十分苛刻的要求，导致最后客户期望超出供应商的能力范围。

有时候，尽管客户的业务价值和需求期望相对客观和合理，不过供应商解决方案的交付和使用过程（无论是实物产品、软件、服务，还是系统集成），依然存在很多变数，需要谨慎细致地管理。小到一个部件忘记发送，验收日期晚了一天，还是某个功能操作有些麻烦，大到产品质量有明显问题，系统性能比规格为低，甚至是业务价值达不到预期，都会导致不同程度的"扣分"，影响"客户满意"。这种交付和使用过程中的失误，有些是"天灾"（如各种外在原因导致到货时间晚了），但更多是"人祸"，属于供应商内部的问题。

在我的经验中，这两种情况发生的比例大约各占一半，虽然不一定直接因销售人员的能力或疏忽而起，但是作为供应商和客户之间的"桥梁"，她有责任在整个销售和购买过程中"把好关"，减少被"扣分"和增加"加分"的机会。

从图9-2中可以看到，**客户期望从影响、确认到最后被供应商满足，横跨整个客户购买（和销售赢单）过程**，链条十分长，环节特别多。在这个过程中，任何客户或供应商的人和事，都可能出现问题，导致客户期望偏离或不能被满足。

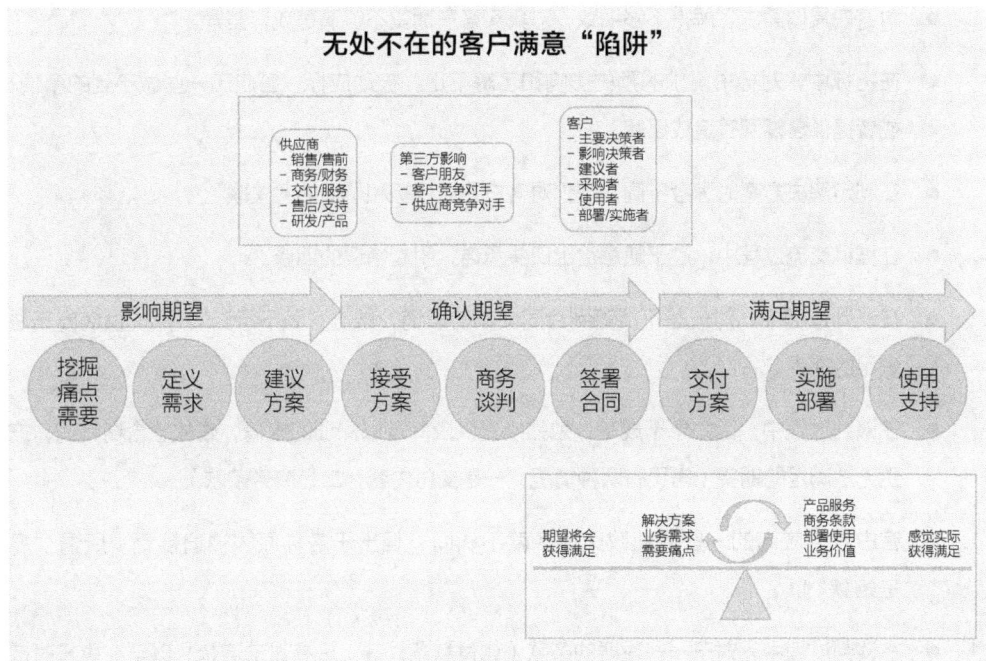

图9-2

新客户的满意与否只能基于购买过程的经验，但对于老客户来说，客户满意的"陷阱"还可能出现在**两次购买之间的日常交往之中**。有时候只要一次无心之失，就算是跟业务、购买没有直接关系，也可能对双方造成伤害。早些年就曾经有客户因为我们在宴请时排错座位次序而产生意见，一个月没有约见我的销售人员，让年终的合同签不下来。

这种情况还算是好的，因为发生在明处。在企业市场中，很多时候不同部门的人可能对供应

299

商或者企业采购决策有不一样的意见，但碍于企业决定，个人意见并没有表达出来。这些情况如果没有被销售人员及时捕捉的话，也许表面看来风平浪静，其实暗里波涛汹涌，指不定在交付过程中或者下一次购买决策中翻起更大的浪。

下面我把一些经常引起"客户满意"问题的环节列出。这些环节是全方位的，既覆盖整个购买（销售）过程，影响期望的形成、确认和满足，也包括客户和供应商双方可能出现问题的地方，供大家参考和注意，希望起到举一反三的作用。

- 客户业务目标、痛点和需要没有被挖掘清楚，削弱了解决方案满足业务价值期望的能力。

- 客户的业务需要优先级没有被合理影响，导致客户对价值的期望超出供应商的能力范围。

- 对客户具体需求了解得不够细致，对真实客户期望不够清楚或有差异。

- 在招标中，对标书需求的预先影响和了解不足，被动应标，答应了一些做不到的事情，或者提供含糊回答造成误解。

- 在制定解决方案时思考不周，缺少对客户业务目标和价值的"关联"。

- 在推销交流过程中，过于随意给出口头承诺，引起错误的期望。

- 在谈判过程中，对一些不能落到合同文本的事情，做出"私下承诺"，形成供应商无法满足的期望。

- 在谈判过程中，因为急于成单，勉强接受供应商难以保证的事情，或故意含糊其词，产生无法满足的期望（常见有两种情况，一是交付内容，二是商务条款）。

- 客户对供应商的一些商业政策或条款不认同，但出于各种原因被迫接受（所谓"霸王条款"）。

- 在谈判过程中，对于一些重要的条款（如付款条件等）没有讨论清楚，以至在执行时理解产生分歧。

- 具有一定规模的供应商，严格控制销售人员对客户的解决方案、合同条款和价格等承诺，如果销售人员"先斩后奏"，回到公司后遭到否决，这时候销售人员进退两难。就算最后勉强答应客户，势必会引起交付过程的"后遗症"。

- 合同处理不及时，引起客户（尤其是商务和法务部门）的不满意。

- 产品货物运输和物流出现问题，引起客户（尤其是商务和使用部门）的不满意。

- 安装、部署和上线时间发生延误，打乱客户计划，招致企业或个人（绩效）损失。

- 客户在安装和部署过程中参与的工作，因为供应商的原因，比预计多了很多，造成实施和使用部门不满意。

- 产品/服务/系统交付之后，性能和功能等表现没有达到解决方案的描述。

- 培训效果不够好，导致客户使用部门的使用和操作不顺利，埋怨供应商。

- 售后支持/客户服务不到位，解决问题不够高效，影响用户使用和效率。

- 在整个过程结束时，任何一个部门中的员工得不到老板认同甚至"背锅"。

- 最后也是最重要的一点，业务目标没有达成，而预计相应的业务价值也没有（或只有部分）得到。

作为供应商的代表，销售人员在整个过程中除了要眼观六路、耳听八方，她展现的态度也十分重要。尤其是在商务谈判的时候，**既要保护供应商的利益，又要满足客户，就算占理也要为客户着想，否则客户（特别是采购人员）很容易产生不满的情绪。**

当然，即使出现问题，如果处理得当，还是能够赢回客户的信心，甚至在有些情况之下，还能让客户看到供应商真正的诚意，打好长期合作的基础。

销售人员——"客户满意"的第一责任人

B2B销售人员作为客户和供应商之间的"桥梁"，理论上对"客户满意"的影响最大。可在我的经验中，只有少数销售人员在这件事情上主动经营，更多时候，我看到的是当客户不满意时，销售人员才打着让客户满意的旗号去寻找解决方法，只有在那一刻"客户满意"才突然变成最重要的事情。

这是不是因为销售人员更关心签单，而忽略了对客户满意的重视？还是销售人员自己根本搞不清楚"客户满意"的重要性？

销售人员普遍误认为"客户满意"是"被动消耗"，当出现问题时才花力气去解决它。这样，销售人员自然很难全心全意地去解决客户的问题，更多的是希望花的力气越少越好，控制好解决问题的"成本"。"噢，这个客户问题会不会影响手上要签的那个单子？"这样的对话经常发生在销售主管和销售人员之间。

认知的误区也往往带来定位的偏差，把"客户满意"变成"被动消耗"会让销售人员在不自觉之中抛弃了"桥梁"的定位。有些销售人员甚至成为单向的"传声筒"，把问题留给供应商和客户去解决，自己在客户面前企图做个"老好人"，以为就算客户对供应商不满意，还能保全自己，有机会继续签单。

还有一类销售人员，把签单放在绝对的第一位，甚至误导客户、过分承诺，建立错误的期望，或者夸大供应商的产品/能力，不惜制造"陷阱"，给自己和供应商"挖坑"。若后来东窗事发，她就编造理由、假装失忆，或者把责任推到别人身上。这种销售人员，不但没有以主动关注"客户满意"去成就签单，反而为了签单去制造"客户满意"问题，实在为任何供应商所不能容忍。

优秀的销售人员，应该从专业角度出发，认清客户满意的重要性，以及它和业绩的关系。她们把签单的命运放在自己手里，不会被动地应付"客户满意"的问题。作为供应商和客户的"桥梁"，销售人员还需要扮演服务客户的"专家"和供应商的"代言人"，把最佳的解决方案和业务痛点无缝结合起来，为客户贡献业务价值。

万一客户还是有不满意之处，销售人员应该本着公平、专业的态度，不盲目偏袒某一方，以调停和解决问题为出发点，这样才会真正赢得客户的尊敬和信任。

毫无疑问，"客户满意"对签单有益处，对客户长期合作更有帮助，销售人员需要时刻反省自己**是否足够主动地去影响客户期望和管理"客户满意"**。

"甲方虐我千百遍，我待甲方如初恋"这句话近年来在网上广为流传，在B2B销售人员听来颇有点"凄凉和无奈"的味道，但这也确实反映目前很多销售人员和客户的关系。

与其坐以待"虐"，不如放手"预防"，聪明的销售人员应该做的是防止"客户满意"问题出现，而不是只在事后感叹。

如何管理"客户满意"

企业客户购买过程和生命周期都比较长（供应商希望永不终止），能影响"客户满意"的事情无处不在，它既不是一道工序，也不是一个阶段或事件，供应商不能"计划"在某一个时间点上把它"做好"，然后把效果持续到下一次。

"客户满意"的难题可能发生在任何时候、任何环节或任何有关的人身上，而一旦发生，它的影响可大可小，有时候难以评估和控制。几乎我处理过的"客户满意"问题都是从小事开始的，但是小事处理不好就会变成大事。

正因为如此，要管理好"客户满意"，供应商还是要依靠那位天天和客户打交道的"桥梁"，而不能只依靠专门组织、流程或调查机制。**销售人员需要从小事开始，把"客户满意"锻炼成"条件反射"，在提高预防意识之余，随时寻找提升客户满意度的机会。**销售人员还要把它变成日常工作的一部分，像注重"个人卫生"一样，养成良好的工作习惯。

我从经验中总结了如下建议，它们不是具体的工作指示，更多的是关于销售人员如何建立"客户满意"思维习惯。

认清供应商的看法

销售人员首先需要认清自家的供应商是一家怎样的企业。对于那些中小企业来说，企业老板的一言一行最为重要；如果是中大型企业的话，需要判断企业的定位、流程以及文化是否让你觉得真的重视"客户满意"，抑或只是口号。销售人员还要通过供应商的具体行动进行判断，特别是它在短期商业利益和"客户满意"矛盾面前如何决策，从中确定供应商对"客户满意"的真实看法，然后做出自己的对策。毕竟，销售人员如果没有足够的后盾支持，只会落得吃力不讨好的境地，倒不如为自己的长远发展早做打算。

不过对于更多的供应商来说，"客户满意"并不是不关注，而是碍于能力有限，很难完全满足客户期望。在这种情况下，销售人员要更清楚供应商能做什么和做不到什么，有什么配套支持，避免自己做出过度承诺，为自己"挖坑"。

快速判断客户

一个优秀的销售人员，会在接触客户的早期快速判断客户是否是一个尊重供应商的企业。这些信息可以来自直接接触，也可以来自第三方。很多时候，客户会在供应商和生态圈中享有自己的名声。

具有良好素质的企业，当起甲方来也会以公平合理的方式对待供应商；相反，管治不好的企业在做甲方时，经常以一己利益出发，对供应商要求严苛甚至不讲道理和不守信用，让销售人员苦不堪言。

作为销售人员必须尽早知道自己面对的是怎样的客户，虽然知道不一定代表能有选择（大多数时候没有选择），但起码可以帮助销售人员摆正心态，提早小心防范，遇到不合理的需求时也更加镇定。

🔹 把客户期望控制在能力范围之内

"客户满意"的核心就是满足客户的期望，期望越高，对供应商的挑战越大，期望越合理，能满足的机会越高。对销售人员而言，这代表需要把客户期望控制在供应商的能力范围之内——无论是技术还是商务。

1. 业务价值的期望

"客户满意"和"顾问型销售"的理念一致，都是以客户的业务价值为出发点，挖掘客户的痛点，将其转化为业务上的需要，形成购买的欲望和计划，在这个过程中尽早把供应商擅长解决的业务问题告知客户，这样客户在业务价值的期望上不会出现偏差，也可明确后来的具体需求方向。如果销售人员能够主动找到客户埋藏在茫茫业务里的痛点，甚至可以获得宝贵的先机，影响整个项目的立项。

2. 具体需求的期望

客户对采购具体需求，通常会通过招标书、需求文件或口头介绍呈现，再得到供应商的解决方案响应，形成初步的期望。和解决方案一样，这些期望分成3个部分：**产品/服务、商务条款，以及部署和使用**。销售人员要影响客户具体需求的期望，最好的机会是在招标书或需求文件被提出之前（也称为pre-RFP selling）。把业务价值如何通过供应商的解决方案得到实现与客户加以讨论，从中找到对供应商最有利的条件，成为客户的具体需求。

这里科普一下什么叫pre-RFP selling。RFP全称Request For Proposal，是指客户正式发出的"邀请供应商提供建议书"的文件，一般指的就是招标书或需求文件。顾名思义，pre-RFP selling的意思就是在招标书或需求文件发出之前所做的一切销售活动和工作。在销售专业中，这是一个十分重要和普遍使用的词，可以让销售人员关注这段时间的重要性。

在技术上，什么产品和服务组合能够为客户带来价值，什么样的参数、具体功能或性能水平能够达到业务需要，还有在部署实现时，部署实施计划中的时间和资源是否能够按时按标准完成，这些都需要提早影响。

在商务条款上，价格范围和采购数量的关系需要被早早"圈定"，先入为主的价格概念在商业社会中尤为重要，但是销售人员不能忘记其他关键的商务条款，如交付时间和内容、验收条件、付款方式和期限等，这些条件不仅影响供应商是否赚钱，也不可避免地和"客户满意"有关。

3. 通过合同确认期望

经过前期交流、需求确认、解决方案的论证和商务谈判工作之后，客户对购买的期望已然形成。这些期望会通过文字确认落实到合同之上，代表双方对彼此的承诺，因此合同中的文字需要细心推敲，销售人员绝对不能掉以轻心。

承诺一旦做出便没法改变，因此销售人员在代表供应商和客户交流时，一定不能轻易做出承诺。一句没有被记入合同的口头承诺，也可能招致客户某个期望的形成（或改变），造成无法满足的困难情形。最稳妥的方法，就是通过合同确认期望，而不要通过合同外的其他文书（side letter），也尽量不要做所谓的口头承诺。

🔷 认清和管理"关键时刻"

客户购买过程和生命周期中环节甚多，无时无刻不在影响客户期望的形成和改变，随时随地都可能出现意外和问题。正如上节提到的常见的易出问题的环节，销售人员（或供应商）需要根据自己行业和销售过程的特点，为自己制定最值得关注和最可能出现问题的环节清单，提醒自己保持高度敏感和警觉性，并且和供应商相关的部门提早做好协调工作，减少问题发生的概率，而在真正遇到问题的时候，也可以快速响应。

对于销售人员来说，这些重要环节都是影响"客户满意"的"关键时刻"，应该提早预防问题的发生。既然是"关键时刻"，如果做得不好，客户自然会很不满意；相反，如果能够超越客户期望的话，有可能获得"加分"。

🔲 主动寻找"加分"机会

除了管理好"关键时刻"，预防问题发生之外，销售人员也应该主动寻找能够"加分"的机会。

例如，在合同谈判时双方同意的交付时间是3个月，但如果能提前到两个月，那客户自然会感激你。又或者你把客户最喜欢的一位专家加入实施队伍，也可能会让客户感受到你的用心。凡此种种，其实能让客户"喜出望外"的机会是不少的，关键是销售人员要有这样的意识，才会发现这些机会。销售人员通过这些不同环节的"加分"，积少成多，久而久之就会赢得客户的信赖。

有一个实际的例子可以证明销售人员可以主动做好"客户满意"工作，寻找"加分"的机会。我曾有一个推广给所有销售人员的做法——鼓励她们在每个重要客户的某个购买环节上，寻找一件对客户有价值，而我们（事先得到公司所有部门支持）又能超出其期望的"小事情"。

这个做法叫"SET/MET"（意思是"建立/然后满足客户期望"），包括4个步骤：探讨（Explore）、承诺（Promise）、行动（Action）和评估（Assess）。销售人员首先和客户共同探讨，在双方合作中有什么"小事情"能提升客户满意度。当销售人员"物色"到"小事情"之后，她和客户定义"小事情"的内容和标准，并且承诺在一定的时间里完成。之后，销售人员协调供应商行动，再和客户共同评估所获得的结果是否达到满意的条件。

由于"小事情"本身是在供应商能力范围之内，结果和客户满意度相对可控，客户也会比较认同供应商主动做出的努力，所以会取得非常好的效果。开始时，我要求每个季度在每个重要客户中实施一次（每年4次），到后来销售人员都非常愿意主动执行。经过3年的实施，这些重要的客户和我们对购买过程中的不少环节都有了更好的理解，信任程度也比以前提高了许多。

通过SET/MET这个做法，我们解决了一些经常出现的问题，如一些屡次导致谈判不欢而散的商务条款、产品运输规格的标准、某些一直遗留的小问题等。更重要的是，客户看到一个供应商没有等到问题出现时才去补救，而是在平常的日子中为了提升客户满意度而主动做出努力。单是这一点，大多数客户都会给予"加分"，不管具体解决的"小事情"是什么。

就算供应商没有这样的做法，优秀的销售人员也可以自己寻找这样的"加分"机会。

认清客户关键人物

影响"客户满意"和购买决策的部门/人是一样的，因为每个部门的人都要为各自的决定和结果负责，所以销售人员对客户（决策者、建议者、采购者、实施者和使用者等）的覆盖工作，不能只停在说服客户购买供应商的解决方案，还要关注客户的期望是否被满足。

虽然理论上这些人都会按照其在企业中的角色去决策和评判结果，但是他们无论是对事情（供应商的解决方案）还有对人（供应商的人）往往都有个人看法，再加上个人动机，有可能会给"客户满意"带来变数。

从客户期望的形成，到后来的交付和满足过程，都可能因为人的因素而改变。所以销售人员需要及时了解客户中的关键角色对供应商的看法，从中找到需要提前预防的地方。遇到对供应商极不友好的人（无论什么原因），要采取适当的措施（分化、越过、直面等），千万不要置之不理，相反，遇到友好的人，就要加以强化，让他成为"支持者"。

特别需要叮嘱销售人员的是，在销售过程中除了关心如何影响客户各个角色的购买决策之外，一定要对他们的业务期望负责，这才是一个专业销售人员应有的态度。至于那些和企业目标不相矛盾的个人期望（绩效、晋升等），则应尽力而为。

协调内部资源

无论是售前还是售后，销售人员都需要依赖供应商的内部资源和客户对接。在售前阶段，专家和售前技术支持最为吃香，因为销售人员最关心的就是赢下单子，而这是影响客户期望的重要时刻，任何销售人员自然希望得到最强的支持。

相比之下，在赢下单子之后，销售人员难免对于售后的交付和使用过程没那么关心了，尤其是那些"猎人"，总想着下一个"猎物"。但是从"客户满意"的角度来说，这时候仍然存在着许多变数，像交付的时间计划、部署实施是否顺利、技术和使用问题的支持是否有效和及时等，都需要持续关注，才能保证"客户满意"。

聪明的销售人员，不会因为自己需要专注于赢单而忽略这些，她们会确保通过服务、技术支持、呼叫中心、客户成功部等内部资源，替自己把守"最后一关"，做好交付工作。

在这之后，她们还会在这些部门里像物联网一样安设"传感器"，通过部门里和客户接触的同事及时地接收客户的反馈，这样就会大大加强销售人员的响应和应变能力。这件事情做得好的话，甚至能在售后过程中挖掘和发现新的机会。

能够让内部的同事为销售人员的客户付出额外的努力，除了平时以诚、以礼待人之外，要把对方当作团队的一员，通过定期会议保持沟通。销售人员也需要熟悉内部工作流程，少给别人添麻烦，互相体谅。最重要的是，她要懂得成就别人部门的工作指标。这些都是成功的销售人员身上闪闪发光的良好素质。

🔷 善用客户满意调查

不少上规模和关心客户的供应商都有客户满意调查的做法，有的以年度或季度为阶段，调查客户的整体满意度，我把这种称为"全面客户满意"（Total Customer Satisfaction）调查。另一种讲究第一时间获得客户在某次交易后的感受，我称之为"交易满意"（Transaction Satisfaction）调查。

视乎客户满意调查的性质，问题可以具体到对某一个产品功能的看法，或者某一次使用的体验。但无论如何，这些调查都一定会得出**客户满意度评分**（Customer Satisfaction Index，CSI）、**交易满意度评分**（Transaction Satisfaction Index，TSI）**和推荐净值**（Net Promoter's Score，NPS）。

CSI是指客户对供应商的整体满意程度，TSI是指客户对某次交易的整体满意程度，说的都是"过去式"。至于NPS，实际上比"客户满意"调查更进一步，它调查的是客户是否会以推荐行动表达对供应商的认可（未来式）。NPS的计算方式通常是把调查"愿意推荐"的问题分值减去"不愿意推荐"的问题分值。近年来，NPS经常和CSI/TSI搭配使用，为供应商提供更全面的"客户满意"信息。

为了更客观，供应商很多时候会邀请第三方咨询公司或内部的独立部门进行调查。有些供应商甚至为了带动整个企业上下重视"客户满意"，特别设有专责管理"客户满意"的部门，推动和协调企业中一切有关"客户满意"的工作。但是这一切并不足以保证它们能获得CSI、TSI和NPS的高分值。

至于销售人员，一般对于自己的客户接受满意度调查并不雀跃，生怕调查结果并不令人满意，最后变成了销售人员的责任。但是聪明的销售人员不会这么看，她们看到的是机会。一方面，她们会找到客户里的"好朋友"作为调查对象，通常来说这些客户只会说好话，从而进一步强化他们和销售人员的关系。而另一方面，这些"好朋友"提出的意见也可以通过第三方调查让供应商更重视，有时候甚至比销售人员自己在内部提出来更有效。

这一来一回，客户满意调查如果被销售人员适当利用，既可以为供应商带来有用的改良意见，也可以巩固和客户中"好朋友"的关系。客户满意调查也是销售人员应该懂得利用的管理手段。

经典案例

客户满意，把危机变成商机

本部分素材由原IBM大中华地区客户满意管理总监张琪女士提供。张琪女士是IBM第一代从事客户满意管理的专职经理人，拥有二十多年相关的管理经验。

年轻的销售人员在碰到问题时，在客户面前会显得慌张，有时甚至不知所措。

我们曾为某大银行客户提供了一项产品，产品在安装和使用一段时间后发生了故障，当地分公司的一位年轻工程师，在3天之内给客户换了12个备件却依然没有修好。客户非常不满意，认为是硬件质量有问题，要求更换新机。销售人员正感彷徨之际，公司已经安排资深工程师远程支援，最后发现只需要更换一个风扇，就能解决问题。

虽然系统问题得到解决，但是客户对供应商尤其是售后服务部门依然不满意，担心会有其他"后遗症"或隐患，双方陷入僵局。

此时，销售人员觉得客户对服务部门已经存有"偏见"，需要另想办法，于是邀请总部客户满意管理部门总监拜访客户，从更"中立"和服务监管的角度，跟客户协商解决方法。在提出各种诊断和运行数据，并且向客户耐心解释，说明不是产品质量问题后，初步得到了客户的谅解。为了进一步证明系统的可靠性，并且向客户表达诚意，客户满意管理总监为客户提供了一年额外保修服务，并且在未来的3个月之内，每两周对客户的产品做一次巡检并且提交巡检报告。最终客户接受了总监客观的分析以及有诚意的解决方法。

3个月之后，客户对总监承诺所做的额外工作非常满意，对服务部门也重拾信心，并写了一封表扬信给到总经理，对所有人员专业和负责任的态度表示感谢。客户对我们的信任，比从前更为牢靠，原先计划的扩容采购也按原计划进行。

类似这样的故事有很多，带给我们的经验是，当销售人员遇到客户满意的问题时要分两步处理。首先不需要惊惶失措，而要客观直面问题，理性寻找问题根源，协调资源尽快解决问题。在解决问题之后，其次则是集中精力，想办法恢复客户满意和信心，包括杜绝问题以后再度出现。

对于绝大多数客户而言，他们可以接受出现问题，但更关心的是供应商解决问题的态度和方法，以及如何防止同样的问题再次出现。销售人员只要处理得当，往往能够通过危机建立更牢固的信任。

10

竞争篇
比较优势，
影响游戏规则

拥抱和了解竞争

提起竞争，大多数年轻的销售人员都会感到头疼（至少并不高兴），幻想着没有竞争时，客户只会（能）向她购买的美好时光；但另一方面，如果真有一天没有了竞争，她们心里也知道销售人员的价值会大打折扣，没有竞争就无法映衬出谁比谁更强，有些人甚至会觉得赢得太容易了。

这种潜意识里对竞争又爱又恨的情结，让年轻的销售人员对竞争产生了不同的看法和反应，有些并不正确（例如想要采用错误的手段竞争或者心理上对竞争产生过激的情绪等），所以在讨论如何去竞争之前有必要先分享和解读竞争的本质和特点，帮助年轻销售人员端正心态，理性、客观地看待竞争。

接受竞争必然性

除非是垄断，否则只要有市场就会出现竞争。技术和创新可能为某个供应商带来短暂的领先，但市场的"无形之手"一定会搅动风云，带来同质（质量和价格）的，甚至是具有颠覆性和取代性的竞争。

因为竞争，所有企业（无论是面向"B端"还是"C端"）都需要不断创新、变革和优化自己，变得更优秀，更具备生存能力。所有的客户也因竞争而得到更多、更好的产品和服务。

如果销售人员还心存侥幸，那将是她所能犯的最低级的错误，因为任何企业客户，一定会争取以最好的条件去购买所需要的产品和服务，而最简单的方法就是引进竞争。既然销售人员避免不了竞争，不如把自身工作做好，坦然接受竞争的检验，并且从过程中不断学习进步，通过竞争的考验和磨炼，成为一名专业销售人员。

明白竞争的复杂性

企业竞争会以不同形态和强度出现，因此有时候很难发现。要提高对竞争的敏感度，我们需要对竞争对手的定义有更深刻的了解。最简单的竞争有3个基本条件，包括两个或以上的供应商参加、它们提供同类产品/服务，以及一个有着清晰需求的商机。如图10-1所示，这种竞争称为**迎头竞争（head-on competition）**，是指两个或更多的供应商以它们的同类（同质）产品企图去满足某个清晰的需求。

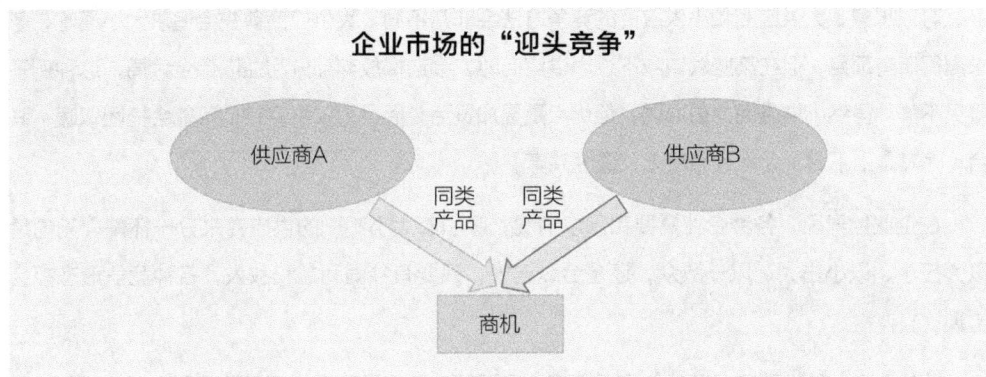

图 10-1

例如，一位年轻人在马路上走了一段时间后觉得口渴，需要补充水分，决定买一瓶健康饮料（需求）。他走进小商店里看到了不同品牌的各种饮料，包括碳酸饮料、各种矿泉水和健康饮料等，最后选择了一瓶某品牌的健康饮料。在这个例子里，只有属于健康饮料范畴的同类饮品才能参与竞争。如果他没有指定要健康饮料（需求），那么商店里的各种饮料都可以参与竞争。**需求的定义越清楚细致，越会直接定义竞争范围，决定同类产品竞争者的参与资格。**

但是企业市场中的竞争情况远比以上例子复杂。首先，一个大客户的业务需要有很多，就算是为了解决某**一种业务需要，也往往会产生好几个不同但相关的需求**，这些需求对于不同的供应商来说代表着不同的商机。

例如，为了提高生产能力，某客户需要建设新的工厂大楼，在招标总承包商之前，它要先找到建筑师进行设计，这样就出现了来自一个需要（建新工厂）的两个不同的关联需求，也代表着两个商机。

假设我是专攻总承包的供应商，除了关心其他总承包的竞争，我还会注意客户对建筑师的选择。总承包商的销售人员对竞争的触觉不能只停留在同类总承包商身上，因为不同的建筑师可能和某些总承包商合作更多、关系更好，如果他选择和其他总承包商合作，便会间接成为自己的竞争对手。这个例子说明，销售人员不能只把同类供应商作为唯一的竞争对手，**还要关注到来自上**

下游的潜在间接竞争。

此外，供应商的规模大小和所提供产品的多少各有不同，大供应商可以覆盖客户某种业务需要相关的全部产品和服务（如以上例子中某供应商可能既有建筑师资质也有总承包能力），小供应商可能只会集中精力在个别领域中竞争。

可以想象，大供应商和小供应商的竞争方法会非常不同。大供应商首先会追求大小通吃，务求赢得所有项目，但在某些领域敌不过小供应商时，会选择放弃部分利益以保全大局，这种例子屡见不鲜。虽然小供应商力量薄弱，但优点是更加灵活，而且为了生存它们可能会抱团取暖，联合（尤其是上下游）起来互通有无、资源共享。

在企业世界里，各种企业需要和需求情况，吸引着大小不一的供应商来分一杯羹，无论是以大压小、以小击大、以一敌众，还是合纵连横，只要有共同利益和敌人，各种竞争形态都会出现。

此外还有一种特殊的"竞争"值得销售人员了解，这就是客户内部各种项目之间的竞争。众所周知，客户采购决策和财务预算有着莫大的关系，如果预算金额只能支持若干项目，支持某一个项目可能就意味着其他的项目要让路。在以上的例子中，假如该客户除了要建新工厂，还需要加强研发的投入，而当年资金只能满足一项，这时候销售人员如果不能说服客户把预算绑定在建新工厂的投资上，那么商机就会消失或延迟。

这种**预算竞争（Budget Fight）**在客户内部经常发生，但因为牵涉部门不一样，更加防不胜防。销售人员要防范这类竞争，需要对客户进行深度的覆盖，尤其是财务部门。面对预算竞争，销售人员要在赢单过程早期的"形成正式需求"阶段、甚至是更早的"发现痛点需要"阶段便和客户中的支持者明确预算从何而来，除了预算支出的种类（资本性支出、费用支出、成本支出等），从哪个部门（地区）提出预算等问题也要被充分考虑。不过最重要的问题离不开对业务价值的论证——是否足以在众多对预算的需求中脱颖而出。

同理，把以上的客户情况放大到整个市场或领地之上，竞争的态势更复杂。从同一个客户的"钱包"（预算）拿钱已经相当困难，要从市场拿钱的难度可想而知。针对相同的痛点和需要，不同的供应商提出不同的解决方案（拿以上例子来说，有人做建筑师，有人做承包商，也有人两样都做），竞争的可能和变化令人眼花缭乱。同样，上下游或需求关联的企业有时候是敌人，有时候又能成为伙伴，**竞合（Co-opetition）关系**也越来越常见（详见图10-2）。

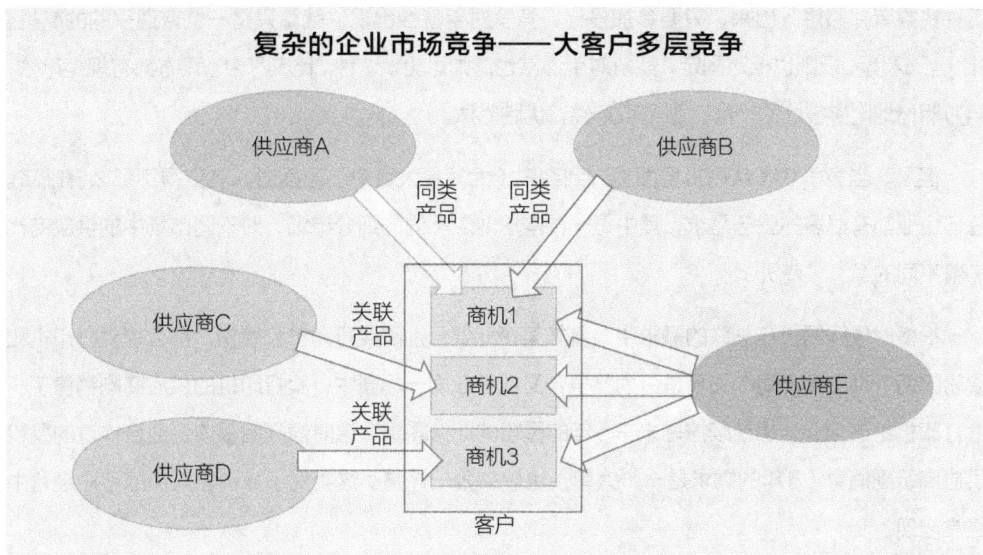

图 10-2

现代企业市场的竞争中，一旦需求定义落实，同质的产品和解决方案难免需要拼功能、价格和条款等。谁能引导和控制需求，势必能赢得竞争优势。但与直接的"迎头竞争"相比，间接竞争更难防范，加上局部和全面竞争的各种变数（包括人为因素），其复杂程度远比"C端"市场高。对于销售人员来说，要在复杂的环境中扬名立万，需要时刻掌握客户的情况，了解上下游各供应商的动态，及时做出适当的竞争或联盟的策略选择。

🔲 提高竞争敏感度

竞争是一个状态和现象。它的出现有时候清晰明了，如四年一度的世界杯足球比赛或奥运会等体育竞技活动，目标和规则清晰，只要参加就有竞争，而参加的人都清楚谁是对手。但是在商业世界里，竞争有时候是模糊和主观的，它的赛场、类型甚至规则都不那么明确，而即便是在同一场"比赛"里，在某一方的眼中，它的竞争对手很有可能跟对手眼里的不一样，又或者在某一方的眼里，根本就没有参加比赛的想法，便也没有规则和对手的存在。

在某个大客户的项目（商机）招标里，参加投标的各家供应商都是竞争对手，大家在一个相对客观而清晰的"比赛"环境和规则中，力图胜出拿下项目。这种竞争状态的对手不需要销售人员去找或者"假想"出来，只要参加投标，竞争对手就会出现。就算只是一个普通采购的商机，"比赛"环境和规则也相对固定，竞争对手通常也清晰可见。这种"比赛"中，双方都有规矩可依，明刀明枪地比拼彼此的产品、服务和条件，优胜劣汰。

但是，当竞争状态从商机层面提升到客户（尤其是大客户）层面时，就变得不那么清晰了。任何企业都有很多的业务需求，其中每一种需求对应不同的细分市场，对不同市场中的供应商代表着不同的意义（商机）。

很多时候问题出在关联的需求中。例如某企业要分别购买打印机和墨粉，那么提供打印机和墨粉的两个供应商之间的关系是否为竞争？又或者在同一场景中，卖打印机的供应商刚销售了一批打印机给该企业，想继续挖掘未来 5 年的墨粉的业务需求，这时候开始跟该企业合作过的墨粉供应商听到消息（5 年的需求是一个大单）也想来分一杯羹。这类例子在销售人员的客户经营中经常出现。

销售人员要决定参加哪些商机或者发现谁是竞争对手，需要提前做好工作才能做出判断。但是很多时候在商机还没形成之前，竞争对手往往还没有浮现，甚至连"比赛"的规则也还没有被确定。在这时候，竞争的概念是相对模糊和主观的，要视销售人员本身对竞争的看法和敏感程度决定。

商机正式出现之前（如发出招标通知），没有经验的销售人员可能还与客户做着最擅长的关系工作，稍微好点的销售人员可能会开始为商机做预备（如告诉客户产品有多好），但依然没有看到潜在的竞争，只有聪明的销售人员能够在尚未明朗的商机里预见竞争并且为之做好准备，建立有利的"据点"，为胜利埋下种子。

为数不少的年轻销售人员习惯把所有注意力放在自己和客户身上，以至忽略了竞争。提高对竞争的敏感度，在别人还没有看到（竞争）时在客户身上加以影响，是销售人员自我完善的重要过程。

🔹 保持竞争平常心

说起竞争，很多人会联想起两阵对垒的战争和比赛。和战争不同，企业间竞争的目的是争取获得客户的青睐，而不是把对方"置之死地而后快"。在企业世界中，竞争是过程，而不是目的。

有些企业担心员工过于安逸和满足于现状，特别强调竞争的威胁和重要性，也有些企业文化一直崇尚狼性，强调竞争。这种文化本来有利于培养员工的危机感和生存意识，但是如果刚入行的销售人员没有经验，在长期影响下，很容易对竞争产生错误的理解，为了要打败竞争对手而忘记客户的存在，甚至为之做出损人不利己或不合法的行为。

有些销售人员，甚至会主观地把竞争当作个人行为，把商机的成败看成个人的得失，赢单子的时候觉得都是自己的功劳，自信心膨胀，输了单子就觉得到了世界末日，失去自信。

这种负责任的态度固然值得鼓励（比起那些在输单时总是推卸责任的销售人员强太多），但销售人员绝不能钻牛角尖，因为在漫长的事业中，不可能常胜不败。无论是在赢的时候过度自信、自我膨胀，还是在输的时候过度自责、自陷萎靡，都不是健康的心态。

"成功的销售需要一颗大心脏"，这是很多销售大咖都曾分享过的话。要锻炼"大心脏"，销售人员需要客观地看待竞争的输赢，才有机会扛住销售工作带来的压力。竞争本来就是企业之间的行为，而销售人员不过是作为供应商的"代言人"来联通客户。销售人员能做的应当是专注于客户的需要，也只有这样，才能够以平常心面对每个竞争对手。

🎁 尊重竞争公平性

"《反不正当竞争法》的制定和实施，对市场行为进行了法律规范，对一切公平竞争进行鼓励和保护，对各种不正当竞争行为进行遏止和惩罚。法律保障经营者在市场活动中公开、公平地进行竞争，鼓励诚实的经营者通过自己的努力，取得市场优势，获得良好的经济效益，使市场活动始终保持竞争的公平性和有效性，使竞争始终成为企业发展的动力，带动整个社会生产力的不断提高。"

以上是《反不正当竞争法》的立法目的，虽然不只针对企业市场，但是对市场竞争行为公平性的保护和对不正当行为的惩罚有了非常清晰的界定，所有从事B2B销售的人员都应该学习并理解它的内容。

不过，真正专业的销售人员不能只依赖于法律的界线来判断什么不能做。就如各种专业工作（医生、会计等）都有各自的专业操守和准则一样，销售人员也应该如此，本着维持一个良好竞争环境的目的，展现以合理合法的方式打败竞争对手的行为和精神，这样才能逐步改变社会对销售专业性的看法。

🔹 认清竞争的目的

不同于竞争状态的时而清晰，时而模糊，竞争的目的绝对不能含糊。一般销售人员可能会问，竞争的目的不就是为了赢吗？是的，但是很少人会问接下来的两个问题——"赢了又怎么样？"和"赢的代价是什么？"。

事实上，"赢了又怎么样"还是竞争的目的，是同一个问题。一般销售人员只知道要赢单子，尤其是大的单子，因为这意味着完成指标和获得提成。但如果销售人员站在供应商的层面去看竞争的话，赢得一个单子可能只是公司完成目标的一种手段和过程而已。

例如，不同供应商的业务目标有可能不同：保证每个单子的盈利；拿下一个重要的客户作为市场的标杆；迅速在多个细分市场获得收入，实现增长。在这些不同的销售目标的驱动下，竞争的目的就可能发生变化，哪怕是在同一个客户的同一个项目招标中。如果是为了盈利，价格需要保证有利润空间；如果是为了拿下一个标杆客户，可能需要不惜代价去满足客户；但如果是为了快速成长，可能鼓励客户"买更多"并提高客单价。

这就带来了第二个问题"竞争的代价是什么"。要为了获得更多利润而提高价格的话，输单的风险就会相应提高；要不惜代价拿下客户的话，可能意味着要提供给客户更多的价值，而这不一定是我们的能力所长，可能需要借助外力；要做到快速成长的话，可能要放弃利润。不同选择的代价是否能够承担，而承受能力有多高等，都需要销售人员和供应商老板进行"同步"。

销售人员在代表供应商参加竞争之前，需要明白公司对她所负责的市场领地（或大客户）的期望和策略，然后制定市场领地（或大客户）的竞争目的和策略。我们会以**市场份额（Market Share）**或大客户的**钱包份额（Wallet Share，大客户像一个市场一样，钱包是大客户预算的人性化比喻）**来评价销售人员在竞争中的成败。有些供应商对某些市场（尤其是成熟市场）可能会关注**有钱赚的市场份额（Profitable Share）**。

市场和钱包份额都是供应商和竞争对手之间的零和游戏，根据供应商和竞争对手在市场的位置、目的和策略，供应商有时候会设定针对竞争对手的市场份额年度目标，要求和激励销售人员去保护份额，使其不输给对手（通常是领先者）或者去冲击对手、增加份额（后来者）。这些目标也往往被用来判断一个销售人员是否有足够强大的竞争能力，是否善于打硬仗。

收集信息分析竞争

古代战争中，交战双方互有密探来侦察对手虚实以便制定策略。在信息越来越发达，而环境越来越复杂的现代市场中，侦察工作需要做得更系统合规。而作为现代企业中一流的"密探"，销售人员如何收集信息和分析竞争，便成为她完成业绩任务的基础性保障工作。

🎁 善用各种信息渠道

聪明的销售人员知道情报的重要性，会善用各种资源和渠道去收集情报。无论是为了市场份额还是客户的"钱包份额"，销售人员需要了解和分析竞争对手，才能知己知彼，制定竞争策略，百战不殆。

客户是获取竞争对手信息的最主要来源：尤其是当竞争对手是客户的主要供应商时，客户往往都有与其直接打交道的经验，对竞争对手的优点和缺点会有第一手资料。就算竞争对手不是这个客户的主要供应商而是后来者，依然可以从客户那里了解对手的策略和产品方案。

不过，由于客户的不同部门站在不同角度，可能有不同的口碑和看法。销售人员同时也要了解客户中竞争对手的支持者（和反对者）是谁，根据他们的看法相应地调整自己的策略与"活动"，在集中尽可能多的信息后再做综合判断。

善用供应商内部的其他资源：**包括供应商的售前和售后交付/服务人员，以及业务伙伴**的人员，通过他们了解更多情况，特别是对解决方案和使用体验的看法。例如，企业管理软件公司拥有大量的咨询业务人员，经常驻扎在客户现场工作，天天和客户在一起，能在聊天中听到很多对竞品性能、表现和使用体验的看法，也会看到竞争对手的出现。同样，几乎所有硬件（设备或工具）企业都设有售后支持部门，维修工程师虽然不是销售人员，但是他们经常在现场服务，每天直接跟竞争对手擦肩而过，竞品性能看在眼里，可以随时向供应商汇报，形成有用的竞争信息。

供应商的客户服务部：无论是主动关怀还是被动地接受投诉，客服经常在和客户交互的过程中了解到客户的信息。作为销售人员，如果我们能够预先设计好的话，可以从客户的赞美和抱怨中了解竞争对手的信息。

其他销售和售前人员（包括渠道代理的销售）：聪明的销售人员最愿意扩大自己的"情报"网络，自然愿意和其他销售人员分享信息，把点连成线，把线变成面，将竞争对手在市场上的策略和惯用伎俩摸清楚。销售主管常用的方法是定期把竞争对手在一段时间内多个客户的招标方案（在"唱标"之后）加以收集分析，从而判断对手的投标策略，这在那些竞争激烈的细分市场中帮助甚大。

市场部：不少大型企业都设有市场研究部门，它们是采集和分析竞争情报的"集散地"。就算中小企业的市场部没有专设的市场研究/情报科室，也会为前线人员提供收集到的信息，以及负责从各种渠道把有用信息集中于市场部加以分析。市场活动、行业媒体、竞争对手的官网和微信号等都可以给我们带来及时的动态信息。此外，有关对手的产品和解决方案的分析工作也大多由市场部负责。

正确认识商业秘密

什么是商业秘密？这个概念在很多人眼里相对模糊。比起一般职业，销售人员在工作中接触到的信息更多、更广，如有关于客户和自家供应商的信息，还有在竞争过程中获得的对手信息。因此，销售人员需要正确认识商业秘密，才能正确地处理和使用好各个方面的信息。

简单来说，商业机密是指企业的技术或经营的非公开信息，仅限于企业内某权责范围内的员工有知情权。商业机密具有商业价值，能够直接被运用到研发、生产和经营等活动上，带来经济利益，甚至影响企业业绩和发展。

理论上来说，只要企业权利人能够证明某些信息具有商业价值，而且不能从公开渠道获得的话，这些信息就有可能成为商业秘密。而任何人如果通过不正当手段获得或者披露这种信息，都可能会惹来麻烦。

一般在稍具规模的企业的员工手册里有两个地方需要特别注意：一处是关于"商业机密"的定义、保护和处理，主要对自家供应商的信息加以保护；另一处是关于"如何竞争"的行为守则，也会提到竞争对手的敏感信息处理。销售人员在入职的时候必须提前了解这些内容，不要误踩"红线"。无论是泄露还是获取敏感信息，遇到不确定的地方，务必慎重并且和上级讨论。

我们经常会在新闻中看到某公司员工因为涉嫌盗窃竞争对手商业秘密而被起诉。销售人员不能掉以轻心，也不要因为竞争而头脑过热，做出不合法的事情。最稳妥的做法就是只收集公开或者已发布的信息。而如果是和客户交流中"被告知"的信息，则要避免使用带有任何盗窃、利诱和胁迫的手段和语气，以免遭受"秋后算账"。

利用SWOT分析比较竞争对手

分析竞争对手的第一步，要从了解它的目标、战略和有关的假设开始。可以想象，当销售人员在制定自身的竞争目标和策略时，竞争对手也在做同样的事情，当然我们不可能完全了解清楚，有些只能从不同的事件和信息中推敲，然后做出最有可能的假设。

如果对手是客户目前的主要供应商，它的竞争目标可能是要保护它的份额或者核心业务成果，而它的策略也很可能是围绕如何重点保护某些项目和部门而展开。而如果对手是来势汹汹、以创新技术出名的后来者，它有可能会主打创新技术来撼动我们的地位。

这里有不少的可能性，信息越多而且事实越多，需要依赖判断的地方就越少，判断结果也会更准确，我们需要记录**竞争对手的目标和最有可能采取的战略**，然后进入下一个环节——SWOT分析。

SWOT分析法在20世纪80年代初由美国旧金山大学的管理学教授韦里克提出，最初被翻译为"态势分析法"，它是一种企业用于认识自己在某个场景里（市场、客户、项目等）的综合能力和竞争优势（劣势）的分析方法，从企业本体出发去和其他对象做出客观全面的比较，得到结论后帮助企业制定竞争/经营策略。

SWOT是由4个英文单词的首字母组成的一个新词（SWOT一词的使用非常普遍，很多人有时候会忘记它本来的组成），4个单词分别为 **Strengths（优势）、Weaknesses（劣势）、Opportunities（机会）和 Threats（威胁）**。

SWOT分析虽然只是一个简单的框架方法，但能够非常扼要地把竞争态势中最主要的几个维度呈现出来，最重要的是，它能够为决策和行动提供实质性的指导，用以加强优势、改良劣势、捕捉机会和消除威胁。

它的另外一个优势是运用方法非常简单，只需要把分析对象和自家供应商的优势、劣势、机会和威胁分别列于对手和自家供应商两个表格上，然后进行比较。销售人员可以随时随地进行分析，哪怕是在机场候机楼等待时，随手拿起一张餐巾纸就可以就已知的事实做分析，帮助个人快速梳理思路。

当然我们也可以非常严谨，通过各种信息收集、分类、反复研究，做出更精细的分析。无论我们在什么场合使用SWOT分析，最重要的是要做到两件事情——尽量保持客观和尽量覆盖全面。下面举一个典型的SWOT分析的例子，虽然只是虚构的，但可以看到分析中所列的要点，相对比较客观。这些要点要么可以量化，要么是供应商内部的共识。另一方面，这些观点覆盖供应商内部、市场、竞争以及外部环境，比较全面（详见表10-1）。

表10-1　某供应商一款领先产品的SWOT分析例子

Strengths（优势）	Weaknesses（劣势）	Opportunities（机会）	Threats（威胁）
品牌知名度高	由于维修外判给第三方，客户使用满意度一般，品牌美誉度不高	工业4.0将推动客户的更大需求	行业进行重组，第二和第三名的对手可能合并
产品性能指标领先所有产品（超过50%）	产品使用较为复杂	海外市场拓展	过分依赖渠道销售，失去平衡
产品质量可靠（平均故障发生周期长于同行100%）	缺乏行业解决方案	内部技术创新，产品在3个月内升级，性能突破	潜在渠道腐败行为（市场出现谣传）
关联产品丰富，可以独立提供完整解决方案	单价最高（比第二名高出25%左右）	行业进行重组，部分竞争对手会被并购	竞争对手正在推动制定行业技术标准，改变"游戏规则"
渠道经销商网络（约8000家，渗透五级城市）	内部毛利要求高，影响折扣能力	自建维修服务，增加营收，提升客户满意度	政府有意规范市场产品最高价格
产品性价比最高	大企业客户成功案例很少		
中小企业市场份额最高	大客户销售团队缺乏战斗力		

任何一个人不可避免地会对某样事情产生这样或那样的主观看法和假设，销售人员对竞争对手也必然如此。这种看法可能是销售人员通过自身经验得到的，也可能是从别人处听来的。但我们得承认，任何竞争对手企业都是一个复杂的个体，某个人接触或了解的情况很可能并不完整，甚至不准确。

相对而言，信息来源越广，越能勾勒出竞争对手的整体情况，哪怕是矛盾的信息也可能帮助我们发现某些不准确的情况。通过把不同的信息关联起来，更立体地呈现竞争对手的模样。

进行SWOT分析的时候，必须尽量覆盖全面。竞争对手无论大小，复杂性都摆在那里，如果没有全面的了解，就会产生像玩拼图游戏时缺了一块（或几块）拼图的感觉，得不到竞争对手的全貌，判断自然也会打折扣。

一般在分析对手时，会从以下角度理清信息。

1. 供应商（竞争对手）背景

愿景/野心方向、目标/策略、市场（产品/行业）、生产/产能、组织架构、主要人员等有关企业背景的消息，能够帮助我们了解对手从哪里来、往哪里去，从而对它的下一步整体策略有所理解。有的销售人员觉得这些背景不会影响目前的竞争，但是对于对手的潜在威胁需要有所认知。

每个企业都有赖以生存的**核心竞争力**，这些能力有时候会被竞争对手主动宣传，但是销售人员也要客观求证，务求真正了解对手。

最近动态包括业绩/财务状况、输赢、投资、利好/利空消息等，这些信息可能会揭示竞争对手对自己和所处环境的看法。越多利好消息会显示其更有自信，越多的投入动作也反映出对手对所处环境的信心；相反，业绩或财务数据不好，也可能导致对手在短期竞争中做出更激进的举动。

已经经营一段日子的对手都会在市场上形成一定的品牌**形象**，有的对手以技术创新著称，也有的对手被认为是低价格主张者。

2. 产品和解决方案

有些竞争对手会向客户强调自身的技术创新，所以销售人员要客观了解是否有很多客户为此"买单"。还有一类对手其实是"跟随者"，它们不以技术创新见长，更多时候是以更低成本去达到同样的性能指标。这样的策略经常被市场的后来者采用，目的是给客户带来"我的技术也不错，起码在性能指标上能和别人一样甚至更好"的印象。**技术与创新**对某些市场和客户来说是重要的，而且往往也是价格的"守护者"。

功能和价值是传统销售人员关注的重点。"竞争对手产品的这个功能，我们也有"或者"它家产品的这个功能比我们的慢起码30%"，这些比较固然是必需的，但是销售人员更应该关注的是竞品在满足客户的痛点和需要上是否做得更好。这比具体的某个功能更重要，因为客户最终要的是价值。销售人员千万不要陷进无休止的功能比较，除非你的产品在整体上处于劣势，需要通过功能的某些亮点来为挽回优势。

在企业市场中，很多产品都需要安装和部署后才能使用，这就涉及**交付能力**的竞争。在这一过程中，如果客户需要为此付出大量精力和时间，就会影响它们的购买决心和决定。某家供应商的设备可能特别好，但是供货期要等上一年，客户可能就等不了。或者产品安装实施的复杂度很高，对客户的技术要求超过其能力范围，这时候客户也会犹豫。

3. 条款与价格能力

价格政策是传统销售人员最关注的地方。与竞争对手比较价格无可厚非，但需要注意的是，要尽量做到"苹果和苹果"的比较。很多供应商喜欢突出"折扣的力度"，以大折扣作为卖点，但实际上因为每家供应商的定价方法不一样，折扣几乎是无意义的。相对正确的比较，应该是同一单位和内容的价格比较，例如价格是否包括安装调试，以及包括多久的保修期。

商务条款在招标竞争中的影响也十分明显，因为客户有可能会针对商务条款的满足程度进行打分并做比较。但是就算在平时，有些供应商可能会特别严格地保护某些条款，如果销售人员对此有所了解，也可以提前做工作来影响客户预期。

4. 市场和销售能力

市场份额是竞争对手在市场上已经获得的成绩，可能以交付金额计算。客户数量和重要客户的影响力可能也是大家关心的信息。虽然说过去的成绩不一定和未来有任何直接关系，但是无论从心理上还是实际上，供应商所占市场份额和**主要客户**，对于企业客户的选择决定有非常大的影响，有些客户甚至在招标书里要求供应商列明服务过哪些主要的客户。

同样的道理，如果竞争发生在某一个大客户上，那么竞争对手为客户曾经交付过的项目数量和金额，也往往是彼此在该客户身上经营时间和投入的直接反映。

除了这种直接的影响，**市场份额/主要客户**也会带来其他的好处，例如市场份额占优的供应商往往在成本规模上也占优势，而这种优势又可以转化为价格或其他方面的竞争优势。

很多供应商都利用**渠道代理**去打通市场，一些渠道代理甚至"扎根"在某些行业大型客户之中，掌握了某些重要的决策关系。了解对手是否和渠道代理合作，以及了解其合作伙伴的强弱，能够帮助销售人员决定自身的销售策略。

整体强大的销售队伍和体系，威力不容忽视，很有可能成为胜负的关键。一流的销售体系既有能力强的个人，也有清晰的分工，从部门和技术的角度分别覆盖客户，而且彼此的话术一致，目标相同。针对对手销售能力的评估将直接影响自己的销售策略。

5. 客户眼中的竞争对手（针对供应商）

除了对竞争对手背景、产品和解决方案、市场和销售能力这三个方面尽量客观地分析，我通常还会收集客户（不同部门的人）对（供应商的）竞争对手的整体主观看法，收集形式不限，范围不限。有时候，当我们把很多人的主观看法放在一起时，就会得到一定程度的客观事实。而在过程中当我们发现客户看法有分歧（客户之间的分歧或者是客户和销售分析的分歧）时，这些分歧可以给我们提供警示，帮助我们做进一步的分析。

从竞争对手的背景、卖什么（产品和解决方案）、以什么条件卖（商务和价格）和它卖东西的能力这五方面进行综合分析，就足以立体地显示竞争对手的情况，再加上客户眼中对它的看法，应该算是覆盖全面了。

当然在现实中，无论销售人员如何神通广大，也不可能做到对所有的环节都有清晰客观的了解，尤其是在开始的时候（不知道的比知道的多得多），所以这是一个持续不断的过程，不可能一蹴而就或者一劳永逸。每当我要做分析的时候，都要问自己"是否已经尽量做得最好了"，如果是的话，我就会以此为基础做好我的判断。只要每天多了解一些，就能够少一个假设（猜测），多一分肯定，竞争策略也会愈加精准。

针对要比较的特定场景（如某类产品），除了针对竞争对手进行SWOT分析，销售人员也要为供应商自身做同样的分析，然后将两方的分析结果进行对比，从"彼强我弱""我强彼弱"到"弱点跟弱点""强点跟强点"进行交叉比较。再从对方的弱点中试图找到突破口，从对方的优势里判断其会否成为我们的威胁。经过反复推敲这些信息，就能归纳出竞争态势。

制定竞争策略

在企业市场里制定竞争策略的前提就是分析出自身相对竞争对手的优势、劣势、机会和威胁，然后**扬长避短，或者出奇制胜，确定有针对性的行动，使我们能够在放大长处、优势的同时，降低和避免由短处、劣势带来的影响，并且在满足客户需求的前提下，获得客户的认可。**

策略可以是五花八门的，但是万变不离其宗。在这节里，我与大家分享制定竞争策略时的3个重要战略思考，这是前人的经验累积和过滤（详见图10-3）。

竞争策略的3个主要思考

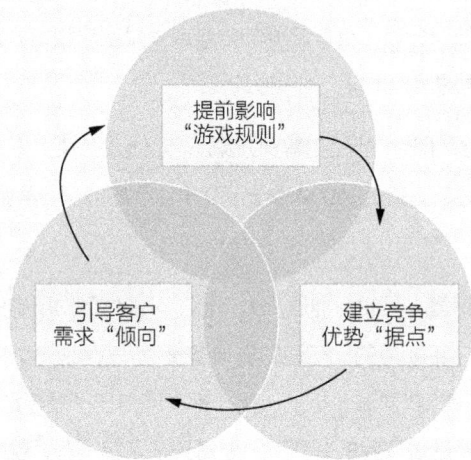

图10-3

引导客户需求"倾向"

在供过于求的企业市场里，客户（需求方）占有绝对优势。"Your wish is my command"（意思是"您的愿望就是对我的命令"）是《一千零一夜》里灯神对主人说的话，被很多销售人员用来形容他们和客户的关系。这句话的弦外之音是，一旦客户形成了某种想法，销售人员只能跟从和尽力满足。运气好的话，客户想的跟销售人员想的一致，运气不好的，客户的想法跟别的供应商走在一起了，销售人员想要跟从和满足的难度必然倍增。

销售人员自然不能听从运气的安排，因此需要想办法让客户的想法跟着自己走。但与此同时，她又不能让客户感觉失去主动权，毕竟这是一个买方市场，哪有主人听从"灯神"的道理。这里的关键在于引导，销售人员不能把想法强加于客户身上，只能让客户通过理解利害关系，主动接受最优的选择。系统的销售方法和个人技巧固然可以派上用场，但不能缺少基于知识和洞见提出的有价值的建议。

打败竞争对手的**第一个重要思考，就是引导客户提出对供应商有利的需求**，这中间有很多工作可做，基本上可分为两步，最终结果越是倾向供应商的需求，对竞争成功越有帮助。

1. 供应商最擅长的解决方法和业务模式

引导客户的第一步，是决定客户解决业务痛点和满足需要的方法。假如客户需求可以通过多种方式去满足，而供应商所提出的方式正巧不被接受，那么供应商将陷入被动。相反，如果供应商所提出的解决方式正中客户下怀，那供应商便能够占领竞争的制高点，排除掉其竞争方式。

就像在第4章中提过的例子，同样的疾病可以通过多种方式医治。一旦病人决定采取某种治疗方式，就意味着另一种方式的落选。

同样的情况也出现在其他行业中，有的办公用品供应商从以前的卖产品（一支笔、一个文件夹等）改变为和客户营收挂钩的收费模式（客户营收的百分比）。从前销售工业生产设备的供应商可能转向租赁模式，让客户有更多选择。在这样的情况下，任何供应商随时可能受到来自同质和其他产品形态或业务模式的挑战。

但是在"B端"市场中最常见的，恰好是销售人员对不同解决方法的后知后觉，引导工作开始得太晚或不够扎实，解决方法的制高点被竞争对手抢走，经常连竞争的机会都丢掉了。运气好的只能退而求其次，力争能够影响客户的具体需求，在产品/服务的功能、性能、价格和商务条款的"红海"中血拼。

就算能够成功翻盘，由于竞争对手先入为主给客户灌输了不同的解决方案，供应商必须要做出更多努力，才有机会把客户的痛点需要重新引导到供应商所擅长的方式上。

因此，为了增加胜算和提高效率，经常能看到供应商之间的合纵连横。在同类解决方案的战线上，供应商们"同仇敌忾"，务求将另一类方案的对手击败。等到大局已定，它们之间又将成为彼此的对手。

2. 供应商的具体解决方案的亮点

从发现业务痛点、确认需要，到提出采购需求，这是客户从内到外寻找解决方法和具体方案的过程。

解决方法既定，客户下一步就需要制定对解决方案的具体采购需求。现今的企业采购管理，流程变得非常严谨。按照各类招投标的规定，采购内容和评审标准都要高度精细并且要在招投标文件中列明，务求做到公平、公正、公开。

在这样的情况下，供应商能够施加的影响十分有限，往往只能回答"有/没有""满足/不满足"等，又或是提供量化的功能和性能参数等指标性答案。如果客户提出的需求正好和供应商的解决方案（包括产品/服务的功能、性能、价格、商务等）不谋而合，那么供应商在竞争中自然占尽先机。否则，就算想要合格地完成一份标书（不被废标）也有很大难度。

实际上当客户提出最终需求（发布标书）时，竞争的态势已经形成。在这之后，所有供应商只有跟随的机会，如果在解决方案、产品/服务的功能、性能上不及竞争对手的话，那就只有在价格和商务条款上做文章了（甚至有时候连这个机会都没有，因为价格和商务条款所占评分的权重不高）。

所以引导最终需求的工作必须在客户发出标书之前做好，谁能够把具体的需求内容引导到自己解决方案的优势所在，谁就会占得先机。

比如，同样是高速激光打印机，不同厂家产品的打印速度可能会有差距（如每分钟打印2000张和2500张），假如竞争对手成功地将客户需求引导到2500张，那么2000张的供应商就很难竞争，就算客户允许供应商以2000张的打印机竞争，参数的差距也一定会在评分上造成负面影响。

有的客户目光如炬，很清楚自己要什么东西，有的客户会迟疑不决，搞不清应该何去何从。销售人员在这阶段的引导需要对症下药，从业务价值、产品性能/功能/技术、实施/部署、使用和商务等维度的优势入手，把它们变成"最低要求"，这样对手要追上甚至超越就几乎变得不可能了。

此外，销售人员还要注意的事情是，在解决方法被确定下来的那一刻开始，同质的竞争者，包括那些在前期没有出现过的，都可能突然冒出头来，给接下来的需求引导工作带来更多挑战。

销售人员的所有行动，就是围绕如何把客户的痛点需要，通过需求引导，和供应商的产品/服务关联起来，让客户相信供应商的解决方法和方案都是最适合的。

🔲 建立竞争优势"据点"

通过前面的SWOT分析，销售人员已经了解到供应商和竞争对手之间在5个重要领域中（供应商背景、产品和解决方案、条款和价格能力、市场和销售能力和客户眼中的它）的优劣之势。

依据结果，竞争策略也呼之欲出。制定策略的核心思想不外乎扬长避短，突出和放大自己的优势领域，同时隐藏自己的劣势（降低重要性），缩小和竞争对手的距离。

以下8个方面是最常见的竞争优势"据点"（详见表10-2）。所谓"据点"，是供应商能够和竞争对手产生明显区分的地方，是可以赖以进攻和防守的"要塞"。认识这些"据点"自然是好，不过更重要的是如何建立"据点"。只有把SWOT分析结果中的亮点通过销售手段使客户接受和认同，才能建立真正的竞争优势。

表10-2 从8个方面建立企业竞争优势"据点"

供应商背景	高价值解决方案	产品亮点	部署使用成本	高性价比/低价	商务条款	关键人员/部门支持	上下游合作
- 规模 - 资质 - 资源 - 经验 - 口碑	- 价值与需要匹配 - 效果 - 效率 - 成本/费用 - 投资回报比例	- 功能多/强大 - 性能高/强大 - 配置灵活/跨度大 - 需求额外功能	- 易于实施/部署 - 实施/部署成本 - 实施/部署时间 - 培训成本 - 可维护性 - 维护成本 - 易于使用/操作 - 可用/耐用性	- 性价比 - 总价格 - 单位价格	- 付款条款 - 其他条款	- 竞争对手支持者 - 供应商支持者	- 联盟合作 - 合纵连横

1. 供应商背景

竞争对手企业背景中的某些弱点，可以反映出对手在满足客户需要时可能出现的问题。这些客户关心的问题包括解决方案的质量、性能、交付能力、后续服务能力等，一旦客户认为供应商某方面存在短板，就可能影响客户对它的信心。

企业规模太小、曾经服务过的客户太少（或份额太小）、口碑一般或者缺乏专业资质等，这些都可能让客户担心供应商的交付能力（是否能如期按质量和要求交付）。如果再加上供应商有财务不稳健的问题，那么客户还会对其后续的支持能力和长期合作产生怀疑。事实上，这也是许多创业企业在竞争时经常面对的挑战。

2. 高价值解决方案

用尽各种方法打造最能够满足客户需求的解决方案是赢单的关键。前面已经提过，供应商提供的解决方案越贴近客户的痛点、需求，供应商被接受的机会就越高。

如果我们确认竞争对手的整体解决方案能力不强，那么不妨采取强调整体解决方案的策略，暴露对手的弱点，尤其是针对那些只提供局部解决方案的竞争对手。当然，如果供应商本身就是提供局部解决方案的企业，销售人员就需要更多地考虑如何通过上下游合作伙伴的联合，去提供更完整的解决方案，匹配客户的需要和需求，提升业务价值。

在可能的范围内，尽量将业务价值量化，通过 ROI 分析，将供应商解决方案的效益、效率和成本向客户和盘托出，然后建议客户要求竞争对手提出类似的分析，这是常见的解决方案竞争手段。但是如果对手能够提供完整的技术和内容方案，那么我们就需要从其他方面入手。

3. 产品亮点

如果供应商的解决方案相对于竞品有着明显的亮点，而这些亮点是客户看重的话（例如某种创新、技术、功能、性能参数等，又或者是使用或部署的特点），则销售人员可以加强以产品亮点为核心的策略，集中火力务求让客户明白这些产品亮点如何解决业务痛点。事实上，有些行业的厂商专门以产品的某些亮点作为自己的重要的"据点"。

有关产品的各种比较，包括品类选择范围、功能差异、性能高低、创新技术的运用、使用体验、外形设计等，只要是比对手优胜的地方均能成为竞争优势；对服务而言，交付物的完整度、人员资历、资源数量、交付时间等通常是我们寻找亮点的地方。

4. 部署使用成本

解决方案的部署和使用，对客户来说属于隐形成本，是客户高管在决策时必然要考虑的因素，它会影响企业选择的解决方法或业务模式，当然也会影响选择谁家的产品/服务。举个例子，在外包服务还没有盛行的年代，购买产品和服务是主流模式，企业高管开始接受外包时，也要考虑企业是否能够接受由此带来的员工归属、部门和流程的改变等。

就算是相同模式的解决方案，不同的供应商所使用的实施手段也会有所不同，从而可能产生不同的体验。实施、部署和使用涉及几个客户关注的问题：是否具备部署能力；是否需要花大量的力气（包括资源、培训、时间、流程改变、部门协调等）才能把产品/服务用起来并创造价值；交付的产品/服务是否易用，维护难度和成本是否能够负担得起。

实施、部署和使用由于牵涉客户自身的部门和人员利益（工作和责任）自然备受关注，这也是销售人员很容易找到竞争优势的地方。

5. 高性价比/低价

如果客户对价格非常敏感或预算有限，而竞争对手主打高价值的定价策略，那么销售人员可以选择高性价比的策略。在企业竞争中，很少存在绝对意义的低价格策略，几乎没有任何一个供应商会因为纯粹低价而获得胜利。

尤其是在买方市场里，客户在要求低价的同时，对产品/服务的品质也从未放低要求，所谓高性价比，就是购买每一单位的"产品性能/功能"需要花的钱越少越好，所以高性价比其实是一种相对的低价政策，主要出现在相对标准的产品竞争中。

6. 商务条款

客户在购买时对商务条件上有一定的要求，最常见的是付款条件。有些客户的采购和财务流程非常严格，要求的账期可能很长，销售人员往往在考虑自身承受能力的同时，也要看竞争对手的表现，然后从中寻找竞争优势。同理，其他的商务条款也需要销售人员去努力挖掘，有时候会发现意外惊喜。比如在企业管理软件的市场竞争中，有些客户会提出获得源代码的要求，这导致很多软件供应商无法应付而退出竞争。

7. 关键人员/部门支持

随着现代企业管治水平的提高，个人因素在企业的购买决策中的作用在弱化，但即便如此，他们依然代表着不同部门，对项目和各个供应商做出评估。争取关键人员/部门的支持无疑是一项重要工作，这也是几乎在所有情形下都需要的竞争策略，销售人员需要时刻清楚客户对自己和竞争对手的支持力度。

如果要保护已经拿下的市场或客户，销售人员需要时刻固化已有的客户关系，确保不断获得客户的支持；如果要突破竞争对手的市场或客户，销售人员要制定相应的人员/部门覆盖策略，争取得到相应的支持，就算不能够完全与对手打成平手，起码保证不会落后太多。

8. 上下游合作

除了客户关键人员/部门的支持外，上下游的其他企业的态度和强弱是另一个"人和"因素。能够获得强大的上下游企业的支持，无疑是一个重要的竞争优势。如果这些企业成为间接的竞争对手，那么竞争阻力就大得多了。

采取上下游合作的策略，除了能协力打造更完整的高价值解决方案，还能加强"联盟"彼此之间的竞争实力，在消息互通和部门人员覆盖工作方面都会带来好处。这种情况经常出现在大型复杂的项目之中。

要建立竞争优势，形成"据点"，离不开在对上面8个领域的挖掘，销售人员把之前的SWOT分析结果加以运用，就能梳理出优势（或劣势）所在。

建立竞争优势"据点"是制定竞争策略的第二个重要思考。它看似理所当然，其真正的变化来自每次竞争中出现敌我优劣势差异时，销售人员如何通过不同的策略组合产生不同的作用和效果。

何时扬长避短，何时出奇制胜，销售人员只有通过不断地实战才能逐渐领悟、纯熟地运用这些竞争手段。正如《孙子兵法》的兵势篇所说，"凡战者，以正合，以奇胜，故善出奇者，无穷如天地，不竭如江河。"

🎁 提前影响"游戏规则"

《孙子兵法》作为古今中外备受推崇的军事著作，传达着许多适用于企业竞争和管理的观点。纵观《孙子兵法》，无处不强调在作战过程中运用计谋、计划，提前做工作的重要性。计谋和布局得当的话，胜负在交战前早已决定，两军交战只是为了获得战争结果而已，有时候甚至连交战都可以避免。

《孙子兵法》始计篇中提到"夫未战而庙算胜者，得算多也……多算胜，少算不胜。"

谋攻篇也提出了著名的"上兵伐谋，其次伐交，其次伐兵，其下攻城。"

军行篇也说过"故善战者先立于不败之地，而不失敌之败也。故胜兵先胜，而后求战，而后求胜。"

这种思想放到今天的市场竞争中也一样适用，精明的销售人员懂得提前计划，使竞争的"游戏规则"向自己倾斜，同时在竞争开始前就引入自身的竞争优势，让自己立于不败之地。顾名思义，"游戏规则"是指那些所有竞争者都需要遵从的事情，如果"规则"对某方更有利，自然会对结果有直接影响。

影响竞争"游戏规则"不仅会直接影响竞争结果，还会缩短胜利的时间和降低各种资源和成本的投入。多少年来市场上常会出现"流血不止的胜利"，供应商和销售人员虽然赢得订单，但是花费了巨大的销售成本，以及被迫同意很多不利的合同条款。

有些销售人员以为竞争就是"临场发挥"，比拼产品功能，比较销售口才，搞定关键人物，又或是看谁的折扣力度更大。然而这些竞争手段虽然都有各自的作用，但效果未必就好。

"天下武功，唯快不破"。对于B2B销售而言，"唯早不败"可能更合适。

把握时机是销售人员另一个重要的竞争手段，无论是经营一个客户还是一个项目/商机，在不同的时间点或阶段做出适当的行动，对竞争会很有帮助，相反，在错误的时间就算做对的事情，可能也是徒劳无功。从客户决策和购买过程的角度出发，销售应该在客户购买过程的6个阶段中不断地对客户施加影响。

在客户购买阶段，有9个关键事件对竞争结果的影响尤为重要。如果销售人员能够在这些关键事件中把我们前面找到的竞争优势和对自己有利的条件"嵌入"，便会直接定义竞争的"游戏规则"。能够影响的"游戏规则"越多，对竞争胜利的把握越大。值得注意的是，9个影响"游戏规则"的关键事件都发生在客户购买过程的前期，正好印证了"唯早不败"的观点（详见表10-3）。

表10-3　在客户购买过程前期影响"游戏规则"

发现痛点需要	形成正式需求	物色供应商	确认供应商	商务谈判	签约
- 需要的解决模式	- 可行性 - 预算 - 需求	- 供应商资质 - 采购内容 - 商务条款 - 评分标准 - 时间表和流程			

1. 客户需要的解决模式的确认

在客户购买过程中，"发现痛点需要"阶段是客户确认业务需要和解决模式的重要时刻，**这**

是销售人员影响"游戏规则"的第一次机会。

销售人员的首要工作是让客户认定痛点需要必须得到解决，而其预期结果对业务的影响足以让客户行动起来。其次，客户要决定以什么模式或方法解决问题。模式一旦确定，就等于排除了采用不同解决模式的竞争对手，其重要性可想而知。

最后，客户的痛点和需要与供应商的解决方案越契合，对竞争越有利。所以关键是销售人员将客户列出的痛点和需要，和供应商的产品/服务"一拍即合"，这可以使解决方案在与竞品正面比较时更易得到高分。

在"形成正式需求"阶段（又称为立项阶段），客户把内部业务需要转化成外部需求，此时就会进一步形成具体需求；如果立项失败，这个业务需要就会胎死腹中。在这个过程中，**可行性、预算和具体需求3个关键事件的分别确认，为销售人员提供影响"游戏规则"的第二次机会。**

2. 可行性的确认

在外部需求形成以前，客户会分别从成本、部署/实施难度，以及使用难度等角度，去分析解决方案的有形和隐形成本，判断是否真的要继续采购。

很多时候，业务部门深为业务痛点和需求所困，提出购买需求，但在立项阶段往往被负责实施或预算的部门卡住，导致项目搁置。

为人为己，销售人员需要提出自家产品部署和使用上的优势，推动客户对可行性的确认。事实上，有些商机项目在最早期是由业务部门向供应商提出，在供应商的帮助下完成可行性分析报告。可想而知，在这样的情形下，需求和采购内容很大程度上能被销售人员影响。

3. 预算的确认

采购预算，尤其是资本性支出预算，大多属于企业的年度计划，再附加上项目级别的具体审批。如果项目在年度计划内，那就意味着销售人员要跟随客户的年度预算周期和流程提早计划，一旦错过年度预算，项目就变得没有着落了。况且预算有多少、来自什么部门的哪个财务账目等，都需要在审批后被落实到财务系统中，所以一旦预算被确认，没有部门愿意随便请求更改。

预算作为"游戏规则"的作用显而易见，提供高价值（高性能）解决方案的供应商总是尽力影响客户增加预算，低价竞争的供应商则会影响客户把预算设在某个水平，让高价位的对手陷入困境。

优秀的销售人员一定要了解客户的预算管理制度和流程，并利用这些知识帮助客户（业务部门）出谋划策，寻找预算的最佳来源。

总之，客户预算是B2B销售的必争之地，和项目可行性的确认相辅相成。

4. 需求的确认

购买可行性通过后，客户的外部需求便宣告形成，并且具体的购买内容会有初步（概括性）的描述，如功能、性能、数量、价格、交付内容、实施和使用条件等。根据之后的采购流程是否牵涉正式招标，这些需求可能会进一步细化，但即便这不是最后的采购内容，也已经相对准确，足以收窄竞争对手的范围。

能够在形成具体需求的关键时刻引入对自己有利（对竞争对手不利）的"游戏规则"，对竞争帮助甚大。

在需求形成后，客户要进入"物色供应商"阶段（又可以称为选型和采购阶段）。根据采购管理机制，这往往牵涉一定的招标流程和招标书的制定。**这是销售人员影响"游戏规则"的第三次（也是最后一次）机会，分别有供应商资质、具体采购内容、商务条件、选型/采购评分标准、采购时间表和流程这五个关键事件需要确认。**

5. 供应商资质的确认

无论是采取公开招标还是邀请招标的方式，客户对供应商资质的要求，包括企业的资本情况、经营规模、成功经验、财务健康、产地来源、服务能力、专业资格等，都有可能左右谁能参与该项目的投标。

这些貌似和产品/服务并无大关系的问题，杀伤力却非常巨大。客户简单的一句"供应商每年的收入必须达到某个水平"或是"供应商必须拥有某项专业资格"等条件一旦被写进标书，就会导致某些供应商失去竞争机会。反之，销售人员也能够通过影响客户，在招标中加入对自己有利的标准和资质，或者放大其权重，为招标评分打下基础。

6. 采购内容的确认

购买的产品或服务满足什么样的功能、性能和数量的要求，含有什么创新或技术指标水平，交付物的状态等，之前的具体需求都需要被最后落实并且向所有潜在供应商分享。

让客户看到供应商所提供的方案的优势并转化为客户的需求，自然对竞争大有裨益。就算不是正式的招标而只是竞争性谈判，这点也是大多数销售人员最常使劲儿影响的地方。

7. 商务条款的确认

商务条款中除了最终价格，最常见的莫过于交付时间、付款条件和验收条件。把交付时间提前或延后，又或者在付款或验收条件中加入对自己有利的标准等，往往也是影响竞争对手评分的有效方法。由于"苛刻"的商务条款致使对手放弃的情况也时有发生。

以上提到的供应商资质、采购内容和商务条款的确定，在招标的流程中会落实为标书内容或类似的文件。

8. 采购评分标准的确定

有了供应商资质、采购内容和商务条款的选择标准后，客户还会对各个供应商如何满足这些标准进行评分。既然要评分，就会有评分标准，针对以上3个方面和项目规模，评分标准可能简单，也可能非常复杂。

通常来说，供应商资质的重要性相对较低。鉴于采购内容（技术、性能、功能等）和商务条款（尤其是价格）的重要性，产品较强的供应商自然希望采购内容的评分比重更高，价格有优势的供应商肯定致力于让价格的评分比重更高，这两方面成为与竞争对手暗中较劲的地方。时至今天，客户为了保证企业决策的质量，围绕这三方面的评分方式也衍生出很多不同的变化，销售人员需要及时了解，方能对症下药。

9. 采购时间表和流程的确认

一般来说，客户的项目决策时间表与其解决业务问题的迫切程度有关，但同时也会受到客户内部流程的影响。

销售人员了解并善于利用这两个时间点，有时候也会给竞争对手带来压力，如提前压缩投标期限可能导致供应商在标书中出现错误信息，轻则被扣分，重则被取消资格，这类事情时有发生。又例如客户需要在供应商中标后很短的时间内交付产品，而如果某供应商没有现货，那么把投标时间推迟到接近交付限期，将会对该供应商带来很大的困扰。

采购时间表和流程，一般来说并不是销售人员最关注的"游戏规则"，但作为客户购买阶段中最后一个关键事件，有时候它就是"压垮骆驼的最后一根稻草"。

以上是发生在客户购买过程中前三个阶段的9个足以影响"游戏规则"的关键事件，这些事件都出现在客户购买过程中的前三个阶段，足以影响"游戏"的结果。

以上讨论从竞争角度再一次提醒销售人员，赢单工作的起点越早越好。要想影响"游戏规则"，销售人员应当对那些重要的阶段性文件，**如需求书、可行性报告、招标书和招标流程等，尽早动手。**

在客户购买过程中的前三个阶段有9个关键事件，虽然描述的是个别项目上的竞争，但是同样的道理更应该应用于客户的经营（尤其是大客户）。销售人员在经营客户的过程中便潜移默化地对关键的标准和看法施加影响，从长远来说会起到更大的效果。

故竞争之术是及时分析"敌我"，制定策略并**建立**竞争优势（和避开劣势）"据点"，在**引导**客户需求倾向我方的同时，通过团队、合作伙伴和个人的工作，将有利条件**提前**嵌入客户购买过程，**影响**"游戏规则"，改变竞争格局。

销售人员在竞争过程中，不免要面对不同角色的人，要和代表业务（使用）、实施、采购和财务等不同利益的人打交道。加上在正式的招标过程中，参与者除了客户的人员，往往还包括企业外的专家。面对如此多的人和想法，销售人员必须对症下药才能获得最佳的效果。

最后，无论在什么情况下，竞争手段必须合理、合法和公平，以满足客户需要为出发，以业务价值最大化为依据，这样才能真正打动客户，立于不败之地。

经典案例

客户和用户的痛点需求都要被照顾到

本部分内容由尹小龙先生撰写。尹小龙先生曾在IBM中国区服务了10年，后于2006年加盟威士国际组织，出任中国区副总裁。

W发卡组织的工作是，说服银行发出不同种类和特色的信用卡，提供给不同的目标持卡人群，刺激他们的消费。消费金额越高，发卡组织和银行就会获得更高的交易费用。

银行是发卡组织的首要客户，为了刺激消费者申请和使用信用卡，发卡组织需要为银行提出有针对性的发卡建议。银行和发卡组织的合作是长期的，销售人员不用像"猎人"一样终日奔波于寻找线索（新目标），相反，在发行信用卡这类典型的 B2B2C 业务模式中，挖掘需要和寻找新的商机是销售人员必须做好的事情。销售人员最终建议的信用卡方案也必须同时满足某个持卡人目标市场和银行的需要。

在以下案例中，销售人员要了解"三方"客户的需要，从而设计出一款成功的产品。

第一，银行的需要。C 银行信用卡中心为了提升年度非利息收入想了不少办法。信用卡用户在海外交易时，银行收益较高，于是银行希望开发出相应的产品，在满足持卡人海外消费需要的同时增加自己的收入。

为了帮助 C 银行完成目标，W 发卡组织的销售人员对海外消费交易的大数据进行分析，发现留学生客户群的海外交易，每年有数亿美元之巨，并集中在衣食住行方面，日常消费额不少，线上交易较多。销售人员与 C 银行都认为这是一个优质的客群，应该为其打造一款专门的信用卡产品，但是这方面不是 C 银行的强项，正好可以用上 W 发卡组织的海外商户网络优势。

第二，留学生和家长的需要。花钱的持卡人是子女，付钱的却是家长，如何做到两者都满意？为此，销售人员通过调研和访谈，将目标持卡人和相关的用户画像勾勒出来。作为持卡人，留学生的行为模式与游客不同，他们的消费集中在日常生活所需，如打车、用餐、网上购物、考试费缴付和学费缴付等。

留学生年龄小、无收入，银行无法直接为其提供太高的额度。在这样的情况下，银行需要留学生家长提供担保，或采取主副卡形式，但无论如何家长是"跑不掉"了。经过详细研究，销售人员发现家长担保会产生另一个问题，就是留学生无法通过消费建立属于自己的个人信用记录，给日后独立申请信用卡和在国外生活带来不便。副卡可以解决这样的问题，但是一般留学生不喜欢拿着副卡，这会被视为依赖家长，而且卡片设计较"成熟"，缺乏体现个性的设计。

家长需要随时了解子女的消费行为和消费额度，同时对安全保障有很高的要求。此外，在调研和讨论过程中，销售人员还发现留学生在毕业实习和找工作方面需要得到有关专家的帮忙，父母也希望能够想办法满足。

通过这一过程，销售人员了解到，只有C银行、留学生和家长群体的需要同时被满足，这款信用卡产品才能成功。

第三，销售人员提交了一创新方案。即副卡的卡面设计可以加入个人元素，而且家长对卡的管理和控制就如自己的卡一样方便。这款产品同时满足了留学生个性展现的需要，以及父母对"可控和安全感"的需要。此外，销售人员围绕日常生活、考试学费、网上购物等消费需求，和有关商户合作，为学生提供优惠；针对家长的需要，这款产品还提供了海外意外保险，并与大型咨询机构合作，为留学生的生活、实习和求职提供帮助。

在提交方案后，C银行客户认可了产品的可行性，以及在市场里的独特性，认为这将会是一款成功的产品。由于产品方案成熟并且有很高的价值，客户对价格的敏感度显著降低，签约的价格十分理想，商务谈判也变成了一个"例行"步骤。

C银行信心满满，以留学生和家长为对象大力推广宣传，而W发卡组织则出面和海外商家联络，搭建有针对性的消费优惠。产品推出后很受欢迎，C银行和W发卡组织取得双赢。

销售人员不需要赢下惊天动地的项目才算优秀。我最喜欢这一类业务——通过和客户的合作发现需要，然后一起设计解决方案，在没有竞争、无风无浪的情况下，悄然不觉地签下合同。当然，这个案例成功的关键在于销售人员对客户（银行）的业务需要的了解（提升业绩），主动替客户分析寻找解决办法，这样就能引起客户的兴趣。在设计解决方案的时候，又帮助客户满足它的客户（留学生和家长）的各种需要。在B2B2C的环境中，当所有客户的需要都被满足时，生意就会变得"容易"。

11

人才篇
15种优秀B2B销售
的个人特质

重新思考"什么人适合做销售"

事实上，销售能力是近年来困扰着企业快速成长的问题之一。销售主管抱怨最多的便是市场上销售人员很多，却找不到几个"好"的。在所有部门的职位中，销售的离职率（包括主动离职和被辞退）和淘汰率一直都是最高的。

大多数销售主管（和人力资源）在招聘过程中，更注重候选人的资历、经验和人脉，仿佛这些便是衡量好销售的标准。就算岗位要求中写着"诚信负责""好学上进""能独立处理问题"和"协调团队资源"等基本要求，面试官也很少会为这些问题而放弃经验和人脉丰富的人。

年资、经验和人脉的多少，成为了选择销售人员最主流的标准。这种"拿来即用"主义假设，"如果这个人在别的地方成功的话，在我单位便会成功"或者"人脉可以轻易转移"，以为可以把见效的时间和成本缩到最少，结果会发现高估了经验和人脉的作用，又低估了对销售人员其他方面的要求。这种短线的方法流于表面且不全面，和"以貌取人"是一样的道理。

这样做的结果是，不少"有经验和人脉丰富"的销售人员，很快便被辞退或自己离职。常见原因有"人脉没有帮助快速成单""这个人不诚信""有很多过去工作的坏习惯""太依赖于其他团队支持，不能独立做事""这个人不能很好地把控客户"等。原来为了节省时间和成本所做的选择，反而使企业陷入不断招聘、培训、散伙的恶性循环，给企业带来了沉重的资源和时间负担。

种种现象让销售人才的供求走入一个恶性循环，有潜力的年轻人很难得到机会，而企业能够选择的人才范围却越来越小。市场需要有更全面的标准去挖掘最有机会成功的销售人员。企业到底该找什么样的人做销售？ 而什么样的年轻人才更适合B2B销售工作？我们不妨回头去向"个体户"学习。

🔹 向个体户学习

个体户出现在一个独特的历史环境下。那个时候，政策有限、资源缺乏、资金紧张、没有品牌，也没有别人背书，她们只能依靠一己之力，周旋于客户和供应商之间。为了更好地生存和经营，她们要将身上的所有潜能都激发出来，使出所有学过的"招数"，还要随时学上几招，以备不时之需。

第 2 篇提到，个体户具备超强生存和经营意识。为了生存，她们做事主动，亲力亲为，有强烈的危机感、时间观念和学习意愿。在经营方面，她们对买卖结果和赚钱极度敏感，重视客户和供应商的双边关系，讲究平衡双方利益。

这些意识中有些出自个体户的意志品质和灵活脑筋，有些则要求待人得体和做事高效，不是单纯的高情商和好口才便能做到，而是需要在精神信念、思维习惯和执行纪律 3 个层面上都具备与众不同的特质。

在精神信念层面上，个体户面对困境、挫折和巨大的压力，锻炼出刚毅的求胜欲望，积极乐观、坚韧抗压、好学热忱。在思维习惯方面，为了更好地生存和经营，她们培养出以目标为导向的分析和解决问题能力；而为了趋吉避凶，她们学会换位思考，全面客观思考问题，避免一子错而满盘皆输。在执行纪律方面，她们为了保证获得结果，精于利用时间，善于同时处理并发任务，对任何细节一丝不苟，等等。

当今销售人员面对的环境，和当年的个体户十分相似。个体户的能力和特质，同样可以应用在销售人员身上。

🔲 复杂的 B2B 销售工作

从销售的本质和误区开始，本书详细分享了 B2B 销售工作的全貌。在此之前，人们普遍认为销售工作相对简单，对个人能力和特质不应该有什么特殊要求。事实上，现代 B2B 销售的工作内容特别复杂和繁琐，没有"几把刷子"，是无法有效地完成使命的。

现代 B2B 销售人员在赢单过程中，在面对一个客户时需要同时接触多个部门的人，每个人都有不同的目标和想法。一个企业客户已经足够复杂，那么要经营好整个销售领地，难度可想而知。

对内，销售人员需要从多个层面熟悉自家供应商，因为在努力为销售和业务指标奔走时，内部资源是否支持到位也十分关键。为此，销售人员在做好大量协调工作（人员、时间等）之余，又要在很多决策（内容、价格、条款、时间等）上和内部斡旋，并非"只需要搞定客户就行"那么简单。

除了要处理复杂的人际关系，应对来自客户和竞争对手的反对动作和声音，销售人员还要处理各式各样的问题（包括招标、交付、投诉等），执行大量销售活动和任务，同时不能忽视对不同的知识和信息（企业信息、产品技术、客户业务/行业、市场趋势、竞争对手、内部流程、商务条款等）的掌握，才能在瞬息万变的环境中掌握最新情况，为赢单和客户满意负责。

这些事情每一样都有可能影响业绩结果，却又难以完全受个人控制，困难几乎每天都伴随着销售人员，加上个人荣誉和利益都在单子输赢的一线之间，销售工作的压力可想而知。在销售人员的"明星光环"和成就感的背后，也有着同样程度的挫败与危机感。万一销售人员把持不定、经不起诱惑，还会出现利益输送或腐败的错误行为，因此 B2B 销售绝对是一个"高危"职业。

不难想象，要在这样的环境下完成任务，只有具备个体户特质的复合型专业人才，才能满足 B2B 销售工作所需的综合能力。

🔷 销售个人特质的 3 个层面

过去数十年中，企业和管理学家对领导力、管理力、执行力等各种能力进行研究，希望通过科学分析找到不同专业和个人能力的关系，引导企业人才发展，这其中也包括销售能力模型。

近年来，部分模型经过本土管理专家的融合，逐渐产生本地特色。这些能力模型深刻地体现对 B2B 销售的理解，非常详细地描述了日常销售工作所需的技能（如挖掘痛点、写建议书、商务谈判、渠道合作等）。

问题是，很多毕业生或刚入行的年轻人，在上学时没有经过销售培训，也没有接触过销售工作。这些技能她们还没有学会，但这并不代表她们没有潜力，所以用这种能力模型去衡量她们并不合适。

B2B 销售工作如此复杂，好的从业人员应当具备专业能力，做到专业操守、知识、方法和技巧面面俱到。在此，我从精神信念、思维习惯和执行纪律 3 个层面总结了 15 个和销售人员关联最大的个人特质，能为她保驾护航。以下这些特质和本书所介绍的销售工作的内容遥相呼应，是优秀销售人员成功的基石（详见图 11-1）。

销售人员个人特质——**精神信念+思维习惯+执行纪律**

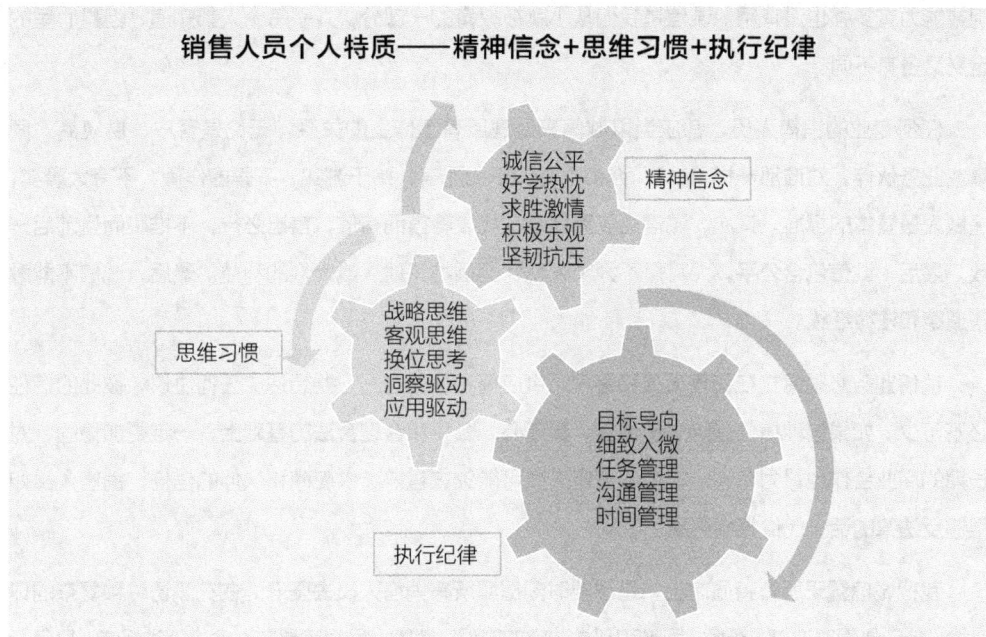

图 11-1

精神信念

精神信念代表个人的价值观和信念，是精神力量的来源，也是销售人员工作动机和态度的基础，直接和间接塑造她们的思考和工作方式。精神信念虽然不是与生俱来的，但受成长环境和经验的影响巨大，要改变十分困难。在世上芸芸的价值观和信念中，我认为以下5个和B2B销售的成功关系最为密切，在关键甚至混乱时刻能为个人指明方向，提供精神支持，使人坚持做对的事情。

🎁 诚信公平

诚信公平绝对是销售人员的**成功之本**，也是所有人际关系的基石。没有诚信，无论她有多聪

345

明或能力有多强也没有用。诚信是我们从小就被教育的一部分，几乎每个人都知道，但是心里的定义又各有不同。

任何专业的销售人员，都应当以诚信来处理所有工作上的关系，无论是客户、供应商、同事或业务伙伴，对谁都一样，"坑"谁都不对。于我而言，始于**诚实**，不弄虚作假，不夸大事实，是做人最基本的标准。其次，诚信涵盖**责任心**，代表着言而有信，言出必行，不推脱而且前后一致。最后，诚信包含**公平**，尤其是不为个人私利而牺牲其他人或大众的利益。最后，诚信不能触碰**道德和法律**红线。

销售业务必须建立在销售人员和客户、供应商和伙伴之间，要想达成任何协议，彼此的信任必不可少。如果这种信任是建立于**诚实、责任心、公平和合理合法**的基础上，一定更加稳固，对长期的商业合作也最为有利。相反，销售人员可能失去客户、供应商和伙伴的信任，销售人员如果违反法律的话，代价将会更高。

我把诚信置于所有特质之上，是想要时刻提醒所有销售人员去坚守。在充满诱惑和复杂的环境中，特别是面对逆境、矛盾、困难和利益冲突的时候，销售人员很容易在一念之间选择走"捷径"。

比如，为了强调产品优势、狙击竞争对手或者避免产品问题索赔，一次食言或一个谎言比正常解决途径方便太多。还有人会觉得，为了拿下合同或者为自己的私利筹谋，做出对客户、供应商或伙伴不公平的事甚至以身试法，只要不被发现，好像也无伤大雅。

当然有时候诚信缺失也可能只是无心之失，一些销售人员十分善忘，经常忘记答应过别人的事情。她们养成坏习惯后，碰到这样的情况会加以否认或以谎言盖过，久而久之就失去了他人的信任。

不管哪种情况，放弃诚信往往只在一念之间。坚守诚信，从来都不是一件容易的事，甚至在短期内会因此而吃亏。所以选择坚守诚信，承受考验的销售人员特别难能可贵，这种精神值得发扬光大。

也有人会说，诚信的范围可大可小，是否需要"老虎和蚊子"的事情一起关注？ 却不知销售人员要在诚信的路上做出正确选择，只能从小事开始。"物必先腐而后虫生"，如果不从平常自身的言行开始保持诚信，就很容易滋生更严重的腐败行为。

下面分门别类地列出了常见的腐败行为，希望能让大家更清楚企业道德甚至法律红线的所在。腐败行为出现的形式五花八门，牵涉的利益不单是金钱，也可能是商业权益（合同）、个人权益（部门晋升）、物件（或使用权）、各种私人的服务等。它们无处不在，其中销售部门属于"重灾区"，有的甚至是跨部门"合作"的行为，环环相扣。

1. 错误信息引导（Misrepresentation）

错误信息引导，是指歪曲信息，让对方得到错误资讯和结论为。有时候这是由于销售人员对信息掌握不准确而误导别人，但如果是有意为之的话，轻则失去别人的信任，重则可能引来商务纠纷，甚至面临欺诈的指控。和销售人员有关的，通常是错误引导产品功能和性能、交付时间和内容等重要信息。

有种情况需要特别提醒，销售人员在没有得到供应商批准的情况下，私下把某些承诺（例如交付内容、性能指标，甚至是个人利益）置于正式合同以外的其他文书之中，以达到各种目的，并希望能够瞒天过海，避免供应商和客户企业（其他部门或上级）知道。这种被称为"私下承诺"的行为（side letter），属于员工重大过失。但不幸的是"私下承诺"的内容通常需要由供应商负责，因为在法律上员工代表的是供应商。所以不管是出于赢单心切、对方要求，还是其他任何动机，销售人员都不能这样做，否则到头来一定会受到供应商的追究。

2. 欺诈（Fraud）

欺诈的意思是以不实方式欺骗对方从而获得利益。在企业中最常见的欺诈行为就是内部虚假报销、采购和其他欺骗行为。虽然近年来企业大多建立了不同程度的流程去规范管理这些领域，但这类事件还是经常发生。发生在销售人员身上最多的是差旅和客户招待费用的各种虚假报销，偶尔也会出现在小额采购行为上。

3. 滥用资源（Misappropriation of Resources）

滥用资源是指错误地使用和分配企业的资源。最常见的是公私不分，把企业的财产（汽车、会籍等）用于私人的用途甚至据为己有。这种情况更容易在因业绩好而骄傲的销售人员身上发生。

另一种在业务上出现过的情况是，销售人员在赢单过程中向客户做了一些没有经供应商批准的口头承诺，以致在交付过程中出现问题。为了兑现承诺，销售人员在没有审批的情况下"强迫"其他部门违反流程，动用某些供应商资源。这些行为都属于严重的员工失职。

4. 提供贿赂（Give Bribe）

提供贿赂的意思是和对方勾结，提供个人利益以获取对方在业务决策上的帮助，从而得到更大的回报。这类事情发生在企业内部的话，常见的是销售人员向上级或其他部门提供贿赂，从而得到在商机或者签单上的方便和好处，例如更多的商机分配、更好的折扣、更快的晋升等。如果发生在外部，一般是通过客户中关键人员的帮助从而获得订单。要注意的是，如果这个"提议"来自于客户，销售人员不应该私自处理，必须立刻报告供应商和销售主管。

5. 接受贿赂（Take Bribe）

我把贿赂分成两部分，是想突出它们的严重性。接受贿赂是指和对方勾结，接受对方提供的个人利益以换取自己在对方业务上的帮助，使对方得到更大的回报。这类事情主要是利用工作上的职权、政策或资源，换取个人好处。

常见的例子是销售人员接受渠道代理的贿赂，提供包括介绍优质商机和客户或提供优惠折扣等业务好处，非法输送供应商的利益。此外常见的就是销售人员将供应商的业务（可以是销售或购买业务）引入到和自己利益相关的单位。

以上这些情况，当然不能代表企业里所有商业犯罪和腐败的问题，拿出来讨论是因为和销售的关系比较密切，希望销售人员引以为戒。随着有关法律的强化、企业治理水平的提高，腐败的"空间"将会越来越少，试错的代价只会越来越高。

面对如此多的"陷阱"，为了抵御诱惑和防止工作变质，销售人员应该秉持高度诚信，将诚实、负责、公平和合法作为个人品质和行为准则。我有以下一些具体的建议，希望帮助销售人员时刻保持警醒，以避免做出错误选择。

- 跟所有人的交往中，为自己说过的话负责，言出必行。另外，在做出任何承诺前，充分以事实为基础进行考虑，避免出现食言的可能。

- 明白任何形式的承诺，尤其是跟客户或伙伴之间的，都会被视作承诺。不能承诺的事情，不要以任何方式表达，包括口头方式或者合同以外的其他文书的"旁信"（side letter）方式。

- 养成良好习惯，做到任何与客户或伙伴的承诺，都记录于正式批准的文本（合同或正式往来文件）之中。

- 遇到供应商或个人有错误的地方，勇于纠错，不加以掩饰或否认，及时补救。

- 切勿存有侥幸心理，牢记"勿以恶小而为之"，认清一切腐败都从"小事"开始的道理。杜绝第一次，就不会有第二次。

- 学习供应商有关诚信和道德的所有规则和指引，了解审批流程和企业的"高压线"所在。

- 熟悉供应商和客户/伙伴来源地和所在地的有关法律，确保不会无意之中违反当地法律。

- 对客户和业务伙伴人员的话时刻保持敏感，留意其是否释放出任何"暗示"或"信号"，万一遇到类似问题，需要尽快报告主管，做出合适的反应。

- 碰到"灰色地带"或者不确定的事情，要尽快报告主管，做出合适的反应。

- 最后，有一句话是销售经常听到的——"这个订单非常重要，一定不能输掉"。说话的大多是销售主管或高层管理，分量十足，但是销售人员千万不能错误解读，以为这是老板"授权"或"要求"使用任何不诚信甚至不合法的手段的信号。销售人员要切记一个基本道理，就是任何一个订单都不值得为之以身试法。假如这真是来自供应商的"要求"，那么你就不值得为它服务了。

诚信不是一种知识或技能，没有办法被教授。我把诚信放在第一位，是希望所有销售人员都能做出正确的选择。

🎁 好学热忱

就如诚信是销售人员的立身之本，好学就是她们通往知识宝库的**成功之钥**。中国自古以来崇尚学习，不单读书可以让人明事理，更可以为事业发展开路。做销售未必要做到满腹经纶，但销售人员对知识和信息的需要也绝对不少。

如果没有足够丰富的知识和信息支撑，销售人员对内难以做好工作，对外无法说服客户。随着科技发展和商业节奏的提高，销售人员需要掌握的知识和信息的变化速度快得惊人。昨天刚发生的事情，今天已经结束；去年才上市的新品，今年已经下架。在这样的情况下，孜孜不倦的好学精神，更是不可或缺，否则基本没有成功的机会。

对于销售人员来说，好学不是传统意义里喜欢读书那么简单，而是努力获取任何对工作有帮助的知识和信息。在信息不畅通的年代，掌握知识和信息意味着竞争优势；在信息爆炸的时代，随时掌握最新、准确的知识和信息只是基本的生存条件而已。

从前销售人员努力学习和"打听"，是为了知道的比客户多一点、快一些，可以为客户引路；今天努力学习（"打听"的需要少了），是希望不会因为认识浅薄而被客户看轻。要赢得客户的尊重，能与客户在"同一频道"对话极其重要。如果销售人员不是真心喜欢学习，没有强大的求知欲望，就很难做到日复一日、持之以恒地去了解客户的世界。

按照行为心理学家的看法，学习本来是与生俱来的生存本领（能力强弱是另一问题）之一，好学的程度可能和生存环境有关。销售人员要调动好学之心，先要认同知识和信息对于自身成功的必要性。有了这个认知以后，不妨先从养成习惯开始，保持好奇心和敏感度，不耻下问，多问"为什么"和"是什么"，从中发现更多新的知识点。同时，她们也要习惯开放心胸，"三人行必有我师"，吸纳别人的信息，就可以将其变成自己的知识。

就像当年许多个体户利用一切机会自学外语和贸易知识一样，**唤醒**好学不倦的心，把终身学习变为价值观，是销售人员开启知识和信息之门的钥匙。

🔹 求胜激情

求胜是一个有点争议的价值信念，一方面它在我合作过的最强的销售人员身上可以体现，同时也可以在一些诚信有问题的销售人员身上发现。我们都知道，所有人做事情都需要动机，动机越强，力量越大。我把它放在精神信念这一部分，是因为它是最原始的天性和动机之一，是所有销售人员追求**成功的动力**。

同时，这是一个要掌握好尺度的个人特质，太强的话会变成求胜心切，导致行为变样，太弱则可能缺乏决心，动力不足，降低成功机会。因此，这里讨论的是"适度"的求胜。从喜欢胜利到渴求胜利，拥有求胜特质的人会把对胜利的欲望转化成为行动。反过来说，她们讨厌甚至憎恨失败，所以也会通过努力去避免这种情形和感觉。

争取胜利对求胜的人来说几乎是"第二天性"，是面对任何事情的自然反应，也是我们经常说的"不服输和好胜的性格"。只是这种感觉不一定要建立于"打败别人"之上，更多时候表现在追求卓越和质量方面，并且提出对自己更高的要求。

放到销售工作上，拥有求胜特质的销售人员，会把大量的精力和能量用于为客户提供最佳的解决方案和为供应商争取最好的商务条件。她们的"不服输"精神和干劲，固然显现在与竞争对手的周旋之中，但同时也用在客户和供应商身上，既要获取认可，也要"无可挑剔"。

销售指标是衡量销售人员的客观标准，虽然佣金提成是一种物质奖励，但是对她们来说，可能"打败"指标的次数和幅度对成功的象征意义更大。个人成就感是大部分优秀销售人员最重视的目标。她们也会和昨天的自己比较，要求自己做得更优秀。

"适度"求胜的销售人员，不容易产生骄傲心理，相反，她们的危机意识很强，处处多加考虑，这样的心态对赢单"活动"的计划和执行有很大帮助。她们又会时刻保持"饥饿"状态，勇往直前，很少因为达到销售指标就停步不前，这是销售主管最喜欢的特质。不过最重要的是，她们在遇到矛盾、逆境甚至挫败时，也不轻易放弃。销售工作环境极为困难和复杂，不如意事十有八九，经常受到挫折，久而久之很容易萌生消极情绪。求胜的销售人员，往往能够凭借求胜的欲望，克服这种心理。

求胜欲望是大部分销售人员最明显的个人特质，没有它几乎不可能成功。销售人员可以考虑在众多的求胜的目的中（例如个人成就感、供应商荣誉和晋升、客户的认可、提成佣金的钱等），寻找一种或多种作为具体的目标（热点）。一旦有了目标，就需要勇敢迎接挑战，制定计划去追求成功。

积极乐观

如果说求胜的欲望能为成功提供动力的话，那么乐观的特质可以在有需要时为销售人员提供精神上的**支持**。乐观是指无论眼前环境如何，始终保持对结果的良好愿望。乐观的人，不仅对自己抱有信心，对环境和未来同样抱有希望。在这样的心态支持下，当她们遇到问题时，不会怨天尤人、寻找借口，也不会坐以待毙、放弃投降，而会主动思考解决方法，并愿意通过不断尝试达到目标。

销售工作中的大量竞争场景、客户的反对、客户人员之间的矛盾以及供应商内部协调等带来的困难，需要销售人员拥有一颗乐观的心给予精神支持，那样就算在"至暗时刻"也不会轻言放弃，能够时刻保持希望。

乐观的销售人员永远专注于寻找解决问题的方法，不管是技术解决方案还是各种商务问题，都不会因为碰到障碍而停下来。

乐观的情绪也会感染别人，起到增强团队信心的作用。相反，悲观的情绪对恶劣的情况于事无补，只会让本来低落的士气更受打击。在竞争环境极度不利的情况下，乐观的销售人员往往能够稳定供应商团队的信心。

不单如此，销售人员作为供应商和客户之间的"桥梁"，甚至也能对客户的团队产生影响。曾经在一次非常艰苦的商务谈判进行不下去的时候，我的团队中乐观的销售人员挺身而出，不断鼓励和缓和谈判双方的情绪，最后成功引领大家一起找到协议的出路。

但是销售人员需要防止过分乐观，这种情况通常出现在顺利或有利的环境中，尤其是刚刚从困难逆境走出来后，销售人员不可以掉以轻心，不能让乐观的情绪影响判断。一切乐观都需要基于事实，不能凭空想象臆测，否则就会变成盲目乐观。

乐观的个人特质看似微不足道，在困难面前要保持它着实不易，也没有立竿见影的培养方法。个人的经验和经历固然可以对建立乐观的心态有帮助，但更需要依靠意志引导。

🎁 坚韧抗压

人生不如意事十有八九，更何况是销售工作。墨菲定律告诉我们，计划再好、执行再细，该发生问题的地方还是会出状况，这几乎是销售工作的常态。

销售人员的成功不在于签单那一刻的风光。顺利的单子是可遇不可求的，要想在事业生涯中赢多输少，销售人员一定会经历过无数困境，解决过很多棘手的问题。遇到逆境的时候，除了依靠坚强的价值信念（求胜、好学、乐观等），还需要展现无比的坚韧和抗压能力。

坚韧是指做事专注自律，持之以恒，就算遇到挫折或短暂失败也不言退缩或放弃，屡败屡战是坚韧最好的写照。坚韧的人一般求胜欲望很高，乐观而且积极主动，这些特质的彼此关联度很高。

抗压是指做事时能够在各样的压力下正常发挥，动作不变形，不偏离轨迹，更不会在压力下崩溃。当遇到困难，需要作出改变时，能够客观理性对待，不会过度情绪化以致决策错误或破坏人际关系。抗压力强的人通常也很坚韧。

销售工作的环境充满压力，例如担心业绩不佳、单子不能如期拿下、业绩预测和承诺不能兑现、解决方案不被客户接受、谈判遇到瓶颈停滞不前、遇到竞争对手诋毁、产品技术性能不过关、项目立项受阻等，几乎所有销售人员都被这些事情折腾过。销售人员如果缺少韧性和抗压能力，在这过程中就容易出问题，有可能因犯错误而导致失去机会。

坚韧和抗压这两种特质在顺境时看不出来，只有在逆境中才会显现出来。这种精神信念来自个人强大的心理素质，往往在挺过逆境后会得到提升。它是销售人员一个重要的精神品质，是能否"做大事"的分水岭，坚韧和抗压能力越强者，越能够承担更大的客户、领地和业绩任务。

思维习惯

当人们购买个人电脑时，除了关心基础硬件的品质外，还会根据使用场景，安装适当的软件，才能成为完整的系统。同样，就算销售人员的脑筋很快，智商很高，但还要配合适当的思维方式，才能打造最有效的"系统"。思维习惯，更像是销售工作"系统"中的"软件"。

销售人员的思维方式固然基于逻辑思维，但需要围绕工作内容的特点进行"调优"，"系统"才能发挥最大功效。无论是分析大量信息，制定策略和解决问题，应对客户和竞争对手的各种不确定性，还是处理复杂矛盾的人际关系等，如果没有一套具有针对性的思维方式，也很难确保在最短的时间里，得出质量最好的结论和决策。

这套思维方式不同程度地存在于每个人身上，但它还要被培养成习惯，甚至成为条件反射，就好像电脑里的软件按照程序运行，才能日复一日，准确无误地为销售人员服务。我在众多的思维方式中优选了最重要的5项，提醒销售人员建立一套有利于工作的思维习惯。

🧊 战略思维

战略思维是善于把握事物总体趋势和方向的能力，为战略目的服务。它的产物包括对事物的判断、预测、策略、方针、计划，以及执行以后的修正，影响范围十分广。学者们从研究中发现，战略思维具有以下明显的特征。

- 全局性：对事物整体拥有全局观念，不会被局部蒙蔽或干扰。

- 前瞻性：对事物的未来趋势和发展看得清楚，同时把自身目标与之匹配。

- 长期性：相对更关心最终结果，能接受过程的起伏，并为之设定相应的目标和计划。

- 关键性：面对事物内在和外在的复杂性，能找到影响全局的重点和原则。

● 创造性：为了达到目的，不拘泥于现有的方式或方法。

在商业世界里，这方面的例子也很多。互联网行业"羊毛出在猪身上"的商业模式，便是战略思维的产物。当20世纪末所有计算机企业还在卖硬件的时候，第一家提出整体IT外包的企业就是拥有战略思维的代表。

可以看到，战略思维具有颠覆商业游戏规则的能力，甚至能"不战而屈人之兵"。同样，在工作中，销售人员对外可以将其应用于大客户或领地经营，或针对某个商机的赢单布局，对内可以和供应商长期合作双赢。

从以上特征可以了解到，战略思维不可能与生俱来，需要经验、时间和悟性才能练成。培养战略思维没有捷径，基础是大量知识的储备和支撑，同时懂得利用其他人作为参谋刺激更多思考，并且通过不断实践和复盘，才能逐步形成固定的思维习惯。

📦 客观思维

客观思维很简单，就是强调以事实为基础的逻辑思考方式。提起客观思维，大部分人都会表示认同，但是要具备客观思维却并不简单。原因是每个人对事情的看法，经常会被自己的主观意识左右，更糟糕的是当事人根本没有意识到，还以为自己非常客观，丝毫没有察觉到问题所在。

也有些人更习惯"凭感觉"和"想当然"，在不重视事实的情况下，就对事情做出推测或判断。这样做有可能是性格或经验使然，有可能出于"方便"，也可能出于对自己的立场有利。在现实生活中，这些情况再寻常不过，人与人之间的摩擦往往也因此产生。

当一个人过分主观的时候，眼光会变得短浅，连带视野也会受到影响。越是客观的人越容易开阔眼界，自然能够看见来自不同方面的事实，所得到的知识和信息也更为立体和准确。就像现在的大数据科技一样，收集的资讯越充分，分析和判断就会变得越容易，结论也就越精准了，这就是客观思维的优势。

对于销售人员而言，客观是一切**思考的基础**，对成功的影响举足轻重。大量的市场、客户、竞争对手和供应商的信息在整个赢单过程中不断被收集后，需要经过处理分析，变成有用的信息，帮助制定策略和决策。

训练客观思维的最好方法是在接触到新信息时多提问题。从信息来源是否可靠，到信息的准确性和时效性，销售人员都需要先提出问题再做出判断。

此外，在做出分析和判断之前，销售人员也要再三确认自己的结论是否基于客观准确的事实。销售人员只有通过不断的"刻意练习"，才能让自己变得更客观，毕竟每个人心里都住着一个"自我"，想要完全摆脱它的影响还是要下一番工夫。

🔹 换位思考

换位思考又称同理心，是人际关系中一种重要的交流技巧，意思是站在沟通对象的角度和位置上，设身处地去理解对方的感受和逻辑，并且让对方知道你的理解。

西方有句谚语"put yourself in other's shoes"，这句话可以直接翻译为"把你自己放进别人的鞋里（感受一下别人的脚是否舒服）"，它的意思是"你应该设身处地为别人考虑"。

既然销售工作涉及复杂的人际关系，有效的交流方式自然能让工作更顺畅。销售人员必须在思考问题时考虑到沟通对象，这一点和客观思维一样重要。有趣的是，换位思考和客观思维的反面同样都是主观。

销售工作是和人打交道的工作，无论是替客户挖掘痛点、处理反对声音、和客户谈判、与竞争对手周旋，还是在供应商内部协调工作，都免不了和人接触。

换位思考让销售人员能够易地而处，从对方角度去思考，从而看到更多原来看不到的东西，获得"额外"的信息。这对分析对方的逻辑和动机甚有帮助，销售人员的说服力也因此得到增强，特别有利于解决存在的问题和质疑的声音。

要锻炼换位思考能力，最好经常在考虑问题时，提醒自己从对象的角度切入，尝试去感受对方的想法、逻辑和动机，然后通过正常渠道加以验证。久而久之，换位思考能力就会得到提高。

🔹 洞察驱动

洞察是通过透彻的观察发现事物的内在意义，或者是通过表象精确判断背后的本质。

有"事物"和"表象"，才可能有"发现"和"判断"，洞察从本质上是一个收集（信息）、分析、发现和判断的**思考过程**。但是在一般人心中，更愿意把洞察（Insight）和灵感（Inspiration）放在一起，仿佛不需要思考过程，"答案"就会突然出现。

人类在思考时确实偶然会灵光一闪，发现看似毫无关系的关系，或者在错综复杂的关系中找到头绪，但是这种洞察力更像武侠小说中的"六脉神剑"，时有时无，并不靠谱。

为了把洞察力变得更靠谱，需要将洞察过程变成一种系统化的思考方式。洞察驱动的思考方式，便是通过系统的收集、分析、发现和判断过程，从各种信息和数据中推理，找到新的结论和关联，做出更准确的判断。

很多科学新发明就源于看似毫无关系和微不足道的现象和洞察。在商业中，将大量的知识和信息经过加工、整合或分解，形成新的认知，看到别人看不到的东西，这就是产品和业务模式创新的源泉。

洞察驱动的思维习惯越强，洞察的"输出"越是稳定。无论是市场机会、客户痛点、竞争策略，还是赢单计划和个人动机，这些销售人员发现的机会其实对商业判断和人际交往都有帮助。

此外，在"顾问型销售"方法中，洞察的思维习惯是所有销售人员的"标配"。强大的洞察能力，能让销售人员有效地分析客户情况，建立专家形象。比起能言善道、滔滔不绝，独特而有见地的洞见更有利于赢得客户的信任。

要提升洞察能力，只能把洞察驱动的过程与思维习惯相结合。要培养这样的习惯，销售人员可以运用好学的信念调动自己的好奇心，凡事不轻易接受表面现象。其次，不断重复收集、分析、发现和判断的思考过程，从已有的知识和信息中发现和提炼更多有用的新知识和信息。**思考的过程**越多，发现越多，洞察能力越强。周而复始，最后就能形成习惯。

🎁 应用驱动

销售的本质是客户与供应商之间的价值交换，各取所需。但在达成交换之前，双方要解决很多问题，因此销售工作是帮助双方不断解决问题，往前推进直到成功的过程，我称之为应用驱动思维。

拥有应用驱动的思维的人在思考时总以如何**完成任务、解决问题和如何落地为出发点，强调目的性、实用性和可执行性**。她们思考时要求自己理清目标，将各种知识和信息重新整合，进行分析并比较不同的选择，得出适用于解决问题的结论。这些结论具有很高的可执行性，而且大部分最终都以行动计划来落实。

整个销售赢单过程充斥着大大小小的各种问题，从思考最佳技术解决方案、推进客户采购流程，到处理客户的反对声音，以及斟酌推敲商务条款，都需要销售人员"动脑筋想办法"。可想而知，应用驱动思维对销售人员十分重要。

这种应用驱动思维，根据销售工作的内容特性，除了牵涉产品和技术，还有大量的思考和决策要与业务（客户和供应商的）发生关联。所以成功的销售人员，往往也发展出精明敏锐的**商业智慧**，她们累积了丰富的商业知识、逻辑、触觉和判断力，明白在商业世界中什么行得通，什么效率最高，从而可以做出更好的决策。

例如，某客户是汽车零部件的生产商，每年都必须参加行业内最重要的汽车展会。具有商业头脑的销售人员会在方案中考虑到展会有关的问题（如交付时间、获客成本等）。再举一个例子，销售人员和客户进行商务谈判时得知客户的现金流十分紧张，因而在商务条款上对付款条件做出让步，但是在价格上一直坚持。

这两个简单的例子，点出了在解决问题时永远不能离开商业逻辑的道理，类似的情形在销售的世界中几乎天天发生，商业智慧和应用思维的关系密不可分。

现今的年轻人获得的教育质量普遍提高，视野比当年的同龄人更开阔。但是部分销售人员有时候对问题理解不够深刻，以致在思考时容易发散甚至搞错目的，或者直接跳到问题的结论，结果花了时间还不一定得到好的结果。

要把应用驱动思维培养成为习惯，销售人员不妨尝试以下方法。首先训练自己寻找和分析**问题根源**的习惯。其次，加强每次思考问题的目的性，要求清楚要解决什么问题，做好**问题定义**，然后对各种知识和信息进行分析，提出不同的**选择**。在**评估**选择的优缺点之后，做出最后**决定**，并且**制定计划**。通过反复运用和练习，应用思维就有可能成为习惯，信手拈来。

执行纪律

销售人员利用有针对性而全面的思维习惯，得到一流的策略和方案后，最后就要看执行结果。虽然销售人员的执行力受到个人动机、动力、意志、抗压能力等精神信念的影响，但是就算信念再强，策略再好，如果执行方法和纪律不到位也是徒劳。执行的目的是为了在既定的时间内，获取计划中最有利的结果。成功与否在于结果、时间和质量，三者缺一不可。

销售人员不能只逞匹夫之勇，不会杠杆原理的人很难成功，懂得利用各种团队资源才能发挥最大效果。如何让各团队对销售人员马首是瞻？资源分配及时，彼此之间合作无间，是成功的关键。

执行的结果、时间和质量还要看执行过程中纪律是否严明。为此，销售人员需要对每个计划的目标和预期结果、任务内容分解、人员责任分配、时间和团队协同等进行分类管理。如果执行纪律不好，就很容易捅出娄子，出现以下情况。

- 同时处理多项计划和任务，顾此失彼。

- 计划中某个任务质量不好，影响下一个任务的质量，造成恶性循环。

- 计划中任务之间的时间控制不好，衔接不上，延误商机。

- 计划中某个任务的结果和预期不一样，进行不下去。

- 忘记执行任务，计划被迫中途停止，需要重启。

这些问题可能有计划制定失误的原因，但更多的是缺乏执行纪律的表现。结果往往是计划勉强继续，效果每况愈下，任务虎头蛇尾，最后以失败告终。执行纪律是确保计划结果与目标一致和时间得到保障的**行为准则**，确保动作能够不断重复而**不变形**，在**不被提醒**的情况下，按时有序地协调团队分工合作。

由于销售工作和赢单过程既繁复、又反复。从各种领地和赢单"活动"，到提交每周销售预测，解决供应商内部或客户的各种工作，销售人员同时要处理的计划和任务非常多，没有超强的执行方法和纪律，很容易破坏一流的策略。方法来自对销售工作内容的理解，而纪律只能是销售人员认同后去坚持。

销售最重要的执行纪律，大概可以分5个方面，对计划目标、结果、内容次序、质量、时间、人员分工、团队协同等重要领域加以管理。

🎁 目标导向

现代人脑筋灵光，目标、策略和计划想得周到，一样都不落下，但是到了执行的时候，却往往因为碰到各种问题走不下去，整天忙得晕头转向却还在原地踏步。为什么目标、策略和计划都做好了执行还照样出问题，这其中原因很多，最常见的是没有严格、理性地按照既定计划执行。

所谓目标导向，是在计划执行过程中，不断关注行动方向，确保行动**不偏离目标**，当遇到特殊情况时**及时解决问题**，在落后时**提速赶上进度**，在需要时**纠正目标方向**，然后继续朝新的目标前进。所以作为供应商中的领头人，销售人员不管计划做得多好，还要时刻保持强烈的方向感，无论"身在何方"，都能引领自己和团队执行计划，朝目标迈进，并且在有需要的时候，重新调整计划。

目标导向说起来简单，做起来却绝不简单。销售人员可能因为某一天心情不好，或者临时被其他事情干扰，就忘了原来的目标。也有些经验不足销售人员，在执行计划的过程中，被别人（客户、竞争对手或同事）故意或无意带偏。比如，竞争对手使了一些手段，客户中出现一些没有预料的反对声音或变化，又或是供应商内部的审批要求，都可能让销售人员措手不及，使执行偏离目标。与此同时，这些问题除了发生在销售个人身上，也可能出现在各个部门的成员之中（他们有自己的工作优先级），需要销售人员时刻关注、随时纠正，时刻坚守纪律、快速前行。

所以经常有人说，销售是"太过计较"的人，事事计算结果，实际上她们只是"锁定"目标，坚定不移地前行而已。目标导向就像是"装了GPS导航"一样，中间就算跑偏，最后都会到达目的地。

🎁 细致入微

做事粗心的销售人员在执行任务时容易忽略质量，质量不好自然导致结果不会好，就算勉强完成任务，到下一阶段也可能由于积压了更多问题，进一步影响质量，走入恶性循环。最可惜的是，大部分的销售机会只有一次，所以为了不留遗憾，销售人员应该重视执行中每个细节，把它们当成最后一次机会，把本来精良的计划中的每一步做到极致，为下一步铺垫。

要做到细致入微并不简单，西方谚语"魔鬼存在于细节之中"（the devil's is in the detail）就指出即便是看起来最美好的计划和任务，也要确保细节无误才能成功。这句话把细节比作魔鬼，可见它们有多么危险。在销售过程中，销售人员需要注意执行的细节，它们经常"藏身"于计划的各个地方，只要稍微不留神或怀有侥幸的心理，问题就可能出现。

建议销售人员在执行任何任务时，注意以下细节。

● 所有任务是否已被分解到最小？

- 是否有跟进开始和结束的习惯（无论是亲自还是协调别人行动）？

- 跟进频率是否合适（应该在到期之前）？

- 行动时间提前还是延误？ 是否影响下一步的开始？

- 行动完成是否达成预期结果？ 达到什么程度？

- 对方（客户、竞争对手、内部）的反应如何？ 是否满意？

- 下一步需要修改吗？

关注细节的最佳方法是，除了制定足够细致的计划外，还要养成两个工作习惯——跟进所有事情并不断向自己提出问题，不厌其烦地检验是否还有漏洞。

📦 任务管理

这里的任务，是指销售人员为了实现策略或解决问题而制定的行动计划内容，这些内容被分解成带有逻辑关系的各种任务，交予销售团队执行。

根据事情的复杂性，计划既可以非常详尽，也可以十分简单，最简单的计划只有一项任务，但也有些详尽的计划包含大量的子任务。对销售人员来说，同一时间内进行不同计划已是工作常态，而这些计划内的任务（和子任务）又各有并发和先后关系，有固定的逻辑顺序。有些任务必须在特定时间内完成，或与特定的人（负责人或是任务对象）有关，有些则需要依赖同一批资源方能成事。

举个例子，某销售人员正在和客户 A 谈合作，有一个商机包含两个任务，需要同时进行，一是组织产品展示，二是内部准备技术解决方案，这两个任务都需要售前资源支持。在同一时间，客户 A 还有其他潜在机会，销售人员的另一任务是要去访问某部门挖掘商机。这位销售在其领地中有 10 个类似的活跃客户，每个都在不同的赢单阶段。可想而知，这中间有多少任务需要执行。

任务管理是确保执行到位的重要手段，如果管理不好，任务之间产生矛盾，那么计划将受到各式各样的问题影响而停滞不前，销售人员也可能延误商机或就此丢掉机会。从经验来说，任务管理起码需要从两个维度入手——**优先级和时间**。

完善的计划引领销售人员和团队达成目标，所以计划中的所有任务都必须有优先顺序和强力

360

的业务逻辑（否则目标无法达成）。任务管理的第一个维度就是以计划为基础，确保所有任务之间的先后和并发关系清晰，这样销售人员就可以按照任务的执行情况，尤其是重要的里程碑，判断目标的完成比例，用于管理决策。

其次，时间是销售人员最稀缺的资产，有限的时间容不得任何挥霍，所以销售人员必须**具备的多任务并行处理（multi-tasking）和管理能力**，在同一时间段（一天、一小时等）内，处理最多的任务。任务并发有时候是被动的，箭在弦上不得不发，这点大多数销售人员都有经验。而另一种情况是销售人员主动把任务提前，充分利用空余时间提高时间的使用效率。无论是什么原因，销售人员都应该建立以时间单位（一天、一小时等）为基础的管理手段，将任务按时间列出，方便追踪和跟进，也把宝贵时间用到刀刃上。

下面是一些任务管理的具体建议。

- 习惯把每件事情都做成计划和具体任务，哪怕计划只有一项任务。

- 把大的任务分解成能够在一天之内（或个人习惯的上限）完成的子任务，尽量不要让任务超过个人习惯的时间上限。把时间掰开来用，有利于处理并发的多任务。

- 习惯把计划以纸质或电子介质记录下来并进行追踪。很多人喜欢把事情记在心里，这样一方面容易发生疏漏，另一方面事情多了就很容易忘记。

- 记录时遵从 5W/1H 方法（或类似方法），列出每项任务的目的和内容、负责人、目标时间和地点。

- 如果任务需要团队或其他资源的配合，也需要列出来。

- 理清计划中任务之间的先后顺序、因果或并发关系，以及任务对资源的依赖性。

- 任务必须要及时跟踪，在开始前了解是否如期开始，在结束后了解结果如何。

- 需要更改计划的任务时，最好重新检查逻辑。

- 团队成员是各种任务的执行者，要确保任务执行到位，团队的合作精神和默契至关重要，销售人员需要具备凝聚团队的领导力。

任务管理做得好，不仅直接促成目标达成，对团队合作和资源调配也很有帮助，因此，任务管理是销售人员的"基本功"。它不是什么高深学问，更像是一种"体力活"，只要肯干，谁都可以做到，是真正体现执行纪律的地方（详见表 11-1）。

表11-1　多任务并发处理案例

计划 （what）	任务编号 （what）	任务 （what）	目标时间 （when）	优先级 （when）	负责人 （who）	资源/支持 （how）	结果 （what）
客户A项目	A-1	访问业务部某人讨论需求	7/01	中	销售甲	无	完成
	A-2	访问财务部讨论预算	7/20	中	销售甲	无	未到
	A-3	联系总裁办安排CEO访问	7/31	中	销售甲	无	未到
	A-4	访问CEO	8/26	高	销售甲	销售VP	未到
客户B项目	B-1	组织内部讨论解决方案	7/5	高	销售甲	售前/服务	未到
	B-2	计算报价金额	7/14	高	销售甲	财务	未到
	B-3	完成招标文件	7/14	高	销售甲	售前/法务	未到
	B-4	安排客户访问工场	8/5	中	销售甲	售前	未到
客户C项目	C-1	参加商务谈判第一轮	7/10	高	销售甲	无	未到
	C-2	内部复盘	7/11	中	销售甲	售前/服务/财务/法务	未到
	C-3	参加商务谈判第二轮	7/20	中	销售甲	法务	未到
	C-4	最后价格商务策略讨论	7/25	中	销售甲	售前/服务/财务/法务	未到

🧊 沟通管理

　　和时间不一样，信息传播（不论真假）的成本十分低廉，只要有人存在，被传播的信息基本上可以"无限量供应"。不过如果所有人都只顾各抒己见，就很容易造成混乱，再加上如果信息和事实不符，更会对结果产生坏的影响，此时纠错的成本远比初次传播高得多，因此信息的准确性和一致性十分重要。尤其是在销售过程中，一切认知、感觉和决策都是基于正式和非正式沟通的结果，沟通对销售成败的作用举足轻重，毋庸置疑。

　　销售人员作为"桥梁"角色，意味着客户和供应商之间大部分信息都会经过她来传播和接收（无论是主动还是被动），余下的部分会经过其他团队成员传播和接收。所以无论是亲自上阵还是由队友负责执行任务，销售人员和团队都需要做好沟通管理，确保跟客户之间传播和接收的信息保持一致且及时，在适当的时间和地点说适当的话（内容），否则很容易产生误会甚至矛盾。

　　得当的沟通管理，对促进双方的信任乃至合作有莫大的作用。要做到沟通无间，客户、销售人员和供应商团队的（销售和客户、团队和客户、销售和团队）沟通要同时做好，缺一不可。

　　良好的沟通管理始于信息内容以及沟通目的的明晰。沟通的目的和信息内容必须匹配，信息内容过多或过少都可能影响效果。其次要控制好客户和供应商团队之间的沟通，比如什么人会听到信息，还有在什么时候从什么渠道/地方，以什么方法听到。这样才能确保内容传播的有效性（或效率）。

　　有别于传统的看法，销售人员在沟通时是否能言善道并不是最重要的。除了在表达时清晰和有逻辑，更重要的沟通能力其实是对所有信息的管理。

　　要建立起沟通管理的良好纪律，可参考以下建议。

- 关注销售工作中重要事情的信息内容的设定，就算不是字斟句酌，也要小心言者无意、听者有心，而且要确保信息一致性。

- 时刻保持和团队各成员之间的沟通渠道通畅和信息的一致性。

- 时刻保持和客户中"支持者"的沟通渠道通畅和信息的一致性。

- 对信息内容做好分类，比如谁需要知道和谁不应该知道，还有"安全级别"等。

- 决定信息什么时候传播最为适合。

- 认识沟通的渠道，分清楚正式和非正式的沟通，决定以什么形式传播，如文件、电子邮件、社交媒体、短信、电话，还有不同的人（角色）。

- 在信息泛滥的时代，重要的信息要不断沟通，甚至是"超额"沟通，否则很容易被其他信息淹没。

- 用好邮件的"抄送"和社交媒体上的 @ 功能。谨慎考虑谁应该在电子邮件中被抄送；相反，在社交媒体中，一定要点明 @ 谁，否则易生误会。

- 一般来说，电子邮件会被视为比社交和即时沟通工具更正式的沟通方式，销售人员需要考虑使用场合。

- 作为信息的接收者，在被证实之前，永远不应该相信谣言，更不应该以此作为决策的依据。相信谣言，是愚蠢而危险的事（销售人员因为压力很大，很容易被谣言影响客观判断）。

全面的沟通管理是销售执行中一项非常重要的纪律，但往往被销售人员所忽视。要做到真正的专业，销售人员不能只提升口才和说话技巧，还应当完善自己的沟通管理方式。

🔲 时间管理

对于生活在地球的人来说，时间有 3 个特点。在人类发明和发现的事物中，时间的"供应"**最公平**，最不受"需求"影响，给谁的都一样多。其次，时间的"供应"源源不断，今天过完了还有明天，"明日复明日，明日何其多"。但是时间还有一个特点，就是它不可逆转，留不住。

由于"公平、无限和留不住"的特性，很多人没有把时间当做重要的资源来看待。既然"留不住"，而且时间这东西貌似用之不绝、随手可得，人们对它的不珍惜好像可以理解。但有趣的是，当不同的人以不同的效率使用时间，在有了比较之后，时间的"供应"对不同的人便产生了变化。在同一单位的时间内，如果某个人能够完成更多事情，他的时间使用效率便更高。假如这个人是你的竞争对手，那就意味着他的竞争效率比你更高。

时间在被需要的时候是最稀缺的资源。想想如果销售指标没有时间限制，不必在 3 个月或者一年内完成，那就不存在完不成的指标，销售人员也就不会有什么压力了。客户的商机也是有时间性的，大多时候客户都有自己的计划，竞争对手总是亦步亦趋，销售人员如果跟不上节奏，机会错过了可能就没有了。

因此，销售人员对时间的利用和管理，往往是决定成败的关键。签单的时间晚了一天，该业绩就不能计算在年度业绩之内，销售指标也可能没法完成了。标书过期提交会被取消资格，单子就可能丢掉了。

其实大多数人都明白时间宝贵，问题是如何珍惜和使用。以下分享一些个人时间管理的纪律和方法，供销售人员参考。

- 学会处理并发的任务是高效时间管理的基础，能在单位时间内同时处理多件事情，实际上是把时间掰开来使用，能让时间管理相对轻松。如果在同一时间内只能做一件事情的话，将很难开展销售工作。不过在这个"需要但不充分"的基础上，销售人员还需要掌握其他的方法。

- 几乎所有时间管理的理论，都会谈到任务的"重要"和"紧急"两个维度，把所有任务分为 4 类——"重要且紧急""重要但不紧急""紧急但不重要"和"不紧急且不重要"——

来设定任务的优先级。

"重要且紧急"的任务应该优先处理而且占用最多时间，其次，遇到**"紧急但不重要"的任务和"重要但不紧急"的任务时**，应把时间花在重要的事情上。这种做法能减少"重要且紧急"任务的出现，也会有效减少"重要且紧急"任务所占的时间，使时间管理走入良性循环。"紧急但不重要"的任务，本身的价值较低，应该尽量减少时间的投入（如果不能完全放弃的话），至于"不紧急且不重要"的事情，原则上不应该占用销售人员的任何时间，除非只是为了调节销售紧张的工作（详见图11-2）。

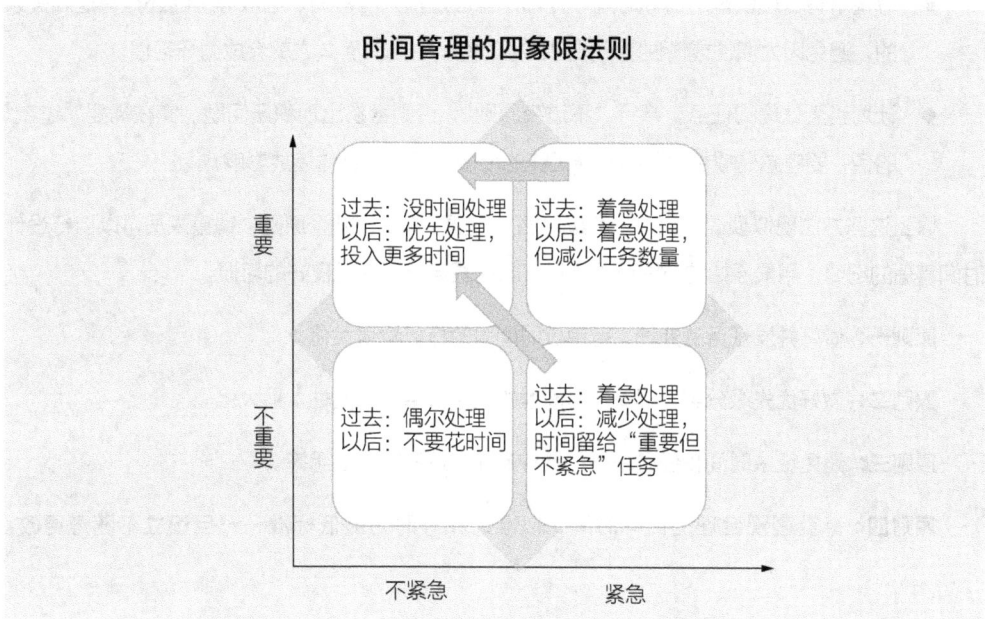

时间管理的四象限法则

过去：没时间处理
以后：优先处理，投入更多时间

过去：着急处理
以后：着急处理，但减少任务数量

过去：偶尔处理
以后：不要花时间

过去：着急处理
以后：减少处理，时间留给"重要但不紧急"任务

重要

不重要

不紧急　　　紧急

图 11-2

- 在优先级设定时，通常和客户接触的"客户时间"比较重要，销售人员需要注意保证在日常时间的分配上，有足够比例的"客户时间"，尤其是那些举足轻重的"关键时刻"应当自动贴上"重要"的标签。

- 既然时间宝贵，最好的管理方法就是尽量减少空闲（没有任务）的时间，尤其是碎片时间。但是碎片时间始终难以避免，最好的方法是在任务管理过程中，尽量把子任务分解到最小颗粒度，而且时刻保持清晰的分类和优先级。万一空闲和碎片时间出现，可以提前执行不受时间限制的子任务，并按照碎片时间的长短安排颗粒度不同的子任务。

- 习惯尽量把任务的目标日期设定在"死线"（deadline）之前，这可以为销售人员提供一些缓冲。把任务的开始时间往前推，也有助于把压力向前分散，不会集中在最后一天。准时和守时是时间管理中重要的一环，一个子任务不能按时完成，往往会导致一连串任务不能完成的灾难。

- 在设定任务的目标时间时，尽量不要习惯性地利用年末、季末、月末、周末等日期，避免多数任务积压在这些日子。过度积压容易引起任务延误（尤其是目标日期没有缓冲）和执行质量下降。

- 尊重所有合理设置的目标时间，无论是答应过别人（客户、老板等）的还是有逻辑关系的，避免因为惯性或惰性随意推迟目标时间，否则久而久之就会成为坏习惯。

- 计划当天处理的任务，奉行"不过夜原则"，否则容易出现积压问题。实在需要"过夜"的话，要考虑是或否会影响其他工作的衔接，避免对整体造成影响。

以上这些方法貌似琐碎，实际上有迹可循，只要了解以下4个原则，销售人员可以自行设计时间管理的纪律，用最原始的方法记录并且不断提醒自己，养成良好的习惯。

原则一：做好并发任务的处理，把单位时间里的任务量最大化。

原则二：做好优先级分类，把单位时间里的任务价值（重要性）最大化。

原则三：避免空余时间和任务积压，维持高而合理的时间使用率。

原则四：尊重客观合理的目标时间，以准时和守时为最低标准，一旦设立不随意更改。

成为专业销售人员

形容个人的特质有很多，不是所有特质和所有职业的成功都有强相关的关系，某些特质在合适的职业中能发挥巨大作用，在其他专业上就未必如此。如医生、律师、会计、警察和运动员等身上的特质，虽然有部分相同，却也有各自独特之处，每种职业的"专业画像"都有所不同。

围绕精神信念（如何看事情）、思维习惯（如何思考）和执行纪律（如何做事）的15个个人特质也许十分平凡，但却和销售专业关系最为密切，能够赋予销售人员良好的决定目标、制定策略计划和高效执行的能力和动力。

🎁 人人都有销售DNA

虽然这些特质并非与生俱来，但是它们和人类的基因一样，每个人或多或少都拥有这些特质（从环境和经验累积），但没有一个人能够在所有领域中完美无缺，而且它们只有在组合起来之后，才会产生强大的化学反应。当某些特质严重缺少时，可能会引起一些销售行为的"缺陷"。而如果这些特质不被利用的话，也会像基因一样慢慢退化甚至消失。认知和了解这些特质在自己身上存在多少是一个重要的开始。

另一方面，我以"信念""习惯"和"纪律"来形容这些特质，是希望反映出它们是能够通过后天努力提升的属性。只要不断重复使用，这些特质才会随着经验的累积变得强大。只要下定决心、持之以恒，任何人都有机会成为优秀的销售人员。

经典案例

顾问型销售赢单全程实录

本部分内容由陈卓凡先生撰写。陈卓凡先生有超过30年的B2B销售和管理经验，曾服务于Bearingpoint、SAP、EMC、Sitecore等著名咨询和IT企业，见证中国企业客户对信息化技术和服务采购近30年的变化。

作为本书的压轴分享，以下案例是一个专业销售人员的真实经历，我把其销售赢单的详细过程跟大家分享，希望通过这些细节让大家更深刻地认识到销售的不同阶段，以及在其中会遇到的事情。我也把她的心路历程描述出来，让大家了解其中的苦乐，以及判断自身是否能够承受。这虽然是一个软件/服务的例子，但是案例过程中出现的很多场景和问题，也常出现于其他行业/产品中，可以起到借鉴的作用。

📦 第一步：寻找线索

P公司是一家全球知名的企业管理软件厂商，软件费用较高，实施费用一般更是软件费用的两三倍。P公司采用"众星拱月"的实施策略，在全球有众多咨询和服务公司合作伙伴为最终客户提供P公司软件的实施服务。

P公司的销售团队包括销售人员A君、A君的直属销售主管B君，以及身为CEO的C君。C君的直接领导为总裁D君。

A君MBA毕业后加入P公司担任销售人员，同学们觉得这是大材小用。A君没有销售经验，但她还是踌躇满志，要在P公司里干一番大事。入职后A君被分派的销售领地是全国的造纸行业，虽然P公司在国外造纸行业里有超过50%的市场占有率，但在国内还是一片空白。A君有点发愁如何达成她1000多万的年度销售指标。

"老板，你要求我做的领地计划我做了，这个行业的潜在目标客户我是弄清楚了，但是如何入手呢？这个财年已经过了两个月，剩下10个月我该怎样找到靠谱的商机呢？"在一次销售周会上，A君跟老板B君诉苦。

"远水救不了近火，咱们需要两条腿走路。国企客户审批和预算需要较长的时间，销售周期长，我们要尽力去培养其成为下个财年的销售机会。另外一条腿就是聚焦在民企客户，在客户的最高层做工作，有机会在10个月内成单。关键还是要找到不安于现状的客户，没有改变的动力就没有购买需求。我有一个做猎头的朋友，最近在为一家大型的造纸企业寻找新CIO，这可能是个线索？"B君语重心长地跟A君说。

A君抱着试一试的心态去约见这位猎头。

📦 新人事往往意味着机会

"是的，我最近刚替L造纸集团物色了一个新的CIO，马上要报到上班了。他们的要求是CIO要能帮助企业在高速发展中，通过IT技术提升管理的颗粒度和效率。"

听到猎头这样的说法，A君在迷茫中看到了一丝希望，L纸业愿意重金聘请新人应该是想要看到改变。猎头接着说："别急，还有一周新来的CIO就去报到上班了，到时候你毛遂自荐去接触他吧！"

两周后，由于P公司的名声在外，A君见到了L纸业的新任CIO。CIO很坦诚地表达大老板对他的要求是要借助他的经验重构集团的信息化系统。随着集团的快速发展，最高管理层感觉在管理上有点力不从心，做决策时缺乏及时的数据等。而且新来的 CIO 为了建功立业，看来也乐于和我们互相帮助。

在回家的路上，A 君觉得不枉此行，但是也有点发愁，因为按照 P 公司商机报备的条件来看，销售机会只在最初级阶段，预算、立项和启动日期等情况还完全没有端倪，更不用说解决方案内容、商机金额、预测签单日期、实施合作伙伴等进一步的信息了。

不出所料，CIO 扔下了一句"能否尽快给我一个解决方案的建议"。听到这句话 A 君有些开心，以为客户真有兴趣了，但细心一想，她根本就不知道客户需要什么，应该建议什么，就更不要谈价格折扣了。但想到终于能够在公司 CRM 系统里输入自己的第一个销售线索，哪怕是金额和日期不一定准确，也先拍脑袋估算一个吧。

🎁 从表面痛点到甄别线索

花了几乎一整天的时间在内部沟通、做客户要的"解决方案"和 CRM 系统录入，A 君觉得很绝望，我有一个"好"的销售机会，为什么在公司里面寸步难行呢?

首先是制定解决方案建议书，跟 A 君对接的售前顾问一口咬定现在做不了任何解决方案，因为对于客户的情况一无所知。而且客户要求的是全面的方案，覆盖范围包括了财务、人力资源、销售、生产、供应链等多个方面，真的要做方案还需要在内部组织一个小团队，整合不同业务面的知识。还有，解决方是否需要实施服务? 这还需要找服务合作伙伴去了解需求才能预估实施所需要的资源种类和数量。

第二，在尝试把销售线索录入 CRM 系统时，A 君发现系统提示此客户已由内部的 X 销售团队接管，不允许再建立一个相同的商机记录。原来，虽然这个客户所有的生产基地和绝大部分组织都在 A 负责的辖区，只不过去年客户在 X 销售团队辖区上市了，所以公司在"分地盘"（销售领地）时就简单地按上市地点直接把客户划归 X 销售团队管理。

气急败坏的 A 君找到自己的主管 B 君诉苦，希望得到 B 君的支持，推翻售前顾问团队的"不作为"，把 CRM 里面这个客户的归属地改回到自己所负责的辖区。但是现实还是比较残酷的。B 君说："售前顾问说得有道理，在我们这个行业，给客户做一个包括软件、实施、硬件全方位的解决方案需要投资 5 万元至 10 万元的人力、物力，不清楚需求的话我们肯定没法投入，更重要的是，这个客户不归我们负责，做了也是白做!"

"那我们就这样放弃了？我怎么跟客户的CIO交代？"A君有点赌气，觉得老板没有跟他同仇敌忾，不太仗义。"不要急，关键是我们要对销售线索做进一步的甄别，要心里有数才有底气去投资源和抢地盘啊！这是做生意的基本原则，如果这个公司是你的，你会这样随随便便就花10万元弄个方案吗？"

如何去甄别这个销售机会呢？客户是民企，预算是机动的，只要大老板愿意，就可以花，但是民企的老板肯定觉得花得越少越好啊！至于什么时候能签单，不就是"尽快"吗？BANT四要素在培训时讲过，但现实似是而非。

"这个不是简单的'卖产品'的线索，如果我们只是打算做产品介绍和演示、报个标准价格，然后等待招标这样的方法，没有一点赢单把握，更不好去跟老板们要求把这个客户交给我们来负责！我们要的是执行以价值为导向的销售策略。"

"同意！但是这个跟我们再甄别这个销售机会有什么关系呢？"A君似懂非懂地问。

"相对于我们的竞争对手，我们的优势是有很多国际的成功案例，行业经验远胜对手，我们需要引导客户去认同我们的价值！所以我们甄别这个机会的方法是跟客户商量他们是否愿意跟我们走一次'决策旅程'。具体来说，这个决策旅程是这样的：我们启动一个方案小组，整合公司内部资源（包括产品售前、售后还有自家的咨询团队）跟客户进行全面的调研，在90天内提交一份完整的'价值主张方案'，告诉客户我们看到什么潜在价值点，但是客户需要承诺在这个'价值主张方案'提交后的120天内决定是否与我们合作并签订合同。"

"请跟客户特别强调这几点。一是调研必须覆盖整个集团，包括各主要功能部门、生产基地、营销部门等，也要求能够与董事长、总经理、财务领导以及各个高层领导座谈。二是我们的方案不仅会覆盖成本元素（软件、实施、硬件费用），还会根据调研分析的结果，提出建议的线路图和评估量化的业务效益，形成投资回报分析，作为客户决策的依据。三是客户不一定要跟我们签合同，他们唯一的义务就是在我们调研的时候跟我们配合，当然他们也可以找我们的友商做类似的方案。"

A君恍然大悟地说："我明白了！我们是给客户一个投资方案，要花多少钱、怎么花、哪里会有回报、回报是多少钱、每个回报预计发生在什么节点等。如果客户的最高层同意这样的一个决策旅程，那就意味着我们的销售机会甄别已经有基础了。一是软件的模块清单肯定覆盖非常全面，甚至可能是我们能提供的全部模块。二是预计销售金额估计是小不了的，毕竟软件越多，金额就越大。三是预计签单时间应该就是210天以后，还有点富余，在本财年结束前应该没有问题。唯一的问题是客户能接受这样的条件吗？"

"放心吧，在重工业行业里，盖一个生产基地动辄就是几十亿元的投资，投资回报也是充满风险的。客户之前建立的 6 个生产基地都是按照业务价值来决策的，现在也是一样。真正的难处在后面，我们的方案上线后能给客户带来多少个亿元的效益，客户为什么要相信我们？只要客户相信我们的效益评估，这个生意也就水到渠成了！"

A 君经过主管点拨，觉得这是一条可行的路，不行的话再想其他的办法。令她非常惊讶的是，在跟客户 CIO 讨论上述方法的几天后，客户的最高层就认可了这个"决策旅程"！慎重起见，A 君还特意请 CIO 帮忙安排 CEO 级别的峰会拜访。

🔷 争取供应商内部支持

CEO 峰会安排得并不顺利！由于 L 纸业并不在 P 公司的目标客户名单里，P 公司的 CEO C 君觉得组织这个峰会出师无名，要先向老板 D 君把客户的主导权从 X 团队调整回 A 君团队负责。A 君觉得，听说 D 君是出了名的现实，以业绩导向，他没有理由不答应。

"昨天晚上我查看 CRM 系统，发现 X 团队已经报备了这个商机，预计金额为 200 万元，在财年最后一个星期关单！他们估计是听到风声预先布局巩固地盘了。" B 君给 A 君泼了一盆冷水。

"不可能！我几乎每天都跟客户接触，没有听说 X 团队跟 CIO 见面！X 团队的这个机会是假的！" A 君在抗议。

"我们跟 D 君的讨论就像一场谈判，他是一个标准的生意人。还有 9 个月的时间才到财年末，我们怎么能肯定 9 个月以后他们做不出 200 万元的单子来？D 君跟 X 团队见面的机会多，感情远比我们深，我们去非议人家没有用处，可能适得其反。"

B 君话锋一转，问道："你对这个单子有多少把握？能签多大的单，哪一天签？你愿意做'承诺与交付'吗？" A 君有点被弄晕了。

"行啊，就是立一个投名状吧？签不了单子我提头来见！" A 君说。

"老板们可不要你的头，他们要的是靠谱的预测——多大的单、什么时候签、销售过程的计划等。想要把这个客户变为我们的领地资源，时间拖得越长越不利。我们要把自己想象成个体户来经营这个商机，要提出一个双赢的方案去把这个领地争取回来。"

"我是这样想的，既然客户同意我们做全面的调研，覆盖集团和现在已经投产的5个生产基地，还有未来3年要建设投产的4个新基地。哪怕我们现在对于具体建议客户采购的模块清单不是很清晰，但估计会需要九到十个模块。还有客户需要的用户数量也肯定不少，只要坚定不移地按着业务价值的策略去执行的话，金额不会低于1500万元。你说对不对？"B君逐步展开他的辅导建议。

A君马上理解了主管的思路。"要去'抢地盘'当然要带着'武器'才行啊，而且武器越强大越好，既要吸引D君，又要逼退X销售团队。销售金额预测就是我们的武器！"

"老板，我完全理解你的思路，也愿意做'承诺与交付'！我还有一个想法。要把单子做大，我想打破常规，捆绑我们公司自己的咨询实施团队，提供一个'单一窗口'方案给客户。我跟实施团队的负责人谈过，他们非常缺单子！这样的话，我们的预测的金额不仅有千万元级别的软件，还有几千万元级别的实施费。这样我们谈判的筹码更多了！"A君想明白了以后很兴奋地跟B君讨论。

"非常同意，实际上整个销售策略的根基是客户对这项IT投资的回报率，所以量化效益是重点。如果我们像惯常一样引进合作伙伴，客户肯定很难对所提出的效益有足够的信心。所以'单一窗口'的解决方案是必要的，因此销售预测的数字会因为实施增加好几倍。"B君附和道。

"根据初步估算，我们认为1200万元软件和3600万元实施费用，合计4800万元的销售预测是既合理又足够吸引人的数字。签单时间放在财年最后一个月的某一天，虽然难以确定，但起码是在我们的时间计划中。"

跟D君的汇报异常顺利，他的意见是："公司最后一个季度的销售漏斗不是很好，没有超过千万级别的商机。你们提出来的商机很及时，即便关单计划还是有点粗糙，你们以后尽快补充。"

不过他接着继续说："但我需要你们承诺并交付这个销售预测，也就是说L纸业转到你们团队销售领地的前提是，本财年结束前签订不低于1200万元软件和3600万元服务费的订单，如果软件金额不达标，那单子就不算你们的业绩，如果签单日期晚于这个财年，也不算你们的业绩。"

签下了投名状，A君反而觉得踏实，因为得到了公司的支持。但是另一方面，时间在流逝，现在必须争分夺秒，争取以"规定的时间、规定的金额"签订合同。

🔹 第二步：挖掘痛点需要

在得到公司内部支持后，A君迫切需要为CEO峰会做准备，在计划的时间内，客户的董事长、总经理、COO等都会出席。通过此次会议，A君希望能够达到两个目的。一是了解客户对于信息化转型的期望和要解决的业务痛点。二是进一步说明整个调研和决策流程，得到客户高层的当面认可。

达到第二个目的应该不太难，毕竟之前与客户的CIO已经沟通过，只需要把决策过程的关键节点清晰地描述好，把完成时间规划清楚，使客户既有签约时间压力，又有足够时间把调研和方案做到完善。A君希望通过双方对决策步骤和时间共识的讨论，挖掘到客户在做决定的时候是否还有其他考虑因素。例如，信息化投资在一定金额以上是否需要董事会批准、客户是否会邀请其他厂商参与竞争等。A君拜托老板们在峰会中要表达出P公司对L纸业的重视，但投入顾问资源的前提是双方对决策的路线图共同认可。

相比起来，第一个目的难度会大一点。初次见面，既没有渊源也谈不上信任，客户高层不会轻易不顾面子地告诉别人他的痛点和需要。B君语重心长地对A君说："这是一个很重要的问题。没错，在第一次见面的公开会议上，客户不一定会把心里话都主动说出来，但这也是绝好的机会让我们去获得高层的信任。我们的方法是抛砖引玉，把我们在行业里面的经验和成功案例介绍给客户，引起讨论的兴趣。整个销售策略的立足点是我们最终提供的商业价值，这跟客户的痛点和需求是息息相关的。"

"挖掘痛点和需求，然后与我们的产品功能进行匹配，从而提出改进方案，改进后的商业价值跟客户一起确定，这一系列的工作需要一个专业的团队。作为专业的销售，我们开始'敲门'的时候，肯定不会得到很多内部资源，而一旦我们敲开了客户的门并且能和客户最高层对话的时候，我们更多地要把自己定位成一个导演。剧本就是我们的销售策略和计划，而演员需要导演去招募，协同一起把戏演好。就你和我两个人肯定抓不出客户的痛点需要，我们需要帮手。"B君说。

"那我去找最资深的产品售前作为解决方案小组组长？"A君回应道。

"产品售前是需要的，但是不适合领导这个小组，不然又会陷进'卖产品'的销售方式，离以业务价值为本的策略越来越远。小组的领军人物应该是一位沟通和分析能力特别强，有造纸或其他流程行业的管理经验，并且对于我们的产品有比较全面认识的复合型人才。"

A君终于明白了自己作为一个"导演"的定位，需要去找到合适的"演员"。她需要的并不是产品专家而是"价值工程师"（Value Engineers），能够诱导客户不同级别的人员敞开心扉地把业务痛点告诉我们，或者把一些客户还没有认知到的痛点灌输给客户。他能够跟公司的产品专家们沟通客户的痛点，却不会陷进产品细节，并且梳理总结出解决痛点的方法。他要让客户的管理人员相信供应商有这个能力，最后还要一起把各个问题解决后的商业价值量化出来。问题是在公司里面谁能担当这样的角色呢？

最后，A君把这样的复合型人才要求落到两位同事身上。咨询团队里面的小E是负责业务开发的，以前在大型咨询公司工作过，沟通能力特别强。第二个人选是行业解决方案部门的老F，对于造纸行业的案例和痛点有比较深刻的认识。至于其他辅助人员就由他们两位"点将"。

在跟B君沟通后，构建这个"解决方案小组"的工作非常顺利，其他部门的配合度非常高，毕竟他们都知道这是一个大单子，有机会扬名立万。

离CEO峰会的时间只有3天了。为了在会议上有效了解业务痛点和需求，小E拉着老F做了一个"从外而内"（Outside-In，OI）的分析。这个OI分析实际上就是尽量利用客户公开的信息——例如近年的财务报表、年报以及关于客户最高层访问的报道等——了解其状况和方向。另外将其数据与领先的同行就一系列的关键业务指标进行比较，从中看到彼此差距。例如，如果在制成品周转率上的表现相对较差，其原因可能是客户是"面向库存生产"而非"面向订单生产"。那么在会议上就可以跟客户的最高层讨论是否有考虑"面向订单生产"的转型以及可能面对的挑战。

有了这个OI分析抛砖引玉，A君对于峰会的预期成果有了一定的底气。就算OI分析出来的痛点不一定绝对正确，但由于内容相关性高，很容易引起客户兴趣和讨论，也突出了我们对合作的用心投入和对行业的认识。我们也希望能够发现其他的痛点和需求，那就更加完美了。其他竞争对手即便能安排到客户高层会面，相信拿出来的汇报也不可能比我们的更优秀。A君觉得把小E和老F拉进来是正确的选择。

A君期待着CEO峰会的顺利举行，觉得OI分析应该可以引导客户对痛点和需要的讨论，毕竟这是经过客观的分析而且有同行的比较。

🎁 第三步：引导确认需求

引导和确认需求是销售过程的灵魂。大部分销售人员都知道需要了解客户的需求，而且把客户"表达"的需求奉为"圣旨",以此作为满足客户的依据和商务价格的根据(向公司争取)。但是静下心来想一下,客户如果能够明确说出产品功能和性能的需求,这是否对我们最有利?还是对竞争对手有利?所以销售人员需要在客户需求还没有形成之前开始工作。

引导需求,就是把客户痛点和需要变成外在购买需求,而需求"正好"跟供应商的产品匹配。引导客户需求有两个层次:一是能够把客户"朦胧"的需求清晰化,并引导到供应商的品类和品牌上面;二是通过挖掘痛点,让一个貌似没有需要的客户,看到藏在深处的需要,再引导其形成购买需求,"正好"和销售人员的品类和产品高度匹配。

🔷 从上而下地挖掘和引导

召开 CEO 峰会的目的,除了挖掘客户高层的业务痛点和需要,也包括把需求引导向 P 公司的软件。A 君和她的"价值工程"小组专门为 P 公司做了 IO 分析,总结出客户可能面对的关键业务痛点,以及销售团队过往的成功案例。

付出的努力并没有白费,峰会开得非常成功。在 A 君汇报了"合作决策过程路线图"的第二个目的后,客户非常爽快地答应,希望我们能够在了解他们的业务后提出一体化的优化方案。

"很感谢你们愿意投入资源为我们调研,分享同行的先进管理理念和流程,给我们一个全面的信息化改进方案。如果方案能够清晰地告诉我们如何做到开源节流,甚至有具体量化的效益预期,那就最好不过了!当然希望你们理解我们还是一个快速成长中的'小'公司,不一定有足够的财力和人力全盘接受你们的改进方案,故从做生意的角度,希望你们认识这个风险!但是我们清楚地知道需要借助一个可以信赖的厂商帮助我们来做未来 5 到 10 年的信息化工作。"客户董事长语重心长地说。

客户总经理又补充说:"我们不懂信息化技术,所以更希望从业务价值层面来考虑是否合作,具体技术问题由我们的 CIO 负责把关。就像我们投资一个生产基地,往往耗资在 2 亿到 5 亿美元,做决策时主要考虑的也是投资回报率、市场风险等指标。至于生产设备的供应商,我们会找世界顶级的、可以信赖的,但是不会过多地在细节上磨蹭。同样的,信息化技术对我们来说就是一项长期的投资,我们需要清楚投入产出是什么。你们是世界级企业,如果 ROI 非常好的话,那我们肯定希望尽快启动。"

第一个关于客户的痛点和需要的议题引起了热烈甚至有点激动的讨论。跟同行 KPI 相比,客户的表现相对于两个巨头毫不逊色。即便如此,客户还是率先提出痛点。

"别看我们的毛利率、销售收益率等指标看上去不错，但是我们的产品结构不一样，两家国际友商的产品线广阔得多、规模也大。你们提到的生产策略是我们的一大痛点，我们迫切需要转型到按订单生产，而非现在的按库存生产。这点太重要了！"

B君顺水推舟地问道："那么要转为按订单生产的话，难处在哪里呢？"

客户生产部门的副总裁有点激动地说："我们的生产设备是最新的、自动化程度和效率都很高，非常适合连贯式、不停机作业。一旦要按订单生产，我们的生产计划、生产调度，都要改变，甚至纸张切割等可能都要改用手工来做，这样是没有办法跟得上的。一旦出了任何状况需要停机，成本代价是很大的。"

客户的首席运营官（COO）也补充说："还有很重要的是，我们的客户在下单的时候需要知道我们的交货时间。如果按订单生产，我们就需要大幅度提高内部供应链的透明度和计划调度的颗粒度，这需要大量的数据和信息，还要提高我们几乎所有人员的业务水平。我们想知道成功案例中其他企业是怎么做到的。"

B君跟A君对望了一下，双方心里都在想这个需要（需求）和痛点是挖出来了，而且是其他竞争对手没有成熟应对方案的范围。那么还有其他的痛点需求吗？

"虽然我们的一些关键指标不错，但是我们还需要在其他几方面攻坚。第一是提高运营的效率，这除了刚刚提到的生产对市场反应的速度（就是按订单生产），还包括财务管理的效率。除了我们已经投产的生产基地外，我们还有五六个在建的生产基地一共涉及几百亿元的投资。这些基地在投产后需要通过一段时间爬坡才能达产，这个爬坡速度也是我们关心的。第二是提高管理的颗粒度，例如在生产方面，我们目前只能管理到'每一批纸'，但是必须精细到'每一卷纸'，这样我们才能有更多的数据来查找不足，推动进步。第三是在更高效运营和更精细化管理的基础上，提供更及时和有价值的数据作为决策的依据。这三个题目是我们未来3年到5年通过信息化要达到的效果。"客户的首席运营官说的时候有些激动。

90分钟的CEO峰会在热烈的讨论中很快就到了结束时间。A君和他的老板们都觉得会议的效果不错，而小E和老F这两位"价值工程师"就更兴奋了，没想到客户最高层如此开诚布公，而且大部分需求正好都是P公司产品和技术的强项。

🎁 商机确认

利用在机场等候的时间，A君打电话给客户CIO。CIO的反馈非常正面，而且还透露董事长为了更好地配合工作，指派了 COO 作为组长，CIO 作为副组长，要求尽快展开工作。

CEO 峰会结束后，双方紧锣密鼓地开始了调研工作，目的有两个。一是让 P 公司了解客户业务的现状，二是尽可能去了解客户"显性"和"隐性"的需求，也是引导具体需求的最好机会。显性需求就是客户最直接和已知的业务需求，相对应的"隐性"需求是客户存在但没有明确提出来，需要被引导的需求。例如，消费者因为需要接送孩子上学有购买汽车的显性需求，而供应商的汽车品牌在安全指标上是业界领先的，那么销售人员自然需要尽力引导消费者靠拢"孩子安全乘车"这样的隐性需求。

A 君认为这个线索已经成为正式商机，开始有点信心了。她觉得挖掘和引导工作的效果不错，不过针对这些需求（包括隐性需求引导），以及如何满足痛点和需要，还需要投入大量工作。还有最困难的是把效益量化，并取得客户对业务价值的认可。时间还有 9 个月，想再快也只能一步一步往前走，但起码 CRM 里销售阶段又可以更新了。

📦 第四步：提交解决方案

提交解决方案的工作一般会分为两部分，在明确了客户需求之后，销售和售前团队先要制定合适的技术方案，然后确定商务方案。有经验的销售人员需要尽量平衡客户需求与价格条件。但如果我们提交了和其他厂商差不多的解决方案，最后只会陷入价格竞争的泥沼。

所以，所有销售人员都要想尽办法提出和竞争对手有差异的解决方案。前面提过，专业的销售人员会想方设法引导客户提出对自己有利的需求，行内称为"挖坑"。但是同样的，即便之前尽力引导，客户有些需求还可能满足不了（或者成本过高以至影响竞争力），因为对手也同时在"挖坑"。谁的"坑"挖得更成功，便更容易提出具差异化的方案。

📦 差异化的解决方案是赢单的核心

小 E 和老 F 负责的调研小组需要与客户各部门在半天时间的访谈中系统地了解客户业务的现状，以及初步构思改进办法。为了优化调研的效率和效果，A 君与客户 CIO 一起订立了双方人员都应该遵守的规矩，P 公司的人员只专注于了解客户现状和改进的想法，不急于去推销产品和技术，而客户人员也不要急于去了解产品信息，而是先对集团的业务按照十几个完整的业务流程做梳理，并利用"头脑风暴"的方式收集意见和建议。

在客户的鼎力支持下，调研报告很顺利地按照计划时间提交给了客户。虽然调研报告只是把客户的现状记录下来，但是客户还是觉得，从业务流程的维度去梳理企业现状，和跨部门初步讨论如何优化流程，确实带来了一定的新鲜感。

相比之下，调研后制定解决方案的工作就艰巨多了。既然是解决方案，首先要明确解决的问题，然后才是方案。方案包括客户需要购买的软件模块、实施的范围、预计进度、人力资源配备以及项目预估成本。除此以外，还需要针对实施方案和预期效果估算量化的业务效益，形成投资回报曲线。

P公司的软件定价比较高，内部咨询服务团队的人工费也不便宜，因此A君觉得在编写解决方案前应该先找清楚自己的差异化定位，这也是业务价值销售策略的重点。

A君找了团队一起来讨论。在客户问题（痛点和需要）诊断中，大家的看法比较一致——调研工作的结果进一步强化了CEO峰会提到的高效率运营、精细化管理、科学化决策这三个核心诉求。

而说到底L纸业想要的解决方案，实际上是一个依托于信息化技术实现的管理变革工程，覆盖客户业务流程的优化意味着原有工作习惯、分工、甚至岗位的变化。根据过往经验，客户不同部门的人员会提出很多个性化要求，甚至直接质疑软件背后的逻辑，再加上改变会牵涉部门或人员之间的利益，讨论的时间不会少。相反，如果都顺着各部门的意见修改，又会失去大老板原有变革的目的。即便是宏观需求方向已定，但改变本来就是困难，为了提高将来解决方案的认受性，有必要在制定过程中预先做好差异化工作。

"我们需要跟客户确认解决方案的原则，不然客户各部门人多嘴杂，方案很难能被接受。我建议客户尽量减少修改软件中的业务流程，因为那是行业的最佳实践。这样做的好处是实施速度快，成本也会相对降低。虽然目前还没有出现明显竞争，但我们要假设客户会在调研之后去'货比三家'，低成本的竞争对手喜欢根据客户的个性化需求'量身定做'。"小E皱着眉头地说。

"非常同意你的意见。对于标准度特别高的业务流程，个性化真不一定能给客户带来多少效益，但是对于一些跟客户竞争力息息相关的业务，如营销、生产和供应链等，我们应该在行业最佳实践的基础上针对客户情况提供个性化的建议。从价值体现的角度来看，市场与生产的衔接，供应链的优化能带来巨大和可量化的效益，也应该是解决方案的特色。我们的方案越深入生产环节和供应链环节，我们的高端竞争对手就越被动，因为与生产自动化设备的对接是它们的软肋。因此我建议的第二个原则就是，说服客户把车间的数据实时呈现到董事会成员面前，这应该非常有吸引力！"B君兴奋地补充说。

A君略带犹豫地说："我还有一点是关于软件方案的建议。我们的软件是按软件模块和用户数量来定价的，模块和覆盖的部门越多，用户数自然越大。这表面上对我们有利，但客户的使用积极性可能会受到成本影响而降低。我们的软件价值强调跨部门协同使用，如果这些部门不能放开来使用，对客户的整体价值将会大打折扣！我建议基于双方战略合作的基础，给客户提供在一定范围内无限（用户数）使用的方案！"很明显，作为一个销售人员，A君在想办法把这个销售机会做大，同时确保客户获得价值。

"我们还没有过这样的软件授权方式的先例，需要跟上层争取。我认为可以考虑在战略合作的前三年，提供软件一揽子授权，让客户放手去实现。而且这样我们的咨询团队也可以放开手脚大干一场。"B君笑着跟小E开玩笑，心里却暗地为A君的思考欣慰。

得出这三个设计解决方案的基本原则后，A君满怀希望地去跟CIO沟通。CIO对这些原则非常认同，唯一的担心还是"会不会很贵"。A君安抚着CIO说会去争取最好的商务方案。

团队紧锣密鼓地编写技术解决方案，同时估算出项目实施所需要的顾问资源种类和工时，然后根据不同级别顾问的工价，估算出咨询、实施和服务的费用。A君同步跟B君草拟软件的商务解决方案，因为在无限使用的报价上，谁都没有经验。

有点让A君惊讶的是，大老板D君对软件无限使用的想法也很支持，前提是由于无限使用的做法只在大型企业上使用，必须获得总部批准。A君虽然觉得有点不可控，但直觉告诉他，单子越大，老板拒绝的可能性就越小，毕竟老板也需要业绩！

经过接近3周的鏖战，方案小组终于完成了第一版解决方案的技术部分，A君也整合了软件和实施的商务方案，形成了未来3年的总体方案。A君的首要任务是跟客户确认方案，价格不用急着去内部争取。好处是经过多次引导后，这个解决方案已经充分体现了P公司的差异化能力，其他竞争对手就算勉强提供"同样"的结果，价格肯定不菲！

A君趁着周末在CRM系统里把L纸业商机的当前赢单阶段提升到"交付解决方案"，预测的金额和签单日期暂时不变。

📦 第五步：确认解决方案

确认解决方案才是销售"卖产品"的时候，需要得到客户"真心"的确认。难道还会有"假意"的确认吗？答案是这种情况经常发生。客户"货比三家"是很平常的事情，甚至要求供应商必须通过投标方式提交解决方案。如果客户没有真实的兴趣，是不会愿意花费很多精力来确认厂商方案的。很多时候，客户只是碍于情面才跟你讨论解决方案，然后敷衍地提些问题便确认方案。

在公开招标的场景中，供应商如果在正式投标前没有跟客户沟通，只能按照标书显性的需求编写解决方案，那么方案的确认也只能在"讲标"的几个小时里面发生，而且没有任何修改方案的可能性，这也是为什么需要提前做好确认方案工作。

能够帮你点评解决方案的"教练"

在确认解决方案的过程中，销售人员最好能够在客户里找到合适的"教练"提供修改的意见。这样的"教练"不一定是决策链条中最高的领导，但是需要对客户购买决策的考虑因素有较深刻的认识。我们继续看一下 L 纸业的案例。

A 君拿着这份 200 多页的解决方案有点发愁，一是技术方案的内容非常丰富，如何跟客户确认这么多的细节？二是客户是否愿意承受 3 年超过 2 亿元的投资？最后就是效益和价值的预估该采用什么方法计算才会有公信力？A 君特意去找了 B 君商量对策。

"我们需要寻找一个能帮助我们的'教练'！我不担心技术方案的确认，但在商务方案的结构和效益估算上，我们需要有人指点。按道理，客户的 COO 是最合适的人选，但是他跟我们接触比较少，不一定是我们的'支持者'。另外就是 CIO 虽然在客户那边工作时间还不长，但是作为具体实施者，他最有动力去挑选一个好的合作伙伴。他应该愿意帮忙指点！"B 君说。

B2B 销售工作中的一环，是在客户中找到"支持者"！什么叫支持者？就是愿意为你出谋献策的人！为什么愿意帮你？因为你赢不到单子对他不利。B 君的看法给了 A 君信心。

果然，CIO 很爽快地答应了 A 君的请求。"我们的老板对于这次的信息化建设非常认真，我也希望能够找到一个好的长期合作伙伴。从技术方案层面来说，我给你们提供反馈意见是职责所在。在商务方案上，我们各为其主，我不是最后的商务决策人，但是我会站在集团的立场给你意见，争取促成合作。"

"我会牵头把有关人员聚集在一起审议技术方案，从业务层面上将方案里 12 个端到端业务流程一一确认。在总体计划中预计方案确认需要两个月，但是我们副总裁级别的人员经常出差，时间不好控制，我觉得时间可能有点紧张，一起争取吧！"CIO 继续说。

"你们的商务方案提出未来 3 年总投资超过 2 亿元，老板肯定会跟你们砍价的。我这里有一个要求和建议——我们在信息化建设的策略是跟一个领先的软件厂商进行战略合作，在掌握软件平台的技术后，我们可以自主或大部分自主实施。你们现在的方案完全不考虑技术转移是不可行的，讲白了就是项目第一年我们跟着你学习，第二年希望我们能做一半的工作，到第三年你们当导师就好了。像财务模块的实施，你们只需要把框架搭好，负责两三个生产基地的实施，后面的其他基地由我们的团队自己实施，有问题再咨询你们的专家。这样的策略可以为我们培养出一支信息化队伍，也能大幅降低实施的成本。"

A 君听了 CIO 的建议后恍然大悟，原来培养客户也可以是为客户提供的另一种价值，现在唯一要做的就是说服公司咨询部的老板们了。

"有道理！我们原来也考虑过'联合编队'的实施方案。对了，我们应该怎样去评估整个方案的量化效益呢？"A 君很机灵地把另外一个大问题抛给 CIO。

"量化效益和投资回报是老板做最后决策前最重要的考虑！但是现在的方案里面采用数字和假设去估算效益，简单地利用一些行业 KPI 最佳实践套用到我们的指标上进行计算，总结出未来 5 年业务效益达到上百亿元，看上去很漂亮，但是没有任何公信力。你们也没有可能去为这上百亿元的效益做出保证？"

看到 A 君脸上有点挂不住了，CIO 话锋一转道："我觉得信息化的效益是通过业务团队体现出来的，我建议不要把效益的数字强加于项目，而是把效益预估作为方案的一部分，让我们的管理层来对量化效益预估进行确认，作为对公司的一个'军令状'。每个里程碑上达不到预估的效益，公司可以打我们板子，当然我也会打你们板子。"

CIO 接着说："举个例子，我们跟 CFO 和财务各个职能领导去确认集团财务方案时，我们的团队需要利用你们的框架，实实在在地估算究竟在哪里省钱、省多少钱。同样，面向订单的生产模式的效益是不是只体现在库存周转上？库存周转每提升一天等于多少钱？随着产量提升又会变成多少钱？这些问题必须由我们自己去想、去确认才行。到最后我们跟董事长汇报的时候，才有底气说这些量化的效益是我们共同的目标！那样老板就会看到大家一起为这个目标去打拼，也就会比较放心地花钱了。"

A君觉得终于在雾海里看到灯塔了！回到公司，内部的讨论也非常顺利，咨询部门的老板们觉得技术转移这个原则能降低他们的风险！

方案确认的工作虽然艰辛，但还是按部就班地完成了。量化效益的估算是最困难的，每一次会议都有极大的争议，但是在客户高层的支持下，针对每一个变革流程都有一个相应的效益预估。解决方案的最后版本终于在3个月后确认和交付了。实施费用得以大幅下降，业务价值十分明确，如果如期体现，预测在项目的第17个月就能够开始产生正向的现金流。

A君对于这个销售机会的信心增加了很多，唯一遗憾是时间比计划多用了一个多月，离目标只剩下不到5个月了！接下来就是向最高层汇报，然后开始谈判！

🎁 第六步：商务谈判

一般来说，客户愿意付出的代价，通常都比供应商要求来得低，但优秀的销售人员在赢单过程中会通过不露痕迹地和客户"谈判"，去改变"游戏规则"。

回顾L纸业的案例，在商机的早期共同订立的决策过程，实际上就是谈判的一种。解决方案的确认以及共同估算业务价值，也可以说是跟客户用户群的另类"谈判"。当这些"谈判"都形成结果后，A君认为时机已经成熟，期待双方高层坐下来进行最后的商务谈判。

对于高层会面谈判的建议，客户一直没有任何表态。就在A君有点坐不住的两周后，CIO告诉她，老板要求"货比三家"，需要等到竞争对手也提交解决方案才能做出最后建议。

"那竞争对手什么时候才能提交解决方案呢？"A君着急地问CIO。"放心吧，我们也在催促他们尽快提交方案。老板答应在年底前做决定，但不一定是跟你们签约啊！毕竟你们的方案价格非常贵！"

A君想着这不就是找一家公司来压我们的价格吗？于是赶快找B君商量如何应对。有点意外的是，B君倒是气定神闲，强调比较是客户的自由。"之前的铺垫比较到位，竞争对手在短时间里提供的解决方案的质量肯定不如我们，勉强实施的话，软件价格、人工费用肯定就上去了。我们现在需要做的就是保持接触，跟客户强调方案范围需要一致，这样我们建立的优势在竞争时就有保证。"A君最大的问题是要跟时间赛跑，可现在除了等待还能做些什么？

大家头脑风暴后觉得，最好的战术是要求客户展开商务条款的谈判，把价格留到最后。P公司的合同条款非常详细，单单是条款的厘清就很容易就花去大量的时间，其中付款条件也可能是一个潜在风险。"把合同条款提前谈判，一方面能够为后续的签约铺垫，另一方面也可以测试客户对于合作的态度。我觉得客户可能不会轻易答应，但是必须说服 CIO，这是个双赢的战术。"B君说道。

A君费了九牛二虎之力去说服 CIO，但是在这关口上 A君能感觉到 CIO 有点保守，只让A君稍安勿躁。A君觉得不能这样干等，也顾不得 CIO 的情面，绕过他直接跟客户的首席运营官 COO 说情去了。

跟 COO 的会面开始进展得并不顺利，会谈的转折点在 B君开始为 COO 分析为什么提前启动商务条款谈判对客户更为有利，把"地雷"提前标示出来对双方都好，在价格谈判时双方都不会漏掉"地雷"的成本。最后 COO 同意跟最高层争取近期启动商务条款谈判。

一周后，客户通知 A君可以提交合同的样本并组织双方财务、法务和 IT 人员进行商务条款的谈判。客户 CIO 也非常聪明，让竞争对手知道这个决定，施加无形的压力，这个一石二鸟的战术也是 COO 说服最高层启动谈判的原因之一吧。

商务条款谈判异常困难，一是因为客户从来没有过购买此类服务，二是 P 公司的条款比较苛刻，容易引起客户的负面情绪。在 A君和 B君努力地协调内部法务的意见和抚平客户的情绪后，双方才基本达成共识，除了其中 3 个"能够阻止交易发生的问题"（deal breaker）。它们包括：客户坚持不管是实施还是软件费用，统统需要按项目的里程碑来付款；软件每个模块的交付也需要跟服务一起按阶段验收后才按比例付款；供应商必须对量化的业务价值预估在合约中有所承诺。

"这几个问题都是击中我们的命脉、无法答应的条件！上市公司（尤其是软件公司）对于软件财务确认（连带销售业绩）有非常明确的规则，防止财务做假。客户以分期付款方式购买软件，在法规上是可以的，但是收入的计入只能按照实际收款的金额和日期发生。此外，客户的付款是不能带有任何退货条件或任何明示 / 暗示的承诺，否则要等承诺实现时，软件收入才能被确认。这样即便是签了约，你的销售业绩也无法完成。"B君跟 A君普及了上市公司的财务法规。

"谈判中销售人员要去了解和思考客户提出每一个要求的真正原因，才能提出有针对性的解决方法。从表面上来看，分期付款的要求好像是客户为了改善项目的现金流，但是综合客户提出来的 3 个条件，我觉得真正的问题是客户对我们还没有足够信任，怕我们收到软件的款项后就不再关注它们了！" P 公司 CEO C 君在销售例会上分析说。"时间离年底就只有 3

个多月了，如何让客户取信于我们是关键的一环。"

"是的！真正的问题是信任！客户要的是我们帮助它们成功的承诺。这样看来，我们需要把合作的层次提升到总部的层面，邀请全球总公司 CEO 来拜访客户做出战略合作的承诺！只有客户心里踏实了，以后才会考虑我们对货到付款的刚性需求。此外我们把'价值工程师'队伍植入实施项目组，在过程中负责监督和估算项目带来的实际效益。"B 君兴奋地建议说。

大家对于 B 君的提议既觉得有道理，也有些害怕。把这个商机直接"曝光"到总部，还邀请总公司 CEO 专门登门拜访客户，在此之前没有发生过，但是大家的共识是，这个客户是有巨大潜力的，值得我们冒风险。在逐层上报的过程中，C 君花了很多时间，终于说服 D 君跟总公司争取 CEO 拜访客户的安排。

P 公司总部 CEO 非常认同本地销售团队的销售策略，也感觉到客户希望通过信息化转型的真诚。不过按照他的安排，最快也只能在一个月后成行。对于 P 公司 CEO 登门拜访的请求，客户显得非常高兴。A 君如同在黑暗中见到了曙光，哪怕只剩下两个月的时间了！

🎁 第七步：客户签约

销售人员的终极任务就是跟客户签订合同，把双方的责任和承诺落到纸面上。一个商机刚开始的时候往往比较"发散"，销售人员和客户都处在一个互相摸索的过程，尤其是在解决方案的确认上会碰到各种各样的问题。越是往后，销售人员越是需要把问题一一排除，最终成就签约。如果销售流程计划控制到位，签约是水到渠成的事。

当然，在本案例中，不仅要签约，还要在特定的时间前签约，这样的"水到渠成"需要更多精心安排。

CEO 拜访安排在初冬的 11 月。A 君也没有闲着，她主动拜访客户财务长（CFO）解释需要一次性无条件付清软件费的问题，财务长表示能理解 P 公司的难处。通过与 CIO 的紧密接触，A 君也了解到竞争对手已经提交解决方案，而客户的反馈是，虽然竞争对手的报价比较低，但是风险还是比较大的，而且没有提出任何量化业务效益。CIO 很简要地形容："你们提出的是一个长期战略合作方案，对方提出的是一个买卖交易的方案，价格当然会比你们的便宜。"这和 A 君希望听到的答案差不多。

对于签约时间，A 君也在细心盘算，希望在 11 月初的峰会后，谈好价格条款，再花一周的时间审批，便提交最后合约版本给客户。由于合同条款之前双方都已经讨论过，所以 A 君觉得到 11 月底应该能一切就绪。只要被授权签约的 COO 不休长假，12 月初签订合同应该没有问题。

P 公司 CEO 的拜访如期举行。总部 CEO 非常善于高层沟通，表达了与客户战略合作的强烈意愿。他客观地建议："如果我们双方能达成合作，我建议在年底前共同举办一个新闻发布会，我观察到最近贵司的股票价格在资本市场受到一点压力，我们的战略合作消息应该有利于提高市场对你们变革的理解，也有利于你们继续融资。"毕竟"姜还是老的辣"，CEO 这番话看起来是说到客户的心里去了。

一轮寒暄后会面进入商务谈判的正题。客户的 CEO 开门见山地说："我们双方的团队之前投入了大量的精力去商讨合作协议，我理解除了价格以外还有好几个障碍。为了促进贵我双方的合作，我们愿意接受软件费用一次性无连带条件付清的要求。另外关于怎么保障在项目实施中实现双方预期的效益目标，CEO 先生您刚才也给出了承诺，并且我听说你们会适当地植入你们的价值工程师团队到项目组来。这些措施能让我们更信任你们。那么接下来就是落实价格了，如果今天你们能同意我们的建议价格，那么我们就可以准备签约的事情了。请我们的 CIO 先生把我们建议的合同价格递给你们。"

客户 CIO 把一页纸送到我们面前。A 君一眼就看到纸张上写了一个数字，大约是原来商务方案价格的 70%，也就是砍了 30%。A 君正想着老板会怎么应对的时候，突然发现总部 CEO 已经径自往门外走了。C 君和 D 君赶紧追了出去，B 君有点懵了，赶忙跟客户打圆场。大家同意休息一下，并且客户很自觉地离开了会议室，给 P 公司团队腾出讨论空间。

客户高层离开会议室不到 5 分钟，B 君就接到 C 君的电话，要求剩下的人撤离谈判。CEO 已经上车离开了，撤离的指令也是他下的。A 君整个人接近崩溃了，但是最高层下的指令也不敢不从，只好找客户 CIO 道歉，编了一个"我们回去仔细商量后给您反馈"这样的笨拙借口，就灰溜溜地撤退了。谈判崩溃了，一切都完了！

后撤部队上了车以后通过电话才知道总部 CEO 的意思——既然是战略合作，把我们的报价一刀砍 30% 完全违背了战略合作的宗旨，没有利润的生意谁都做不了。如果客户有诚意，会再给我们一个合理还价的机会。销售团队严禁主动去跟客户谈判价格，而是等待客户回来。

下了这样的命令后，CEO 就继续他的其他行程了。A 君尤其沮丧，觉得煮熟的鸭子在嘴边飞走了。

客户CIO那边也非常急躁，虽然会面不欢而散，还是一个劲儿地催A君给出答复。A君不敢把真实的指令告诉客户，只能一直拖着。A君实在坐不住了，就去找B君商量对策。一贯很愿意出谋献策的B君，只说了四个字——只能私了。

琢磨了半天以后A君明白了老板的意思，老板不好明说违背CEO的命令去找客户，但是现在唯一的办法就是私自去给客户回话，静悄悄地把"桥梁"重新搭建起来。

A君觉得做销售真不容易，一方面要说服客户，另一方面也要说服自己公司内部，缺一不可。把谈判的"桥梁"重新搭建起来以后，沟通反而比较畅顺，毕竟CIO的意愿也是实实在在的。接受了上次最高层人员面谈谈崩没有退路的教训后，A君和CIO都通过各自跟高层传话的方式来谈判，以免伤及感情。这样的沟通效率很低，时间一分一分地溜走了，离年终也就剩下不到3周，离A君在内部CRM系统销售机会关单预测日期也就一周了！经过多次来回，A君和B君判断出最终能成交的价格，也得到了C君和D君的支持。

谈判成功的要点是找到"双赢"的平衡点。A君采用了理性中立的方法为客户分析价格的构成，争取得到客户的信任。A君跟CIO透露，销售人员只计算软件费用的业绩，咨询和实施不算在内。虽然咨询和实施跟个人业绩无关，但因为成本高，实施费用毛利率并不高，按照客户要求的折扣后基本就没有利润了，公司是不会批准的。另一方面，软件费用的边际成本较低，折扣弹性比较大，可以尽量说服公司给予较大折扣，这是唯一促成合作的方法。

客户对这个坦诚的分享完全接受，在得到客户的信任后，什么是可为和不可为也就很容易互相沟通了。为了影响签单时间，A君还特别强调客户的机会成本，越早签约，项目越早启动，也就越早能够实现业务效益。"萝卜"之外，还要"大棒"，现有报价的前提条件是需要在年底前签订合同。CIO往上口头汇报，得到了董事长的支持。

客户对价格认同后，A君还要面对艰难的内部审批。总部CEO特别参加这个会议（因为是他出面的），A君专门邀请咨询部的总裁和价值工程部的副总裁参加，在各方对商机的强力支持下，CEO终于同意了价格。"成功的销售不单需要在客户里有支持者，在自己公司内部也要有支持者。"A君现在深有体会。

12月12日，双方在客户现场举办了简单而郑重的签约仪式。A君回顾，这段销售历程确实有起有伏，但是结果还是非常值得自豪的，让10个月前的"赌注"如期兑现。销售订单的金额在当初D君预测的数字之上，签单日期也在规定的时间以内。除了丰厚的佣金回报外，A君觉得这是成为专业销售的宝贵一课！